新弥生時代のはじまり

第2巻

# 縄文時代から弥生時代へ

西本 豊弘 編

雄山閣

# 目　次

| | |
|---|---|
| 縄文文化から弥生文化へ ……………………………………西本豊弘… 3 | |
| 弥生時代の開始年代 ……………………………………………藤尾慎一郎… 7 | |
| 近畿における弥生時代の開始年代 ……………………………春成秀爾… 20 | |
| 東海・北陸における弥生時代の開始年代 ……………………山本直人… 35 | |
| 九州における弥生時代中期の開始年代 ………………………藤尾慎一郎… 45 | |
| 関東における弥生時代の開始年代 ……………………………小林謙一… 52 | |
| 板付Ⅰ式土器成立における亀ヶ岡系土器の関与 ……………………………………………………設楽博己・小林青樹… 66 | |
| 日本産樹木年輪試料の炭素14年代による暦年較正 …………尾嵜大真…108 | |
| 韓半島南部地方の先史時代農耕——研究動向を中心に—— ……………………………………………………金度憲（金憲奭訳）…115 | |
| 防牌形銅飾りの系譜と年代 ……………………………………春成秀爾…128 | |
| 年代測定データ一覧表（2006年度）……………………………………147 | |

# 縄文文化から弥生文化へ

西本 豊弘

### 弥生時代の始まりは紀元前10世紀

　歴博の学術創成研究も3年目を終了し，炭素14による年代測定の結果，弥生時代のはじまりが紀元前10世紀であるという研究チームの推論はほぼ確実となった。弥生時代の始まりを水田稲作の始まりと規定した場合，九州北部の水田稲作の時期の土器とされる山の寺式土器の年代が紀元前10世紀後半と推測されるのである。この年代は，炭素14を加速器質量分析装置（AMS）により測定し，実年代に較正して推定したものである。

### AMS年代測定法の問題点

　炭素14をAMS法によって測定し実年代を推定する方法は，この10年間で考古学資料に応用できるまで精度がよくなり，日本の考古学にも用いられるようになった。学術創成研究「弥生農耕の起源と東アジア」では，このAMS法を用いた年代測定で弥生農耕の開始時期を追求してきた。しかし，この方法では測定試料の汚染を除去する方法や，試料のガス化など，AMS装置で炭素14を測定する以前の段階でまだ技法が定まっておらず改善の余地が大きい。また，ＡＭＳ装置の稼動過程などでも問題が多く，どの装置でも同一の結果が得られる状況ではない。さらに，測定年代から実年代を推定する方法についても，ある程度の信頼性をもって用いることの出来る較正曲線が作製されたが，その精度の点でまだ不十分である。しかし，この分野の研究は急速に進歩しており，AMS年代測定法と較正曲線の整備については，今後さらに測定精度が向上するであろう。むしろ，資料採取やその後の保存方法など，考古学上の資料の扱い方が問題となる。

### AMS法による問題点を克服する方法

　このようなAMS法による年代測定法の問題点を把握しつつ，我々の研究チームは弥生農耕の起源について研究を進めてきた。この測定方法の欠点を補うために，我々が用いた方法は，まず試料を多量に測定することである。また，測定用試料の汚染を除去するために酸・アルカリ・酸処理（AAA処理）の方法を定法とし，我々自身の手で処理するように努力すると同時に，次の段階である試料のガス化についても我々の研究施設で可能な限り実施してきた。そして，AMSの利用についても東京大学・名古屋大学の機器を利用し，両大学と共同研究を行なった。また，複数の民間機関にも測定を依頼し，多くのAMS装置を併用することにより，機器のもつ誤差についても常に検討を行なってきた。さらに，実年代の推定のための較正曲線についても，世界基準を適用するだけではなく，日本独自の較正曲線の作成を試みている。現在までのところ，概ね世界基準と近いことを確認しているが，一部分に世界基準とずれる時期があることが推測されるようになった。われわれの測定データは多量であり，他の研究機関の測定結果と合わせて，今後日本版較正曲線の作成に大きく寄与するであろう。

### 前後の時代の測定

　我々が弥生文化の始まりを追及する時に取った方針は，弥生初期の土器の年代を測定するだけで

はなく，前後の時代の資料の年代も測定することである。我々は，弥生時代のはじまりを水田稲作のはじまりと定義しており，水田稲作を伴う時期の土器型式とされる九州北部の山の寺式土器と夜臼Ⅰ式土器の年代を測定し，それらの土器の使用時期を紀元前10世紀と推定した。この年代推定は，山の寺式土器と夜臼Ⅰ式土器の年代を測定した結果だけではなく，その前の時代の縄文晩期や，弥生前期の土器型式の年代を測定することによって得られたのである。それも九州北部だけではなく，日本全国の土器型式の年代も測定した結果に基づいている。

### 縄文人と弥生人の接触の実態

そして，この方針により山の寺式と夜臼Ⅰ式土器を測定した結果，九州の縄文晩期の土器として知られる黒川式土器の新しい時期のものと同時期であり，器形が異なることから同時期に用途を異にして使い分けていたらしいことが明らかとなった。他の地域でも年代測定の結果，縄文晩期の土器と弥生土器が並存することが知られるようになり，縄文文化と弥生文化の接触のあり方について，新しい視点で考える手がかりが得られつつある。

### 考古学の土器編年の妥当性の確認

歴博では，この研究が始まる2004年以前から縄文時代の土器型式の年代測定を進めており，考古学で行なわれている土器型式の設定順序がほぼ間違いないことを確認していた。2004年度以降も，弥生時代の初頭の土器だけを測定しているのではなく，縄文時代の早期から晩期までの土器の年代や，弥生前期・中期・後期の土器，古墳時代・古代・中世・近世の資料の年代測定も行なってきた。その結果，日本列島全体での縄文時代と弥生時代以降の年代について，ある程度の見通しを得ることが出来たのである。

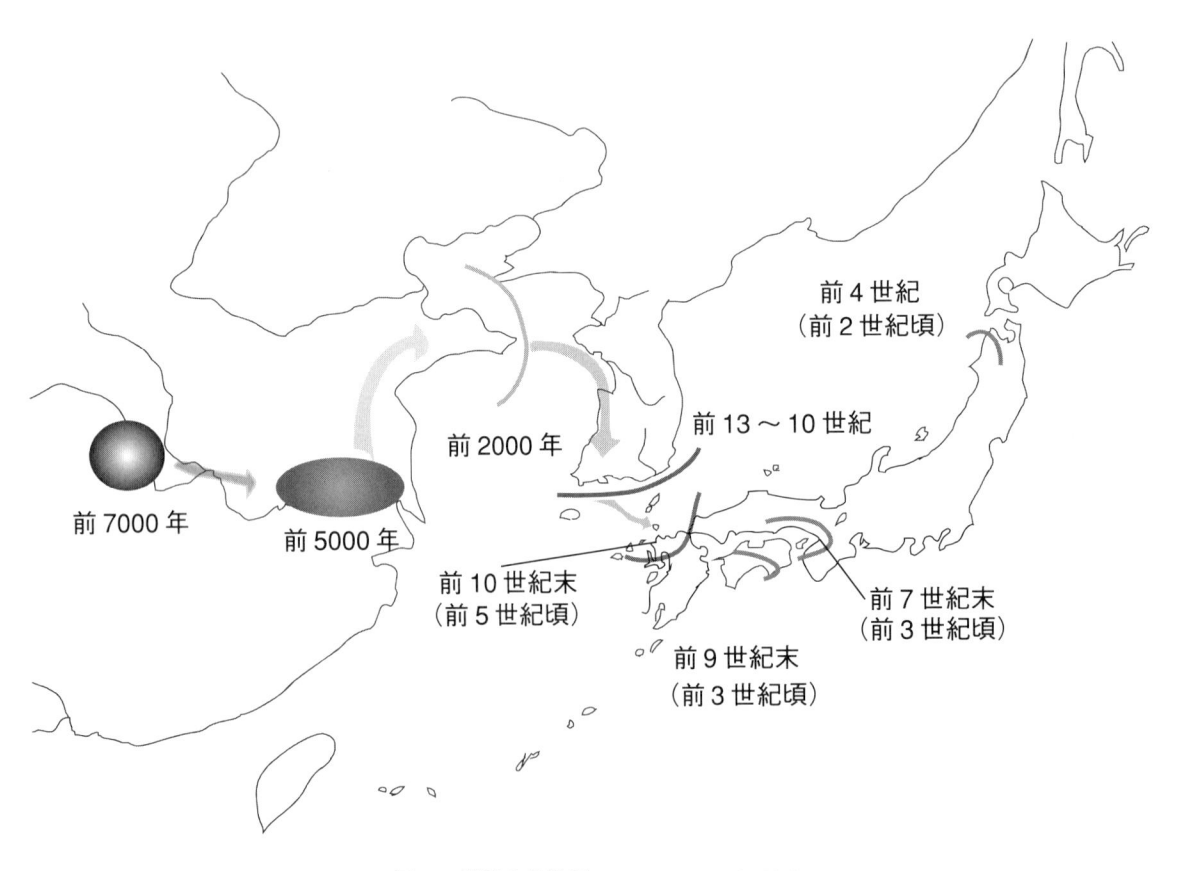

**図1　農耕の拡散図**（括弧内は従来の年代観）

― 4 ―

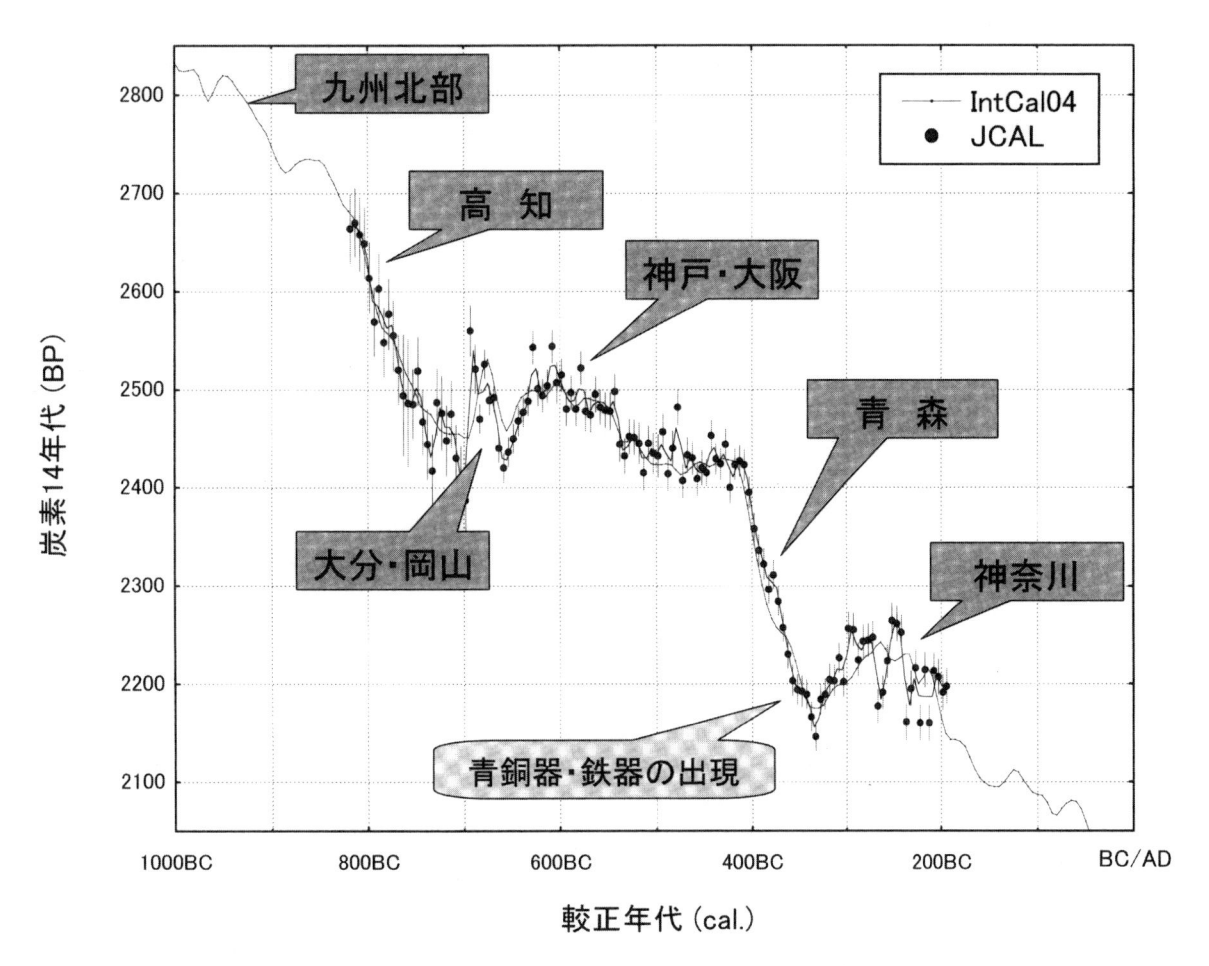

図2 各地の水田稲作開始時期と日本版較正曲線

## 九州から列島各地への弥生文化の広がり

我々の研究チームのこれまでの年代測定によって，九州北部での弥生早期の始まりは紀元前10世紀後半，九州全体から瀬戸内東部・四国の弥生前期の始まりは紀元前800年頃，近畿地方の前期の始まりは紀元前600年頃，中部地方での弥生前期の始まりは紀元前550年頃と推測される。弥生中期のはじまりは，紀元前380年〜350年頃で全国的にほぼ同時期である。弥生後期の始まりは紀元前50年頃から紀元前後である。つまり，日本列島に水田稲作が始まって以降，約300年をかけて西日本に弥生農耕文化が広がったことになる。

各地域への弥生文化の拡散の時期は，今後より詳細な研究が必要であるが，従来考えていたよりもゆっくりと弥生文化が浸透していったことが推測される。従来は，土器型式2〜3形式の間，つまり100年程度で西日本全体が稲作農耕を受け入れて縄文文化から弥生文化へと変化すると考えられてきた。人骨も，弥生前期には西日本のすべての人が縄文人的形質から弥生人的形質に変わるとされてきた。この前提としては，紀元前3世紀から紀元後3世紀が弥生時代であり，弥生前期約200年間で，弥生文化が人間の形質までも縄文から弥生へと急激に変化させたと考えざるを得なかったのである。弥生前期の段階で，西日本全体を弥生人に変化させるには，弥生人による縄文人の征服を前提とし，大量の渡来人を想定しなければ解釈できないという考え方が現われることは当然である。一方，土器の形式的研究では，西日本全体で縄文土器から弥生土器への連続性も認められており，縄文文化から弥生文化への急激な変化を否定する考え方もあった。渡来人の影響を小さく見て，縄文文化から弥生文化への変化を国内だけで考えようとする説である。これらの諸説の前提は，縄文から弥生への変化が100年程度の短い期間で行なわれたという前提があったからである。

ところが，我々の研究により，九州では弥生早期が約200年間あり，渡来人により水田稲作が始められてから約200年経過して弥生文化前期へと変化したと推定されるようになった。そして，九州各地や中国・四国・近畿にはゆるやかに弥生農耕が波及し，近畿地方には紀元前600年頃になって弥生農耕が普及したと考えられるようになった。畿内の状況についても，当初は河内平野に入り，その後奈良盆地に達したと推測されるようになった。そして，琵琶湖沿岸を通り，濃尾平野や三河湾沿岸で農耕が始まるのは紀元前550年頃である。日本列島を徐々に北上した弥生農耕は日本海を経由して青森県に達したのは紀元前約5世紀である。そして，青森県から北海道では続縄文文化の形成を促したと推測される。

### 今後の課題

次に問題となるのは，九州北部をはじめとする日本列島各地での縄文文化と弥生文化との接触の実態である。九州北部では，大陸からの渡来人が居住を始めたとき，在来の縄文人との争いがあったというよりも在来人が渡来人を受け入れてひとつの集落に混在した可能性がある。また，四国北部では渡来人の村と在来の縄文人主体の村が混在していたと推測されるようになった。この見解は，われわれのチームの一員である藤尾慎一郎によるものである。

また，水田稲作技術が伝わった時，稲作以外の雑穀栽培や豆類・果実栽培，さらに家畜を含めた稲作農耕文化全体が一括して持ち込まれたはずである。その実態についての解明はほとんど進んでいない。そして，弥生時代以前の縄文時代での農耕の可能性についても，新たな年代測定資料を用いた研究はほとんど行なわれていない。これらの研究はまだ始まったばかりであり，今後の研究の進展が多いに期待されるのである。

ところで，弥生中期のはじまりは，紀元前380年頃から紀元前350年頃であり，全国的にほぼ同時期である。このことから弥生前期から各地で弥生社会の均一化と情報の共有化が進んだことが推測される。弥生社会が安定し，小国が各地に出現し統一国家形成への動きが始まったことを示すのであろう。我々の年代研究については，まだ年代測定の精度の向上の余地が多い。しかし，精度の高い年代測定によって，日本の古代社会の解明についても寄与したいと願っている所存である。

# 弥生時代の開始年代

藤尾　慎一郎

はじめに

　弥生時代はいつから始まったのか。私たちはこれまで次のような方法で年代を求めてきた。まずもっとも古い水田が伴う山の寺式や夜臼Ⅰ式土器に付着した炭化物の炭素14年代を測定する。ただ最古の弥生土器である突帯文土器の測定数は少ないため，前後の土器型式の炭素14年代との間で統計処理することによって，山の寺式や夜臼Ⅰ式の年代を絞り込む方法である〔藤尾ほか 2005〕。

　山の寺式の測定数は3点しかなかったので統計処理に負う部分が大きかったが，2006年12月に夜臼Ⅰ式に伴う方形浅鉢の測定値を得ることができた。また山の寺・夜臼Ⅰ式の上限を決める根拠である黒川式の炭素14年代にも新しい知見が得られた。以上の状況の変化をふまえ改めて統計処理をおこなったところ，山の寺・夜臼Ⅰ式の年代がわずかにさかのぼる結果を得たので，2007年2月末時点における弥生時代の開始年代について報告する。

## 1　夜臼Ⅰ式の測定例（図1）

　2004年に佐賀県唐津市菜畑遺跡9～12層出土の山の寺式（図2－2）を測定後，2005年には福岡市板付遺跡第34次調査第9層出土の夜臼Ⅰ式（図3－1）を測定した。板付の砲弾型一条甕1点と晩期系粗製深鉢5点の炭素14年代はすべて2600 $^{14}$C BP台であった。夜臼Ⅱa式と同じ炭素14年代をもつ第9層出土土器は，刻目がヘラ刻目であることや口縁部の突帯が口縁端部まで上昇していることなど，板付G-7a・b区最下層出土の夜臼Ⅰ式に比べて型式学的に後出するという山崎純男の指摘もあり，夜臼Ⅰ式新段階として処理した。

　その後しばらく山の寺式や夜臼Ⅰ式の測定値を得ることはできなかったが，2006年12月になって福岡市城南区橋本一丁田遺跡第2次調査出土の方形浅鉢（図2－1）の口縁部外面から採取した炭化物の炭素14年代を測定したところ，2765±40 $^{14}$C BPという値を得た。方形浅鉢は菜畑9～12層や唐津市宇木汲田貝塚第Ⅸ層から出土するもので，山の寺式に伴うものはこれまでも知られていたが，夜臼Ⅰ式に伴うもので炭素14年代が得られたのは今回が初めてである。

　2005年に報告した山の寺式の測定値3点のうち，菜畑9-12層出土の2860年 $^{14}$C BPを示す土器は飛び抜けて古いため検討の余地があることを指摘したが〔藤尾 2007〕，2700 $^{14}$C BP台を示す他の2点（図2－2・3）の山の寺式に比べると方形浅鉢の値はわずかに古い値である。

　橋本一丁田のある早良平野は，早良・福岡平野として一括して扱われることも多いが，土器相には違いがみられる。特に橋本一丁田の突帯文土器には，東部九州系の器形をもつ屈曲型一条甕や，口縁端部を折り曲げて体部を湾曲させる瀬戸内系の一条甕があるなど，板付の突帯文土器とは異なる特徴をもっている。早良における最古段階の突帯文土器の特徴には，従来の指刻目ではなく，ヘラ刻目が最古段階にくる可能性をもつだけに，夜臼Ⅱa式に比定した突帯文土器のなかには夜臼Ⅰ式段階まで上がる可能性のある土器が含まれている可能性も否定できない。早良の突帯文土器編年を整備する必要がある。

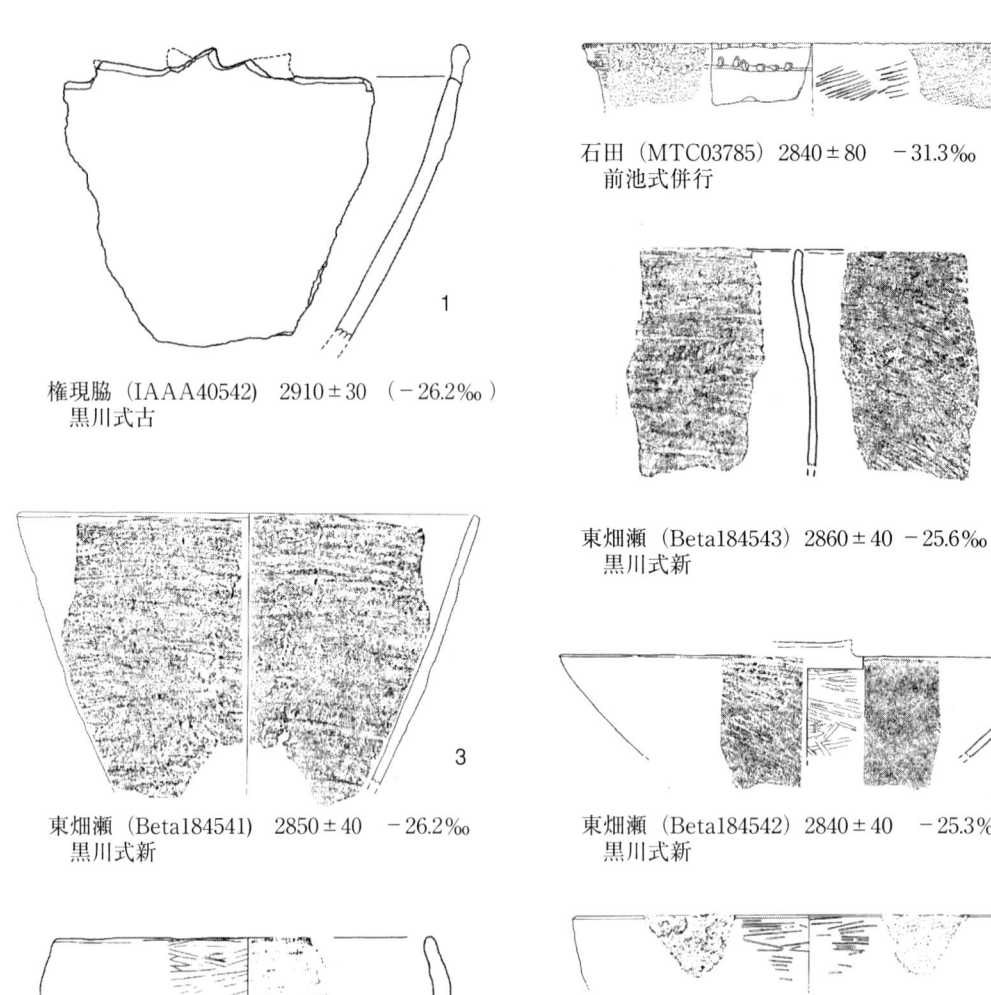

権現脇（IAAA40542）　2910±30　（-26.2‰）
黒川式古

石田（MTC03785）　2840±80　-31.3‰
前池式併行

東畑瀬（Beta184543）　2860±40　-25.6‰
黒川式新

東畑瀬（Beta184541）　2850±40　-26.2‰
黒川式新

東畑瀬（Beta184542）　2840±40　-25.3‰
黒川式新

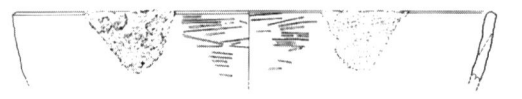

菜畑（Beta189572）　2820±40　-26.5‰
黒川式新

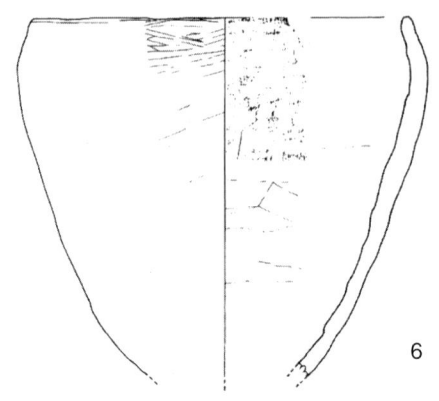

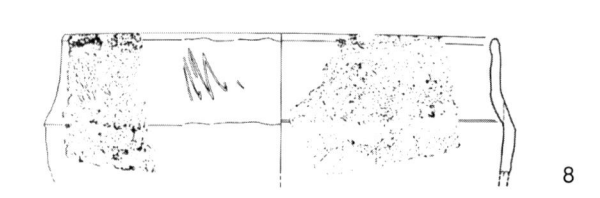

石木中高（Beta189556）　2830±40　-26.1‰
黒川式新

菜畑（Beta189570）　2820±40　-23.7‰
黒川式新

**図1　黒川式古・新段階の土器実測図，炭素14年代とδ¹³C**　（縮尺不同，各報告書から転載）

## 2　黒川式の整理

**概　要**

　黒川式には，突帯文土器が伴わない黒川式単純と，伴うものがあり，これまで学術創成研究グループでは後者を黒川式新と呼んできた。菜畑遺跡，佐賀県小城市（旧三日月町）石木中高遺跡，長崎県南島原市（旧深江町）権現脇遺跡，平戸市（旧田平町）里田原遺跡から出土した黒川式はほとんどがこの黒川式新に属す。しかし黒川式単純は権現脇遺跡や鹿児島県霧島市上野原遺跡出土品な

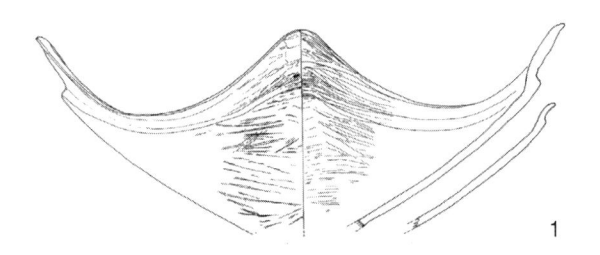

橋本一丁田（MTC08113）2765±40　−27.7‰
夜臼Ⅰ式

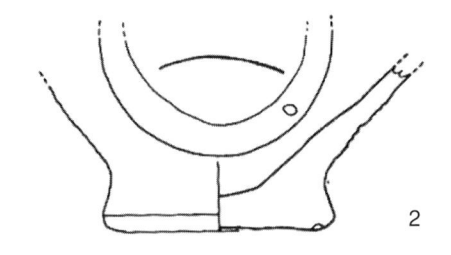

菜畑（Beta188522）2730±40　−25.3‰
山の寺式

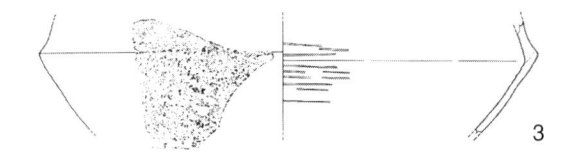

菜畑（Beta189574）2710±40　−25.9‰
山の寺式

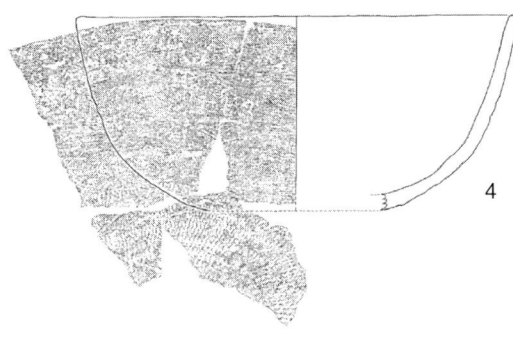

権現脇（IAAA41101ほか）2780±40　−28.4‰
山の寺式

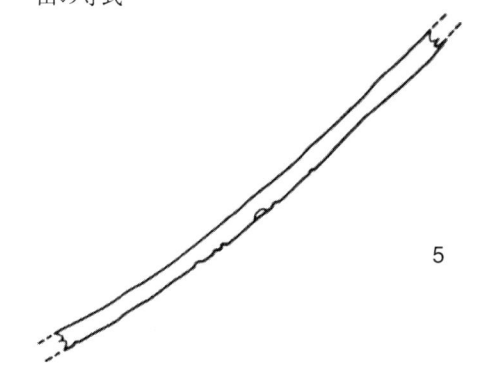

菜畑（Beta189573）2760±40　−25.7‰
山の寺式

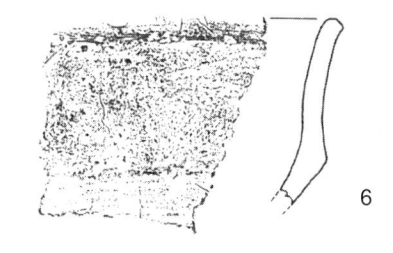

里田原（IAAA41095）2740±40　−27.4‰
山の寺式

日佐（IAAA410810）2780±40　−27.6‰
夜臼Ⅰ式

**図2　山の寺式・夜臼Ⅰ式土器実測図，炭素14年代とδ$^{13}$C**　（縮尺不同，各報告書から転載）

どわずか数点に過ぎず，しかも整合性のある炭素14年代が得られているのは権現脇の1点（図1－1）だけである。

　黒川式は浅鉢や鉢など精製土器を基準に2〜3つに細別されている土器群だが，炭素14年代が測定できるのは炭化物が付着する粗製土器が基本なので，黒川式の細別型式と炭素14年代の対応をとるのが難しい。そこで先に述べたように突帯文土器との共伴の有無にもとづいて，黒川式古，黒川式新という細別をおこなったのである。特に山の寺式に比定されている菜畑9〜12層における晩期系土器の出方とその炭素14年代値が2800 $^{14}$C BP台であったことを根拠とした。

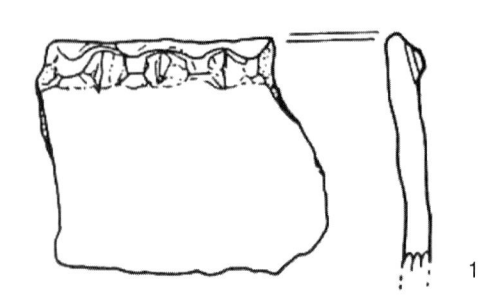

板付34次（Beta204385）2620±40　−25.7‰
夜臼Ⅰ式新

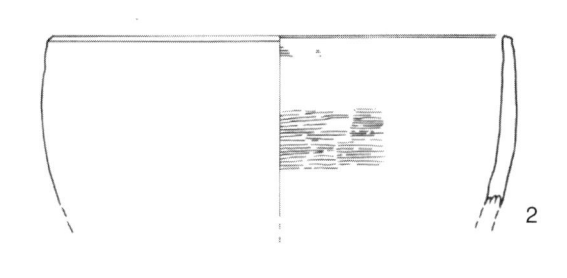

雀居4次（MTC08030）2690±35　−23.6‰
夜臼Ⅱa式

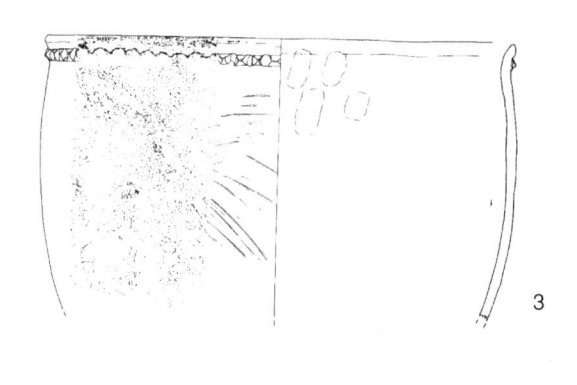

橋本一丁田（Beta172130）2660±40　未測定
夜臼Ⅱa式（MTC08115）2600±40　−27.3‰

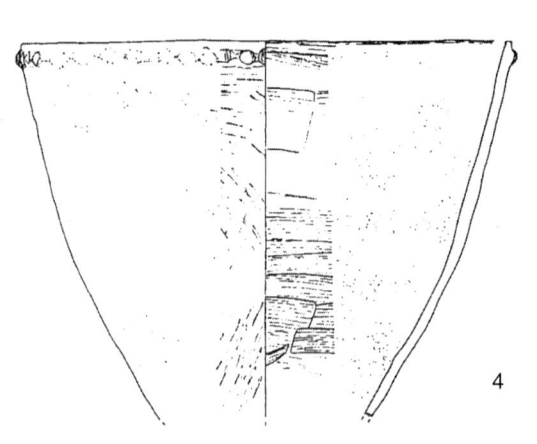

橋本一丁田（Beta172131）2650±40　−25.8‰
夜臼Ⅱa式

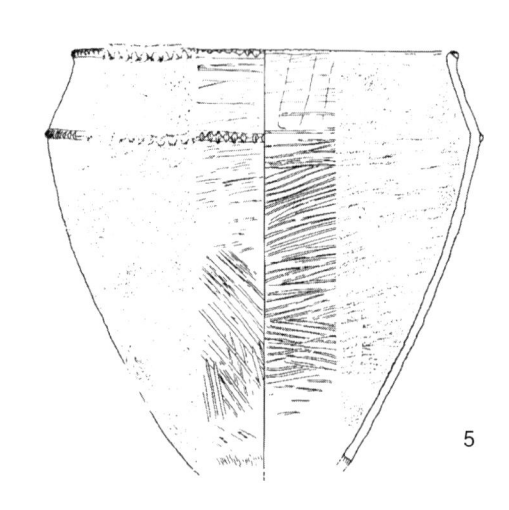

橋本一丁田（Beta172129）2640±40　−26.1‰
夜臼Ⅱa式

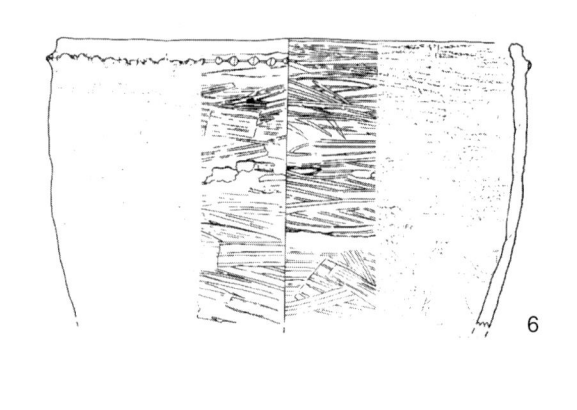

橋本一丁田（MTC08117）2620±45　−27.8‰
夜臼Ⅱa式

図3　夜臼Ⅰ式新，Ⅱa式土器実測図，炭素14年代とδ$^{13}$C（縮尺不同，各報告書から転載）

板付34次（Beta184551）2670±40　−26.4‰
夜臼Ⅰ式新

板付34次（Beta204406）2630±40　−25.8‰
夜臼Ⅰ式新

菜畑（Beta188526）2600±40　−25.4‰
夜臼Ⅱa式

板付34次（Beta204407）2600±40　−25.7‰
夜臼Ⅰ式新

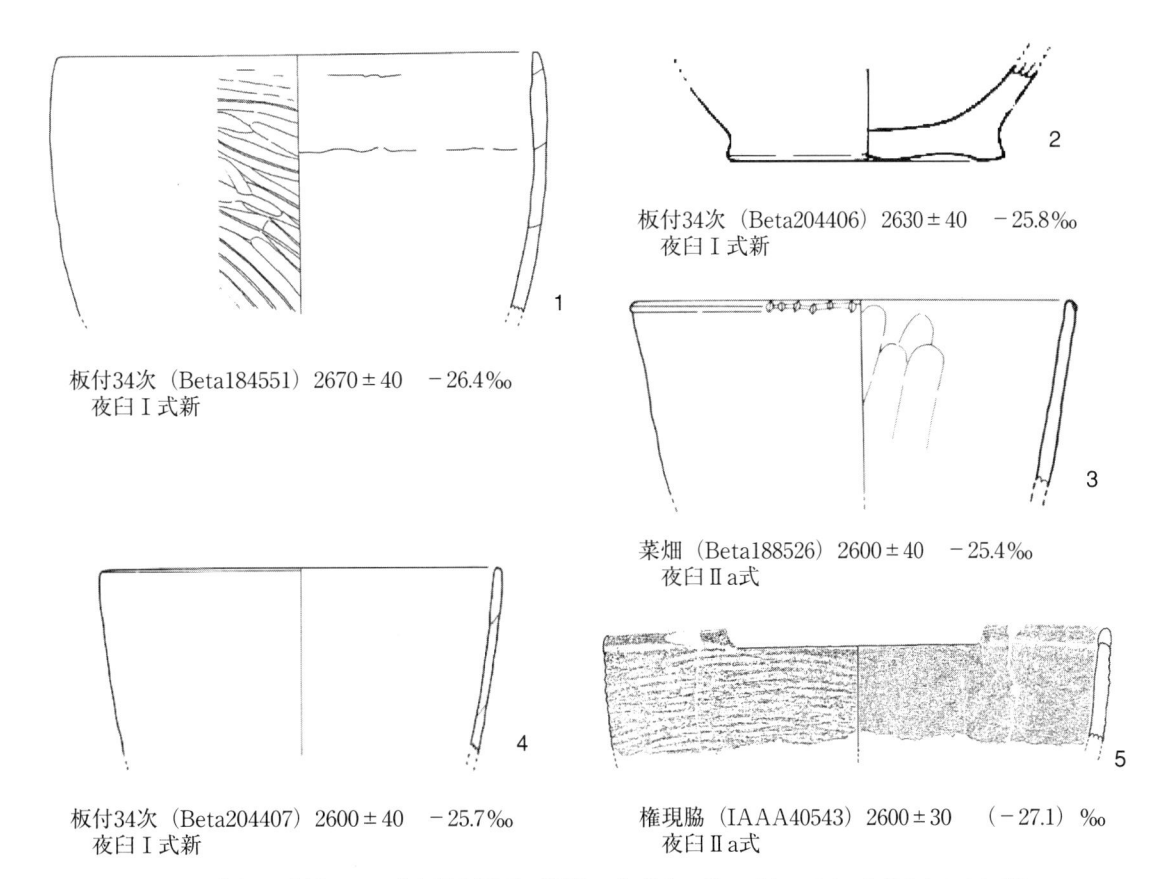

権現脇（IAAA40543）2600±30　（−27.1）‰
夜臼Ⅱa式

**図4　夜臼Ⅰ式新，Ⅱa式土器実測図，炭素14年代とδ¹³C**（縮尺不同，各報告書から転載）

　ところが測定が進むにしたがって，黒川式古，黒川式新いずれについてもこれまでは予想しなかった事実が次々に明らかになった。まず黒川式の特徴と考えられてきた組織痕文土器の炭素14年代が晩期初頭の標識土器である大洞B式と同じ炭素14年代を示す例が出てきて，組織痕文土器の上限が上がるのか，黒川式の年代が上がるのか，判断が難しくなってきたことがある。また突帯文土器と一緒に出土する黒川式新の粗製深鉢には，地域によっては板付Ⅱa式併行の前期突帯文系土器とともに出土するものもあることがわかってきた。

　黒川式古の問題は，後述するように黒川式自体が晩期前葉にかなり近づくことがわかってきたため解決に向かいそうだが，黒川式新についてはこのままの定義で使い続けると研究史との間で齟齬があまりにも大きくなってしまう。なぜなら，山崎純男が1980年に夜臼Ⅰ式を設定した際，夜臼Ⅰ式の煮炊き用土器のなかに深鉢Ⅰ類として晩期系の粗製深鉢を組み込んでいたからである〔山崎1980〕。これでは研究史と夜臼Ⅱa～板付Ⅱa式に併行する黒川式新が矛盾してしまう。したがって黒川式新の取り扱いを発展的に解消する必要性に迫られていた。

　筆者はこのような矛盾を感じながら，山の寺式の良好な測定値を得ようと努力したのであるが，山の寺式や夜臼Ⅰ式など西北九州最古の突帯文土器には，もともと炭化物自体があまり付着していないこともあって，長いこと解決の糸口をつかめなかったのである。

### 晩期系土器の5細別

　2006年12月になって，佐賀県佐賀市（旧富士町）に所在する東畑瀬遺跡の報告書刊行のための打ち合わせを兼ねて現地を訪問した。東畑瀬は2003年7月に炭化物の試料採取に出向き，黒川式新に比定した粗製深鉢や粗製鉢3点の測定値を得た遺跡である。

　発掘調査中に試料を採取した際には，山の寺式が伴っていることを根拠に黒川式新に比定したの

だが，整理作業が進んだ結果，山の寺式は2〜3点しかないことがわかり，ほぼ黒川式単純段階と弥生前期前半の土器群の2群に分かれることが明らかになったのである〔藤尾・小林 2007a〕。東畑瀬の黒川式単純の炭素14年代はすべて2800 $^{14}$C BP台で，これまで測定した山の寺式の炭素14年代よりも明らかに古い年代である。

さらに嘉瀬川を挟んだ東畑瀬の対岸には西畑瀬遺跡があり，ここで出土した黒川式土器は東畑瀬の黒川式土器よりも型式学的に一段階古い可能性のあることを，調査担当の徳永貞紹氏からうかがった。西畑瀬の黒川式土器は2007年度に年代測定がおこなわれる予定なので，どのような炭素14年代が出るかわからないが，型式学的に古いことが事実となると，2800 $^{14}$C BP台の後半から2900 $^{14}$C BP台前半の値が出る可能性もある。

実際，権現脇や上野原出土の黒川式土器に比定された組織痕文土器や粗製深鉢の炭素14年代は2900 $^{14}$C BP台の値が出ていることを参考にすると，これまで精製土器でしか細分できなかった黒川式以降の晩期系粗製土器を炭素14年代を使って5つに分けることができよう。すなわち，突帯文土器が伴わない黒川式単純を2細別，山の寺式や夜臼Ⅰ式など最古の突帯文土器に伴うもの，夜臼Ⅱ式に伴うもの，原山式など弥生前期の突帯文系土器に伴うもの，の5つである。

2006年4月に筆者は一度これらの土器群を段階設定したことがある〔藤尾 2006〕。この時は先にも述べたように，2800 $^{14}$C BP年以降の晩期系土器をすべて黒川式新と呼んだうえで5つに段階設定したが，その理由は菜畑9〜12層出土土器群の同時性を重視したためである。山の寺式に比定された9〜12層には多くの晩期系土器が含まれていたことと，これらの炭素14年代が2800 $^{14}$C BP台を示していたからである。

しかしこのような事情が先に指摘した矛盾を生むことにつながったのであるから，今回の東畑瀬と西畑瀬での調査成果をふまえて，黒川式新の概念を変えることで黒川式と晩期系土器群について新たに段階設定をすることにした。

黒川式と山の寺式との境界はまだはっきりしないが，これまで得られているもっとも古い突帯文土器の測定値である2765 $^{14}$C BPに＋35を加えた2800 $^{14}$C BP年を仮の境界とし，以前を黒川式単純，以降を突帯文土器段階の晩期系煮炊き用土器とみなす。その上で黒川式単純を古と新に分ける。呼び方が同じなので混乱しそうだが，黒川式新とは突帯文土器出現以前の黒川式単純の新相という位置づけである。突帯文土器に伴う晩期系土器については，突帯文土器の煮炊き用土器のセットを構成する一つの形式と認識した山崎の定義にしたがう〔山崎 1980〕。

### 黒川式の上限

ここで黒川式の上限と晩期系土器群の下限についてもふれておこう。先ほど2900 $^{14}$C BP台の黒川式の例をあげたが，これらは晩期初頭の土器型式である大洞B式や九州南部・入佐式の炭素14年代にかなり近いこともあって，当初は測定結果が間違っているのではないかという意見もあった。黒川式に特徴的な組織痕文土器が晩期初頭まで上がるはずがないという考えに基づくものである。こうした疑問については，縄文時代のコメの上限が後期の初めまでさかのぼりつつある現状では，織物が存在した可能性を示している組織痕文土器が晩期の初めに上がっても問題はないのではないかと考えていた。

その後，九州中部における晩期初頭の土器型式である天城式の炭素14年代が後期末まで上がる事実や，九州東部における晩期初頭の土器型式である大石式の典型的な土器として有名な図面が，実は後期末の御領貝塚の土器であることなどが明らかになってくると，これまで晩期初頭に比定されてきた九州の土器群が後期末に上がることによって，ぽっかりと空いた穴を埋めるように黒川式の上限が晩期前葉に近づいていくのはまぎれもない事実である〔水ノ江 1997〕。したがって2900 $^{14}$C BP台を示す黒川式古段階の土器を晩期前葉の土器群として設定しても矛盾がない状況になりつつあると考える。

東部九州も同様である。北九州市石田遺跡出土の前池式併行の屈曲型一条甕（図1-2）の炭素14年代は2900 $^{14}$C BP台であったし，大分市玉沢地区条里跡第7次調査出土の上菅生B式も2900 $^{14}$C BP台である〔藤尾・小林 2006〕。これまで刻目突帯文土器出現直前の晩期後半に位置づけられていた刻目文土器や無刻目文土器が晩期前葉まで上がる可能性が豊前や豊後でも認められる。

### 晩期系土器の下限

晩期系土器群の下限問題については，板付Ⅱa式段階まで残る傾向のあることを指摘したことがある〔藤尾 2006〕。原山式と呼ばれてきた島原半島の突帯文土器に伴う晩期系土器は，板付Ⅰ式併行の土器群だし，大隅半島では山の寺式と同じ型式学的特徴をもつ晩期突帯文土器に，晩期系土器群と擬孔列文土器が伴うことを確認しているが，炭素14年代は2400 $^{14}$C BP台まで下るものがある。福岡平野でも板付34次調査第9層出土土器に晩期系土器群が伴っており，夜臼Ⅱa式と同じ2600 $^{14}$C BP台の値が出ている。

以上のように黒川式以来の晩期系土器群は，炭素14年代測定をおこなうことによって古い方も新しい方もこれまで予測し得なかった事態に直面しつつある。考古学的な方法だけでは対応しきれない段階にはいったといえよう。

## 3　統計処理の前作業

### 概　　要

山の寺式の追加測定値，2800 $^{14}$C BP台を示す晩期系土器を山の寺式から除外，黒川式新の型式学的再考の結果，山の寺式や夜臼Ⅰ式を含む前後の土器型式の測定値は，黒川式新10点，山の寺・夜臼Ⅰ式15点（突帯文2，晩期系13），夜臼Ⅱa式28点，夜臼Ⅱb式21点，板付Ⅰ式6点になった。これらの測定値をもとに統計処理をおこない，山の寺・夜臼Ⅰ式の年代を再計算してみよう。

表1は入佐式，黒川式古，同新，山の寺式，夜臼Ⅰ式，夜臼Ⅱa式，夜臼Ⅱb式，板付Ⅰ式，原山式の測定値である。＊印をつけたものはδ$^{13}$Cの値からみて海洋リザーバー効果の影響を受けて古く出過ぎていると考えられるもの。＊＊印をつけたものは別の要因で測定結果に疑問が残るものである。型式ごとに統計処理をおこなうにあたり，用いる測定値を選別しなければならないが，海洋リザーバー効果の影響が認められるものは当然外すとして，ここでは＊＊印の測定値について使えるかどうか検討する。対象とするのは黒川式新から夜臼Ⅱb式，板付Ⅰ式までの測定値である。

### 複数の測定値をもつ土器の扱い

黒川式新段階に比定した土器に疑問のある測定値はないが，石木中高4のように同一個体で複数のサンプリングをおこなったために，複数の測定値をもつものがある。外面と内面で測定値に違いが出るかどうかを調べたものや，1回目の誤差が大きかったために再測定したもの。サンプリング後に完形に復元され結果的に良心的ブラインドテストとなったものなど，背景はさまざまだが，統計処理をする前にこれらを一本化しておく必要がある。なぜなら同一型式の炭素14年代分布に偏りを生じてしまうからである。ある土器の使用期間は属する型式の存続幅のごく一部にすぎないために，もしある土器がもつ複数の測定値を使って統計処理すると，型式の存続幅のなかの特定の年代に偏ることになり，型式ごとの存続幅を出す場合にはきわめて都合が悪い。

詳細は省略するが，石木中高4の平均値は，2831±33 $^{14}$C BPとなる。当然のことながら平均値を出すと誤差は小さくなっていく。複数の測定値をもつ資料を平均すると，黒川式新の炭素14年代は9点，これに併行する北九州市石田遺跡出土の前池式に併行する突帯文土器を加えると10点になる。

表1　入佐式～板付Ⅰ式の炭素14年代とδ$^{13}$C

| 入佐式（晩期初頭）2点 | | | | | |
|---|---|---|---|---|---|
| 遺跡名 | 測定機関番号 | 炭素14年代 | δ$^{13}$C | 器　種 | 備考（歴博番号など） |
| 鹿児島県諏訪牟田 | Beta176043 | 2990 ± 30 | -27.9 | 粗製深鉢 | 未報告、旧称農業センターFJ0007 |
| 鹿児島県中ノ原 | PLD4645 | 2940 ± 25 | -26.8 | 粗製深鉢 | 48集489, KAMB77 |
| 黒川式古（晩期前半）2点 | | | | | |
| 遺跡名 | 測定機関番号 | 炭素14年代 | δ$^{13}$C | 器　種 | 備考（歴博番号など） |
| 長崎県権現脇 | IAAA40542 | 2910 ± 30 | (-26.2) | 粗製深鉢 | 後期末の年代, FJ0431 |
| 鹿児島県上野原 | IAAA30253 | 3010 ± 40 | (-23.0) | 組織痕文土器 | FJ0003 |
| 黒川式新（晩期後半）9点＋前池式併行突帯文土器 1点 | | | | | |
| 遺跡名 | 測定機関番号 | 炭素14年代 | δ$^{13}$C | 器　種 | 備考（歴博番号など） |
| 北九州市石田 | MTC03785 | 2840 ± 80 | -31.3 | 瀬戸内型屈曲一条甕 | 前池式併行（参考例）, FJ0145 |
| 佐賀市東畑瀬 | Beta184543 | 2860 ± 40 | -25.6 | 粗製深鉢 | FJ0149 |
| 佐賀市東畑瀬 | Beta184541 | 2850 ± 40 | -26.0 | 粗製深鉢 | FJ0159 |
| 佐賀市東畑瀬 | Beta184542 | 2840 ± 40 | -25.3 | 粗製鉢 | FJ0154 |
| 佐賀県石木中高4 | MTC03788 | 2810 ± 60 | -23.9 | 刻目文鉢 | FJ0165 |
| | Beta191834 | 2840 ± 40 | -25.7 | | FJ0165Re |
| 佐賀県石木中高7 | Beta189558 | 2820 ± 40 | -25.4 | 屈曲型粗製鉢 | FJ0168 |
| 佐賀県石木中高1 | Beta189556 | 2830 ± 40 | -26.1 | 粗製鉢 | FJ0162 |
| 唐津市菜畑遺跡 | Beta189570 | 2820 ± 40 | -23.7 | 屈曲型粗製鉢 | FJ0403 |
| 唐津市菜畑遺跡 | Beta189572 | 2820 ± 40 | -26.5 | 砲弾型粗製甕 | FJ0401 |
| 長崎県権現脇 | PLD5055 | 2825 ± 25 | -25.8 | 組織痕文破片 | 報告書未掲載, FJ0573 |
| 山の寺・夜臼Ⅰ式（早期前半）11点 | | | | | |
| 遺跡名 | 測定機関番号 | 炭素14年代 | δ$^{13}$C | 器　種 | 備考（歴博番号など） |
| 唐津市菜畑 | Beta189571 | 2880 ± 40 | -26.5 | 屈曲型二条甕 | 黒川新の年代で古すぎる。山の寺式新に比定。FJ0406 |
| 唐津市菜畑 | Beta188522 | 2730 ± 40 | -25.3 | 甕底部 | FJ0408 |
| 唐津市菜畑 | Beta189574 | 2710 ± 40 | -25.9 | 浅鉢坏屈曲部 | FJ0407 |
| 福岡市橋本一丁田 | MTC08113 | 2765 ± 40 | -27.7 | 方形浅鉢 | FUFU27 |
| 長崎県権現脇 | IAAA41894 | 2790 ± 40 | NA | リボン付き粗製鉢 | FJ0576 |
| | IAAA40546 | 2750 ± 30 | -27.5 | | FJ0442 |
| | IAAA41101 | 2780 ± 40 | -28.4 | | FJ0577 |
| 長崎県権現脇 | PLD4661 | 2780 ± 25 | -26.1 | 組織痕文破片 | 報告書未掲載, FJ0575Re |
| | PLD5056 | 2775 ± 25 | -26.8 | | FJ0574 |
| 長崎県権現脇 | PLD4657 | 2715 ± 30 | -30.1 | 鉢 | 報告書未掲載, FJ0435Re |
| 長崎県里田原 | IAAA41094 | 2750 ± 40 | -27.9 | 粗製鉢 | FJ0478 |
| 長崎県里田原 | IAAA41095 | 2740 ± 40 | -27.4 | 屈曲鉢 | FJ0481 |
| 唐津市菜畑 | Beta189573 | 2760 ± 40 | -25.7 | 浅鉢 | FJ0409 |
| 福岡市日佐1-13 | Beta188185 | 3060 ± 40 | -26.0 | 組織痕文鉢 | 後期末の年代　再測定したのがIAAA41080 |
| | IAAA41080 | 2780 ± 40 | -27.6 | | FJ0043 |
| 夜臼Ⅰ新、夜臼Ⅱa式（早期後半）15点 | | | | | |
| 遺跡名 | 測定機関番号 | 炭素14年代 | δ$^{13}$C | 器　種 | 備考（歴博番号など） |
| 福岡市板付34次 | Beta204385 | 2620 ± 40 | -25.7 | 砲弾型一条甕 | 第1回目は2410炭素年が出た。FUFU42 |
| 福岡市雀居4次 | MTC08030 | 2690 ± 35 | -23.6 | 砲弾型粗製甕 | FUFJ4 |
| 福岡市雀居4次* | MTC08038 | 2745 ± 35 | -19.4 | 浅鉢 | 海洋リザーバー効果の影響, FUFJ30b |
| 福岡市雀居4次* | MTC08037 | 2735 ± 35 | -21.8 | 夜臼Ⅱa | 海洋リザーバー効果の影響, FUFJ29 |
| 福岡市橋本一丁田 | Beta172128 | 2770 ± 40 | NA | 砲弾型一条甕 | 夜臼Ⅰの年代、古すぎる。 |
| 福岡市橋本一丁田 | Beta172130 | 2660 ± 40 | 未測定 | 砲弾型一条甕 | FJ以前 |
| | MTC08115 | 2600 ± 40 | -27.3 | | FUFU30 |
| 福岡市橋本一丁田 | Beta172131 | 2650 ± 40 | -25.8 | 砲弾型一条甕 | HSM6 |
| 福岡市橋本一丁田 | Beta172129 | 2640 ± 40 | -26.1 | 屈曲型二条甕 | HSM3 |
| 福岡市橋本一丁田 | MTC08117 | 2620 ± 45 | -27.8 | 砲弾型一条甕 | FUFU32 |
| 唐津市梅白 | Beta189569 | 2680 ± 40 | -26.0 | 杭 | |

| 遺跡名 | 測定機関番号 | 炭素14年代 | δ¹³C | 器種 | 備考（歴博番号など） |
|---|---|---|---|---|---|
| 唐津市梅白 | Beta174312 | 2600 ± 40 | -32.8 | 杭 | |
| 唐津市菜畑* | Beta188523 | 2810 ± 40 | -23.0 | 唐津型甕 | 海洋リザーバー効果の影響，FJ0412 |
| 唐津市菜畑** | Beta189575 | 2300 ± 40 | -26.5 | 砲弾型粗製鉢 | 新しすぎる，FJ0410 |
| | IAAA41083 | 2480 ± 40 | -34.7 | | 新しすぎる，FJ410Re |
| 唐津市菜畑 | Beta188526 | 2600 ± 40 | -25.2 | 祖型甕B | FJ0418 |
| 福岡市板付34次 | Beta184551 | 2670 ± 40 | -26.4 | 砲弾型粗製甕 | FJ048 |
| | Beta204409 | 2630 ± 40 | -27.1 | | FUFU49 |
| 福岡市板付34次 | Beta204406 | 2630 ± 40 | -25.9 | 甕底部 | FUFU40 |
| 福岡市板付34次 | Beta204407 | 2600 ± 40 | -25.7 | 砲弾型粗製甕 | FUFU41 |
| 長崎県権現脇 | IAAA40543 | 2600 ± 30 | (-27.1) | リボン付粗製鉢 | FJ0436 |
| | IAAA40544 | 2590 ± 40 | (-28.6) | | FJ0434 |
| 佐賀県石木中高6 | IAAA41081 | 2650 ± 40 | -25.5 | 屈曲型刻目文土器 | FJ0167Re |
| | MTC03787 | 2870 ± 60 | -24.7 | | FJ0167 |
| | Beta189568 | 2610 ± 40 | -25.7 | | FJ0167Re |
| 福岡市橋本一丁田** | MTC08118 | 2585 ± 40 | -27.4 | 浅鉢 | やや新しい，FUFU33 |
| 唐津市大江前** | MTC07433 | 2530 ± 40 | -22.6 | 甕底部 | 新しすぎる，SAGFJ9 |
| 福岡市橋本一丁田 | MTC08114 | 2490 ± 40 | -28.0 | 方形浅鉢 | 新しすぎる，FUFU28 |

**夜臼Ⅱb式21点・板付Ⅰ式（前期初頭）6点**

| 遺跡名 | 測定機関番号 | 炭素14年代 | δ¹³C | 器種 | 備考（歴博番号など） |
|---|---|---|---|---|---|
| 福岡市板付34次 | Beta204410 | 2570 ± 40 | -25.5 | 粗製鉢 | FUFU50b |
| 福岡市雀居12次 | Beta172132 | 2560 ± 40 | -26.9 | 屈曲型二条甕 | JKY2 |
| 福岡県上北島塚ノ本 | IAAA40832 | 2550 ± 40 | -25.0 | 甕底部 | FJ0600 |
| 福岡市那珂君休4次 | MTC04310 | 2510 ± 40 | -28.3 | 砲弾型一条甕 | FJ0074 |
| 福岡市橋本一丁田 | MTC08120 | 2535 ± 40 | -26.9 | 脚台底部鉢 | FUFU36 |
| 福岡市橋本一丁田 | MTC08116 | 2515 ± 40 | -28.7 | 砲弾型一条甕 | FUFU31 |
| 福岡市橋本一丁田 | MTC08119 | 2505 ± 40 | -27.7 | 砲弾型一条甕 | FUFU34 |
| 唐津市大江前 | MTC07430 | 2610 ± 40 | -27.6 | 砲弾型一条甕 | 誤差の範囲，SAGFJ5 |
| 唐津市大江前 | Beta217421 | 2460 ± 40 | 残材なく非測定 | 唐津型甕 | SAGFJ3B |
| 唐津市大江前 | Beta217422 | 2580 ± 40 | 残材なく非測定 | 甕底部 | SAGFJ6 |
| 唐津市大江前 | MTC07429 | 2465 ± 40 | -25.4 | 唐津型甕 | 誤差の範囲，SAGFJ4 |
| 唐津市大江前 | MTC07434 | 2530 ± 30 | -27.2 | 砲弾型一条甕 | SAGFJ13 |
| 唐津市大江前 | MTC07435 | 2550 ± 30 | -24.1 | 甕底部 | SAGFJ14 |
| 唐津市菜畑* | Beta188527 | 2800 ± 40 | -22.3 | 唐津型甕 | 海洋リザーバー効果の影響，FJ0423 |
| 唐津市菜畑 | Beta188526 | 2600 ± 40 | -25.2 | 祖型甕 | 誤差の範囲，FJ0418B |
| 唐津市菜畑 | Beta188525 | 2590 ± 50 | -24.5 | 砲弾型一条甕 | FJ0420 |
| 福岡市雀居4次 | MTC08031 | 2495 ± 35 | -26.1 | 砲弾型一条甕 | FUFJ8B |
| 福岡市雀居4次 | MTC08035 | 2550 ± 35 | -23.3 | 屈曲型二条甕 | FUFJ20A |
| 福岡市雀居4次 | MTC08028 | 2455 ± 35 | -24.8 | 浅鉢脚底部 | FUFJ1 |
| 福岡市雀居4次 | MTC08029 | 2535 ± 35 | -25.7 | 夜臼Ⅱ | FUFJ2 |
| 福岡市雀居4次* | MTC08030 | 2690 ± 35 | -23.6 | 夜臼Ⅱ | 海洋リザーバー効果の影響，FUFJ4 |
| 唐津市菜畑 | Beta188524 | 2570 ± 40 | -26.6 | 板付Ⅰ式甕底部 | FJ0415 |
| 福岡市雀居12次 | Beta172134 | 2620 ± 40 | NA | 板付Ⅰb〜Ⅱa式 | JKY5 |
| 福岡市那珂君休4次 | Beta184553 | 2520 ± 40 | -25.6 | 板付Ⅰ式 | FJ0035 |
| 唐津市大江前 | MTC07431 | 2525 ± 30 | -25.0 | 板付Ⅰ式 | SAGFJ7 |
| 唐津市大江前 | MTC07432 | 2530 ± 30 | -26.7 | 板付Ⅰ式 | SAGFJ8 |
| 福岡市雀居12次 | Beta172135 | 2590 ± 40 | NA | 板付祖型甕 | JKY6 |

**原山式（前期初頭）6点**

| 遺跡名 | 測定機関番号 | 炭素14年代 | δ¹³C | 器種 | 備考（歴博番号など） |
|---|---|---|---|---|---|
| 佐賀市磔石B | IAAA30252 | 2550 ± 50 | -27.5 | 砲弾型一条甕 | これまで板付Ⅰ式新併行の突帯文系土器としてきたが，原山式に含めて考えることにする。FJ0002 |
| 佐賀県石木中高8 | Beta189557 | 2560 ± 40 | -25.9 | 甕底部 | FJ0169 |
| 長崎県権現脇 | IAAA40545 | 2590 ± 40 | (-29.7) | 屈曲型胴部一条甕 | FJ0440 |

| 遺跡名 | 測定機関番号 | 炭素14年代 | δ¹³C | 器　種 | 備考（歴博番号など） |
|---|---|---|---|---|---|
| 長崎県権現脇 | IAAA41100 | 2570 ± 40 | (-27.6) | 屈曲型二条甕 | FJ0571RE |
| 長崎県権現脇 | IAAA40541 | 2570 ± 40 | (-27.5) | 屈曲型二条甕 | FJ0428 |
| 長崎県権現脇 | Beta194400 | 2530 ± 40 | NA | 粗製鉢 | 隆帯に刻目。FJ0437 |
| **九州南部の突帯文系土器、擬孔列文土器（6点）** | | | | | |
| 遺跡名 | 測定機関番号 | 炭素14年代 | δ¹³C | 器　種 | 備考（歴博番号など） |
| 鹿児島県薬師堂の古墳 | MTC07870 | 2530 ± 40 | -29.0 | 屈曲型二条甕 | 夜臼Ⅱb式併行、KAFJ13 |
| 鹿児島県上中段 | MTC07871 | 2460 ± 40 | -25.1 | 屈曲型甕 | 夜臼Ⅱb式併行、KAFJ18 |
| 鹿児島県上中段 | MTC07872 | 2490 ± 40 | -30.8 | 組織痕文鉢 | 夜臼Ⅱb式併行、KAFJ20A |
| | MTC07873 | 2515 ± 40 | -27.7 | | KAFJ20B |
| 鹿児島県上中段 | MTC07878 | 2470 ± 45 | -32.9 | 砲弾一条鉢 | 夜臼Ⅱb式併行、KAFJ21B |
| 鹿児島県小倉前 | MTC07879 | 2510 ± 40 | -26.8 | 孔列文付鉢 | KAFJ29 |
| 鹿児島県小倉前 | MTC07880 | 2490 ± 40 | -27.4 | 屈曲型甕 | KAFJ44 |

### ＊＊印の測定値の検討

　山の寺式や夜臼Ⅰ式に含めた突帯文土器は依然として少ないが、2700 ¹⁴C BP台を示す粗製深鉢、菜畑9～12層の浅鉢、今回新たに加わった橋本一丁田の方形浅鉢など山の寺・夜臼Ⅰ式土器は11点に達し、うち疑問の残る資料が2点ある。

　菜畑9～12層出土の屈曲型二条甕（Beta189571）は刻目の形態などから山の寺式新または夜臼Ⅱa式に比定した資料だが、山の寺式の炭素14年代として統計処理に用いている〔藤尾ほか 2005：図5‐3段目〕。現在では本稿でもすでに述べたように2880 ¹⁴C BPという炭素14年代は明らかに黒川式古段階の測定値であることから、今回から山の寺式の炭素14年代からは外す。山の寺式の測定値は2750 ¹⁴C BP付近に集中するが、それから100 ¹⁴C BP以上も古い測定値であることからも妥当な処置と考える。

　この時期には複数の測定値をもつ資料が二つある。権現脇のリボン付き粗製鉢は、良心的ブラインドテストの結果、三つの測定値をもつにいたったもので、平均すると2769±40 ¹⁴C BPになる。

　福岡市日佐遺跡の組織痕文鉢（図2‐7、藤尾ほか 2005：図4‐1段目）は、Beta188185の3060±¹⁴C BPという測定値が、縄文後期末の土器の測定値であることから明らかに山の寺式の測定値とはかけ離れていると考えられるので、IAAA41080の2780±40 ¹⁴C BPを採用した。

　夜臼Ⅱa式には28点中、＊＊印の測定値が6点ある。板付34次の砲弾型一条甕（Beta204385、図3‐1、〔藤尾ほか 2005：図5‐2 段目〕）の測定値は、1回目が2410±40 ¹⁴C BP、2回目が2620±40 ¹⁴C BPであった。2005年の論文では前者を採用したが、その後、2回目の測定値を得ることができたので、2006年日本考古学協会第72回総会研究発表では後者で報告している〔藤尾ほか 2006：表1中〕。2410±40 ¹⁴C BPという値は明らかに板付Ⅱa式以降の測定値だからである。したがって本稿でも2回目の測定値を採用して統計処理をおこなう。

　菜畑8下層出土の砲弾型粗製鉢は他の夜臼Ⅱa式の値より100 ¹⁴C BPほど新しい値である。原因は不明だが、夜臼Ⅱa式の測定値群から2σ以上新しいことから統計処理では用いない。橋本一丁田（MTC08118）は2500 ¹⁴C BP台だが、誤差の範囲で2600 ¹⁴C BP台にはいるので統計処理に用いるが、大江前（MTC07433）と橋本一丁田（MTC08114）は、誤差の範囲に収まらないので用いないことにする。

　複数の測定値をもつ橋本一丁田（Beta172130、MTC08115）の平均値は2630±28、板付34次（Beta184551、204409）の平均値は2650±28、権現脇（IAAA40543、40544）の平均値は2596±24、石木中高6（IAAA41081、MTC03787、Beta189568）の平均値は2630±20である。

夜臼Ⅱb式と板付Ⅰ式は，27点中，2点に海洋リザーバー効果の影響が認められるので外す。板付Ⅰ式はすべて2500 $^{14}$C BP台だが，今回，大江前の調査で出土した夜臼Ⅱb式の中にはじめて2400 $^{14}$C BP台の測定値を得た。板付Ⅰ式の下限より夜臼Ⅱb式の下限の方が新しいということである。

研究史的には板付Ⅰ式の出現で夜臼Ⅱb式の上限は決まるものの，下限は板付Ⅰ式の下限よりも新しいことが初めてわかったのである。これまで夜臼Ⅱb式と板付Ⅰ式の存続幅はほぼ同じか，または福岡県今川遺跡の調査で明らかになったように夜臼Ⅱb式が伴わない板付Ⅰ式新の存在は，夜臼Ⅱb式が先に消えることを前提に考えてきたのだが，すくなくとも唐津平野の一角においては板付Ⅱa式の成立後も夜臼Ⅱb式が使われていた可能性が出てきた。この背景が集団差なのかどうかは今後の課題である。

2400 $^{14}$C BP台の夜臼Ⅱb式が大江前に存在する意味については佐賀県教育委員会にレポートを投稿済みなのでご参照いただきたい〔藤尾・小林2007b〕。

## 4 統計処理と実年代

### 弥生時代の開始年代

黒川式新と山の寺・夜臼Ⅰ式の境界を統計的に算出することによって弥生早期の実年代を算出する。2005年段階との違いは，黒川式新を突帯文土器出現以前の晩期土器に限定した点である。

グラフ1（図5上段左）をみるとわかるように，黒川式新のピーク（実線）10点と山の寺・夜臼Ⅰ式のピーク（網線）9点が重複する境界部付近の前955～935年のどこかに両者の境界がくるとみられる。2005年段階の境界は前935～915年の間にくるという統計結果だったのでわずかに上がったことになる。この原因は山の寺式3点だけで統計処理をおこなったため2005年段階は，精度が粗かったことに求められるかも知れない。今回は菜畑の山の寺式新である2880 $^{14}$C BPを外した一方で，橋本一丁田の2765 $^{14}$C BPや日佐の2780 $^{14}$C BPを加えるとともに，試料数が増加したことで精度が上がったと考えられる。よって2007年2月現在，灌漑式水田稲作の開始は前10世紀後半と考えられる。

### 山の寺式・夜臼Ⅰ式と夜臼Ⅱa式の境界

グラフ2（図5上段右）をみると，山の寺・夜臼Ⅰ式のピーク（実線）9点と夜臼Ⅱa式のピーク（網線）15点が重複する境界付近の前840～835年あたりに両者の境界がくるとみることができる。前回は前900～860年ごろにくるとみていたので，わずかだが下ったことになる。試料数は3：6から10：15にかなり増えたことで精度が高まったことと，夜臼Ⅱa式の2600 $^{14}$C BP台後半の測定値が増えたことが原因と考えられる。

この結果，山の寺・夜臼Ⅰ式の存続幅は100年強となり前回よりわずかに長くなる。水田稲作が始まってわずか25～50年で戦いや環壕集落が出現するとこれまで考えてきたが，今回の結果をみるとその倍はかかっていたことになる。

### 夜臼Ⅱa式と夜臼Ⅱb式・板付Ⅰ式との境界

グラフ3（図5下段）をみると夜臼Ⅱa式のピーク（実線）15点と，夜臼Ⅱb式・板付Ⅰ式のピーク（網線）25点が重複する境界部付近の前780年頃に両者の境界がくるとみることができる。前回は前810年ごろに板付Ⅰ式が出現するとみていたので，わずかに下った前8世紀初頭に前期が始まったことになる。

試料数も6：11から15：25と倍増して精度を増したこと，2400 $^{14}$C BP台前半の夜臼Ⅱb式の存在が新しくなった原因と考えられる。比較対象を板付Ⅰ式のみ，夜臼Ⅱb式のみにして夜臼Ⅱa式との境界を求めても結果はほぼ同じであった。

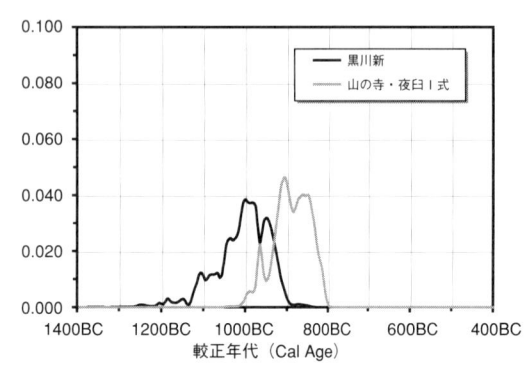

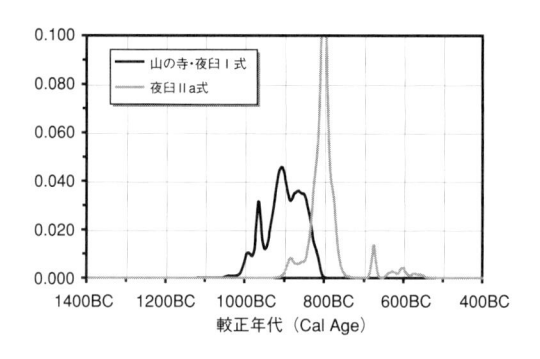

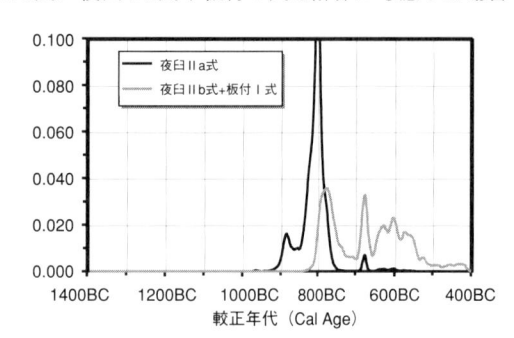

図5　黒川式新〜夜臼Ⅱb式までの型式間境界
（今村峯雄氏のプログラムを用いて計算）

この結果，夜臼Ⅱa式の存続幅は60年ほどになる。

おわりに

最後に本稿のまとめをしておく。

1　2800 $^{14}$C BP台を示す粗製深鉢や組織痕文土器を黒川式新に比定し，突帯文土器以前という前提で検討した。
2　2700 $^{14}$C BP台は山の寺・夜臼Ⅰ式，およびそれに伴う晩期系土器の炭素14年代という前提で検討した。
3　2600 $^{14}$C BP台は，夜臼Ⅱa式，およびそれに伴う晩期系土器の炭素14年代という前提で検討した。
4　2500 $^{14}$C BP台〜2400 $^{14}$C BP台前半は夜臼Ⅱb式の炭素14年代という前提で検討した。

以上の前提のもと統計処理をおこなった結果，2007年2月時点の弥生時代開始年代および型式間の境界年代は次の通りである。

　山の寺・夜臼Ⅰ式　　　955 －935 〜840 －838　（2005 段階　930 －915 〜900 －860）
　夜臼Ⅱa 式　　　　　　840 －838 〜780　　　　（2005 段階　900 －860 〜810）
　夜臼Ⅱb・板付Ⅰ式　　780 〜　　　　　　　　　（2005 段階　810 〜750）

この統計処理の結果を，東広島市黄幡1号遺跡出土のヒノキ材などをもとに作成した日本版較正曲線と比較してみよう。日本版では前796年以前の年輪の炭素14年代は2600 $^{14}$C BP台で，これは夜臼Ⅱa式の炭素14年代であった。統計結果では2005年版の夜臼Ⅱa式の下限は前810年，2007年版では前780年なのでかなり近づいてきたといえよう。

炭素14年代にもとづく較正暦年代は，測定数の増加によって日々更新されていくものだが，今回示したように更新幅は数十年といった単位であって，将来的に前5世紀に戻るという数百年単位のものではない。今後も毎年，較正暦年代を少しずつ精度を高めながら改訂していく予定である。

**参考文献**

藤尾慎一郎 2006「九州における縄文晩期末～弥生前期の実年代」『弥生農耕の起源と東アジアニューズレターNo.5』pp.8-9

藤尾慎一郎 2007「土器型式を用いたウィグルマッチ法の試み」『国立歴史民俗博物館研究報告』印刷中

藤尾慎一郎・今村峯雄・西本豊弘 2005「弥生時代の開始年代―ＡＭＳ‐炭素14年代測定による高精度年代体系の構築」『総研大文化科学研究』創刊号，pp.73-96

藤尾慎一郎・尾嵜大真 2006「較正年代の求め方―九州北部縄文晩期～弥生前期を中心に―」『弥生農耕の起源と東アジアニューズレターNo.6』pp.6-9

藤尾慎一郎・小林謙一 2006「大分市玉沢条里跡遺跡出土土器に付着した炭化物の炭素14年代測定」『玉沢地区条里跡第7次発掘調査報告』pp.129-141，大分市埋蔵文化財調査報告書66

藤尾慎一郎・小林謙一 2007a「佐賀市東畑瀬遺跡出土土器に付着した炭化物の年代学的調査」『東畑瀬遺跡1・大野遺跡1』佐賀県文化財調査報告書第170集

藤尾慎一郎・小林謙一 2007b「佐賀県大江前遺跡出土土器に付着した炭化物の年代学的調査」(提出済み)

藤尾慎一郎・春成秀爾・小林謙一・今村峯雄・坂本 稔・尾嵜大真 2006.5「九州の弥生早・前期の実年代」『日本考古学協会第72回総会要旨』pp.77-80

水ノ江和同 1997「北部九州の縄紋後・晩期土器―三万田式から刻目突帯文土器の直前まで―」『縄文時代』第8号，73-110，1997

山崎純男 1980「弥生文化成立期における土器の編年的研究―板付遺跡を中心としてみた福岡・早良平野の場合―」『鏡山猛先生古文化論攷』pp.117-192

# 近畿における弥生時代の開始年代

春 成 秀 爾

はじめに

　炭素14年代の暦年較正によると，北部九州で弥生早期は前950年頃，弥生前期は前780年頃に始まる。かつては，考古資料の操作にもとづき，弥生早期は前4，5世紀頃，弥生前期は前2，3世紀頃と考えていたのであるから，その年代観にもとづく弥生時代の開始の問題から，弥生人と大陸文化との関係にいたるまで，大きな変更を迫られることになった〔春成 2006，2007b〕。炭素14年代の測定は近畿地方の資料でもおこなわれ，この地方の弥生前期の年代もまた，大きくさかのぼることになった。

　ここでは，近畿地方にかぎって弥生時代の始まりについての学説をたどり，新たに得られた近畿の縄文晩期〜弥生前期の実年代が提起する今日的な課題を探ることにしたい。

## 1　二つの集団の併存説の確立まで

### 縄文人・弥生人の異族共存説

　1940年（昭和15年）6月，神武「紀元2600年祭」の一環として，昭和天皇が伊勢神宮に参拝後，奈良の宿舎に泊まり，橿原神宮に参拝することになった。橿原神宮は，1890年（明治23年）が神武紀元2550年記念に当たるといい，神武天皇を祭神として創建したものであった。この「紀元2600年祭」行事のために，奈良盆地を南北に貫く幅広い直線道路がつくられることになった。

　1937年早春に奈良県と京都帝国大学の事業として末永雅雄を調査主任としておこなわれた奈良県磯城郡川東村（現，田原本町）唐古遺跡の発掘は，この国道第15号路線の敷設工事に伴う採土場に唐古池の底が選ばれたことによるものであった。

　唐古の調査が終わると，1938年の秋から1940年の初夏にかけて，奈良県高市郡（現，橿原市）畝傍町橿原遺跡の発掘が奈良県の事業として，これも末永雅雄を調査主任としておこなわれた。橿原神宮外苑の拡張工事に伴うもので，これもまた「紀元2600年祭」関連事業であった。

　唐古遺跡の発掘によって，唐古第一様式すなわち弥生時代前期の農耕生活の実態が初めて明らかにされた。それは木製の農耕具類を中心に驚くほど充実した内容をもっており，それまで想像されていた「原始農業」のイメージを完全に払拭するものであった。

　1943年，唐古遺跡の発掘報告書の作成に力を尽した小林行雄は，その報告書のなかで，口縁部に刻み目突帯を有する縄文土器が唐古第一様式土器を出土した北方砂層中から2片検出されたこと，本来縄文文化の所産とされる石棒が第一様式土器を出土した竪穴から数個見つかったことから，同じ大和の地で狩猟採集民の縄文人と，農耕民の弥生人との交渉が存在したことを想定した。

　すなわち，「唐古の弥生式文化人が石器の原料を求めて山に入り，木器の素材を探ねて林に至るその間において，これらの二つの人々の間に自からなる交渉が生じたことはなかったであろうか。若しそうした場面が予想せられるとすれば，われわれが上来ただ弥生式文化の現象として，またその遺物として取扱って来たもののうちにも，なおこれらの人々の隠れた協力を考える必要が認められて来るであろう」と指摘した〔小林・末永 1943：249-250〕。

　唐古の弥生人が近傍の山や林で遭遇した縄文人の集落として，橿原遺跡や宮滝遺跡が小林の頭の

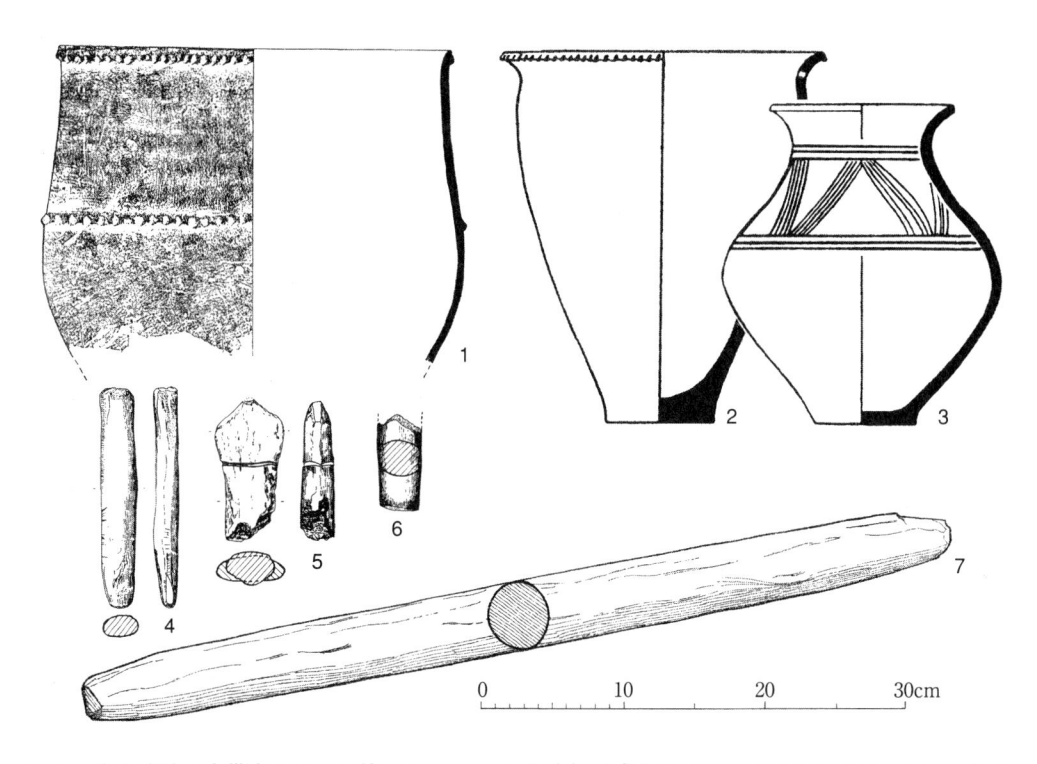

図1 唐古遺跡の突帯文土器・石棒（1・4〜6）と遠賀川式土器（2・3）〔末永・小林・藤岡 1943〕と
橿原遺跡の石棒（7）〔末永編 1961〕

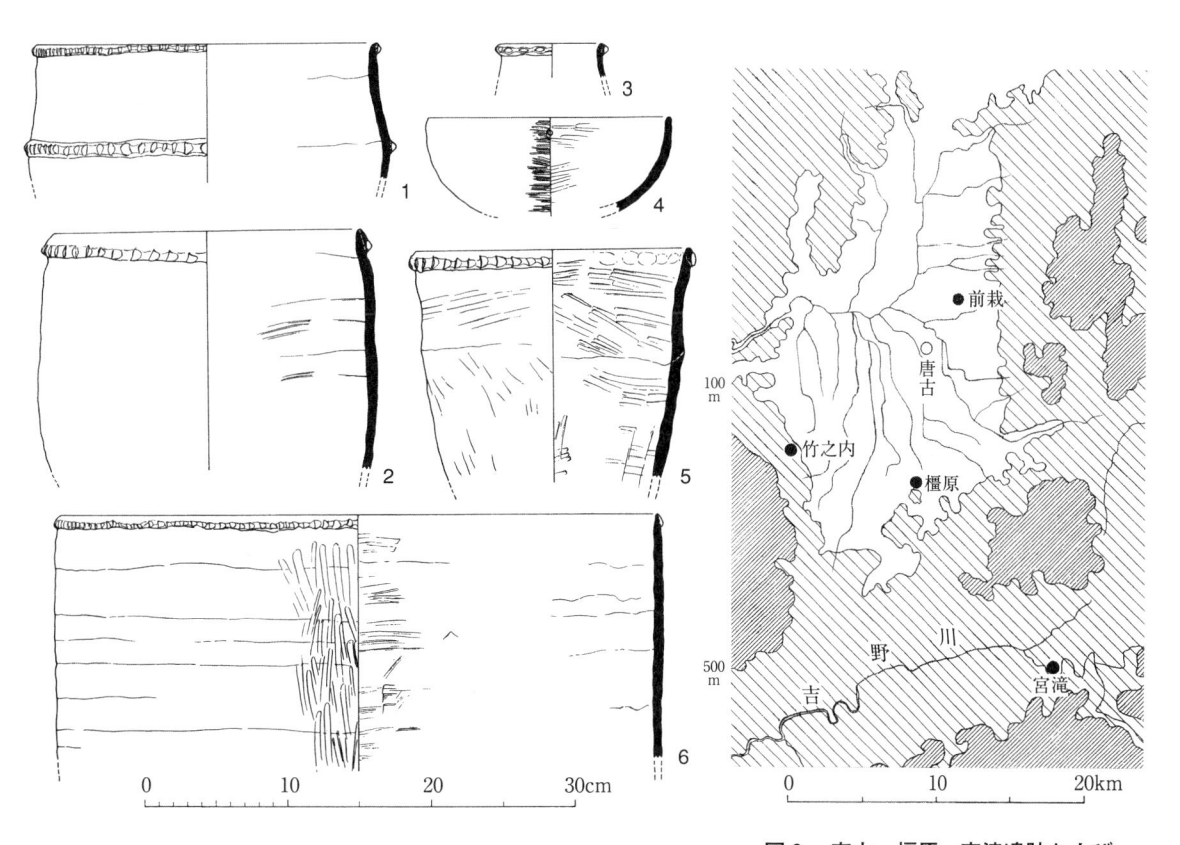

図2 天理市前栽遺跡の突帯文土器〔泉編 1984〕

図3 唐古，橿原，宮滝遺跡および
前栽遺跡の位置（〔末永編 1961〕から作成）

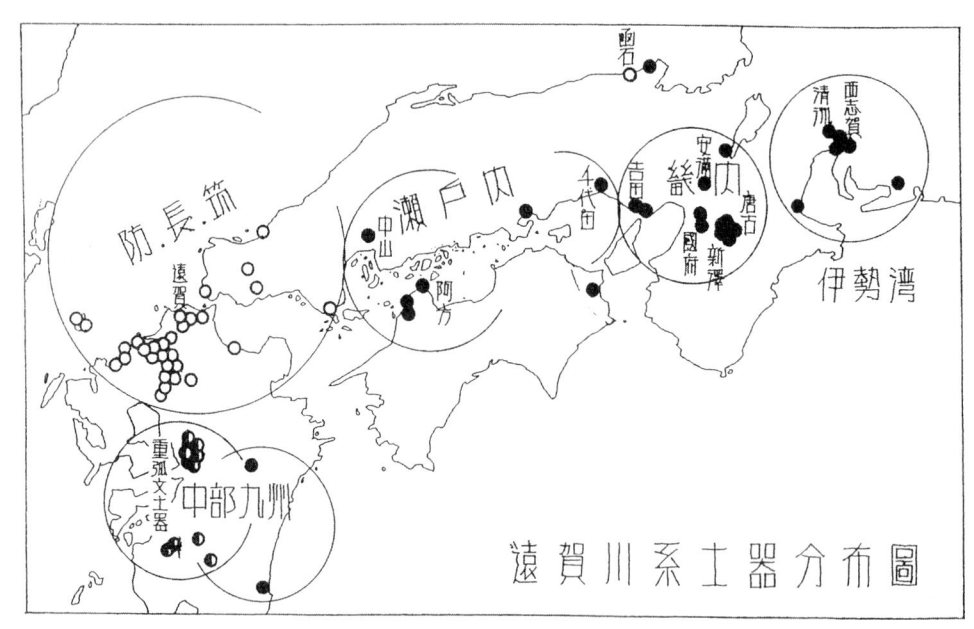

図4 遠賀川系土器分布図〔小林 1933（2006）〕

中にはあった。橿原遺跡からは刻み目突帯文をもつ縄文土器や土偶などが豊富に出土し，宮滝遺跡からは縄文土器と弥生土器がともに発掘されていた。橿原遺跡は唐古から南へ9km，同じ奈良盆地の南端に位置していたが，宮滝遺跡は橿原から山越えして11km南下し，吉野川を東へ10kmさかのぼった山間部にあった。そこは，光る尾をもっていたという井光，尾をもち岩を押し分けて出てきたという吉野の国栖部の始祖磐排別，さらには梁を作って魚を取っていたという阿太の養鸕部の始祖が住んでいた，と記紀の神武東征伝説に記されていた。彼ら国ツ神を異族扱いする奈良時代の人びとの意識は，昭和時代になると，山の民を縄文人の子孫とする見方に変わっていった。

　広い奈良盆地のなかでわずかに知られたのが，唐古と橿原というきわめて対称的な内容をもつ遺跡であった。縄文文化から弥生文化への移行を，それを担った縄文人から弥生人におきかえて考えると，縄文人は大和の地に従来から狩猟採集を生業にして住んでいた土着の人びとであり，唐古の弥生人は稲作技術をもってよその地から移り住んできた新来の人びとにちがいないようにみえた。

　しかし，唐古の弥生人たちがどこからやってきたのかの問いに対する回答は，容易に見いだせなかった。否，唐古や近畿にとどまらず，九州をふくむ弥生人たちが，「何処より移り来ったものか，あるいはただ文化のみが，智恵のみが伝わり及んだものであるか，それをさえ考古学では一応疑って見ねばならないのである」と，小林行雄は1938年には慎重に述べていた〔小林 1938（2006：330）〕。

　その一方，弥生文化の源流が「東亜の磨石器文化」にあるとする考えは，すでに1910年代に鳥居龍蔵が提出していた。小林もまたそのように考え，「弥生式文化の興起するために，その主導者として縄文式民族とは異った移住者の，ある程度の量を想定」し，形質人類学の方面からの証拠があがってくることを期待していた〔小林 1951：87-88〕。

　1955年，金関丈夫は山口県豊北町（現，下関市）土井ヶ浜遺跡で発掘した弥生人骨の分析にもとづいて，弥生時代が始まるにさいして，朝鮮半島南部から弥生文化とともに高身長の種族の相当数が日本島に渡来し，北九州地方のみならず，畿内地方にまでひろがった，とする説を発表した〔金関 1955（1976：42-43）〕。小林は，金関の説を援用し，稲作技術を身につけた人びとが渡来し，稲作農耕を伊勢湾沿岸までひろげる主導的な役割をはたしたという自説を一応完結させた〔小林 1958：21〕。しかし，土井ヶ浜人が縄文人の伝統とみられる抜歯の風習をもっていたことから「混血」の問題が小林を悩ませ，結論を先送りさせることになった。

## 近畿弥生人の北九州起源説

1970年，小林行雄の次々世代にあたる佐原真は，一般向けの書のなかに，こう書いている。「紀元前200年前後のことである。幾艘かの舟が瀬戸内海を通って，蘆のおいしげる難波江にはいってきた。舟からおりたった，この背の高い人びとこそ，米作りと金属・紡織をはじめとする新技術をもたらしたパイオニアであった。それまでは，狩人たちが水鳥を追って時たまあらわれるにすぎなかった水辺や湿地の近くで，彼らは大地を耕しはじめた。彼らの用いた土器と，北九州最古の段階につぐ弥生式土器とは，まったく瓜二つで，両地方の間によこたわる500kmの差を忘れるほどだ。北九州と近畿の土器が，容器の種類や形だけでなく紋様や製作手法にいたるまでよく似ているということは，両者が作られた年代にさほどの歳月の差がないことの証拠である。このことから，弥生文化は，北九州に成立して比較的短期間に近畿地方にまで到達したことがわかる。それは長くみつもっても50年以内，世代でいえば二世代を越えなかっただろう」〔佐原 1970（2005b：254）〕。

近畿の「弥生時代を紀元前200～後300年の500年間」，「前期を最初の150年間」と佐原は考え，北九州ではその前に板付Ⅰ式の時期50年間を加え，弥生時代の始まりを前250年と予想していた。

佐原は，板付Ⅰ式土器の年代を，伴出する有柄式磨製石剣の祖型を朝鮮半島の細形銅剣とみなす有光教一の説〔有光 1959：21-33〕によっていた。そして，細形銅剣で実年代のわかるピョンヤンの貞柏里にある「夫租薉君」墓と「夫租長印」墓は前１世紀後半に属し，細形銅剣には「さほど大きな形態変化が認められない」ことから，「古い型式のものでもさかのぼって，せいぜい前200年代半ばくらいまでと想定」していた〔佐原 1975（2005b：182-183）〕。

近畿各地に農耕技術を身につけた人びとが新たにやってきて，弥生文化が成立したと佐原が考えたのは，小林・金関説の継承であるが，この説は縄文晩期の遺跡の発見が僅少であったという当時の状況に明らかに規定されていた。

河内の藤井寺市船橋遺跡で収集され縄文晩期の最後に位置づけられた船橋式土器は，森浩一が1958年に報告した時に大小17片，佐原らが1962年に報告した時に21片であったし，山城における弥生文化の成立について論じたとき，山城で知られていた縄文晩期の土器は，深草谷口町で５片，北白川別当町で１片，一乗寺向畑町で１個体が採集されているにすぎなかった〔佐原 1967（2005a：331）〕。同じように，弥生前期初めの遺跡もまた，河内では東大阪市鬼塚遺跡，播磨では神戸市吉田遺跡がわずかに知られているだけで，しかもそのあり方は本来の状態をほぼ正確に示していると考えられていた。

このような状況で，縄文人たちが近畿各地の平野部に稠密に住んでいたとは思いもよらず，また縄文晩期の突帯文土器から弥生前期の遠賀川式土器へのスムーズな変遷を近畿の中で説明することはできなかったので，弥生人たちが外来者集団であるとする考えに達したのはごく自然の成りゆきであった。

## 長原式・遠賀川式集団の併存

1980年から大阪市平野区長原遺跡の発掘調査がおこなわれ，刻み目つき突帯をもつ縄文土器多数のほか石棒や土偶も見つかった〔田中・家根ほか 1982，松尾ほか 1983〕。この土器こそが，かつて唐古遺跡で発掘された縄文土器の正体であった。

1984年，帝塚山大学考古学研究所（堅田直所長）主催のシンポジウム「縄文から弥生へ」が開かれた。この頃から，大阪市長原遺跡をはじめとして，近畿地方各地の平野部から縄文晩期最終末の突帯文土器が続々と見つかり，それらを「長原式」の名称で呼ぶことが一般化していった。縄文晩期の突帯文土器の分布域の中心は，けっして山間部にあったわけではなかったのである。

長原遺跡では，出土した日常土器の大部分が突帯文をもつ長原式であったが，壺棺には弥生前期古段階の大型壺が使われていた。同様のあり方は八尾市佐堂，東大阪市鬼虎川遺跡で確認される一方，長原遺跡でのあり方と逆に，多量の遠賀川式土器に少量の長原式土器が伴出する唐古遺跡のよ

うなばあいもあることが八尾市山賀遺跡などで指摘され，長原式と遠賀川式との一定期間の併存は否定できないようにみえた。

「縄文から弥生へ」のシンポジウムでは，松尾信裕，大野薫，森岡秀人，家根祥多，中西靖人らが，河内や摂津の状況を整理し，長原式土器を使う集団と遠賀川式土器を使う集団が，第一様式古・中段階の間，おそらく2，3世代にわたって比較的近い場所で併存したことを考えた〔帝塚山大学考古学研究所編 1984〕。

長原式については，生駒山西麓産の独特の胎土をもつ土器が近畿の主な遺跡で30～90％を占めていることが明らかになり，河内平野南よりの長原式の集団が活発に行動していたことが注目されるようになった。長原式土器，遠賀川式土器およびそれに伴う石棒や土偶の資料はその後も増加をつづけた。

1995年に大阪府立弥生文化博物館は「縄紋から弥生へ」をテーマにした2年余りの共同研究の成果を『弥生文化の成立』と題して問うた〔金関ほか編 1995〕。本書では，副題に「大変革の主体は「縄紋人」だった」が付けられたように，全体の論調としては「縄紋人」の主体性が強調された。

北部九州では，福岡県新町遺跡で朝鮮半島系の支石墓に埋葬されていた人骨が，縄文人に近い形質をもち，縄文系の抜歯風習をもっていたこと，同県曲り田遺跡で発掘された土器のうち99％までが縄文系で朝鮮半島の無文土器につらなる土器は1％未満であったこと，縄文後・晩期の段階ですでに農耕がかなり発達していたことなどから，「弥生文化の成立を主体的に担った人々は在来人であった」と強調された〔橋口 1995：79-80〕。

瀬戸内では，弥生文化は北部九州から近畿に一気に伝わったのではなく，九州東端から中部瀬戸内まで，そしてそこから近畿へとリレー式に一定の時間をかけ，それぞれの地域で変容しながら伝わったとする考えが，土器や石器・木器の分析から説明された〔下條 1995：136-140〕。

中部瀬戸内の北岸の岡山では，突帯文の沢田式（新段階）と最古の遠賀川式とは同時に存在し，遠賀川系の人びとは最初から縄文系の集落の内部や領域内の一角に居住を許され，友好的な関係を保っていた。遠賀川系の文化は大きな摩擦を伴うことなく在来の縄文系集落のなかに急速に受け入れられ，在来の集落の大部分は遠賀川式の集落に短期間のうちに転換した，と論じられた〔秋山 1995：148-151〕。

大阪市長原遺跡で長原式土器に伴った遠賀川式の大型壺は「中部瀬戸内東部からの搬入品」と考えられること，前期の東大阪市山賀遺跡から香川県坂出市の金山産の安山岩が高い割合で搬入されていることを中西靖人は紹介し，「中部瀬戸内で変容した文化が大阪湾沿岸に伝播」したとする考えを提示した〔中西 1995：155-159〕。

そうした発言をうけて金関恕は，1）日本列島内における水稲農耕文化の広がりも，従来考えられていたような，新移住者による急速な文化移植現象ではなく，むしろ縄文人が主体的に受容したものである。2）渡来系の人骨については，最初期ではなく，おそらくそのⅠ期になって，海外からある程度の数の移住者を迎えたものであろう，との展望を示した〔金関 1995：266-267〕。

その後，秋山浩三は，中西の考えを支持し，土器の形態，石錘なども河内と讃岐は共通していることを指摘し，近畿の弥生集団は讃岐から移住してきた可能性を想定した〔秋山 1999：215-220〕。このころには，讃岐では，善通寺市龍川五条，丸亀市中の池，高松市鴨部・川田遺跡などが環壕をもつ遺跡として知られていた。秋山はさらに，近畿の石棒と土偶関係の資料を集成して，それらが長原式土器集団から遠賀川式土器集団へと移動したことを主張した〔秋山 2004〕。この時期に特有の結晶片岩製の大型石棒は，徳島の三谷遺跡の周辺で大量に生産され，四国・近畿の集団に搬出されたものであった〔中村 2001〕。

こうして小林や佐原の時点では明らかにできなかった，近畿に水田稲作をもたらした人びとの故郷について，一つの有力な説ができあがっていった。

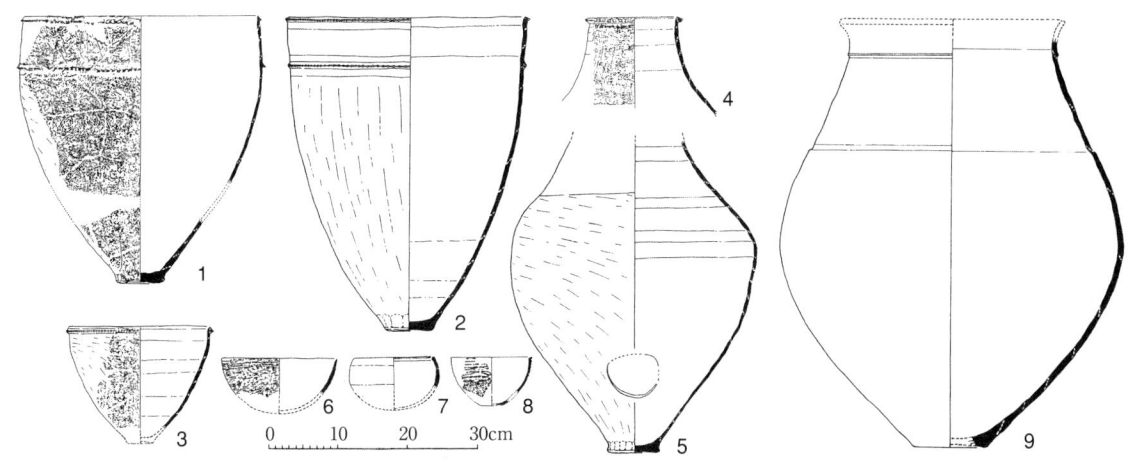

図5　長原遺跡の長原式土器と遠賀川式土器〔松尾ほか1983〕
1〜3 甕，4・5 壺，6〜8 浅鉢，9 壺（遠賀川式）

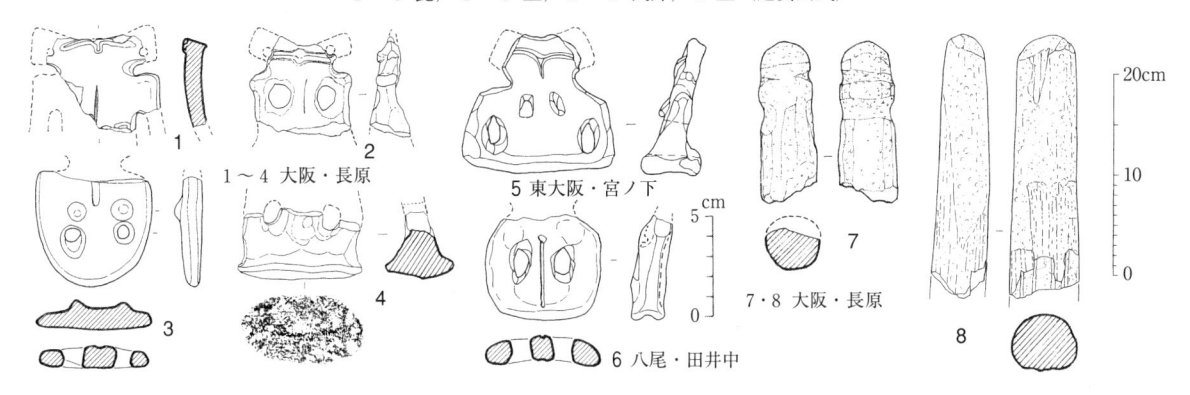

図6　長原式土器に伴う土偶（1〜6）と石棒（7・8）〔東大阪市教育委員会ほか1996〕

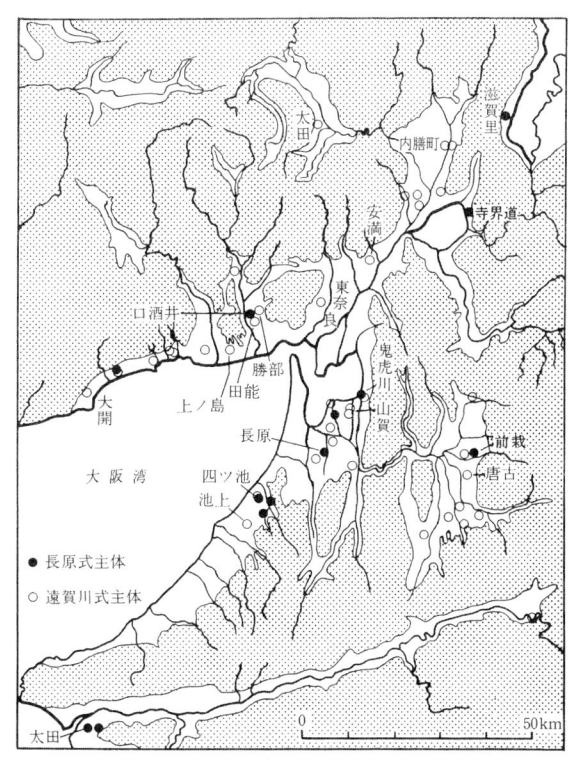

図7　近畿の長原式と遠賀川式の遺跡の分布〔春成1990〕

― 25 ―

## 2　二つの集団の長期併存説から

### 炭素年代にもとづく弥生時代の開始年代

　ここでこれまでに得られた近畿の縄文晩期～弥生前期の炭素年代の暦年較正の結果を示しておきたい（表1，図8）。

　現在，口酒井式については，伊丹市口酒井遺跡の1点を測定して前9～前8世紀頃という較正年代を得ている。

　長原式は，較正年代では前8～前5世紀の間のある期間を占めている。炭素14の測定年代では2500年BP前後である。それに対して，河内最古の遠賀川式土器は較正年代では前8～前5世紀の間のある期間を占めている。その一方，近畿の遠賀川式は北部九州の板付Ⅱa式の較正年代の前700年をさかのぼることはないので，近畿の遠賀川式土器の上限は前7世紀前半ということになる。

　炭素14年代で2530年～2400年BPの間，すなわち較正年代で760～400年BCの約350年間は，炭素14の変化が少ない時期にあたっており，較正曲線が平坦になる。そのために，較正年代をしぼりこむのが難しい2400年問題にかかってしまう。ただし，炭素14年代で2500年BPより古い値がでれば較正年代は前600年BCより古くなると予想するならば，炭素14年代では，神戸市本山，八尾市木の本，東大阪市若江北，水走の測定例のなかに，2500年BPより少し古い値がでているものがある。そして，多くは2450年BP頃までに位置し，2430年BP頃を下限としている。ここでは，前7世紀前半ないし中頃には神戸・大阪に局所的に遠賀川系集団が現われたと予想しておく。そして，奈良はまだ測定例が不足しているが，田原本町唐古・鍵の弥生前期古段階の土器に伴出した長原式の年代を測定したかぎりでは〔小林ほか 2006〕，奈良は大阪にくらべると少し遅れる可能性があることを指摘しておきたい。

　遠賀川式土器と長原式土器との共存は前期の古・中段階を主に，一部は新段階までつづく。遠賀川式土器と共存した長原式の下限は前5世紀と考えておきたい。したがって，両者は従来考えられていたよりもはるかに長い200～250年間にわたる併存ということになる。前期新段階に刻み目突帯をもつ遠賀川式の壺が現われるのは，両者の融合が進んで，併存が終わりに近づいた証拠と考えることができるだろう。

### 二つの文化・集団の長期併存

　近畿地方では，突帯文土器系統の口酒井・船橋式が前9～前8世紀頃，長原式が前8世紀～前5世紀頃まで存続する一方，遠賀川式が前7世紀～前4世紀前半頃まで存在し，長原式と遠賀川式とは250年間ないし200年間併存した。長原式から遠賀川式へのスムーズな変遷を考える説，長原式と遠賀川式との併存期間をせいぜい2，3世代の間，100年未満と考える説のどちらも当たっていなかったことになる。長原式と遠賀川式との長い併存期間をどのように理解すべきであろうか。

　近畿の遠賀川式集団の故郷を秋山浩三らの説にしたがって讃岐と仮定してみよう。しかし，讃岐でもおそらく彼らは突帯文土器の使用者たちと併存していたはずである。したがって，彼らは近畿でもまた，当然，長原式の集団とはアイデンティティーを異にする集団であった。すなわち，両集団は容易に同一化しえない違う集団，部族同士であったと考えることによって長期の併存現象は初めて理解可能となる。

　大阪では，長原式の長原遺跡と遠賀川式の八尾南遺跡とは1kmも離れていないし，岡山平野では突帯文（沢田式）の岡山市津島岡大遺跡と遠賀川式の津島南池遺跡とは間に湿地を挟んで700mほど距離をおいているにすぎない（図9）〔小林青樹 1999：183〕。最初に取りあげた奈良県唐古遺跡の突帯文土器は，東北4kmに位置し長原式土器を主体とする天理市前栽遺跡（図3）〔泉編 1984〕からもたらされたものであろう。このような近距離であるにもかかわらず二つの部族が共生している民族例がある。

表1　近畿地方の縄文晩期～弥生中期初めの実年代

| 遺跡 | 試料番号 | 土器型式 | 炭素14年代（BP） | 暦年較正年代（確率） | 備考 |
|---|---|---|---|---|---|
| 1. 伊丹市口酒井 | HYIT01 | 口酒井・船橋式 | 2530±30 | 795～540calBC（95.4%） | |
| 2. 同上 | HYIT02b | 口酒井 | 2580±40 | 820～545calBC（95.4%） | |
| 3. 同上 | HYIT04 | 口酒井・船橋式 | 2610±40 | 845～750calBC（85.8%） | |
| 4. 茨木市牟礼 | OSBR1 | 口酒井式 | 2595±35 | 830～750calBC（84.2%） | |
| 5. 同上 | OSBR3 | 突帯文 | 2555±35 | 800～545calBC（95.4%） | |
| 6. 同上 | OSBR2 | Ⅰ | 2495±35 | 785～505calBC（92.8%） | |
| 7. 高槻市安満 | OSTK2 | Ⅰ・中 | 2440±40 | 750～405calBC（95.4%） | 漆 |
| 8. 尼崎市東武庫 | HYMU24a | Ⅰ・新 | 2540±30 | 795～545calBC（95.4%） | |
| 9. 神戸市本山 | HYKB03a | 突帯文 | 2510±40 | 795～510calBC（94.1%） | |
| | HYKB03b | | 2505±40 | 790～505calBC（93.1%） | |
| 10. 同上 | HYKB07 | 長原式 | 2495±40 | 785～505calBC（95.4%） | |
| 11. 同上 | HYKB10 | 長原式 | 2490±40 | 780～495calBC（89.1%） | |
| 12. 同上 | HYKB05b | Ⅰ・古 | 2505±40 | 790～510calBC（92.8%） | |
| 13. 同上 | HYKB06a | Ⅰ・古 | 2540±40 | 800～540calBC（95.5%） | |
| | HYKB06b | | 2480±40 | 770～480calBC（95.5%） | |
| 14. 同上 | HYKB15 | Ⅰ・古 | 2470±40 | 765～410calBC（95.4%） | |
| 15. 神戸市戎町 | HYKB31b | Ⅰ・新 | 2395±40 | 745～390calBC（95.5%） | |
| 16. 神戸市玉津田中 | HYMU3 | 突帯文 | 2500±30 | 780～515calBC（95.4%） | |
| 17. 同上 | HYMU12b | Ⅱ | 2240±60 | 400～165calBC（95.4%） | |
| 18. 東大阪市宮ノ下 | OSH4 | 長原式 | 2570±40 | 810～545calBC（95.5%） | |
| 19. 同上 | OSH05 | 船橋 | 2620±40 | 850～755calBC（88.3%） | |
| 20. 同上 | OSH06 | 長原 | 2550±40 | 805～540calBC（95.5%） | |
| 21. 同上 | OSH09 | 長原 | 2510±40 | 795～510calBC（94.1%） | |
| 22. 同上 | OSH3 | Ⅰ | 2425±35 | 750～400calBC（95.3%） | |
| 23. 東大阪市鬼塚 | OSH15 | 滋賀里Ⅱ～Ⅲ | 2940±40 | 1270～1015calBC（94.5%） | |
| 24. 東大阪市水走 | OSH31 | 長原式 | 2540±40 | 800～540calBC（95.5%） | |
| 25. 同上 | OSH33 | 長原式 | 2520±40 | 795～515calBC（95.4%） | |
| 26. 同上 | OSH40 | Ⅰ・古 | 2540±40 | 800～540calBC（95.4%） | |
| 27. 同上 | OSH19 | Ⅰ・中 | 2505±40 | 790～505calBC（95.5%） | |
| 28. 同上 | OSH20 | Ⅰ・新 | 2450±40 | 755～405calBC（95.4%） | |
| 29. 東大阪市瓜生堂 | OSF12 | Ⅰ・中～新 | 2440±40 | 760～400calBC（84.9%） | |
| 30. 東大阪市若江北 | OSF8 | Ⅰ・古 | 2515±35 | 795～535calBC（91.7%） | |
| 31. 同上 | OSF7 | Ⅰ・古 | 2480±40 | 775～480calBC（85.1%） | |
| 32. 八尾市・東大阪市池島・福万寺 | OSF6 | 長原式（新） | 2485±35 | 780～500calBC（86.0%） | |
| 33. 八尾市木の本 | OSKY6 | 長原式 | 2480±45 | 770～480calBC（86.0%） | |
| 34. 同上 | OSKY26 | Ⅰ・古 | 2490±40 | 780～495calBC（89.1%） | |
| 35. 同上 | OSKY378b | Ⅰ・古 | 2465±40 | 760～410calBC（95.4%） | |
| 36. 同上 | OSKY420 | Ⅰ・古 | 2430±30 | 750～400calBC（95.4%） | |
| 37. 同上 | OSKY379 | Ⅰ・古 | 2410±30 | 740～400calBC（95.5%） | |
| 38. 東大阪市山賀 | OSF16 | Ⅰ・中～新 | 2530±40 | 795～535calBC（92.3%） | |
| 39. 同上 | OSF20b | Ⅰ・中～新 | 2470±40 | 760～475calBC（80.8%） | |
| 40. 同上 | OSF18 | Ⅰ・中～新 | 2470±40 | 760～475calBC（80.8%） | |
| 41. 八尾市美園 | OSF23 | Ⅰ・新～Ⅱ・古 | 2270±30 | 395～225calBC（88.7%） | |
| 42. 田原本町唐古・鍵 | NRTK1 | 長原式 | 2460±40 | 760～470calBC（62.3%） | ベータ |
| | | | 2495±35 | 780～510calBC（90.5%） | 東大 |
| 43. 同上 | NRTK3 | Ⅰ・古 | 2340±29 | 410～360calBC（81.4%） | |
| 44. 同上 | NRTK5 | Ⅰ・中～新 | 2470±30 | 760～480calBC（83.3%） | |
| 45. 同上 | NRTK41 | Ⅰ | 2434±30 | 760～400calBC（95.4%） | |
| 46. 同上 | NRTK44 | Ⅰ・中 | 2468±30 | 760～480calBC（81.9%） | |
| 47. 同上 | NRTK47 | Ⅰ・中～新 | 2491±29 | 785～515calBC（90.5%） | |
| | | | 2490±50 | 785～480calBC（85.8%） | 米,ベータ |
| | | | 2445±30 | 760～400calBC（79.1%） | 米,東大 |
| 48. 同上 | NRTK48 | Ⅰ・新 | 2432±29 | 755～400calBC（94.1%） | |
| 49. 同上 | NRTK49 | Ⅰ・新 | 2336±29 | 410～360calBC（84.2%） | |
| 50. 同上 | NRTK8 | Ⅱ | 2245±35 | 390～200calBC（94.7%） | |
| 51. 同上 | NTRK6 | Ⅱ | 2260±40 | 395～200calBC（94.8%） | ベータ |
| | | | 2240±30 | 390～200calBC（94.8%） | 東大 |

（備考欄の米は炭化米，他は土器付着炭化物を測定。ベータはベータ・アナリティック社，東大は東京大学タンデム加速器研究施設で同じ試料を測定）

図8 炭素14年代を測定した突帯文土器と遠賀川式土器

42～49 奈良・唐古鍵

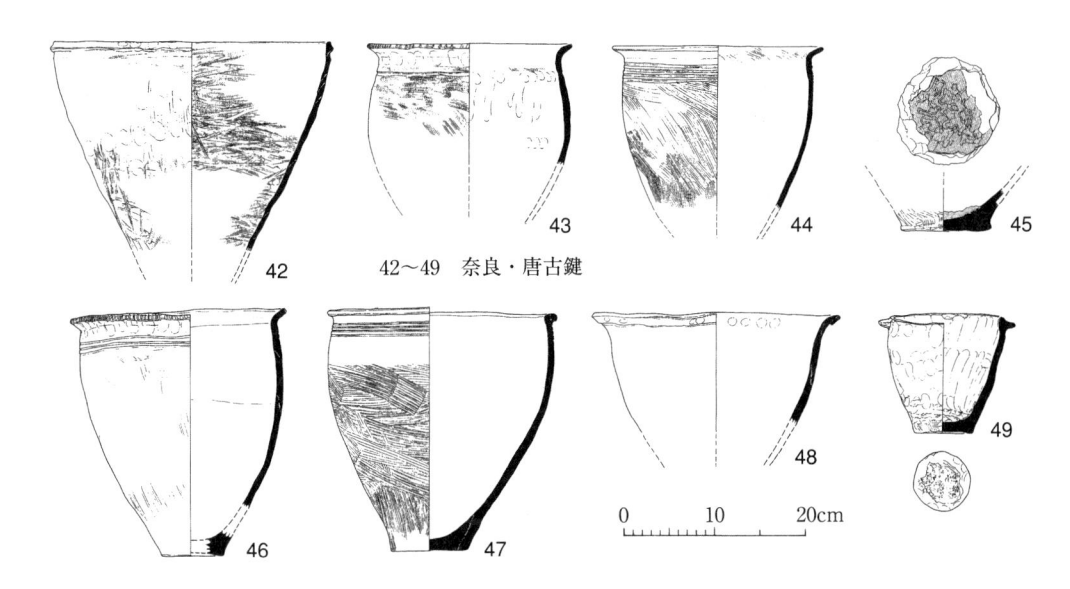

図8（つづき） 炭素14年代を測定した突帯文土器と遠賀川式土器

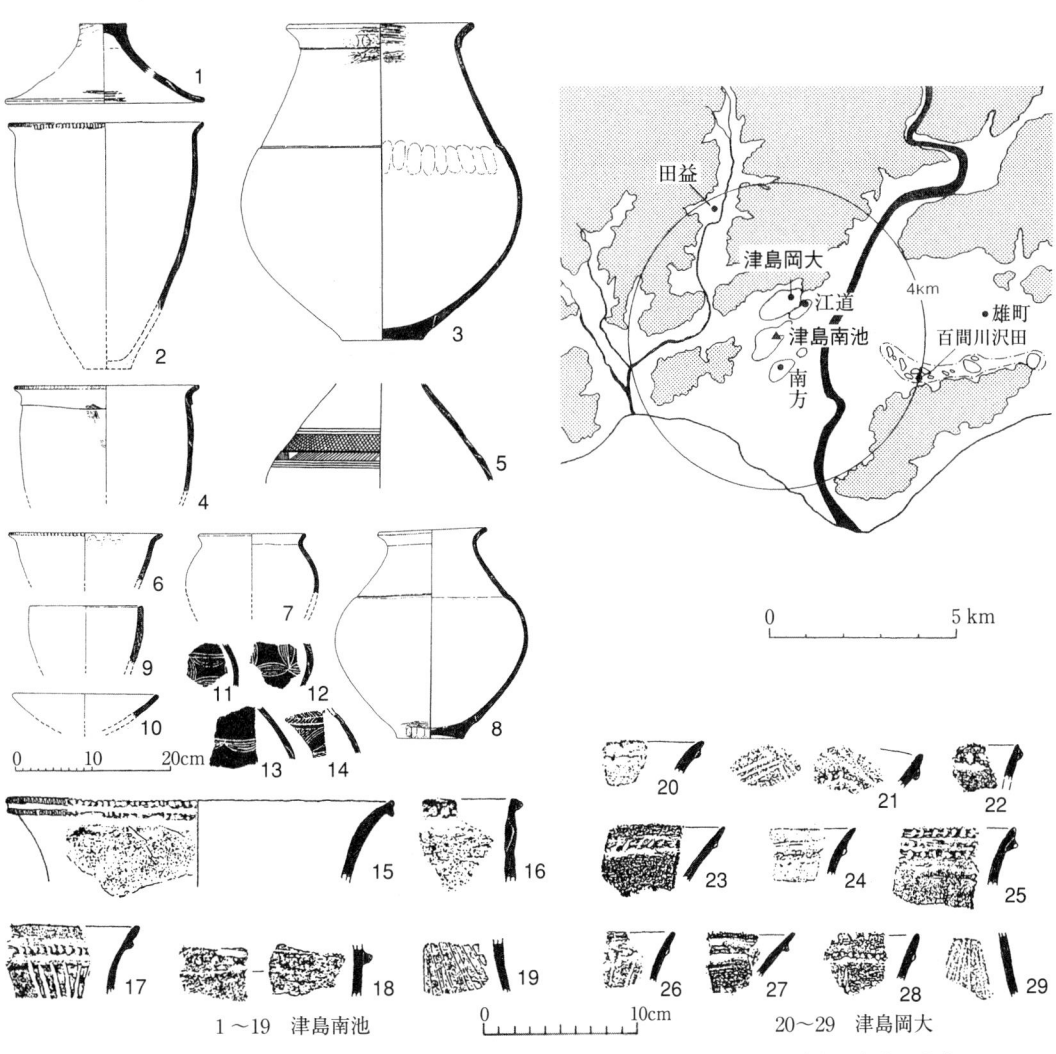

1～19 津島南池　　20～29 津島岡大

図9 岡山平野の遠賀川式土器（1～14）と突帯文土器（15～29）およびその遺跡の分布
〔藤田1982, 小林青樹1999〕原図から作成

石毛直道・本多勝一らが1964年に調査したニューギニア高地のモニ族とダニ族が住む7集落からなる「ウギンバ村」がそれであり，その一つの「ウギンバ集落」もまた二つの部族が分かれて住む集落に相当する。「ウギンバ村」はモニ族の領域内にあるけれども，その東にある西部ダニ族の領域から一部のダニ族が交易の仲介者として塩の交易の中継地をつくる目的で移ってきたものである。最初，ダニ族がウギンバ村に移動してきたときは，そこに住んでいたモニ族との間に紛争がおこった。しかし，解決したあとは，住居をかまえ，畑を開くことを認められた〔石毛 1971：149〕。「ウギンバ村」は，モニ族の5集落とダニ族の1集落，そしてモニ族とダニ族が別々の住居に住みながらも1集落を構成する「ウギンバ集落」からなっている（図12）。ダニ族の二つの集落間の距離は約800mである。ウギンバ集落には，モニ族の住居が3棟，ダニ族の住居が5棟あり（図11），モニ族の住居は長方形の板壁に板葺き，ダニ族の住居は円形の板壁に草葺きである（図13）。彼らは言語はもとより，家族形態，気質にいたるまでまったく異なり，それぞれ別の畑地をもち，日常生活において交渉はほとんどない〔本多 1973，石毛 1977〕。しかし，それでも一つの集落，一つの村の景観をつくっている。ダニ族は，ウギンバ村から70km離れたイラガ村から移住してきた人びとで，移住は推定1930年代のことであった。途中でダニ族内で戦争がおこってイラガ村に引き揚げた時期を除くと，没交渉の状態は約30年間，調査時点までつづいている。

　リレー式移民の形をとって四国から近畿に移ってきたときの遠賀川式土器を使う集団の状態も，これと似たようなところもあったのではないだろうか。神戸市兵庫区大開遺跡は神戸で最初につくられた弥生集落の一つである。環壕をそなえているが，最初の環壕内の住居の数は3～4棟にすぎず，環壕を拡張したのちでも5～6棟である。人口に直すと最盛期でも30人に満たない小規模の集落であったろう。人骨が遺存していなかったので身体形質が判明しないけれども，住居のなかに朝鮮半島に起源をもつ松菊里型をふくんでいた事実は注意すべきことである。しかし，出土した土器1,756個体のうち，遠賀川式が1,669個体に対して長原式は87個体にすぎない。この遺跡からは縄文系の推定長が1m近い例をふくむ大型の石棒が12点も出土している。262点の多数の打製凹基式石鏃は明らかに縄文系であるけれども，石材は讃岐の金山産の安山岩であった。したがって，遠賀川式土器を主体とする大開の集落の人びとも，縄文系の人びととすでに深い関係をもっており，彼らの文化や習俗を十分に取り込んでいるのである。

　この現象を遠賀川系の人びとと長原系の人びととの「共生」とみることもできるけれども，長原式土器を主体とする遺跡から遠賀川系の土器や石器を一定量出土した例はまだ知られていない。さらに，長原系の人々の生業の実態がわかるような遺物・遺構などの資料を欠いている。長原系の集団は遠賀川系の集団と単に「共生」していただけであるのか，それとも遠賀川系の集団との間には緊張関係や優劣関係が存在したのか，今後の検討課題である。

　神戸市西区新方遺跡に埋葬してあった人骨は，低身低顔で上下の犬歯を抜いており，縄文人の形質と習俗をもっていた。しかし，使用する土器は遠賀川式で，豚または猪の下顎骨に穿孔して吊す大陸起源の習俗をもっていた。これもまた，習俗と使用する土器が必ずしも一致するとは限らない例である。

　その一方，山口県下関市土井ヶ浜遺跡の墓地に埋葬された人びとのなかには，大陸系の抜歯（$I^2$系）を施した人びと，縄文系の抜歯（C系）を施した人びと，両者の折衷系の抜歯（$I^2C$系）を施した人びとがいながら，人骨の形質は一様に長身高顔の渡来系の形質をもっていた〔春成 2007a：308-320〕。世代交代がおこなわれ，混血も確実に進んでいるようにみえても，出自系譜をあらわす抜歯は健在である。そして，この遺跡では，石棺に埋葬されたり，装身具をもっていたのは，縄文伝統の犬歯を抜いたC系の人びとであった。

　考えてみれば，系譜やアイデンティティーを異にする集団が，ある境界線をもって隣あわせで共存している事実は，縄文土器の諸型式の分布状態や，弥生土器の地方型式の並存を想い起こせば驚くべきことではなかった。北海道から九州（あるいは沖縄）まで「縄文文化」が分布し，「弥生文化」

図10 ニューギニア高地の部族の分布図〔石毛 1977〕

図11 モニ族とダニ族がつくっているウギンバ集落
（〔本多 1973〕原図から作成）

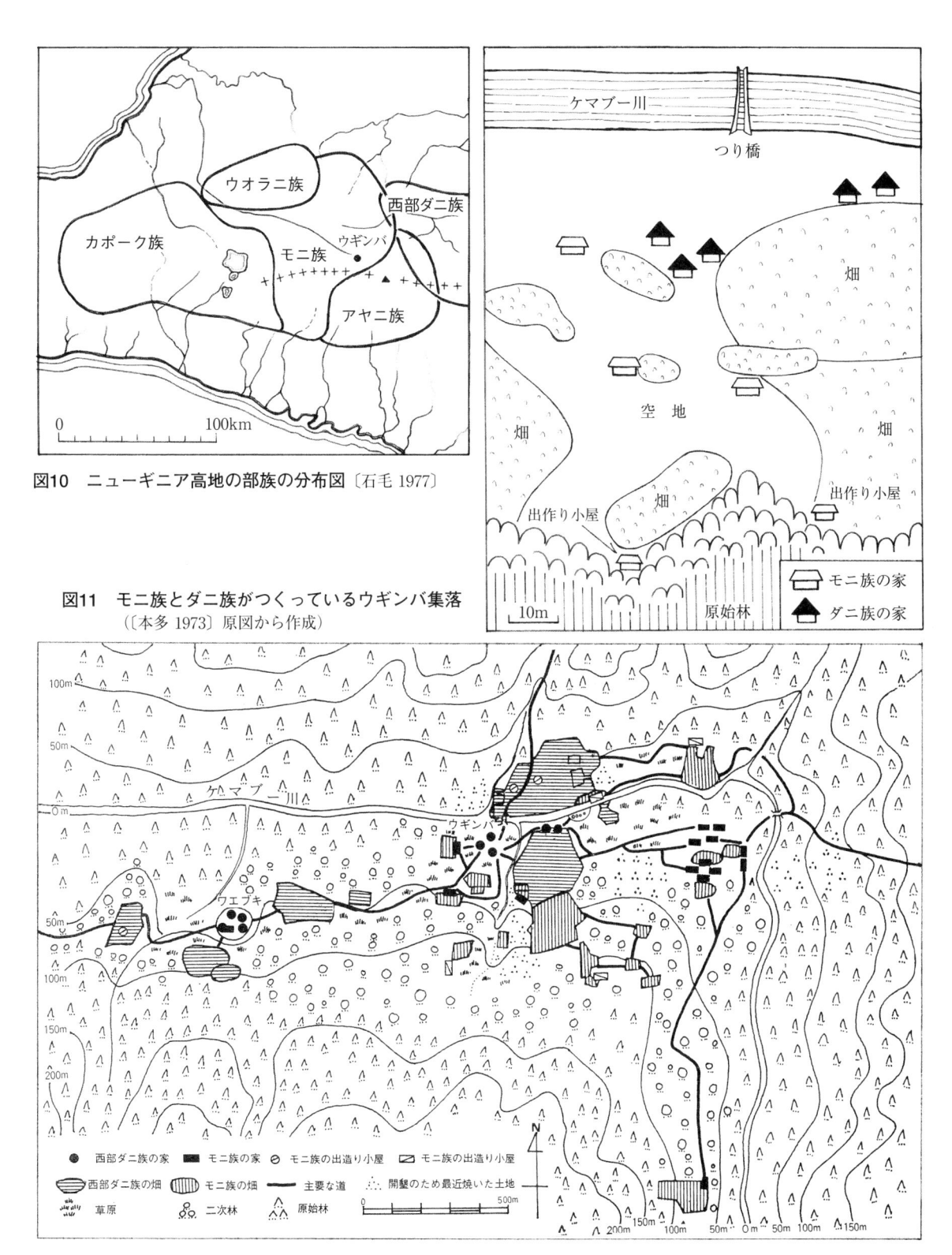

図12 モニ族とダニ族がつくっているウギンバ村〔石毛 1977〕

が東北地方から九州まで広がっているとみたとき，同じ内容，同じ性質の「文化」をもっていたとの誤解が生じた。一つの地域で諸「文化」あるいは二つの部族が同時に併存することなどありえないと考えるようになってしまったのである。弥生早・前期には，大陸に系譜をもつ文化と日本列島の土着の文化が，ときとしては一つの地域内で二つの「部族」が併存という形でせめぎ合っていたのかもしれない。土偶や石棒が長原式の集団から遠賀川式の集団へ動いたのも，婚姻や石材・木材

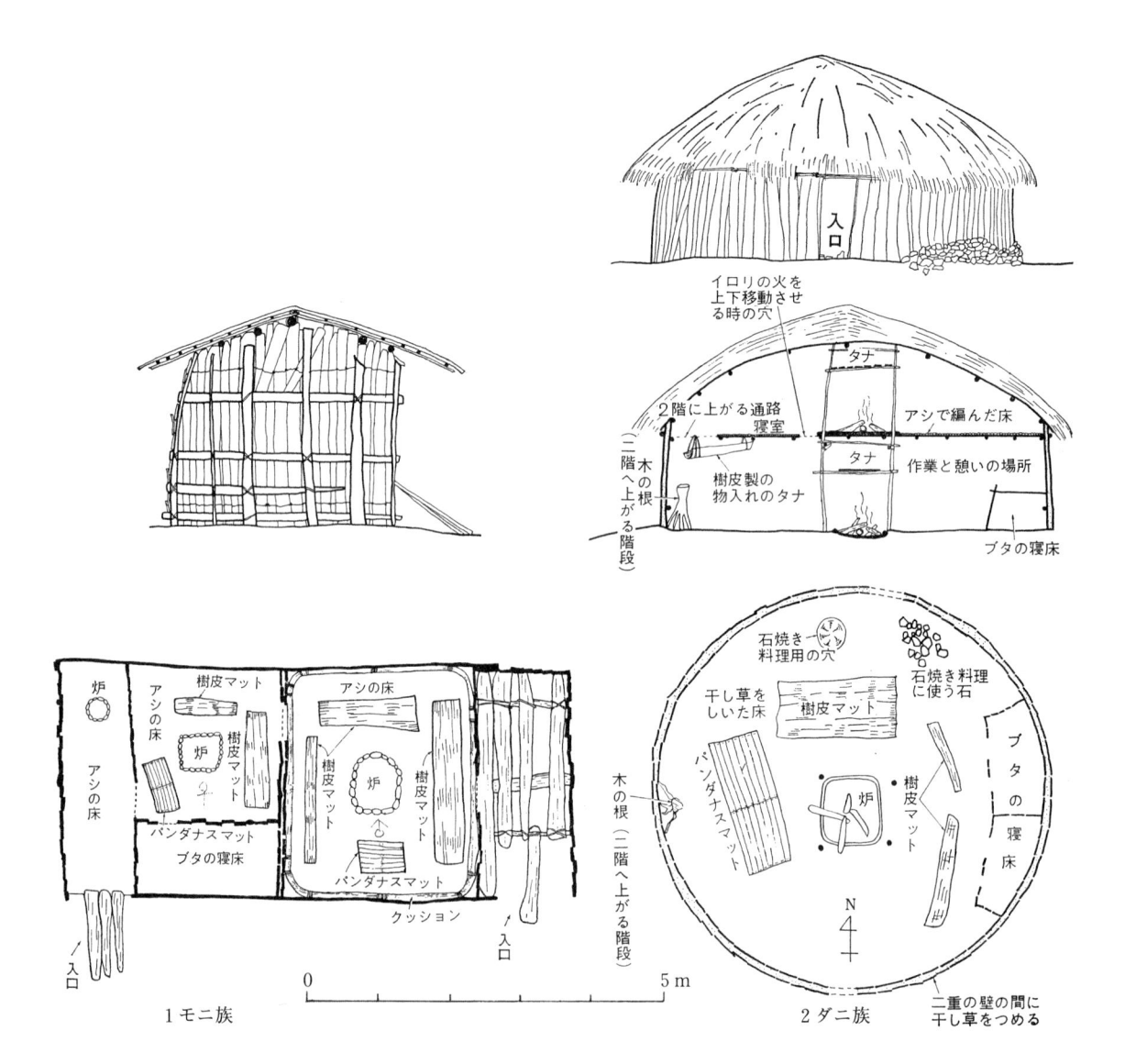

**図13　二つの部族の住居形式〔石毛 1971〕**

などの交易を通して生活習俗が徐々に伝わっていったことを物語っている。縄文から弥生への移行は，二つの文化，二つの「部族」の人びと・技術・習俗の差異を認識しそれを再生産する一方，婚姻などを通して統合がおこなわれた長期にわたる過程であったと考えるべきであろう。それは，江戸時代から明治時代への移行にくらべるべくもない，別の形態の文化統合と創造の時代であった。

謝　辞

　試料採取に協力いただいた各地の教育委員会・文化財センターの方々，教示を得た小林謙一氏および年代測定にあたった方々に感謝する。

文　献

秋山浩三　1995「吉備―縄紋系ムラと共存した弥生系ムラ」（金関　恕ほか編）『弥生文化の成立』角川選
　　　　　　　書265，141-151，角川書店
――――　1999「近畿における弥生化の具体相」『論争吉備』シンポジウム記録1，189-242，考古学研究
　　　　　　　会
――――　2004「土偶・石棒の縄文・弥生移行期における消長と集団対応」『考古論集』329-342，河瀬正

— 32 —

利先生退官記念論文集刊行会
有光教一 1959『朝鮮磨製石剣の研究』京都大学文学部考古学叢書，第2冊
石毛直道 1971『住居空間の人類学』SD選書54，鹿島研究所出版会
―――― 1977「高地人の世界」（京都大学生物誌研究会編）『ニューギニア中央高地』114-135，朝日新聞社
泉　武 編 1984『前栽遺跡』天理市埋蔵文化財調査報告，第1集
金関丈夫 1955「人種の問題」『日本考古学講座』4，弥生文化，238-252，河出書房〔金関 1976：29-46〕
―――― 1976『日本民族の起源』法政大学出版局
金関　恕 1995「考古学の新しいパラダイム―農耕社会形成のモデル」（金関　恕ほか編）『弥生文化の成立』角川選書265，257-287，角川書店
金関　恕＋大阪府立弥生文化博物館編 1995『弥生文化の成立―大変革の主体は「縄紋人」だった―』角川選書265，角川書店
小林謙一・春成秀爾・今村峯雄・坂本　稔・尾嵜大真・新免歳靖・松崎浩之・中村俊夫・藤田三郎 2006「唐古・鍵遺跡，清水風遺跡出土試料の$^{14}$C年代測定」『田原本町文化財調査年報14』123-138
小林青樹 1999「瀬戸内地域における弥生文化の成立」『論争吉備』シンポジウム記録1，165-188，考古学研究会
小林行雄 1938「弥生式文化」『日本文化史大系』第1巻，原始文化，214-253，誠文堂新光社〔小林 2006：329-384〕
―――― 1947『日本古代文化の諸問題―考古学者の対話―』高桐書院
―――― 1951『日本考古学概説』創元選書218，創元社
―――― 1958『民族の起源』日本文化研究1，新潮社
―――― 2006『小林行雄考古学選集』第1巻，弥生文化の研究，真陽社
小林行雄・末永雅雄 1943「後論」『大和唐古弥生式遺跡の研究』京都帝国大学文学部考古学研究報告，第16冊，232-252，桑名文星堂
佐原　真 1967「山城における弥生式文化の成立」『史林』第50巻第5号，103-127〔佐原 2005a：308-342〕
―――― 1970「大和川と淀川」『古代の日本』5，近畿，24-43，角川書店〔佐原 2005b：253-281〕
―――― 1975「農業の開始と階級社会の形成」『岩波講座日本歴史』1，原始・古代1，113-182，岩波書店〔佐原 2005b：166-252〕
―――― （金関　恕・春成秀爾編） 2005a『佐原真の仕事』第2巻，岩波書店
―――― （――――・―――― 編） 2005b『佐原真の仕事』第4巻，岩波書店
下條信行 1995「瀬戸内―リレー式に伝わった稲作文化」『弥生文化の成立―大変革の主体は「縄紋人」だった―』角川選書265，131-140，角川書店
末永雅雄 1944『宮滝の遺跡』奈良県史蹟名勝天然紀念物調査会報告，第15冊
―――― 編 1961『橿原』奈良県史跡名勝天然記念物調査報告，第17冊
末永雅雄・小林行雄・藤岡謙二郎 1943『大和唐古弥生式遺跡の研究』京都帝国大学文学部考古学研究報告，第16冊，桑名文星堂
田中清美・家根祥多ほか 1982『長原遺跡発掘調査報告書』Ⅱ，大阪市文化財協会
帝塚山大学考古学研究所編 1984『縄文から弥生へ』帝塚山大学考古学研究所
中西靖人 1984「前期弥生ムラの二つのタイプ」『縄文から弥生へ』120-126，帝塚山大学考古学研究所
―――― 1995「大阪湾沿岸―中部瀬戸内で変容した文化の伝播」（金関　恕ほか編）『弥生文化の成立』角川選書265，152-159，角川書店
中村　豊 2001「近畿・瀬戸内地域における石棒の終焉」（中村　豊編）『縄文・弥生移行期の石製呪術具3』考古学資料集18，49-80，写真1-8，国立歴史民俗博物館春成研究室

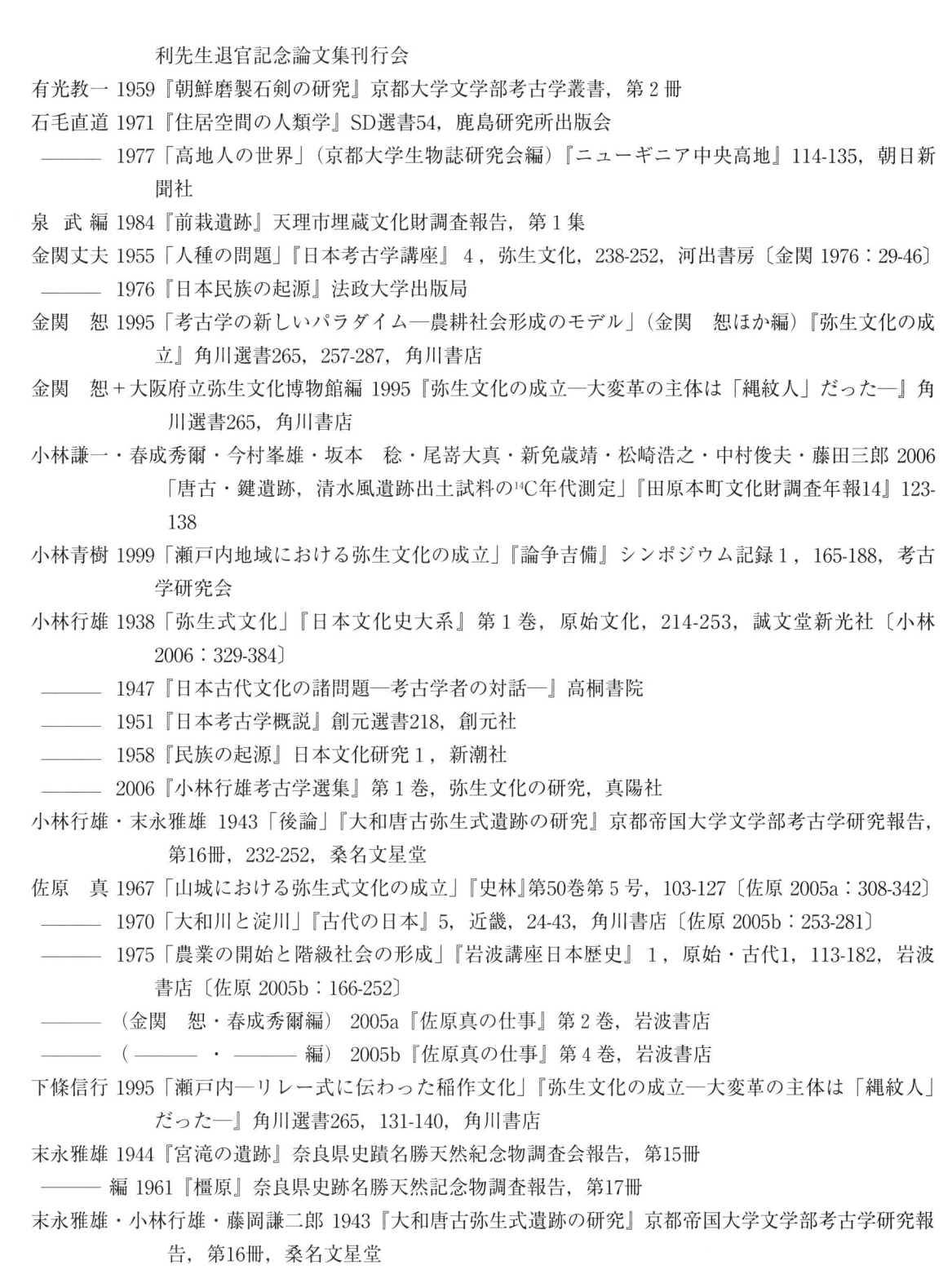

橋口達也 1995「墓制の変化（1）北部九州」（金関　恕ほか編）『弥生文化の成立』角川選書265，70-80，角川書店

春成秀爾 1990『弥生時代の始まり』UP考古学選書11，東京大学出版会

――― 2006「弥生時代の年代問題」『新弥生時代のはじまり』第1巻，弥生時代の新年代，65-89，雄山閣

――― 2007a「弥生・古墳時代の抜歯」『儀礼と習俗の考古学』301-335，塙書房

――― 2007b「大陸文化と弥生時代の実年代」『弥生時代はどう変わるか』20-50，学生社

東大阪市教育委員会ほか 1996『宮ノ下遺跡第1次発掘調査報告書』第1分冊，東大阪市文化財協会

藤田憲司 1982「中部瀬戸内の前期弥生土器の様相」『倉敷考古館研究集報』第17号，54-132

本多勝一 1973『ニューギニア高地人』本多勝一著作集3，すずさわ書店

前田佳久編 1993『大開遺跡発掘調査報告書』神戸市教育委員会

松尾信裕ほか 1983『長原遺跡発掘調査報告書』Ⅲ，大阪市文化財協会

森岡秀人・中薗　聡・設楽博己　2006『稲作伝来』先史日本を復元する4，岩波書店

山口英正編 2003『新方遺跡野手・西方地区発掘調査報告書1』神戸市教育委員会

# 東海・北陸における弥生時代の開始年代

山 本 直 人

## はじめに

　考古学の学問的独自性は発掘調査や土器編年であり，これらの考古学に固有の方法で研究をどれだけすすめていっても，どれだけつみかさねていっても解決が困難な課題が存在する。縄文文化の研究がかかえる諸課題のうち，従来の伝統的方法では解明がむずかしい問題のいくつかをAMS炭素14年代測定法と暦年代較正によって究明することができるところに，それを活用する意義があると考えている〔山本 1997・1999〕。そこで，1996年から土器型式の時間軸（較正年代）上での位置と時間幅をあきらかにするという目的のもと，土器型式の明確な縄文土器に付着した炭化物を試料に，名古屋大学年代測定総合研究センターのタンデトロン加速器質量分析計（Tandetron Accelerator Mass Spectrometry system）で炭素14年代測定をおこなってきている。これは，AMS炭素14年代測定と暦年代較正を媒介として，土器型式編年という相対年代に較正年代という絶対年代を付加するという研究である。これまで東海・北陸を対象とし，とくに愛知県と石川県の試料を中心に研究をすすめてきている。

　こうした経緯もあり，縄文時代から弥生時代への移行期におけるAMS炭素14年代測定法を活用した年代学的研究では，東海・北陸は2002年3月ごろまでは研究のもっとも進展している地域であった〔山本・小田 2000ab・2001・2002，小田・山本 2001・2002ab，山本 2002〕。しかしながら，現在ではもっとも遅滞した地域の一つとなっている。この原因は，東海・北陸では測定の上積みがおこなわれず，測定数が足踏み状態であるのに対し，他の地域では国立歴史民俗博物館が膨大な数の測定を実施し，測定が急速にすすんだことにあると考えている。2002年3月の段階では年代値を報告したものの，それをもとにした考察は論じのこしたままになっている。そこで，その時点までに実施していた事例研究を紹介し，それをもとに考察をくわえることにしたい。

## 1　北陸での事例研究

　北陸では，石川県野々市町御経塚遺跡と同県金沢市下安原海岸遺跡を対象とした。

　まず，試料の採取にあたっては，御経塚遺跡と下安原海岸遺跡から出土した土器のなかで，編年的位置づけが明確な土器に付着した炭化物を試料として採取した（表1）（註1）。御経塚遺跡の土器付着炭化物の採取は，野々市町教育委員会の吉田淳氏の協力をえて筆者と名古屋大学年代測定総合研究センターの小田寛貴氏がおこなった。また，下安原海岸遺跡の土器付着炭化物については，石川県埋蔵文化財センターの安英樹氏の協力をうけて筆者が採取した。

　試料の前処理と測定は，名古屋大学年代測定総合研究センターに依頼した。御経塚遺跡の試料については同センターの小田寛貴氏が調製をおこない，下安原海岸遺跡は同センターの池田晃子氏が試料調製をおこなっている。炭素14年代測定は，同センターのタンデトロン加速器質量分析計1号機（アメリカ合衆国，General Ionex 社製）および同2号機（オランダ，High Voltage Engineering Europe 社製，Model 4130-AMS）で実施した。表2において，測定番号が「NUTA-」の形であたえられている試料はタンデトロン1号機によって，「NUTA2-」であたえられている試料は同2号機

表1　御経塚遺跡・下安原海岸遺跡の採取試料一覧表

| 試料番号 | 遺跡名 | 時代・時期 | 土器型式 | 器種 | 付着面 | 付着部位 |
|---|---|---|---|---|---|---|
| 170KD53 | 御経塚 | 縄文晩期 | 御経塚式 | 深鉢 | 内面 | 口縁部 |
| 170KD54 | 御経塚 | 縄文晩期 | 御経塚式 | 深鉢 | 内面 | 口縁部 |
| 170KD55 | 御経塚 | 縄文晩期 | 御経塚式 | 深鉢 | 外面 | 胴部上半 |
| 170KD61 | 御経塚 | 縄文晩期 | 中屋Ⅰ式 | 深鉢 | 外面 | 口縁部 |
| 170KD62 | 御経塚 | 縄文晩期 | 中屋Ⅰ式 | 深鉢 | 内面 | 口縁部〜口唇部 |
| 170KD64 | 御経塚 | 縄文晩期 | 中屋Ⅱ式 | 深鉢 | 内面 | 胴部上半 |
| 170KD66 | 御経塚 | 縄文晩期 | 中屋Ⅱ式 | 深鉢 | 外面 | 口縁部〜口唇部 |
| 170KD65 | 御経塚 | 縄文晩期 | 下野式 | 深鉢 | 内面 | 胴部上半 |
| 170KD36 | 御経塚 | 縄文晩期 | 長竹式 | 深鉢 | 外面 | 胴部 |
| 170KD37 | 御経塚 | 縄文晩期 | 長竹式 | 深鉢 | 外面 | 口縁部 |
| 17SYH03 | 下安原海岸 | 弥生中期 | Ⅱ期 | 壺 | 内面 | 胴部 |
| 17SYH04 | 下安原海岸 | 弥生中期 | Ⅱ期 | 壺 | 内面 | 胴部 |

表2　御経塚遺跡・下安原海岸遺跡の測定結果一覧表

| 試料番号 | $^{14}C$年代 [BP] | $\delta^{13}C$ [‰] | 較正年代 [cal BC] | 測定番号 |
|---|---|---|---|---|
| 170KD53 | 3034±14 | — | 1371()1358, 1351()1342, 1317 (1294) 1286, 1284(1275, 1264)1261 | NUTA2-1297 NUTA2-1380 |
| 170KD54 | 3028±20 | — | 1370()1358, 1349()1343, 1316(1292, 1278, 1263)1259, 1229()1221 | NUTA2-1381 |
| 170KD55 | 3059±22 | — | 1387(1371, 1357, 1352, 1341)1331, 1322(1317)1293, 1276()1264 | NUTA2-1386 |
| 170KD61 | 3026±22 | — | 1370()1359, 1349()1343, 1316(1291, 1279, 1263)1259, 1231()1219 | NUTA2-2803 |
| 170KD62 | 3040±19 | — | 1373(1366, 1363)1339, 1318(1309)1287, 1283()1261 | NUTA2-2804 |
| 170KD64 | 2951±21 | — | 1256()1241, 1213(1208, 1202)1197, 1194(1190)1186, 1184(1179, 1156, 1142)1137, 1134(1130)1127 | NUTA2-2806 |
| 170KD66 | 2758±19 | — | 918(901)894, 878()840 | NUTA2-2807 |
| 170KD65 | 2887±14 | — | 1110()1100, 1079()1061, 1053(1046)1010 | NUTA2-2809 NUTA2-2810 |
| 170KD36 | 2481±85 | -24.2±0.1 | 791(758, 684, 661, 644, 586, 583, 544)407 | NUTA-6472 |
| 170KD37 | 2870±97 | -24.3±0.1 | 1211()1199, 1192()1175, 1173()1139, 1132(1013)905 | NUTA-6473 |
| 17SYH03 | 2122±150 | -24.5±0.1 | 374(158, 133, 128)58AD | NUTA-6676 |
| 17SYH04 | 2251±129 | -26.1±0.1 | 403(365, 275, 265)158, 135()126 | NUTA-6724 |

によって測定されたものである。なお，測定の標準体には，NBS (National Bureau of Standards, USA) のシュウ酸 (SRM‐4990, RM‐49) から調製したグラファイトターゲットをもちいている。

　タンデトロン2号機では，試料の炭素14／炭素12比にくわえて炭素13／炭素12比を同時に測定することが可能である。そのために「NUTA2-」の測定番号をもつ試料については，この値をもって同位体分別効果の補正をおこなった。一方，タンデトロン1号機では炭素14／炭素13比のみが測定されるため，この場合は，精製後の二酸化炭素を試料としてトリプルコレクター式気体用質量分析計 (Finnigan MAT 社製，MAT-252) により$\delta^{13}C$値（炭素13／炭素12比）を測定し，その値をもちいて同位体分別効果補正をおこなった。

　測定の結果は表2のとおりである〔山本・小田2000a・2001・2002〕（註2）。1標準偏差を炭素14年代の誤差として付している。較正年代については，本稿は2002年3月時点での年代値ということで，1998年に発表された較正曲線〔Stuiver et al. 1998〕をつかって，炭素14年代を西暦に換算している。その表記にあたっては交差点法をもちいており，炭素14年代の中央値を較正した結果を丸括弧の内側に，炭素14年代の誤差の両限を較正した値を丸括弧の外側にしめしている。なお，炭素14

年代を較正してえられた較正年代の単位には,「較正（calibration）」の意を含む[cal AD]ないしは[cal BC]をもちいている。

表2にしめされた炭素14年代を通覧すると,御経塚式（17OKD53・54・55）は3060～3030 BP,中屋式（17OKD61・62・64・66）は3040～2760 BP,下野式～長竹式（17OKD53・54・55）は2880～2480 BP である。このように土器型式編年の新旧と炭素14年代のそれとはおおむね一致しており,炭素14年代を較正年代に換算すると,御経塚式は1370～1260 cal BC,中屋式は1300～900 cal BC,下野式～長竹式は1000～550 cal BC となる。少ない測定点数ながらも,各土器型式の較正年代の集中具合を考慮すると,おおまかなところでは御経塚式は約1300～1200 cal BC,中屋式は約1200～900 cal BC,下野式～長竹式は約900～500 cal BC と推定することができる。

長竹式の17OKD36と17OKD37は合口土器棺で,前者は棺に,後者は蓋になるものである。これらは煮炊きに使用された土器が埋葬に転用されたもので,当初は同じような測定値になると予測されたが,予想よりも17OKD37は古い測定値が,17OKD36は新しい測定値がえられた。両試料とも測定誤差が100年近くあるために単純に有意な差であるとはいえないものの,炭素14年代の中央値からえられた較正年代にして250年以上の差がみとめられる。較正年代の誤差範囲の端にしても約100年の開きがある。この年代のずれの原因として,三つの原因を指摘することができる。第一は木・木炭など試料にみられるold wood effectで,第二はリザーバー効果,第三は埋没環境から二次的に付着した炭化物の可能性である。しかしながら,その原因を特定することができないため,両者の間にみられる年代の差は,3要因が複雑にからみあったことに起因するものと考えている。

## 2　東海での事例研究

東海では,愛知県安城市堀内貝塚を対象にAMS炭素14年代測定を実施した。

堀内貝塚では,土器に付着した炭化物がほとんどなかったため,ハイガイや炭化物の試料をもちいて炭素14年代測定をおこなった。その内訳は,第3次調査の貝層から出土した試料7点（ハイガイ5点,木片1点,木炭1点）,第5次調査の墓域から出土した炭化物試料7点,合計14点である（表3）（註3）。14点の試料のうち1点は弥生前期樫王式のものであり,のこり13点が縄文時代晩期のものである。堀内貝塚から出土している縄文土器は縄文晩期の桜井式に限定されることから,13点の試料も桜井式に属すると考えられる。

試料の採取にあたっては,安城市歴史博物館の斎藤弘之氏の協力をえて筆者と小田寛貴氏がおこない,試料の前処理から炭素14年代測定,暦年代較正まで小田寛貴氏がおこなった。名古屋大学タンデトロン加速器質量分析計で炭素14年代測定を実施し,墓域から検出された炭化物は1号機で,貝層のハイガイは2号機で測定を実施した。

測定の結果は表4のとおりである〔小田・山本 2002b〕（註4）。土坑墓・土器棺墓から出土した炭化物（23HRU01～04・06・07）の炭素14年代は,おおむね2950～2650 BP の範囲にある。これを較正年代にすると1200～800 cal BCに相当し,1200～900 cal BCに集中する傾向をよみとることができる。また,貝層から出土した木炭（23 HRU22）の炭素14年代も同じような年代となっている。

これに対し,ハイガイ（23HRU12・14・16・18・20）の炭素14年代は,3250～2900 BP であり,炭化物のそれと比較して古い値となっている。一般に,水中の炭素14濃度は大気中のそれにくらべて低いことがしられており,リザーバー効果とよばれている。貝や魚骨など水中で生育した試料の炭素14年代が,木炭など陸生試料の炭素14年代に対してもつ系統的なずれは,このリザーバー効果に起因するものである。リザーバー効果による炭素14年代のずれは,一般に400 BP といわれているが,これは試料の生育した地域・時期などによって左右される値である。

試料番号23HRU22の木炭は23HRU20のハイガイlrの内側にはさみこまれていたもので,本来ならば23HRU20も23HRU22と同じ測定値になることが予想された。しかし,実際には約280年の差がでており,これは上記にのべたリザーバー効果によるものである。23HRU12・14・16・18・20の

表3 堀内貝塚の採取試料一覧表

| 試料番号 | 遺跡名 | 時代時期 | 土器型式 | 遺構名 | 試料種類 | 備考 |
|---|---|---|---|---|---|---|
| 23HRU01 | 堀内 | 縄文晩期 | 桜井式 | 土坑墓1 | 木炭 | 成人男性、仰臥屈位 |
| 23HRU02 | 堀内 | 縄文晩期 | 桜井式 | 土坑墓12 | 木炭 | 3体、再葬墓 |
| 23HRU03 | 堀内 | 縄文晩期 | 桜井式 | 土坑墓9 | 木炭 | 成人男性、仰臥屈位 |
| 23HRU04 | 堀内 | 縄文晩期 | 桜井式 | 土坑墓9 | 木炭 | 成人男性、仰臥屈位 |
| 23HRU06 | 堀内 | 縄文晩期 | 桜井式 | 土器棺墓1 | 木炭 | 妊娠8ヵ月胎児・乳児 |
| 23HRU07 | 堀内 | 縄文晩期 | 桜井式 | 土器棺墓2 | 木炭 | 2歳6ヵ月の幼児 |
| 23HRU08 | 堀内 | 弥生前期 | 樫王式 | 土器棺墓11 | 木炭 | なし |
| 23HRU12 | 堀内 | 縄文晩期 | 桜井式 | 1-A区1層No.7 | ハイガイ | r |
| 23HRU14 | 堀内 | 縄文晩期 | 桜井式 | 1-A区2層No.15 | ハイガイ | l |
| 23HRU16 | 堀内 | 縄文晩期 | 桜井式 | 1-A区3層No.31 | ハイガイ | l |
| 23HRU18 | 堀内 | 縄文晩期 | 桜井式 | 1-A区4層No.32 | ハイガイ | r |
| 23HRU20 | 堀内 | 縄文晩期 | 桜井式 | 1-A区6層No.35 | ハイガイ | r |
| 23HRU21 | 堀内 | 縄文晩期 | 桜井式 | 1-A区4層No.32 | 木片 | |
| 23HRU22 | 堀内 | 縄文晩期 | 桜井式 | 1-A区6層No.35 | 木炭 | 23HRU20ハイガイ内部 |

表4 堀内貝塚の測定結果一覧表

| 試料番号 | $^{14}$C年代 [BP] | $\delta^{13}$C [‰] | 較正年代 [cal BC] | 測定番号 |
|---|---|---|---|---|
| 23HRU01 | 2855±94 | -26.3±0.1 | 1152()1149, 1129(1002)902 | NUTA-6465 |
| 23HRU02 | 2954±92 | -24.2±0.1 | 1303()1272, 1270(1155, 1147, 1131)1005 | NUTA-6466 |
| 23HRU03 | 2664±96 | -26.2±0.1 | 902(811)789 | NUTA-6467 |
| 23HRU04 | 2808±94 | -25.1±0.1 | 1048(926)833 | NUTA-6468 |
| 23HRU06 | 2779±91 | -25.6±0.1 | 1010(910)821 | NUTA-6503 |
| 23HRU07 | 2776±98 | -24.4±0.1 | 1014(909)817 | NUTA-6504 |
| 23HRU08 | 2350±77 | -26.3±0.1 | 475()459, 418(397)373 | NUTA-6505 |
| 23HRU12 | 3016±21 | — | | NUTA2-1761 |
| 23HRU14 | 2901±22 | — | | NUTA2-1762 |
| 23HRU16 | 3050±19 | — | | NUTA2-1763 |
| 23HRU18 | 3051±19 | — | | NUTA2-1764 |
| 23HRU20 | 3221±20 | — | | NUTA2-1765 |
| 23HRU21 | 1846±18 | — | AD129(AD133)AD221 | NUTA2-1769 |
| 23HRU22 | 2938±21 | — | 1210()1200, 1192(1188, 1181)1176, 1167(1148, 1144)1139, 1132(1128)1125, 1122()1113, 1097()1090, 1057()1054 | NUTA2-1770 |

　ハイガイの測定値から280 BPをひくと，23HRU01～04・06・07の炭化物の炭素14年代とほぼ一致することから，堀内貝塚の周辺海域でのリザーバー効果は280年と考えることができる。

　上述のように，堀内貝塚の較正年代が1200～900 cal BCに集中しており，較正年代をそのまま西暦におきかえるならば，堀内貝塚は紀元前1200年から前900年までの300年間に形成されたと考えることができる。堀内貝塚では居住域はわかっていないが，その貝層の大きさや墓の基数，墓域のひろがりから判断して，300年間ずっと継続してすみつづけたとは考えにくく，縄文時代の人びとは堀内貝塚で一定期間生活をして，何らかの理由で別の遺跡に移動し，また堀内貝塚にもどってくるというような居住の仕方をしたと考えることができる。居住期間と空白期間がくりかえされて，300年間という時間幅になったのであろう。それとともに，堀内貝塚は桜井式に限定されており，桜井式のもっとも古い段階ともっとも新しい段階の土器が出土していると考えるならば，桜井式という土器型式も1200～900 cal BCとなり，桜井式は紀元前1200年から前900年までの約300年間の時間幅をもつ土器型式であると考えることができる。

## 3　東海・北陸における縄文・弥生移行期の年代

### 縄文時代晩期前半と後半の境界年代

　設楽博己氏らが作成した縄文晩期から弥生前期の土器編年表（表5）にしたがえば，北陸の晩期前半と晩期後半の境界は中屋式と下野式の間ということになる。また，御経塚式は約1300～1200 cal BC，中屋式は約1200～900 cal BC，下野式～長竹式は約900～500 cal BCと推定することができ，中屋式と下野式の境界年代は約900 cal BCで，較正年代をそのまま西暦におきかえるならば，紀元前900年ごろとすることができる。

表5　縄文晩期～弥生前期の土器編年表〔設楽・小林 2004〕

| | 北・東部九州 | 中部瀬戸内 | 近畿 | 東海 | 北陸 | 中部高地 | 関東 | 東北 | |
|---|---|---|---|---|---|---|---|---|---|
| 縄文晩期 | 堀田Ⅰ・（楠野） | （岩田第4類） | 滋賀里Ⅱ | 寺　津・清水天王山中層a類 | 勝木原・御経塚1<br>勝木原・御経塚2 | + | 安行3a | 大洞B₁<br>大洞B₂ | 縄文晩期前半 |
| | 堀田Ⅱ・上菅生B | +<br>船津原 | 滋賀里Ⅲa<br>篠原（古）<br>篠原（中） | 元刈谷・清水天王山中層b類 | 勝木原・御経塚3<br>中屋1 | 佐野Ⅰa | 安行3b・姥山Ⅱ<br>姥山Ⅲ | 大洞B-C1<br>大洞B-C2 | |
| | 松　木・（夏足原） | 谷　尻 | 篠原（新） | 稲荷山・清水天王山上層a類 | 中屋2・3 | 佐野Ⅰb | 安行3c・前浦Ⅰ | 大洞C₁ | |
| 弥生早期 | 山ノ寺/夜臼Ⅰ・長行Ⅰ<br>　　　　　・下黒野<br>　　　夜臼Ⅱa | 前　池<br>津島岡大 | 滋賀里Ⅳ<br>口酒井 | （西之山）<br>馬見塚F（雌鹿塚） | 下野（古）<br>下野（新） | 佐野Ⅱa<br>佐野Ⅱb | 安行3d・前浦Ⅱ | 大洞C₂（古）<br>大洞C₂（新） | 縄文晩期後半 |
| 弥生前期 | 板付Ⅰa・夜臼Ⅱb<br>板付Ⅰb<br>板付Ⅱa　+<br>板付Ⅱb　　・下　城<br>板付Ⅱc | 沢　田<br>津島Ⅰ/Ⅱ<br>高　尾<br>門　田 | 船　橋<br>Ⅰ（古）・長原<br>Ⅰ（中）<br>Ⅰ（新） | 五貫森（関屋塚）<br>馬見塚　駿河山王<br>樫　王<br>水神平・氷Ⅱ | 長竹（古）<br>長竹（新）<br>柴山出村（古）<br>柴山出村（新） | 女鳥羽川<br>離　山<br>氷Ⅰ（古）<br>氷Ⅰ（中）～（新）<br>氷Ⅱ | 前窪・千網<br>荒　海<br>沖・女方 | 大洞A₁<br>大洞A₂<br>大洞A'<br>青木畑・砂沢 | 弥生前期 |

　一方，東海の晩期前半と晩期後半の境界は稲荷山式と西之山式の間である。晩期前半に位置づけられている桜井式は古段階と新段階にわけることができ，桜井式の新段階が稲荷山式に並行すると考えられている〔斎藤 2004〕。本稿では稲荷山式と西之山式の炭素14年代測定はおこなっていないので，稲荷山式と並行関係にある桜井式新段階の下限をおさえることによって境界年代をもとめるものである。前述のように，堀内貝塚において桜井式のもっとも古い段階ともっとも新しい段階の土器が出土しているという前提にたつと，桜井式は約1200～900 cal BCとなる。その下限年代は約900 cal BCであることから，東海の晩期前半と晩期後半の境界年代も約900 cal BCと推測することが可能である。

　さらに，表5にもとづけば，東海の稲荷山式（桜井式新段階）と北陸の中屋2・3式が並行関係にあり，東海の元刈谷式と稲荷山式の間に桜井式の古段階をおくことができ，桜井式古段階と中屋1式が並行関係にあるとすることができる。すなわち，東海の桜井式と北陸の中屋式は並行関係にあると考えることが可能であり，しかも桜井式も中屋式も較正年代は約1200～900 cal BCで，一致している。御経塚遺跡では土器付着炭化物を試料としてAMS炭素14年代測定をおこない，中屋式の較正年代を算出しており，堀内貝塚では墓域の炭化物と貝層のハイガイを試料に測定して較正年代を算出しており，東海・北陸の並行関係にある土器型式の較正年代は種類の異なる試料をもちいても同一であることがあきらかになった。こうした事実から，東海・北陸における縄文晩期前半と同後半の境界年代は約900 cal BC，紀元前900年ごろと考えることができる。

　つぎの段階として，東海・北陸における縄文晩期前半と後半の境界を，設楽博己氏らの編年表（表5）（註5）をもちいて北部九州にあてはめてみると，縄文晩期と弥生早期の境界になる。これに境界年代の約900 cal BC，紀元前900年ごろをつけくわえると，北部九州における弥生時代の開始年代は紀元前900年ごろと推定することが可能となる。縄文・弥生移行期の土器編年は精緻かつ正確であり，東海・北陸の較正年代を移動させて北部九州にあてはめても問題ないと考えている。

表6 氷遺跡・中野谷原遺跡の採取試料一覧表

| 試料番号 | 遺跡名 | 時代・時期 | 土器型式 | 器種 | 付着面 | 付着部位 |
|---|---|---|---|---|---|---|
| 10KOR01 | 氷 | 縄文晩期 | 氷1式 | 深鉢 | 内面 | 底部 |
| 10KOR03 | 氷 | 縄文晩期 | 氷1式 | 深鉢 | 内面 | 底部〜胴部下半 |
| 10KOR04 | 氷 | 弥生前期 | 氷2式 | 深鉢 | 内面 | 胴部下半 |
| 10NYH03 | 中野谷原 | 弥生中期 | 岩櫃山式 | 壺 | 外面 | 口縁部？ |
| 10NYH04 | 中野谷原 | 弥生中期 | 岩櫃山式 | 甕 | 外面 | 胴部？ |

表7 氷遺跡・中野谷原遺跡の測定結果一覧表

| 試料番号 | $^{14}$C年代 [BP] | $\delta^{13}$C [‰] | 較正年代 [cal BC] | 測定番号 |
|---|---|---|---|---|
| 10KOR01 | 2437±12 | — | 755( )722, 538( )530, 522(516)478, 471(460, 452, 438, 431, 418, 414)411 | NUTA2-2798 NUTA2-2815 NUTA2-2831 |
| 10KOR03 | 2462±19 | — | 759(756, 702)683, 664( )639, 588( )581, 545(539, 527, 524)516, 460( )452, 437( )431, 417( )414 | NUTA2-2799 |
| 10KOR04 | 2428±20 | — | 537( )531, 521(483, 466, 449, 441, 413)408 | NUTA2-2800 |
| 10NYH03 | 2344±15 | — | 402(399)396 | NUTA2-1517 |
| 10NYH04 | 2368+24 | — | 407(402)398 | NUTA2-1518 |

### 弥生時代前期と中期の境界年代

中部高地の長野県小諸市氷遺跡と群馬県安中市中野谷原遺跡で，縄文晩期終末から弥生中期前半の土器に付着した炭化物を試料にAMS炭素14年代測定を実施している（表6・7）。

氷遺跡では，縄文晩期の氷Ⅰ式2点，弥生前期末の氷Ⅱ式1点の測定をおこない，その結果を表7にあらわしている〔山本・小田 2002〕。氷Ⅰ式2点は氷Ⅱ式1点よりも古い炭素14年代になっており，大きな矛盾はない。炭素14年代は2460〜2430 BP の狭い範囲にあるが，この炭素14年代はちょうど較正曲線が平坦になるところにあたるため，較正年代は750〜410 cal BCと年代幅が大きくなっている。弥生前期末の氷Ⅱ式1点をみると，炭素14年代は2428±20 BP で，その較正年代は480〜410 cal BC である。一方，中野谷原遺跡では，弥生中期前半岩櫃山式2点の測定をおこなっており，炭素14年代は2344±15 BP と2368±24 BP で，それらの較正年代は約400 cal BC である〔小田・山本 2002a〕。測定された点数は少ないが，土器編年の新旧関係と年代値に矛盾がないことから，中部高地での弥生前期と中期の境界年代は約400 cal BC，紀元前400年ごろと推定することができる。

また，東海の愛知県堀内貝塚では弥生前期に位置づけられる樫王式に属する試料1点の測定をおこなっており，炭素14年代は2350±77 BP，較正年代は約400 cal BC という結果がえられている（表3・4）〔小田・山本 2002b〕。北陸では，石川県下安原海岸遺跡の土器付着炭化物2点（弥生中期のⅡ期）の測定を実施しており，炭素14年代は2250〜2120 BPで，較正年代は約360〜130 cal BCである（表1・2）〔山本・小田 2000b〕。これらの年代値は中部高地での弥生前期・中期の境界年代とずれるものでないことから，東海・北陸における弥生前期と中期の境界年代も，おおまかなところ約400 cal BC，紀元前400年ごろと推測することが可能である。

### 東海・北陸における弥生時代の開始年代

まず，北陸においては下野式〜長竹式は約900〜500 cal BCと推定することができることから，長竹式の下限は500 cal BCと考えることができる。また，弥生前期と中期の境界が約400 cal BCとなることから，弥生前期末の柴山出村式は約500〜400 cal BC と推測することが可能である。柴山出村式は新古の2段階に細分されるので，年代幅を単純に比例配分すると柴山出村式（古）は約

500～450 cal BC，柴山出村式（新）は約450～400 cal BC となる。表5の設楽博己氏らの編年表にしたがえば，北陸の弥生時代の開始は柴山出村式（新）とされることから，年代的には約450 cal BC，紀元前450年ごろに始まると類推することができる。

東海では，樫王式から弥生時代とされており，樫王式が柴山出村式（古）と並行することから，弥生時代の開始年代を約500 cal BC，紀元前500年ごろと類推することもできる。

しかしながら，これらの年代は測定点数が少ないうえに，推定に推定をかさねたものであり，東海・北陸における弥生時代の開始年代は約500～400 cal BC，紀元前500～400年ごろとしておくのが妥当であろう。

## 4　東海・北陸における水田稲作農耕の受容

### 水田稲作の伝播に関する従来の解釈

1960年代に刊行された日本考古学や日本史の概説書などでは，縄文・弥生移行期の水田稲作の導入については，一般に「晩期ゆきづまり説」で解釈されることが多かった。たとえば，坪井清足氏は「縄文文化は後期以降それ自身の生産力によって発展性を失い，停滞的な社会をいとなんでいた（中略）これにピリオドをうたせたのは，大陸よりあらたな水稲耕作の技術をともなって波及した金属文化であった」とのべている〔坪井 1962：135〕。また，和島誠一氏は，採集経済段階にあった縄文時代晩期においては，「労働用具が発達して能率的になり，獲物にめぐまれて人口が増加し，さらに大規模で効果的な自然物の採集がおこなわれれば，やがて濫獲が自然の増殖率をうわまわり，ゆきづまらざるをえない矛盾をはらんでいる。当時として自然的資源にめぐまれていた東日本にたいして資源の貧弱な西日本が，（中略）そうした矛盾をよりつよく感じる地域であったためであり，（中略）そうした西日本の縄文晩期社会の内在的矛盾がこの時期の稲作の導入という形でおこなわれた生産経済への転換を必要にし，また同時になんらかの植物の栽培がおこなわれたことは，それを可能にした条件であったことを意味するものであろう」とのべている〔和島 1966：11〕。

日本列島において水田稲作がひろがる年数について，佐原眞氏と金関恕氏は，弥生前期土器である遠賀川式土器が太平洋側では愛知県西部，日本海側では丹後まで分布することから，弥生文化は愛知県西部（尾張）まで急速にひろまり，弥生「前期文化の伝播に要した期間が，長くとも半世紀程度」であったとのべている〔佐原・金関 1975：38〕。

近年でも，寺沢薫氏は「遅くとも前5世紀には玄界灘沿岸地域に定着した水田稲作は，約百年のうちには西日本のおもだった平野部に広がり，その後百数十年で本州の最北端にまで到達した，というのが大方の見解」であるとしている〔寺沢 2000：026〕。

### 水田稲作の伝播の年数

筆者らが提示した較正年代にもとづけば，北部九州で水田稲作が開始されてから東海・北陸に伝播するまでに400～500年ぐらい時間を要していることになり，これまでの説とは大きく異なるものである。仮に弥生早期をみとめず，弥生前期からを弥生時代とする立場をとっても，北陸の長竹式との並行関係から北部九州での弥生時代の開始年代は前700年ごろとなり，東海・北陸に水田稲作が伝播するまでに200～300年という年数を要しており，北部九州につたわった水田稲作が急速に日本列島にひろがったという従来の解釈は成立しなくなる。

### 縄文晩期土器の稲籾圧痕

九州を中心に縄文土器にのこされたコクゾウムシの圧痕を検出し，縄文農耕論を展開した山崎純男氏の研究に感化され〔山崎 2005〕，2005年8月に石川県野々市町内の縄文遺跡から出土した晩期土器をもう一度丹念にみなおしてみた。残念ながらコクゾウムシの圧痕は発見できなかったが，御経塚遺跡と三日市A遺跡から稲籾の圧痕と判断できる圧痕のついた縄文土器を1点ずつ発見すること

ができた〔吉田 2006〕。これらは植物学者や農学者の正式な同定をうけたわけではないので，イネの籾圧痕と断定することはできないが，弥生土器に付着しているイネの籾圧痕に酷似している（註6）。籾圧痕が付着した縄文土器はいずれも晩期の長竹式（約2700〜2500 cal BC）に属する条痕文の粗製土器で，この時期に手取川扇状地でも稲作がおこなわれていた可能性が高くなってきている。しかし，畠稲作か水田稲作かという問題は今後にのこされた課題であり，他地域から籾だけがもちこまれた可能性もまだのこされている〔山本 2006〕。

また，この時期は北部九州ではじまった水田稲作が西日本に波及している時期であり，手取川扇状地でも遠賀川系の壺形土器が野々市町粟田遺跡や白山市乾遺跡で出土しており，手取川上流の白山市下吉谷遺跡でも出土している〔吉田 2004〕。壺だけが出土していることから，稲籾をいれて贈答品としてつかわれたのかもしれない。

### 水田稲作農耕の受容のあり方

前述のように，縄文晩期の社会は呪術が支配し，発展性をうしなった停滞的な社会で，労働用具が発達して乱獲がすすみ，矛盾が進行してゆきづまっていた。そうした状況のときに，北部九州につたわった水田稲作農耕は食料資源の枯渇していた西日本に急速にひろがり，50年もかからないうちに若狭湾と伊勢湾をむすぶ地域，愛知県西部あたりまで急速にひろまったという図式で，縄文時代から弥生時代にかけての水田稲作のひろがりが説明されてきた。

しかしながら，1960年代末以降，縄文時代の生業や経済基盤に関する実証的研究がすすめられていき，とくに1970年代に大きな進展をみせた。それによって「晩期ゆきづまり説」は1980年代には急速に衰退し，一部をのぞいては，そのように考える研究者はきわめて少なくなっている。また，これまでのべてきたように，年数的にも半世紀，50年という期間も刷新され，愛知県西部や石川県まで拡大するのに400〜500年ぐらいの年数をついやしている。このように刷新された新しい年代観と縄文時代の生業研究の進展をうけて，東海・北陸における水田稲作農耕の受容に関して筆者なりの解釈をしめしておきたい〔山本 2006・2007〕。

東海で貝塚が発達する縄文後期から晩期にかけては，通過儀礼である抜歯の施術率が高いことから集落内では共同体の新しい編成原理が確立され，規制が強化されていたことがうかがわれる。それらを維持するための特殊な身分や階層が発達したことが推測され，叉状研歯をもつ抜歯人骨はそうした身分・階層の人物であると考えられる。特殊な身分・階層の長老ないしは呪術師的な人物に統率されていた後期〜晩期の社会は，年齢階梯社会を形成していたことが推定されてくる〔渡辺 1973〕。このような縄文社会のあり方は，東海ばかりでなく，北陸でも同様であったと考えている。

紀元前930年〔藤尾ほか 2005：93〕に北部九州に伝播した水田稲作の情報は，交換・流通ネットワークを通じて東海・北陸の縄文時代の人びとにもそれほど時間を経ずにもたらされていたであろう。水田稲作という技術体系と新しい生活システムの受容をめぐっては，新しい価値観をうけいれようとする若者グループと従来の価値観を守旧しようとする長老や年長グループの間で意見のくいちがいがあったことが考えられる。未知なる水田稲作は東海・北陸の縄文人に時代にとりのこされる不安をいだかせる一方，受容して失敗した場合の不安もかきたてた。従来の植物採集活動・漁撈・狩猟を基盤とした生活システムを維持しつづけるのか，水田稲作に基盤を置いた生活システムに移行するのか，年齢階梯社会内部で意見の対立があったことであろう。新しい水田稲作は東海・北陸の縄文時代の人びとの敬遠と歓迎の間をいったりきたりしつつ，その間に年月がすぎ，東海・北陸の人びとが水田稲作をうけいれたのは，北部九州で水田稲作が開始されてから400〜500年あまりすぎてからのことになる。

すなわち，水田稲作に基盤をおいた生活システムという新しいもの，従来とは異なる価値体系の受容にあたっては，精神的な柔軟性や年齢的なものが大きかったのであり，とくに食文化は保守的で，受容するのにそれなりの時間を必要としたと考えるものである。

おわりに

　筆者らが2002年3月までに提示した較正年代は，北部九州における縄文時代と弥生時代の境界年代が紀元前900年ごろになることを推測させ，弥生時代の開始年代が前10世紀までさかのぼるとする国立歴史民俗博物館の考え〔春成ほか 2003〕と齟齬をきたさないものである。筆者は縄文時代の終焉年代を究明するという目的で，国立歴史民俗博物館は弥生時代の開始年代を解明するという目的で，それぞれ異なる地域で，数種類の試料をつかってAMS炭素14年代測定をすすめ，縄文時代の終焉年代およびそれと表裏一体の関係にある弥生時代の開始年代は，ほぼ一致した結果となっている。また，日本列島での須恵器出現期の年代をめぐっても，別々に研究していたにもかかわらず，4世紀末と一致した年代になっている〔菅野・山本ほか 2006，今村ほか 2006〕。較正年代と西暦は同じものではないし，弥生時代終末期のように較正曲線の問題から想定されている年代と大きくずれるところも存在する。今後は，若手研究者のAMS炭素14年代測定・暦年代較正に対する考え方と実践力が，研究進展の鍵になってくるであろう。

　本稿は今から5年も前の較正年代をもとに記述しているので，今後測定がすすめば変更を余儀なくされる年代もでてくることが予想される。現在，東海では愛知県清須市朝日遺跡（弥生中～後期），北陸では石川県野々市町御経塚遺跡（縄文後・晩期），金沢市中屋サワ遺跡（縄文晩期），白山市乾遺跡（縄文晩期），小松市八日市地方遺跡（弥生前～後期）について，国立歴史民俗博物館に依頼して炭素14年代測定をすすめている。これらの遺跡の測定結果が報告されたあと，それを参考にして土器型式の年代値や水稲農耕受容の背景について再考したいと考えている。

　末筆ながら，本稿を執筆するにあたって下記の諸氏・諸機関からご教示とご援助をえたことを明記し，お礼申しあげます。

池田晃子，奥野絵美，丑野　毅，太田友子，小林青樹，斎藤弘之，大工原豊，中沢道彦，中村俊夫，西本豊弘，安　英樹，吉田　淳，安城市史編さん室，名古屋大学年代測定総合研究センター，野々市町史編纂室。

（註1）表1の試料番号のつけ方について解説しておくと，「17」は『日本考古学年報』の「各都道府県の動向」における「石川県」の都道府県番号である。また，「ＯＫＤ」は御経塚（OKyouDuka）遺跡を意味し，それにつづく番号は御経塚遺跡のなかで試料を採取した順番である。
（註2）測定結果は，『野々市町史』資料編1〔小田・山本 2003〕で再報告している。
（註3）表3の試料番号のつけ方について解説しておくと，「23」は『日本考古学年報』の「各都道府県の動向」における「愛知県」の都道府県番号である。また，「ＨＲＵ」は堀内（HoRiUchi）貝塚を意味し，それにつづく番号は堀内貝塚のなかで試料を採取した順番である。
（註4）測定結果は，『新編安城市史』10〔小田 2004〕で再報告している。
（註5）2002年3月時点では，縄文・弥生移行期ということで縄文晩期後半～弥生前期の小林青樹氏の編年案〔小林 1999〕を使用していたが，縄文晩期前半もふくめた方がよいと考え，本稿では表5のように設楽博己氏らの編年表をもちいている。
（註6）これらの圧痕および他の種実圧痕については，丑野毅氏と中沢道彦氏に機会をあらためて報告していただくことになっている。

引用文献

今村峯雄・尾嵜大真・光谷拓実・中尾七恵 2006「炭素14ウィグルマッチ法による歴史資料の高精度年代測定」『日本文化財科学会　第23回大会研究発表要旨集』70-71
小田寛貴 2004「堀内貝塚の放射性炭素年代測定」『新編安城市史』10（資料編考古），68-73

小田寛貴・山本直人 2001「縄文土器のAMS$^{14}$C年代と較正年代－石川県の縄文前期～晩期を中心に－」『考古学と自然科学』第42号，1-13

小田寛貴・山本直人 2002a「弥生土器・古式土師器のAMS$^{14}$C年代」『名古屋大学加速器質量分析計業績報告書』XⅢ，161-166

小田寛貴・山本直人 2002b「愛知県安城市堀内貝塚の$^{14}$C年代測定」『名古屋大学加速器質量分析計業績報告書』XⅢ，170-176

小田寛貴・山本直人 2003「土器付着炭化物の放射性炭素年代」『野々市町史』資料編1，103-114

小林春樹 1999『縄文・弥生移行期における東日本系土器』考古学資料集9，国立歴史民俗博物館春成研究室

斎藤弘之 2004「桜井式土器」『新編安城市史』10（資料編考古），54-61

佐原　眞・金関　恕 1975「弥生文化の発展」『稲作の始まり』38-54，講談社

設楽博己・小林謙一 2004「縄文晩期からの視点」『季刊考古学』第88号，60-66，雄山閣

菅野裕之・赤塚次郎・山本直人・中村俊夫 2006「須恵器出現期の土師器付着炭化物の較正年代」『日本文化財科学会　第23回大会研究発表要旨集』108-109

坪井清足 1962「縄文文化論」『岩波講座　日本歴史』1，109-138，岩波書店

寺沢　薫 2000「稲作伝来」『王権誕生』日本の歴史02，21-66，講談社

春成秀爾・藤尾慎一郎・今村峯雄・坂本　稔 2003「弥生時代の開始年代」『日本考古学協会第69回総会研究発表要旨』65-68，日本考古学協会

藤尾慎一郎・今村峯雄・西本豊弘 2005「弥生時代の開始年代」『総研大文化科学研究』創刊号，71-96，総合研究大学院大学文化科学研究科

山崎純男 2005「西日本縄文農耕論」『韓・日新石器時代の農耕問題』第6回韓・日新石器時代共同学術大会発表資料集，33-55

山本直人 1997「縄文土器のAMS$^{14}$C年代(1)」『名古屋大学加速器質量分析計業績報告書』Ⅷ，222-230

山本直人 1999「放射性炭素年代測定法による縄文時代の研究」『名古屋大学文学部研究論集』134，37-54

山本直人 2002『加速器質量分析放射性炭素年代測定法による縄文時代集落の存続期間に関する研究』平成11・12・13年度科学研究費補助金基盤研究(C)(2)研究成果報告

山本直人 2006「御経塚遺跡と地域社会」『野々市町史』通史編，34-47

山本直人 2007（印刷中），「旧石器・縄文時代」『安城市史』1（通史編　原始・古代・中世），1-30

山本直人・小田寛貴 2000a「縄文土器のAMS$^{14}$C年代(4)」『名古屋大学加速器質量分析計業績報告書』XⅠ，160-161

山本直人・小田寛貴 2000b「弥生土器のAMS$^{14}$C年代(1)」『名古屋大学加速器質量分析計業績報告書』XⅠ，162

山本直人・小田寛貴 2001「縄文土器のAMS$^{14}$C年代(5)」『名古屋大学加速器質量分析計業績報告書』XⅡ，215-219

山本直人・小田寛貴 2002「縄文土器のAMS$^{14}$C年代(6)」『名古屋大学加速器質量分析計業績報告書』XⅢ，167-169

吉田　淳 2004「縄文から弥生への転換期」『野々市町史』資料編1，123-128

吉田　淳 2006「縄文から弥生へ」『野々市町史』通史編，48-51

和島誠一 1966「弥生時代社会の構造」『日本の考古学』Ⅲ，1-30，河出書房新社

渡辺　誠 1973「埋葬の変遷」『縄文土器と貝塚』古代史発掘2，140-146，講談社

Stuiver, M., Reimer, P.J., Bard, E., Back, J.W., Burr, G.S., Hughen, K.A., Kromer, B., McCormac, G., van der Plicht, J. and Spurk, M., 1998, INTCAL98 Radiocarbon age calibration, 24,000-0 cal BP. *Radiocarbon* 40(3), pp.1041-1083.

# 九州における弥生時代中期の開始年代

藤尾　慎一郎

## はじめに

2003年5月，福岡市博多区雀居遺跡12次調査によって出土した資料の炭素14年代を参考に，九州北部の前期末は前400年ごろという暫定値を公開した。

2005年になると長崎県原の辻遺跡の前期後半～中期初頭の土器から得られた炭素14年代は2300・2200 $^{14}$C BP台に収まることがわかり，較正年代になおすと前400年から前200年の間に収まった〔藤尾・小林ほか 2005〕。

その後しばらく前期末から中期初頭にかけての測定値を得ることができなかったが，2006年11月になって，雀居遺跡4次調査出土の板付Ⅱb式（6点）の測定値を追加できたので，2007年2月現在の九州北部における弥生時代中期の開始年代について報告する。

## 1　検討資料

2007年2月現在，当該期の土器に付着した炭化物の測定数は，板付Ⅱa式1点，板付Ⅱb式6点，併行する高橋Ⅱ式1点，板付Ⅱc式1点，板付Ⅱc～城ノ越式2点，城ノ越～須玖Ⅰ式古1点である。参考値として田中良之らが甕棺に葬られた人骨を対象に測定した，金海式古1点，城ノ越式1点の炭素14年代〔田中ほか 2004〕や，大分，愛媛，広島の遠賀川系土器を用いる。

さらに比較的測定数が豊富な夜臼Ⅱb式，板付Ⅰ式，須玖Ⅰ式古を使って，当該期の上限と下限年代を押さえるとともに，東広島市黄幡1号遺跡から出土したヒノキ材をもとに作成した日本版較正曲線を使って実年代に言及する。

## 2　測定資料の考古学的特徴と炭素14年代

### 板付Ⅱa式（図1-1）

口唇部端部下端に刻目をもち，口唇部を丸くおさめることから板付Ⅱa式に比定した。口縁部破片なので体部の形態は不明である。2400±35 $^{14}$C BPという測定値は，今のところ板付Ⅱa式や西部瀬戸内最古の遠賀川系土器である中山Ⅰ式，大分平野の弥生化した最古の前期突帯文系土器など，西日本西部各地で弥生稲作が始まったころの土器にみられる。この炭素14年代を単純にIntCal04と照合すると，前期末の土器が多く分布する前400年付近の確率密度がもっとも高くなり，考古学的な所見との整合性がとれない。この問題は後述する。

### 板付Ⅱb式・高橋Ⅱ式（図-2～6，図2-1）

図2-1の原の辻遺跡と図1-6の鹿児島県古市遺跡以外はすべて雀居遺跡4次調査出土である。古市以外の如意状口縁をもつ甕は，口唇部下端に刻目をもつ点が板付Ⅱa式と同じだが，口唇端部を方形に仕上げたり，体部が張り始める点が異なっている。底部は前期末の板付Ⅱc式のように脚台化していない。

炭素14年代は2415～2360 $^{14}$C BPの範囲に収まり，いわゆる2400年問題の真っ只中である。図

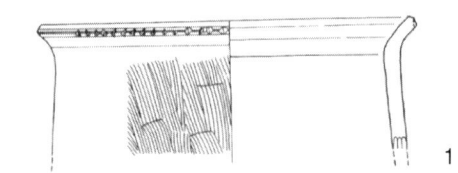

雀居4次（MTC08032） 2400±35　−26.3‰
板付Ⅱa式

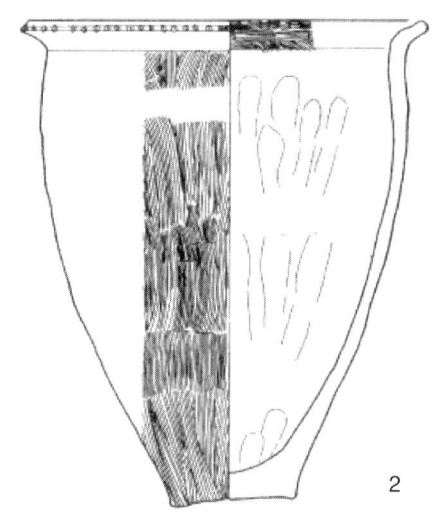

雀居4次（MTC08040） 2430±35　−19.6‰
板付Ⅱb式

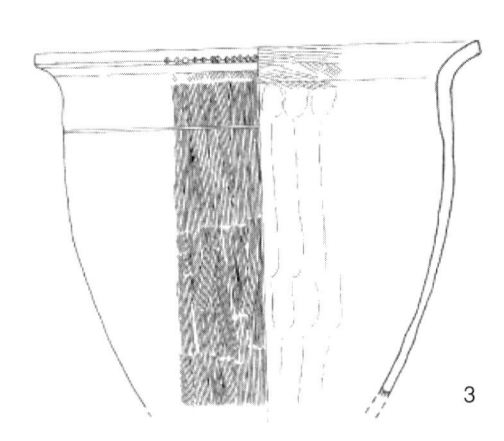

雀居4次（MTC08036） 2400±35　−25.2‰
板付Ⅱb式

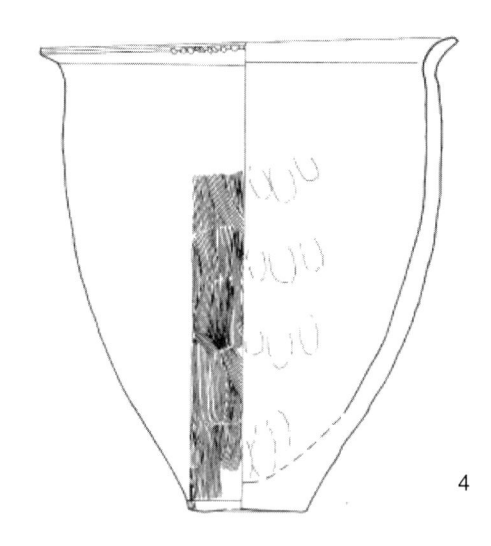

雀居4次（MTC08034） 2360±35　−24.3‰
板付Ⅱb式

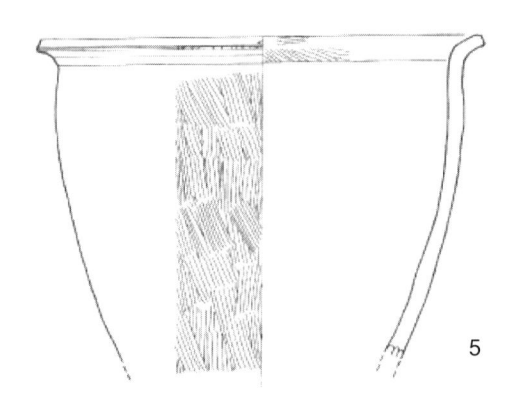

雀居4次（MTC08041，08042） 2400±40
−26.1‰，2385±40　−25.4‰　板付Ⅱb式

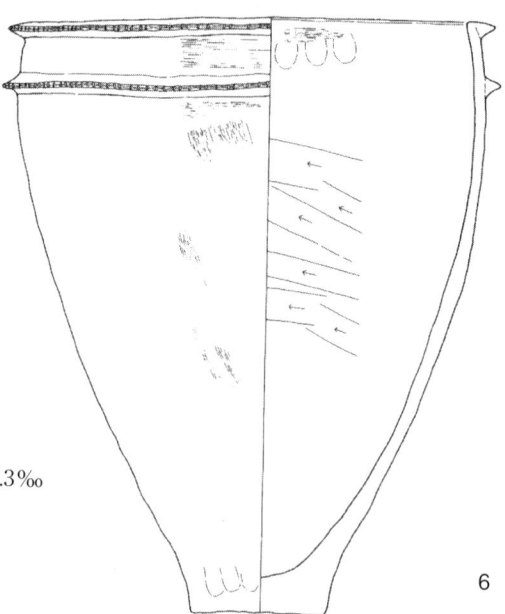

古市（IAAA30254） 2380±50　−27.3‰
高橋Ⅱ式

**図1　弥生前期中頃～前期後半の測定土器**
（縮尺不同．各報告書から転載）

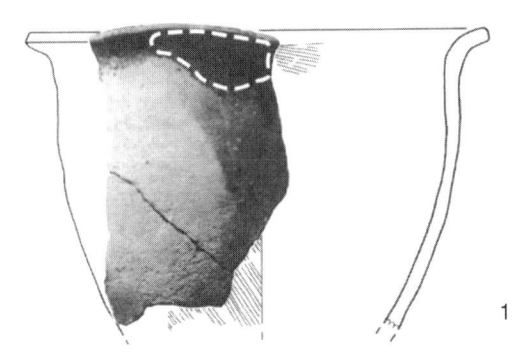

1 原の辻（IAAA40810） 2410±40  －27.3‰
　板付Ⅱb式

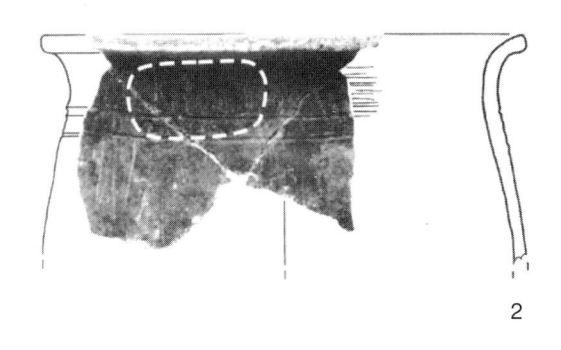

2 原の辻（Beta204399） 2340±40  －25.8‰
　板付Ⅱc式

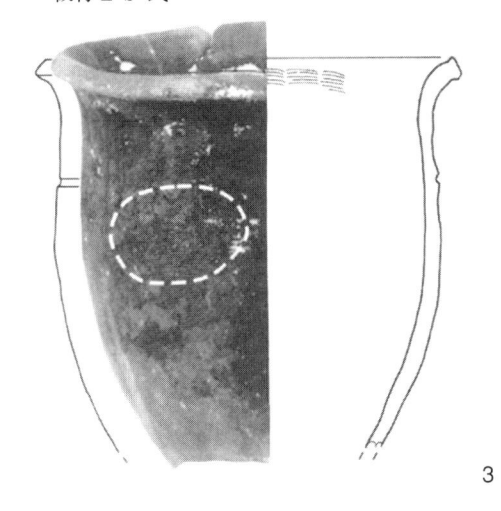

3 原の辻（IAAA40811） 2270±40  －33.7‰
　板付Ⅱc ～城ノ越式

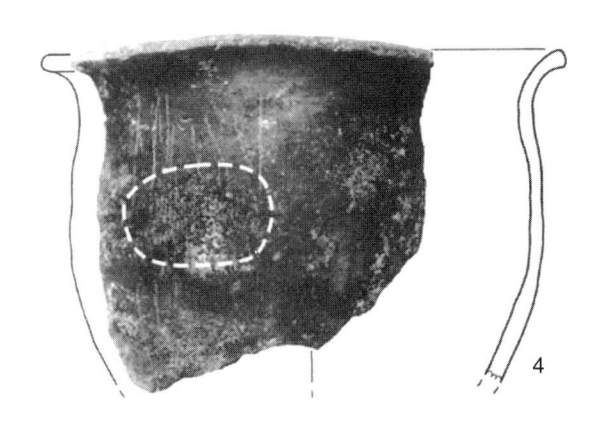

4 原の辻（IAAA40812） 2250±40  －31.9‰
　板付Ⅱc ～城ノ越式

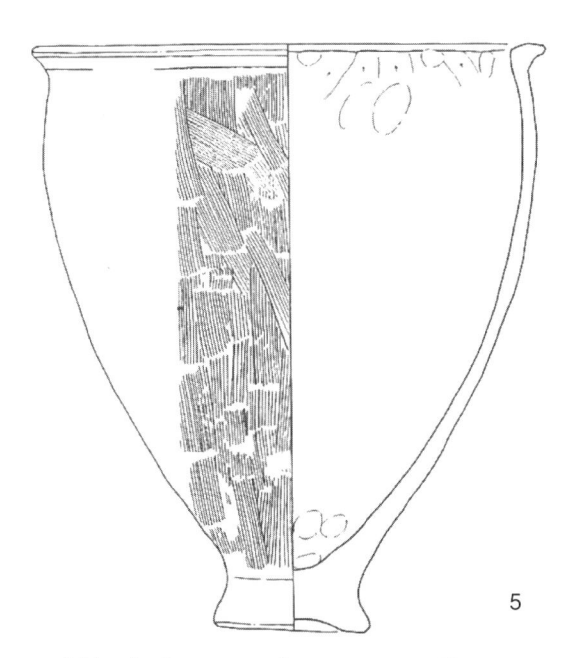

5 雀居12次（Beta184550） 2240±40  －23.7‰
　城ノ越～須玖Ⅰ式古

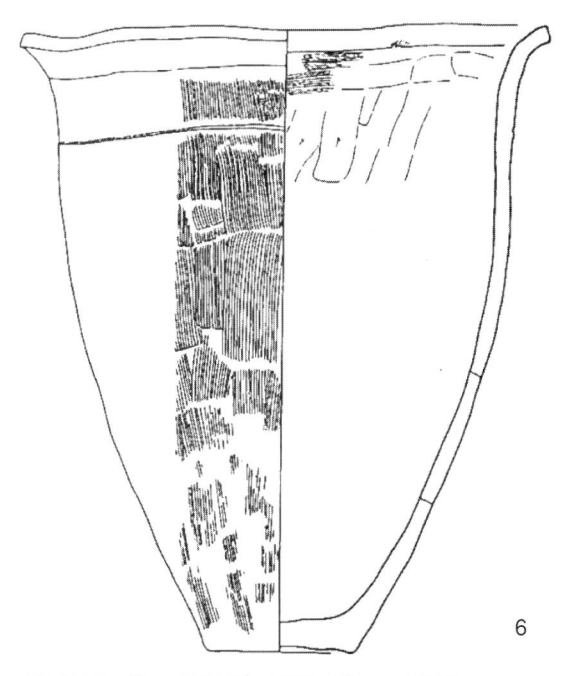

6 雀居12次（Beta172133） 2670±40  －26.4‰
　板付Ⅱc式

図2　弥生前期後半～中期初頭の測定土器（縮尺不同．各報告書から転載）

1－2のδ¹³Cは－19.6‰で重いが，板付Ⅱb式の炭素14年代として妥当な値なので，C₄植物が炭化物のなかに含まれていた可能性がある。現状では福岡平野最古のC₄植物の存在を示す証拠である。古市出土の高橋Ⅱ式土器（図1－6）は，福岡県八女市亀の甲遺跡1号溝や板付Ⅱb式に併行する九州南部の前期突帯文系土器である。弥生早期の屈曲型二条甕の系譜をひく甕で，九州島の広い範囲に分布する。2380±50 ¹⁴C BPという炭素14年代はいわゆる亀の甲タイプ初の測定値である。これまでこの種の甕は前期末になって成立するという考えが根強かっただけに，炭素14年代をもとに板付Ⅱb式と併行することを初めて確認できたことの意義は大きい。

これらの土器の炭素14年代の中心値をIntCal04上におくと2400年問題の後半以降にくる。

### 板付Ⅱc～城ノ越式（図2－2～6）

板付Ⅱc式や城ノ越式単純に比定できるものが少ないことがこの時期の特徴で，板付Ⅱc式～城ノ越式として幅広く比定される場合がかなりある。図2－6が2003年5月段階で明らかになっていた雀居12次調査出土の板付Ⅱc式である。測定値は2670±40 ¹⁴C BPで，δ¹³Cの値からは海洋リザーバー効果の影響を認められなかった。しかし2600 ¹⁴C BP台は夜臼Ⅱa式の炭素14年代であることが現在ではわかっている。

弥生土器に付着する炭化物の測定をはじめたばかりの頃には，サンプルの量が少なくても測定した結果，海洋リザーバー効果の影響が認められないにもかかわらず古い測定値が出てしまう例がいくつか存在した。現在では前処理後，1 mg 以下の測定用試料は測定しないことにしている。

ではなぜ2003年に前期末が前400年頃という見解を示したのかといえば，夜臼Ⅱa式，夜臼Ⅱb式，板付Ⅰ式の測定値や，前期末に併行する東日本の土器の年代から推定したのである。

雀居12次出土土器（図2－5）は，2005年の日本考古学協会総会発表要旨で城ノ越～須玖Ⅰ式古に比定した土器だが，城ノ越式の中では後出する土器と考えたからである〔春成ほか 2005〕。図2－2が板付Ⅱc式，3,4は板付Ⅱc～城ノ越式，5は城ノ越～須玖Ⅰ式古に比定され，炭素14年代はそれぞれ，2340，2270，2250，2240 ¹⁴C BPである。中心値は5を除いて炭素14年代の2400年問題を離脱して，大きく斜めに下降する直線部にかかる。5は城ノ越式の新しい方だけにⅤ字部の右側に入る可能性もあるので中心値の位置を幅広く考えておく。

これら日常土器の炭素14年代の中心値をIntCal04上におくと田中らが測定した甕棺に葬られた人骨の炭素14年代とも整合性をもつ。前期末の金海式に葬られた人骨は2354 ¹⁴C BPで板付Ⅱc式の2340 ¹⁴C BPと整合的。中期初頭の城ノ越式に葬られた人骨は2256 ¹⁴C BPで板付Ⅱc～城ノ越式の図2－3・4の2270，2250 ¹⁴C BPと整合性をもつ。

次に板付Ⅱb式，Ⅱc式，城ノ越式の較正曲線上における位置をもとに，日本版較正曲線と照合しながら，各土器型式の実年代を考える。

## 3　弥生中期初頭前後の実年代

### IntCal04 と弥生前期中頃の炭素14年代

図3は各土器型式の炭素14年代の中心値をIntCal04 上に落としたものである。板付Ⅱa式の測定値は2400 ¹⁴C BPの一つしかないので，併行する大分市玉沢条里地区遺跡出土の前期突帯文系土器，愛媛県今治市阿方遺跡と東広島市黄幡1号遺跡出土の遠賀川系土器もあわせて検討する。

2400 ¹⁴C BPの板付Ⅱa 式をIntCal04上に落とすと，前400年頃にきて，確率密度分布をみても550～395cal BCが81.1％と高確率を示し，以下，745～685cal BCが11.6％，665～645cal BCが2.7％とつづく（図4）。玉沢の板付Ⅱa 式に併行する前期突帯文系土器や阿方の古式遠賀川系土器も同じ傾向を示す。

ところが前400年頃は板付Ⅱb式やⅡc式の中心値が主に分布する領域なので，板付Ⅱa式の中心値がこの付近にくるとは考古学的に考えられない。また板付Ⅱa 式に先行する板付Ⅰ式が前750年

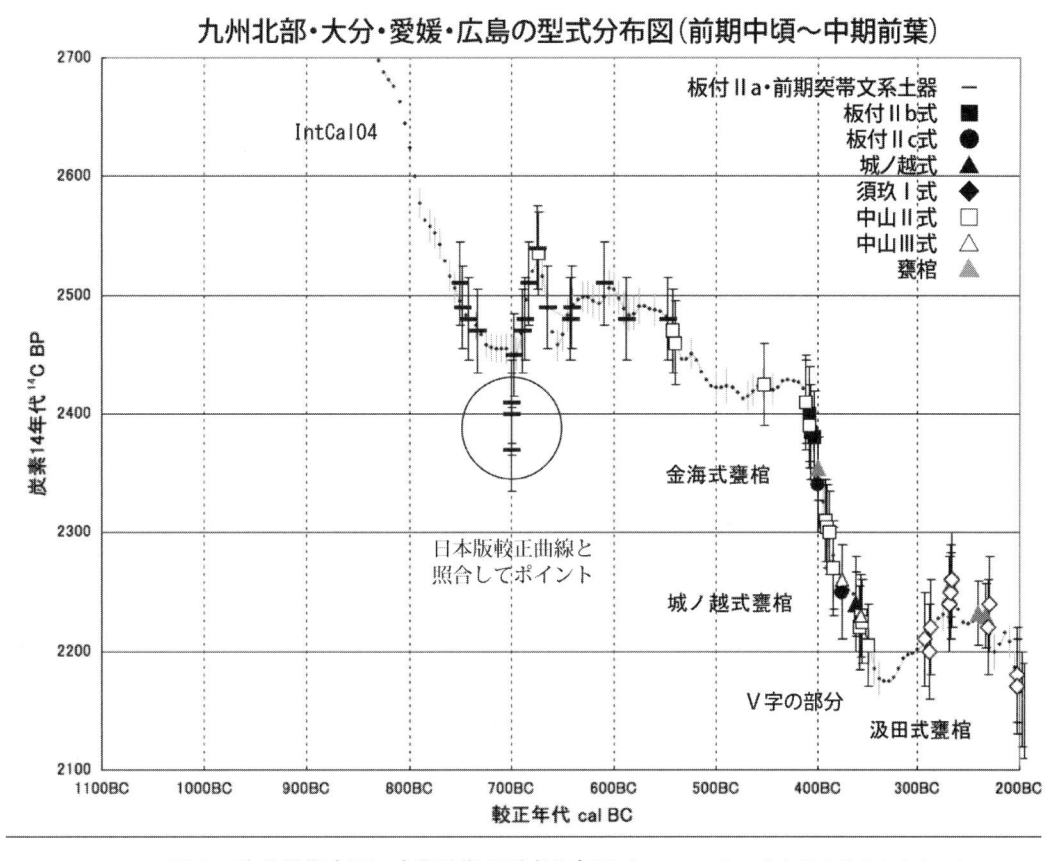

**図3　弥生前期中頃〜中期前半の型式分布図**（IntCal04 上に中心値を落としたもの）

同じ個体の中心値が較正曲線と複数の点で交差する場合はすべて落としているので，測定値の数よりもプロットした点の方が多くなっている。
日本版較正曲線にあわせて2400 $^{14}$C BP付近の黒く囲んだ部分にあわせると，板付Ⅱa式や古式の遠賀川系土器の中心値がこの範囲にくる可能性があるという意味。

頃に下限をもつので，もし板付Ⅱa式の中心値が前400年頃にくれば，300年以上にわたって存続する板付Ⅰ式と，きわめて短い存続幅の板付Ⅱa，Ⅱb式と板付Ⅱc式という関係になり，土器型式編年との整合性を著しく欠くことになる。

私たちは板付Ⅱa式や併行する最古の遠賀川系土器の炭素14年代とIntCal04があわないという事態に直面したのである。

### 日本版較正曲線との照合

本書の尾嵜論文にもあるように，今村と尾嵜は2004年秋から，奈良文化財研究所の光谷拓実によって前820〜前240年の年輪年代をもつことが確認された，東広島市黄幡1号遺跡から出土したヒノキ製の未成品をもとに，5年輪ごとに炭素14年代を測定して日本版較正曲線の構築を始めた（図5）。この結果，年輪年代で前705〜701年の部分や，前700〜696年の部分など，前700年前後に2400 $^{14}$C BPに近い炭素14年代を示すことがわかった。そこで2400 $^{14}$C BPの板付Ⅱa式の実年代は，前8世紀末〜前7世紀初頭にくるのではないかという見通しをたてたのである。これなら型式学的にも矛盾がない。

もちろん板付Ⅱb式の炭素14年代にも，雀居4次18bのように2400 $^{14}$C BPに近い2415 $^{14}$C BPを示す試料もあるが，板付Ⅱb式の炭化物という考古学的な事実をふまえると，2400年問題後半の水平部分，すなわち前6世紀なかば以降にきた方が整合的である。

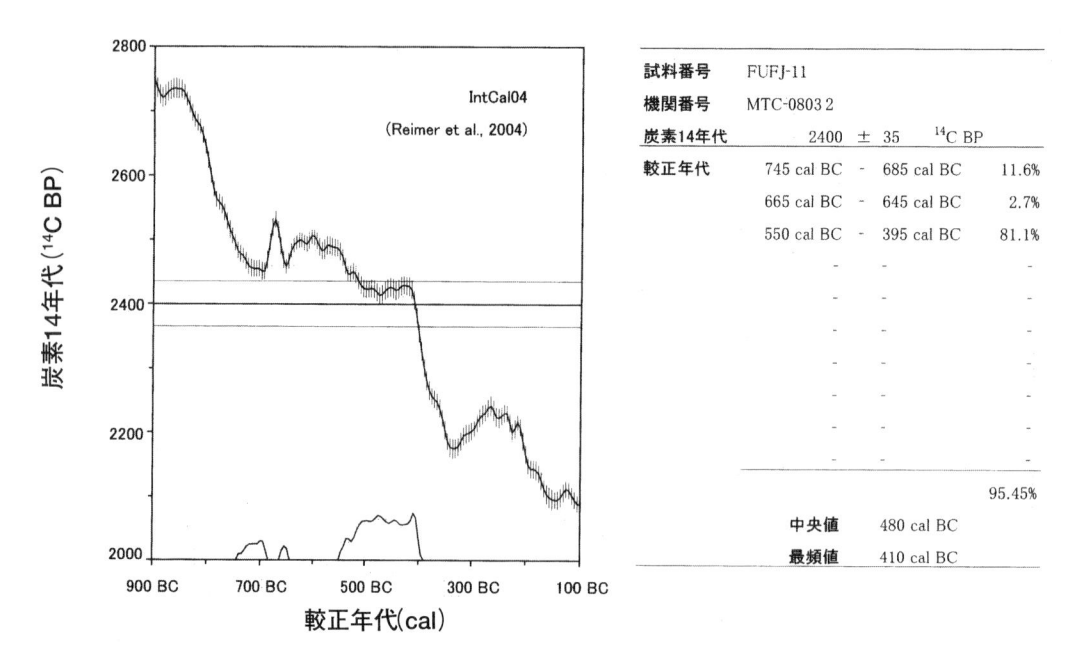

**図4　雀居遺跡4次調査出土板付Ⅱa式の確率密度分布図と較正年代**

IntCal04ではどうしても前500〜400年ごろの確率が高くなってしまうが，日本版較正曲線との照合結果と考古学的な事実とを総合的に判断すれば前700〜650年ごろのピーク（図5）が整合的であることがわかる。

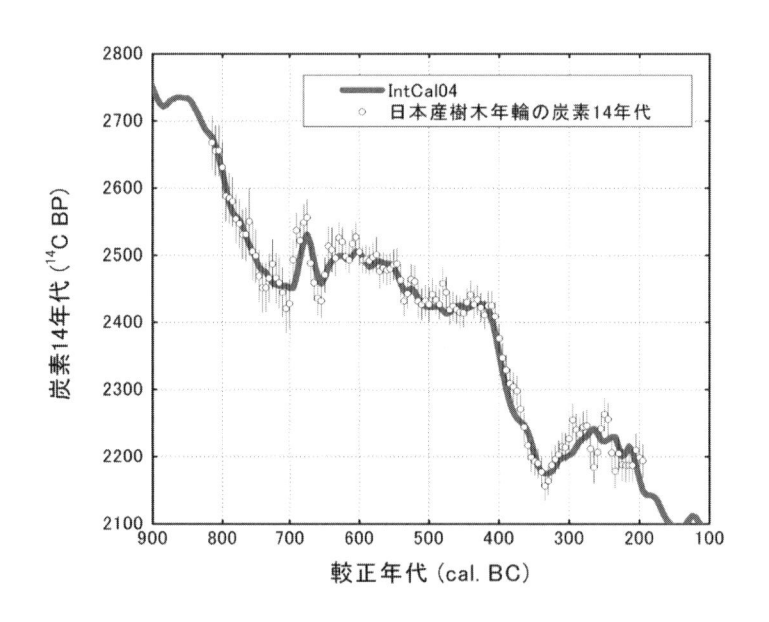

**図5　日本産樹木年輪の炭素14年代**（尾嵜大真氏提供）

2300 $^{14}$C BP台後半に点が落ちていないが、実際には測定値が存在しており統計処理とスムーズィングした結果、表現されていないだけである。

図3には2400 $^{14}$C BPや2300 $^{14}$C BP台後半などIntCal04よりも50〜100年以上新しい方に離れているにもかかわらず落としたのは，IntCal04にあわせるよりも日本版較正曲線にあわせる方が考古学的には整合的だからである。

同時に土器型式の新旧関係を考慮して，板付Ⅱa，板付Ⅱa式併行土器，板付Ⅱb式，板付Ⅱc式の中心値を落とすと図3のようになる。もちろん誤差の範囲内まで含めて考える必要のあることは

いうまでもない。この結果，板付Ⅱa式と板付Ⅱa式併行期は前8世紀中〜6世紀に，板付Ⅱb式は前400年以前，板付Ⅱc式は前400年頃〜前4世紀前葉，前期末〜中期初頭や中期初頭は前4世紀前葉，城ノ越〜須玖Ⅰ式古は前4世紀後半に中心値がくるように落とすと，考古学的な型式変遷と整合性をもつ分布を示す。

±35の誤差を考慮しても，板付Ⅱb式は前600年から前500年の間という，2400年問題の後半付近に上限がきて，下限は2400年問題を抜ける可能性のあることがわかる。前期末は2400年問題にもV字部にもかからず，較正曲線の急傾斜の部分にあたり，中期初頭の下限は較正曲線のV字部の部分にかかる可能性がある。

もっとも新しい雀居12次6の城ノ越〜須玖Ⅰ式古の中心値は前370年頃だが，誤差を含めると下限は前300年頃まで下る可能性をもつ。しかし参考値として長崎県原の辻遺跡の須玖Ⅰ式古を落としているように，雀居12次6が前300年より新しくなる可能性はないことがわかる〔藤尾・今村2006〕。

## おわりに

以上，板付Ⅱb式，Ⅱc式，Ⅱc〜城ノ越式，城ノ越〜須玖Ⅰ式古の炭素14年代の中心値を，IntCal04上に落とし，日本版較正曲線を参考に実年代を換算すると，板付Ⅱb式とⅡc式の境界は前400年よりわずかに新しく，板付Ⅱc式と城ノ越式との境界は前4世紀前半，城ノ越式と須玖Ⅰ式古との境界は前4世紀後葉〜末と考えた。板付Ⅱa式とⅡb式の境界は今のところ前6世紀のどこかと予想している。

この年代観にしたがうと各土器型式の存続幅は，板付Ⅱa式：約200年，板付Ⅱb式：160〜170年，板付Ⅱc式：20〜30年，城ノ越式：50〜60年になる。

当該期は日本列島に青銅器や鉄器などの金属器が出現する時期にあたるので，この年代についてもふれておこう。福岡県今川遺跡は板付Ⅰ式新に比定されているので，実年代は前8世紀後半，九州北部に粘土帯土器が出現する前期末は先述したように前4世紀前葉，青銅器が甕棺に副葬され始める中期初頭は前4世紀前葉以降，青銅器の鋳造や鉄器が出現する中期前葉（須玖Ⅰ式古）は，前4世紀後葉〜末を上限とする。

また後期無文土器である水石里式の年代を武末純一が示した九州北部との併行関係〔武末 2004〕から推測すると，板付Ⅱa〜城ノ越式に併行するので，前8世紀後葉〜前4世紀前葉の約400年間弱存続したことになる。

## 参考文献

武末純一 2004「弥生時代前半期の暦年代」『福岡大学考古学論叢』pp.131-156

田中良之・溝口孝司・岩永省三・Tom Higham 2004「弥生人骨を用いたAMS炭素年代測定（予察）」『九州考古学会・嶺南考古学会第6回合同考古学発表要旨』

春成秀爾・今村峯雄・藤尾慎一郎・坂本 稔 2003「弥生時代の開始年代—¹⁴C年代の測定結果について—」『日本考古学協会第69回総会研究発表会』pp.55-58

春成秀爾・藤尾慎一郎・小林謙一・今村峯雄・坂本 稔 2005「弥生時代中期の実年代—¹⁴C年代の測定結果について—」『有限責任中間法人日本考古学協会第71回総会研究発表要旨』pp.130-133

藤尾慎一郎・小林謙一・今村峯雄・坂本 稔・尾嵜大真 2005「壱岐市原の辻遺跡出土土器に付着した炭化物の炭素14年代測定」『壱岐原の辻遺跡総集編Ⅰ』長崎県文化財発掘調査報告書第30集，pp.297-308

藤尾慎一郎・今村峯雄 2006「弥生時代中期の実年代—長崎県原の辻遺跡出土資料を中心に—」『国立歴史民俗博物館研究報告』133，pp.199-229

# 関東における弥生時代の開始年代

小林 謙一

## 1 関東地方における年代測定研究

　国立歴史民俗博物館を中心とした年代測定研究グループでは，2006年度前半までの時点で，神奈川県，東京都，山梨県，埼玉県，群馬県，茨城県の縄文時代晩期〜弥生時代中期の年代測定として，17遺跡（図2）から71点の測定例を得ている（うち数点は同一試料の再測定などを含む）。同一時期の東北地方や近畿地方に比べると，文字通りケタが少ない測定数であるが，おおよそ年代的な再構築が見通せる材料が揃いつつある。関東地方の縄文時代後期について別稿〔小林 2006a〕にまとめてあり，本稿ではそれに続く年代的再構成として，関東地方の縄文時代晩期から弥生時代中期の年代研究についてまとめたい。なお，以下では歴博が付した測定No.（県別および所蔵機関別のアルファベットおよび通しNo.）で資料を記述する。これらの資料の詳細は，各報告レポートおよび成果報告〔今村編 2004，西本編 2005〕を参照されたい。

　本稿では，炭素14（$^{14}C$）年代測定結果は$^{14}C$ BP（1950年起点で換算），暦年較正年代をIntCal04を用いて$2\sigma$の範囲で計算した結果（計算方法などは今村峯雄・坂本稔に従う）については，前何一何年と，紀元前（cal BC）で，それぞれの確率密度分布%とともに表記する。土器付着物の内容を考える上で用いる$\delta^{13}C$値（$^{13}C$と$^{12}C$の比を基準化した値）は，‰（パーミル，1/1000）で表記する。また，実年代を検討する上では，土器型式比定に問題がある試料（東京都下宅部遺跡の水場遺構構成材や土器付着物でも粗製土器など土器型式が不明確な試料，千葉県三輪野山貝塚や井野長割遺跡の層位的に出土した木炭など）や，土器付着物でも$\delta^{13}C$値が$-24$‰より重く（$-20$〜$-23$‰程度），海洋リザーバー効果の影響を受けている可能性がある試料は除く。結果的に，関東地方の年代検討に用いたのは50例程度である。年代推定には少ないため，実年代比定については，土器編年の対比を利用して東北地方の測定結果をも参照していることを断わっておく。

## 2 関東地方での測定事例

　南関東地方の縄文時代晩期については，東京都下宅部遺跡の土器付着物（図1）および水場遺構の構成材などの測定を集中的に行なった成果がある〔工藤ほか 2007ほか〕。一部の海洋リザーバー効果の影響など問題ある例を除いた上で，下宅部遺跡（記号TTHS）の事例を中心に関東地方晩期安行系土器関連の測定結果を見ていこう（図1）。

　安行3a式TTHS-72は$^{14}C$年代で$2910\pm50\ ^{14}C$ BP，較正年代で前1265-970年に含まれる可能性が94%，TTHS-73は$^{14}C$年代で$2975\pm35\ ^{14}C$ BP，較正年代で前1315-1110年に含まれる可能性が90%，TTHS-75は$^{14}C$年代で$2935\pm25\ ^{14}C$ BP，較正年代で前1215-1045年に含まれる可能性が87%である。安行3a式に係わる下宅部遺跡以外の測定例としては，東京都町田市田端遺跡出土土器付着物が$2850\pm40\ ^{14}C$ BP（小林ほか 2003b），千葉県流山市三輪野山遺跡出土土器付着物が$2820\pm40\ ^{14}C$ BP〔西本編 2005〕の測定例がある。関東地方の晩期の始まりである安行3a式期は，前1300年より新しい年代といえるだろう。

　安行3b式TTHS-71は$^{14}C$年代で$2970\pm20\ ^{14}C$ BP，較正年代で前1265-1125年に含まれる可能性が94%，TTHS-70・TTHS-76は同じ値で$^{14}C$年代で$2995\pm35\ ^{14}C$ BP，較正年代で前1320-1125年に含ま

TTHS-53　安行1
3140±35 $^{14}$C BP

TTHS-75　安行3a
2935±25 $^{14}$C BP

TTHS-73　安行3a
2975±35 $^{14}$C BP

TTHS-72　安行3a（〜3b）
2910±50 $^{14}$C BP

TTHS-70　安行3b
2995±35 $^{14}$C BP

TTHS-71　安行3b
2970±20 $^{14}$C BP

TTHS-76　安行3b
2995±35 $^{14}$C BP

TTHS-66　大洞BC
2930±35 $^{14}$C BP

TTHS-67　大洞BC　2895±30 $^{14}$C BP

2940±25 $^{14}$C BP　TTHS-69　安行3c

TTHS-84　安行3c
2920±40 $^{14}$C BP

TTHS-89　安行3c
2995±30 $^{14}$C BP

TTHS-91　安行3d
2750±30 $^{14}$C BP

TTHS-92　安行3d
2750±40 $^{14}$C BP

TTHS-93　安行3d　2800±40 $^{14}$C BP

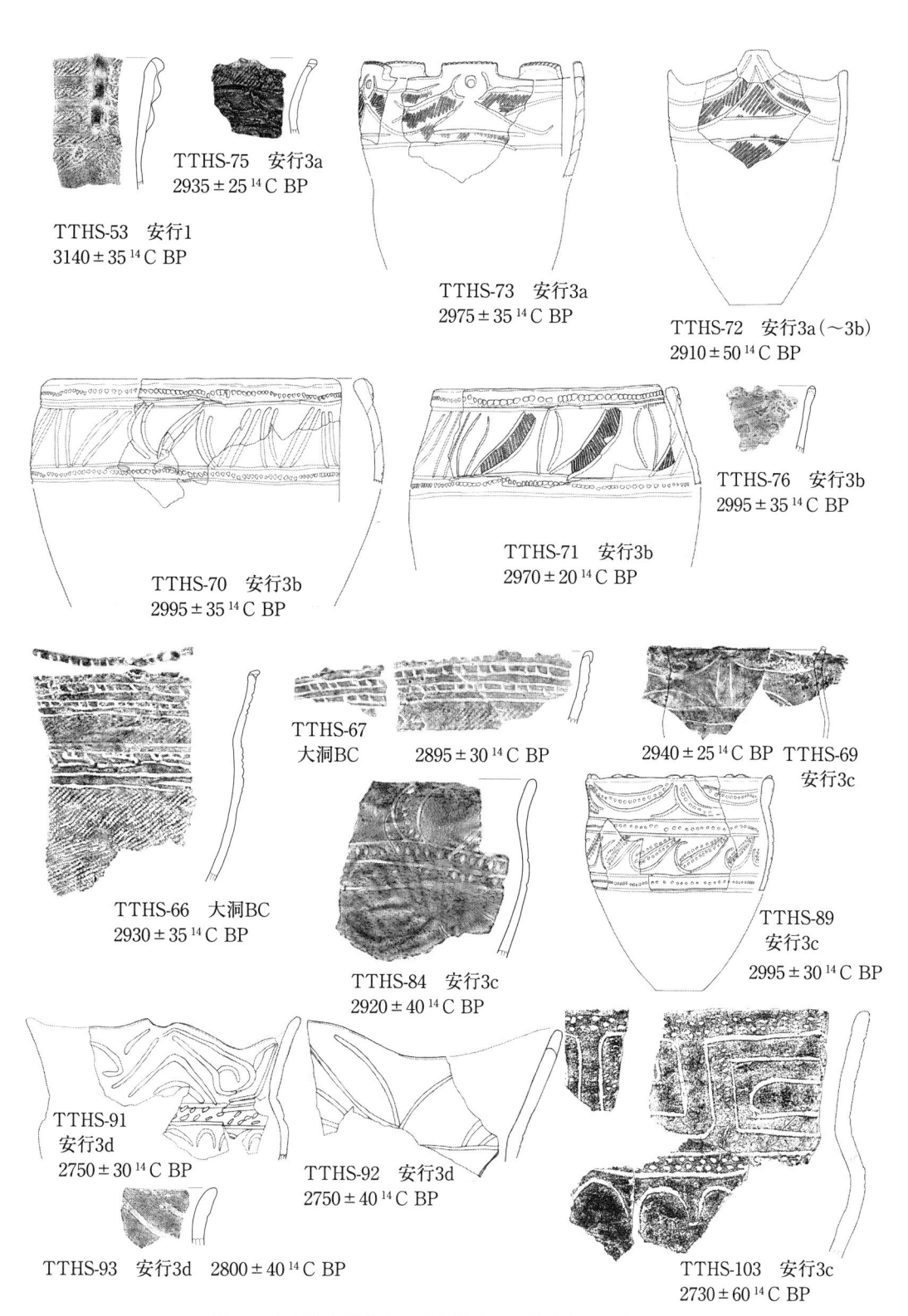

TTHS-103　安行3c
2730±60 $^{14}$C BP

**図1　東京都東村山市下宅部遺跡の縄文晩期の測定試料**
（復元個体：S=1/6，その他：S=1/5〔工藤ほか 2007〕を改変）

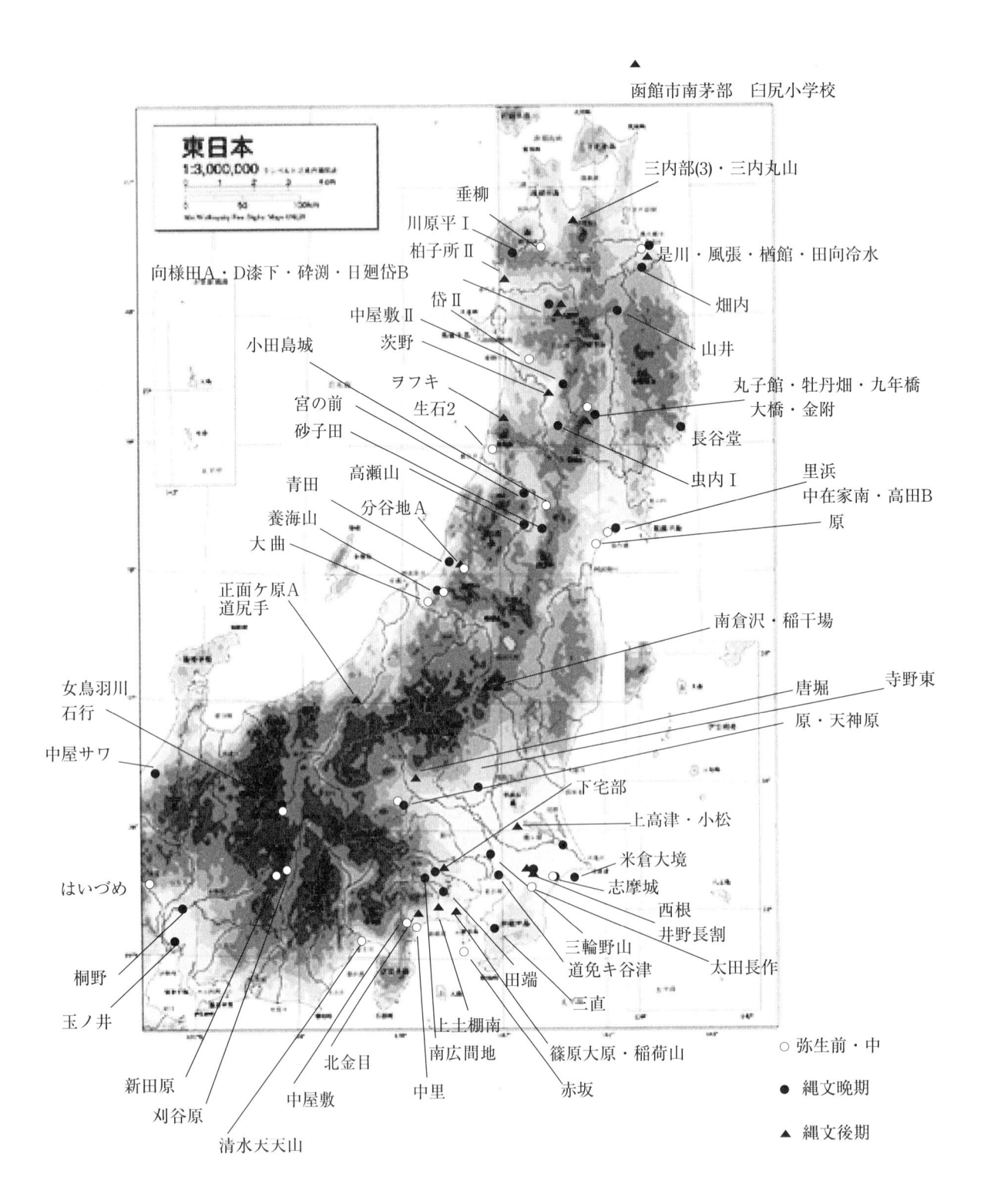

図2　年代測定遺跡（縄文後期末・晩期・弥生前半）

○ 弥生前・中
● 縄文晩期
▲ 縄文後期

れる可能性が87%である。同一時期の外来系である大洞BC式TTHS-67は$^{14}$C年代で2895±30$^{14}$C BP，較正年代で前1135-995年に含まれる可能性が81%，TTHS-66は$^{14}$C年代で2930±35$^{14}$C BP，較正年代で前1220-1015年に含まれる可能性が87%である。安行3b式期に係わる測定例としては，群馬県安中市天神原遺跡出土土器付着物が2850±35$^{14}$C BPの測定例がある。以上より，安行3b式は前1100年頃を含む年代と考えられる。

安行3c式の，TTHS-69は外面煤の$^{14}$C年代で2940±25 $^{14}$C BP，較正年代で前1220-1050年に含まれる可能性が85%，TTHS-84は$^{14}$C年代で2920±40 $^{14}$C BP，較正年代で前1270-1015年に含まれる可能性が95%，TTHS-89は$^{14}$C年代で2995±30 $^{14}$C BP，較正年代で前1315-1125に含まれる可能性が90%，TTHS-103は$^{14}$C年代で2730±60 $^{14}$C BP，較正年代で前1005-800に含まれる可能性が95%で，TTHS-103を除き，安行3c式付着物は上記の安行3b式期と変わらず，おしなべてやや古い測定結果が得られており問題を残す。安行3c式期に係わる測定例としては，千葉県君津市三直貝塚出土姥山III式の粗製土器胴部外面の煤（図3－CBM11）が2830±35$^{14}$C BP較正年代で前1050-895年（cal BC）に含まれる可能性が89%〔小林・坂本・松崎 2006f〕，群馬県安中市天神原遺跡出土天神原式土器付着物が2710±35$^{14}$C BP〔今村編 2004〕の測定例がある。

安行3d式の，TTHS-91は$^{14}$C年代で2750±30 $^{14}$C BP，較正年代で前945-820年に含まれる可能性が89%，TTHS-92は$^{14}$C年代で2750±40 $^{14}$C BP，較正年代で前975-815に含まれる可能性が93%，TTHS-93は$^{14}$C年代で2800±40 $^{14}$C BP，較正年代で前1050-840年に含まれる可能性が95%である。安行3d式期に係わる測定例としては，千葉県君津市三直貝塚出土前浦式口縁部破片外側付着の煤（図3－CBM9）が2845±35$^{14}$C BP，較正年代で前1125-910年（cal BC）に含まれる可能性が95%の測定例がある。安行3d式は前900年代より新しく，前800年頃までには終わっている可能性が考えられる。

南関東安行系土器については，神奈川県田端遺跡，千葉県三直貝塚，群馬県唐松遺跡・天神原遺跡例などを加えてもまだ測定数が少なく，下宅部遺跡の測定例の中でも安行3c期について前後型式と若干の齟齬を残すが，後述するように併行する大洞系諸型式の年代推定とおおむね合致させて考えることができる。

関東地方の晩期終り～弥生前期の時期については，年代測定例はきわめて少ない。

東京都日野市南広間地遺跡では，包含層出土土器であるが，浮線文古段階（女鳥羽川式併行）から氷I・II式併行の土器に共伴した粗製土器と思われる底部破片の内面付着物を測定した例（図3－THM1）がある〔小林ほか 2003a〕。その結果は，炭素年代で2670±40$^{14}$C BP，較正年代で前890-790年（cal BC）に含まれる可能性が95%であった。大洞C2式からA式に併行する晩期後半の土器ではあるが，明確な編年的位置は不明であり，今後の測定例の蓄積が必要である。

荒海式期については，今村峯雄が千葉県成田市荒海川表遺跡で荒海式土器と共伴して出土した炭化物を測定した事例がある〔今村・小林 2004〕。その結果は，$^{14}$C年代で2390±40$^{14}$C BP，較正年代で前550-390年（cal BC）に含まれる可能性が80%である。

南関東弥生前期末と評価される神奈川県中屋敷遺跡では，6次調査出土条痕文土器外面付着炭化物KNSZ-1・2と，その土器が出土した8（旧21）・11（旧24）号土坑と同種で貯蔵穴と思われる9（旧22）号土坑出土のアワ種子KNSZ-C1・C3（図3）について測定した〔今村編 2004，報告書作成中〕。土器付着物では，8号土坑出土土器KNSZ-1は，炭素年代で2350±40$^{14}$C BP，較正年代で前540-360年（cal BC）に含まれる可能性が91%，11号土坑出土土器KNSZ-2は炭素年代で2405±40$^{14}$C BP，較正年代で前570-395年（cal BC）に含まれる可能性が75%である。9（旧22）号土坑出土のアワであるKNSZ-C1・C3も，2430±40$^{14}$C BP，2410±40$^{14}$C BPであり，KNSZ-2とほぼ同様の年代を示す。よって，中屋敷遺跡に残された土器および種子は，前5世紀を含む年代の所産である可能性がきわめて大きいといえる。

山梨県塚越遺跡〔山梨県教育委員会 2006〕では，弥生前期の条痕文土器の付着物を測定した。縄

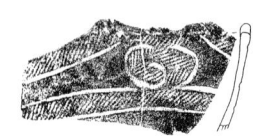

CBM9 千葉県三直貝塚
縄文晩期苗浦式 1/6
2845 ± 35 $^{14}$C BP

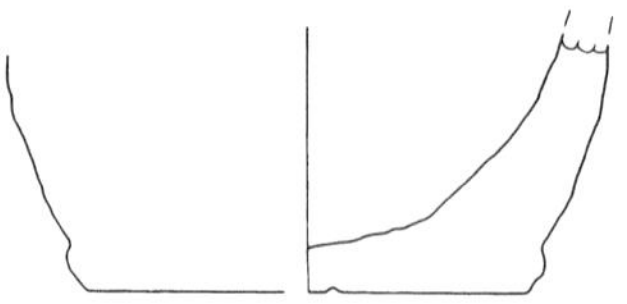

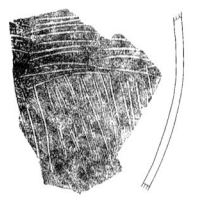

CBM11 三直貝塚
縄文晩期姥山式 1/6
2830 ± 35 $^{14}$C BP

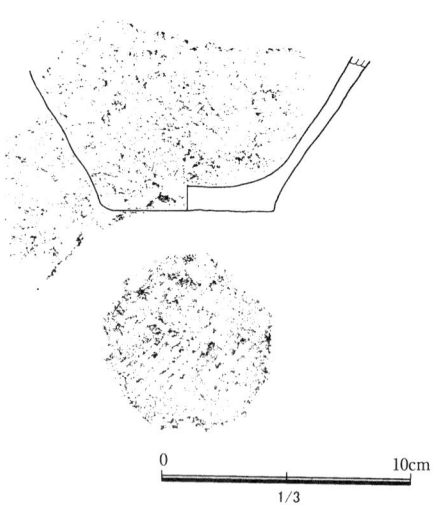

YNMBT6 山梨県塚越遺跡
縄文晩期〜弥生 1/3
2915 ± 35 $^{14}$C BP

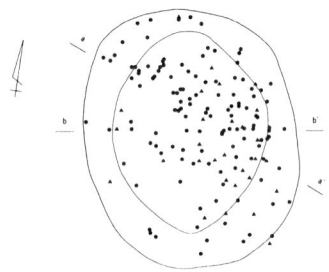

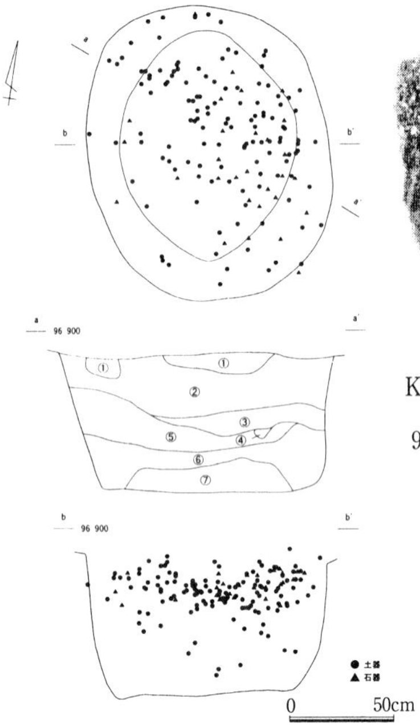

THM1 東京都南広間地遺跡
縄文晩期後半 1/3
2670 ± 40 $^{14}$C BP

炭化アワ　　炭化アワ

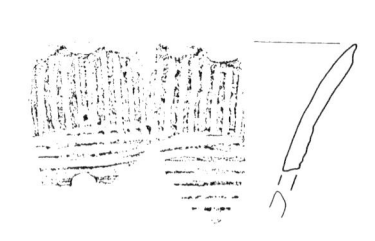

YNMBT8・9 山梨県塚越遺跡
弥生前期 1/3
2330 ± 30 $^{14}$C BP
2400 ± 30 $^{14}$C BP

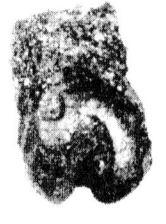

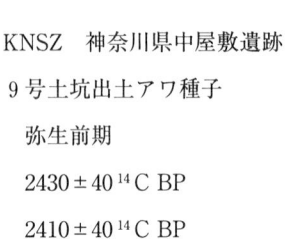

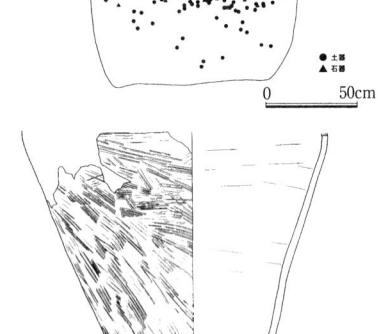

KNSZ 神奈川県中屋敷遺跡
9号土坑出土アワ種子
弥生前期
2430 ± 40 $^{14}$C BP
2410 ± 40 $^{14}$C BP

CBKB1 志摩城 1/8
2320 ± 40 $^{14}$C BP

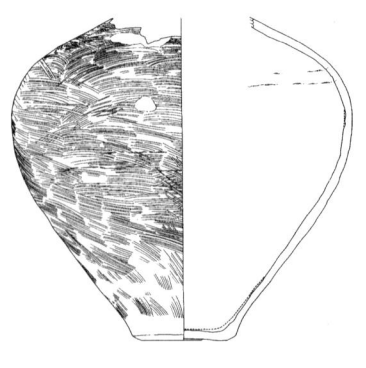

CBKB2 志摩城 1/8
2300 ± 40 $^{14}$C BP

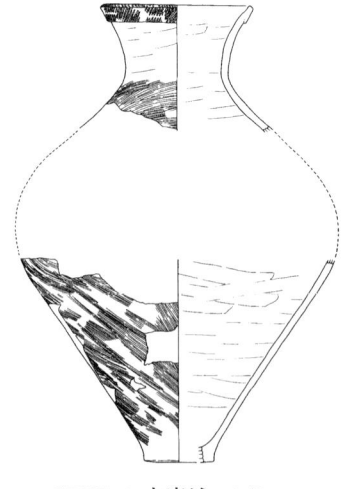

CBKB10 志摩城 1/8
2230 ± 40 $^{14}$C BP

図3　関東地方の測定例

CIM-1・C1 太田長作2住
CIM-1 2065±35 ¹⁴C BP, CIM-C1 2180±40 ¹⁴C BP

CIM-C2 太田長作10住
CIM-C2 2190±40 ¹⁴C BP

CIM-10 太田長作12住
CIM-10 2080±35 ¹⁴C BP

CIM-9 2190±35 ¹⁴C BP
CIM-C3 2230±40 ¹⁴C BP
CIM-C4 2150±40 ¹⁴C BP
CIM-C5 2150±40 ¹⁴C BP

CIM-9・C3〜C5 太田長作18住

CIM-C6・C7 太田長作22住

CIM-C6 2130±40 ¹⁴C BP
CIM-C7 2200±40 ¹⁴C BP

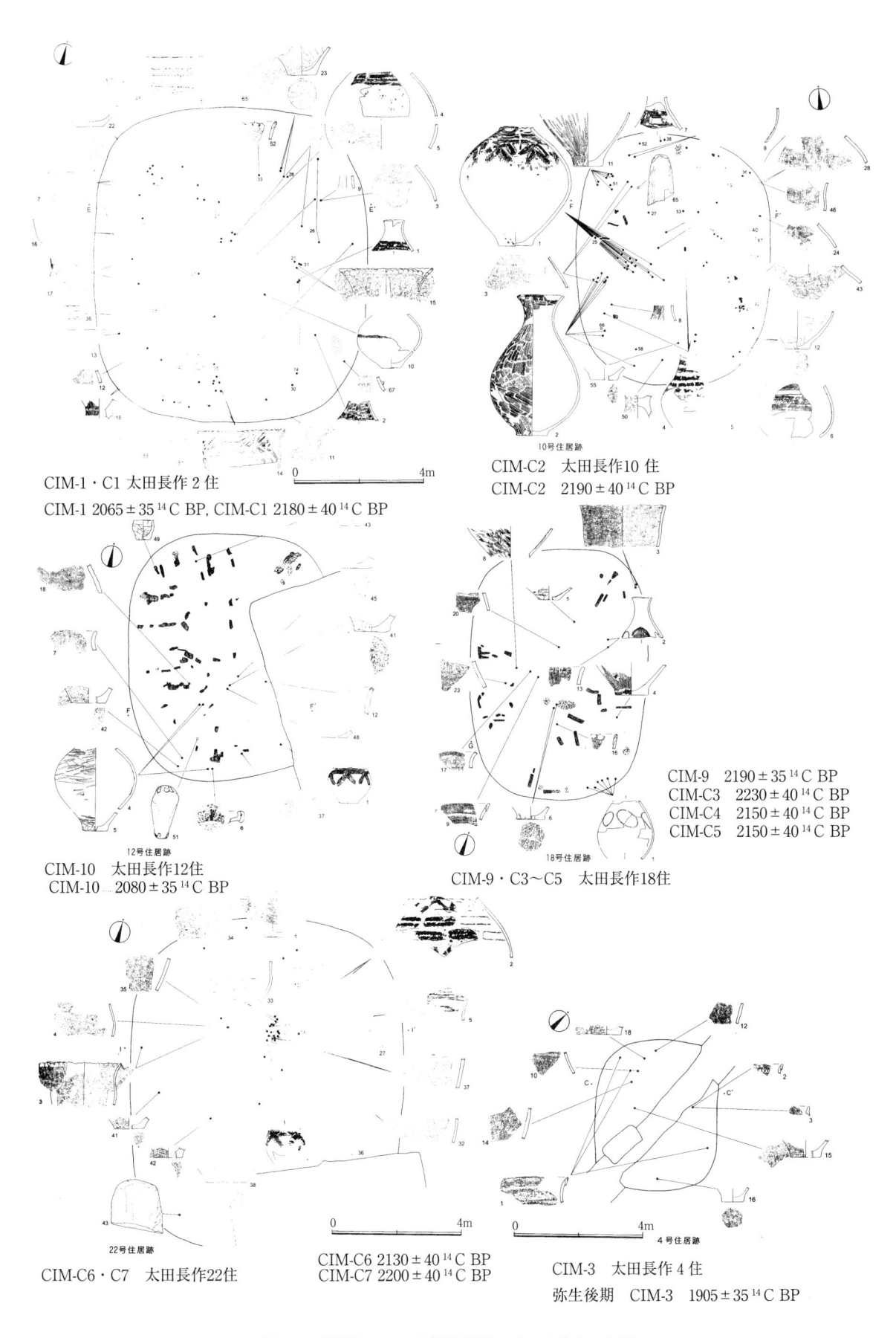

CIM-3 太田長作4住
弥生後期 CIM-3 1905±35 ¹⁴C BP

**図4 千葉県における測定試料**（弥生時代中〜後期）

文晩期～弥生前期の底部破片付着物のYNMBT-6（図3）では測定値で2915±35$^{14}$CBPと古い年代値で晩期前葉の可能性がある。弥生前期条痕文土器の口縁部外面付着物であるYNMBT-8および9（図3）は，同一個体から2測定を行なった結果であるが，2330±30$^{14}$C BPと2400±30$^{14}$C BPであり，「2400年問題」（$^{14}$C年代で2400年～2500年ころ，較正年代の750-400年頃は較正曲線が横に寝てしまい較正年代が幅広く推定されてしまう問題の多い時期である）の終わった頃である。すなわち，同一個体の別破片に付着した煤の測定値であることから，両方の測定値が重なる部分での較正年代の確率が最も高くなる前415～395年ころの所産であると捉えておきたい。

千葉県多古町志摩城遺跡出土土器付着物の$^{14}$C年代測定〔小林ほか 2006a〕では，弥生中期前半の土器付着物3点CBKB-1・2・10（図3）を測定した。δ$^{13}$C値についてみると甕棺墓1（CBKB-1）は－22‰とやや重く，海洋リザーブ効果も疑われるが，年代的には他の測定資料と齟齬がなく，海産物の煮焦げとは思われない。C$_4$植物の可能性も含め，今後検討する必要がある。甕棺墓2（CBKB-2）は－25‰で，陸生のC$_3$植物に由来する可能性が高い。暦年較正年代は，3試料とも，おおよそ紀元前400～200年のなかの一時点である可能性が高いという結果であり，弥生時代中期前半の年代として整合的である。

南関東弥生中期後半宮ノ台式期については，神奈川県三浦市赤坂遺跡〔国立歴史民俗博物館 2006a〕，千葉県佐倉市太田長作遺跡〔小林ほか 2005b〕（図4）で，火災住居の炭化材や土器付着物を測定した。赤坂遺跡（KNMR）では，弥生時代中期宮ノ台式期の住居出土種子で，2085±25$^{14}$C BP，較正年代で前175-40年（cal BC），火災住居の炭化材で，$^{14}$C年代で2090±20$^{14}$C BP，較正年代で前170-50年（cal BC）に含まれる例のほか，おおむね前2～1世紀に含まれる結果を得た。

太田長作遺跡（CIM）でも同様の結果を得ており（図4），さらに今回は検討の対象外としているが，赤坂遺跡では弥生後期久ケ原式土器を伴う住居炭化材やコメ，太田長作遺跡では下総地域の弥生後期土器付着物や住居出土炭化材を多数測定し，較正年代で後1世紀を中心とした年代を得ている。さらに千葉県，埼玉県，東京都の弥生時代末～古墳時代初めの火災住居の炭化材では，後2～3世紀を中心とした較正年代，古墳時代前期の事例では後3～4世紀ないしそれ以降の年代を得ており，相対序列と矛盾はない。古墳時代への実年代については，今後測定例をまして検討していきたい。

## 3　関東地方の縄文時代晩期から弥生時代の実年代

上記の結果を統合し，土器型式の相対的順序を守りつつ，較正曲線との関係を検討すると，図6のようになる。測定数の多い東北地方では後期末頃から大洞B式，大洞C1～C2式などやや測定結果が土器型式の新旧と交錯する時期や，大洞A式から砂沢式期のいわゆる「2400年問題」の時期など，年代推定の絞り込みが難しい時期があるが，おおよそ土器型式編年と測定結果は整合的である（図5）。岩手県大橋遺跡〔遠部ほか 2006ab〕や金附遺跡〔小林ほか 2006d〕での層位的出土状況ともおおむね一致する。土器型式の順番を優先し，大橋遺跡の盛土遺構の層位や，砂子田遺跡など出土土器から単純相と捉え得る短期的な遺跡の測定例を近い位置に置くなど，考古学的情報を基として時間差を任意に仮定したウイグルマッチング的な手法と，多数の測定例をあつめて2つの土器型式間の年代差を統計的に区分する（2測点間，2グループの平均の中間値を境界と仮定する）により，東北地方の大洞諸型式の実年代を推定している〔設楽・小林 2004〕。まだ完全に絞り込めたわけではないが，図5に示す土器型式の境を年代的に区切るならば，現時点では大洞B1式が前1250～1280年ころに始まり，大洞B2式が前1170年頃以降，大洞BC式が1130年頃以降，大洞C1式が1060年頃以降，大洞C2式が前940年頃以降，大洞C2式新段階（北上市大橋遺跡B10区8層以上）が前840年頃以降，大洞A1式は前790～780年頃以降，大洞A2式は2400年問題の中であるが，大洞A'式がおおよそ前600～550年頃以降と考えられ，弥生前期砂沢式は前400年代から前350年までの間に終わると考えられる。

関東地方では，やはり測定数が少なく，較正曲線上の位置を関東地方の測定例のみで絞り込んで

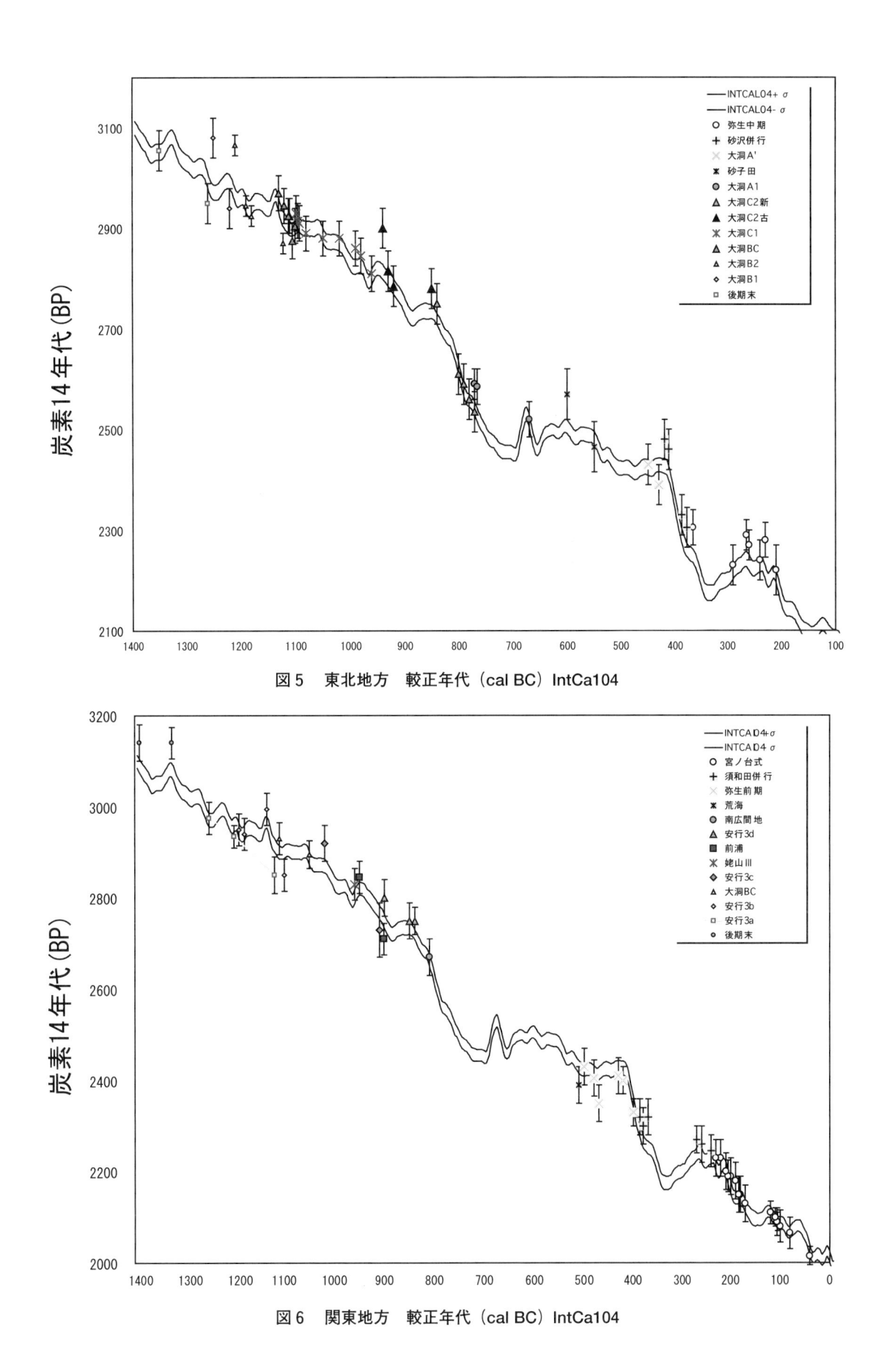

図5　東北地方　較正年代（cal BC）IntCa104

図6　関東地方　較正年代（cal BC）IntCa104

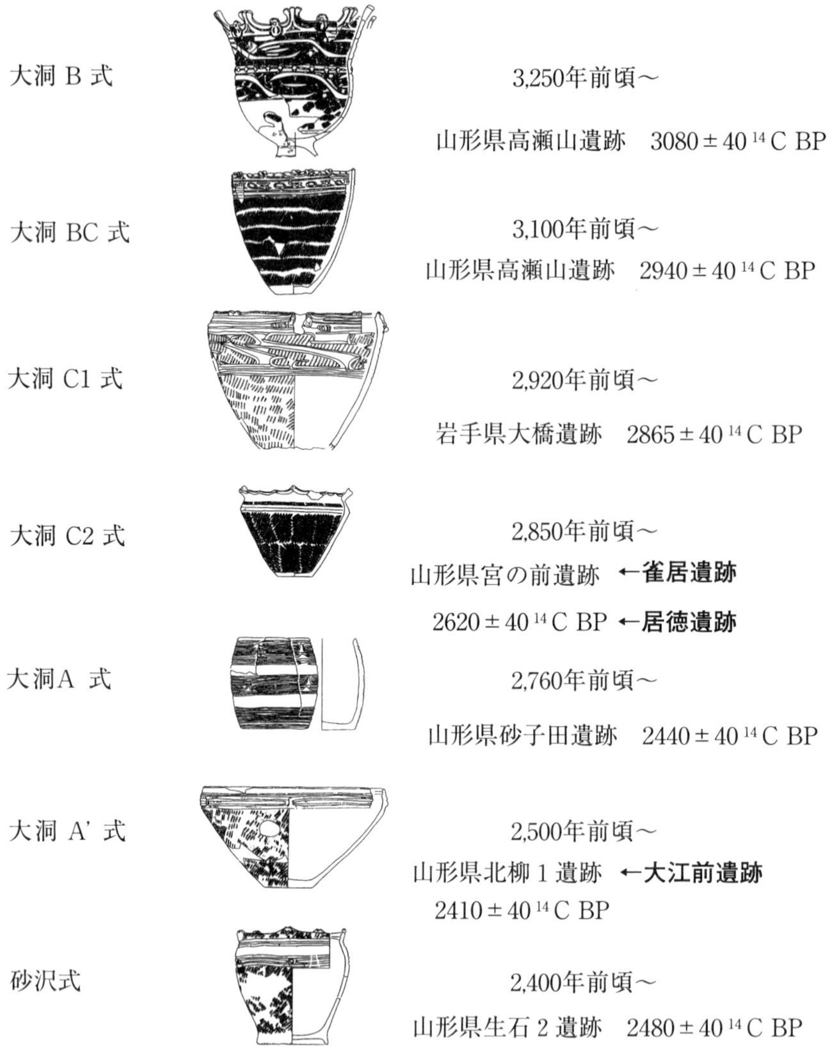

| | | |
|---|---|---|
| 大洞 B 式 | | 3,250年前頃～ |
| | | 山形県高瀬山遺跡　3080±40 $^{14}$C BP |
| 大洞 BC 式 | | 3,100年前頃～ |
| | | 山形県高瀬山遺跡　2940±40 $^{14}$C BP |
| 大洞 C1 式 | | 2,920年前頃～ |
| | | 岩手県大橋遺跡　2865±40 $^{14}$C BP |
| 大洞 C2 式 | | 2,850年前頃～ |
| | | 山形県宮の前遺跡　←雀居遺跡 |
| | | 2620±40 $^{14}$C BP　←居徳遺跡 |
| 大洞 A 式 | | 2,760年前頃～ |
| | | 山形県砂子田遺跡　2440±40 $^{14}$C BP |
| 大洞 A' 式 | | 2,500年前頃～ |
| | | 山形県北柳1遺跡　←大江前遺跡 |
| | | 2410±40 $^{14}$C BP |
| 砂沢式 | | 2,400年前頃～ |
| | | 山形県生石2遺跡　2480±40 $^{14}$C BP |

図7　東北地方縄文晩期～弥生前期土器群の実年代比定と西日本との関係

いくことは難しい。今後測定例を増して検討する必要性が高いが，現時点での検討として，較正曲線と測定値の関係を図6のように仮定する。この結果について，東北地方大洞諸型式と対比させつつ年代を仮定すると，以下のように概略的に整理できる。

　　安行3a式（大洞B式併行）　　　　前13世紀～前12世紀終わり頃
　　安行3b式（大洞B-C式併行）　　　前12世紀終わり～前11世紀
　　安行3c式（大洞C1式併行）　　　 前11世紀～前10世紀
　　安行3d式（大洞C2式併行）　　　 前10世紀～前8世紀初め
　　晩期終末（大洞A式併行）　　　　 前8世紀以降
　　荒海式　　　　　　　　　　　　　前8～前5世紀のいずれか
　　弥生前期（条痕文土器）　　　　　 前5世紀
　　弥生中期前半中里遺跡ほか　　　　 前4～前3世紀
　　弥生中期後半宮ノ台式　　　　　　 前2～前1世紀
　　弥生後期　　　　　　　　　　　　 紀元前後～3世紀ごろ

## 4　他地域との対比

縄文時代晩期については，汎日本的に縄文晩期広域編年の基準となる東北地方大洞諸型式に対し

て実年代比定を，まず行なう必要がある。歴博を中心とする年代測定研究グループでは，東北地方縄文晩期の年代測定を優先課題の一つと位置づけ，青森県是川中居遺跡〔国立歴史民俗博物館 2006a〕，秋田県向様田D遺跡・中屋敷Ⅱ遺跡〔小林ほか 2006e〕，岩手県九年橋遺跡・飯島遺跡〔小林ほか 2006c〕，大橋遺跡〔遠部ほか 2006a〕，金附遺跡〔小林ほか 2006d〕，山形県宮ノ前遺跡・砂子田遺跡・生石2遺跡〔小林ほか 2006b〕などで測定を重ね，おおよそ各土器型式毎の実年代比定を仮定した。最近における測定例を概観した上で，現時点における大洞諸型式の年代観をまとめ，それを基準として西日本との年代比定，関東地方との年代比定をまとめる。

岩手県北上市大橋遺跡では，盛土遺構の層別に取り上げられた土器の付着物および共伴する炭化物多数を測定した〔遠部ほか 2006a〕。その結果，大洞C1・C2・A式土器について，層別に年代値を得ることができた。とくに大洞C2式については，南盛土のB3・10区8層（B4区4層）を境に層位的に新古に2分でき，上層は大洞C2式新段階，下層は大洞C2式古段階と捉えられ，その境は前840～800年頃と仮定できた。

岩手県金附遺跡上層（2層）より出土した弥生中期初頭山王Ⅲ層式・谷起島式相当期の炭化材・土器付着物は，紀元前400～200年のなかの一時点である可能性が高いという結果であった。下層（3層）出土の大洞A'式土器は，すべて「2400年問題」の中に含まれる2400 $^{14}$C BP年代の測定値であり，縄文晩期終末期～弥生前期の境が前400年～350年の間に含まれる可能性が高まった〔小林ほか 2006d〕。

北陸地方や中部山岳地帯，東海地方についても，まだまだ測定例は少ないながらも，測定研究を進めており，東西を結ぶ編年対比を実年代でも検討し得る。

北陸地方では，青田遺跡において，掘立柱建物の柱材である年輪50年未満のクリ樹幹から10年ごとの年輪層を切り出しウイグルマッチングを行なった。その結果，「2400年問題」の後半に含まれる結果を得ている。青田遺跡出土縄文晩期土器付着物は，S5層とされる下層出土の鳥屋2a式古期の土器から最上層のS1層出土の鳥屋2b式・大洞A'式相当の土器まで，10点の測定結果を得ている。このうち，土器胎土または混入した土壌からと思われるミネラルが多く混入していたために，古い年代が測定されたと考えられる2点を除いて検討する。青田遺跡の直前段階である大洞A1式が前780-700年頃（cal BC）とした上で，青田遺跡の土器型式および層位的な順序を考慮すれば，最古であるS5層の鳥屋2a式古期は，紀元前700年頃以降のある時期で550年よりは以前まで，その次のS3-4層の鳥屋2a式新期は前550年頃を含みそれよりは古い年代の可能性が高く，もっとも新しいS1層の鳥屋2b式・大洞A'式は前550-520cal 年頃を含む年代，さらに確率は低いが前480-410年を含むと捉えることができる。

以前に中村俊夫・木村勝彦によって測定されたP923とP879・884のウイグルマッチング検討結果〔中村ほか 2004〕を合わせ歴博の計算プログラムRHCal3.3W（今村峯雄）により計算すると下記のようになる。

| 柱材 | 建物 | 層位 | 土器型式 | 較正年代cal BC | ベストフィット |
|---|---|---|---|---|---|
| P879・P884 | SB5 | S4層 | 鳥屋2a式古 | BC590～513(91%) | 538cal BC |
| P923 | SB4 | S3層 | 鳥屋2a式 | BC501～401(92.5%) | 438cal BC |
| P972・P1832 | SB9・23 | S1層 | 鳥屋2b式 | BC476～405(95.4%) | 415cal BC |

名古屋大での中村・木村測定柱材を含めウイグルマッチの結果と土器付着物と対比させると，S4層期の柱材と鳥屋2a式古期土器付着物とは前550年より古い頃という土器付着物と，前543年と最もよく合致する柱材であり，やや土器付着物が古いものの近い結果といえる。一方，S3層期の柱材は前5世紀に較正年代が当たり，同一層出土の鳥屋2a式土器付着物とはやや差がある。歴博で測定したP972・P1832が，前500～400年のいずれかの年代と考えれば，同一層であるS1層出土の鳥屋2b式・大洞A2～A'併行の土器付着物の較正年代である前550～410年とは，前500～410年頃において重なっている。ただし，上述のように，土器付着物ではより古い前550～520年の範囲がもっと

も確率密度が高いので，必ずしも合致しているといえず，さらに検討が必要である〔尾嵜ほか2007〕。

北陸地方については，金沢市中屋サワ遺跡や小松市八日市地方遺跡の縄文後期～晩期の土器付着物の測定を進めつつあり，八日市場式～弥生中期の年代について，検討していく材料は提供できると考えている。

## 5 まとめと展望

最後に，設楽博己や小林青樹による広域土器編年（〔設楽・小林2004〕ほか）と本巻における藤尾の年代観に従って，東西日本の交差年代を簡単に検討したい。晩期前葉の較正年代上の交差年代については，九州で山の寺式古期が紀元前900年代後半とされるのに対し，大洞C1式とC2式の境は紀元前900年代後半頃の可能性が高くほぼ一致しそうである。西日本の弥生早期と前期の境は前700年代初めで，それに併行する大洞C2式とA1式の境は，紀元前790から780年までの間に求められ，概ね一致している。それは，福岡県雀居遺跡での大洞C2式新段階の土器，高知県居徳遺跡での大洞A式土器，佐賀県大江前遺跡での大洞A式土器の出土とも合致する（図7）。

弥生前期と中期の境は350年頃に相当する可能性が高く，この時期の西日本と東日本の編年対比上の暦年代は，一致している。近畿地方では，瓜生堂遺跡〔小林・春成ほか2004〕や唐古遺跡の弥生前期土器は，「2400年問題」の中に含まれ，紀元前8～5世紀の幅でしか捉えられない。瀬戸内の岡山市南方（済生会病院地点）遺跡や，大阪府河内地方の美園遺跡〔西本編2005〕，奈良県唐古・鍵遺跡〔小林ほか2006g〕などの弥生Ⅱ期最初頭の土器付着物の較正年代は紀元前380-350年に集中している。東日本では，縄文晩期終末に近い青田遺跡，金附遺跡下層の大洞A・A'式併行期の土器は，紀元前8～5世紀の幅に含まれるが，青田遺跡S1層や金附遺跡下層の大洞A式後半からA'式は，山形県砂子田遺跡での大洞A2式土器の土器付着物測定値などと同じく「2400年問題」の後半であり，前6世紀後半から前5世紀に含まれる可能性がきわめて強い。弥生前期砂沢式期は，山形県生石2遺跡や，岩手県丸子館遺跡，青森県是川中居遺跡G区上層の土器付着物の測定などから前400～380年ころを含み，砂沢式の最後は前380～350年頃と考えている。弥生中期に属する山形県小田島城遺跡土器付着物や宮城県高田B遺跡，中在家南遺跡の水路関連と考えられる材や土器付着物，新潟県大曲遺跡，分谷地A遺跡の再葬墓土器棺の壺形土器付着物などの測定（以上の測定値は〔今村編2004，西本編2005〕）や今回紹介した関東の志摩城遺跡などの例より，弥生中期前半はそれに続く紀元前4～2世紀の年代と考えられる。

以上のように，東北地方・関東地方の$^{14}$C年代測定結果は，西日本と整合的な結果が得られている。その上で，関東地方における弥生時代の始まりを，年代の上から見ておこう。

前900年代に北九州に伝播した水田稲作は，岡山付近では突帯文土器である津島岡大式期の水田が前800年代に遡る可能性があるが，神戸付近においては前700～600年頃，河内地方に前600年頃，奈良盆地の唐古・鍵遺跡には前500年頃に水田が波及した。東海から中部を通り関東地方西部の中屋敷遺跡に前400年頃に達する流れと，日本海側沿いに東北地方北部砂沢遺跡へ前400年頃に達する流れとがある。

ここでは中屋敷遺跡や塚越遺跡における東海系の条痕文土器の出現をもって弥生前期と位置づけるが，これらの遺跡において水田稲作が行なわれたかどうかは不明である。山梨県では韮崎市宮ノ前遺跡において水田が検出されており，その水田面出土土器の年代測定を試みるべく試料を採取したが，炭素量不足で成功しなかった。一方，神奈川県の西部に位置する中屋敷遺跡では，その遺跡立地から水田稲作とは考えにくいが，多量のコメがアワとともに貯蔵穴と考えられる土坑から出土し，アワと共伴した条痕文土器付着物，さらに我々が測定した結果と昭和女子大学とパレオラボが測定した結果〔鈴木ほか2004〕も一致しており，前400年ごろにコメを多量に所有する集団がいたことが確認されている。さらに，前3世紀には同じ神奈川県でも低地よりにやや降りてきた中里遺跡において，関西地方の土器を共伴しつつ関東地方在地の弥生中期前半の土器をもつ集団が，水田

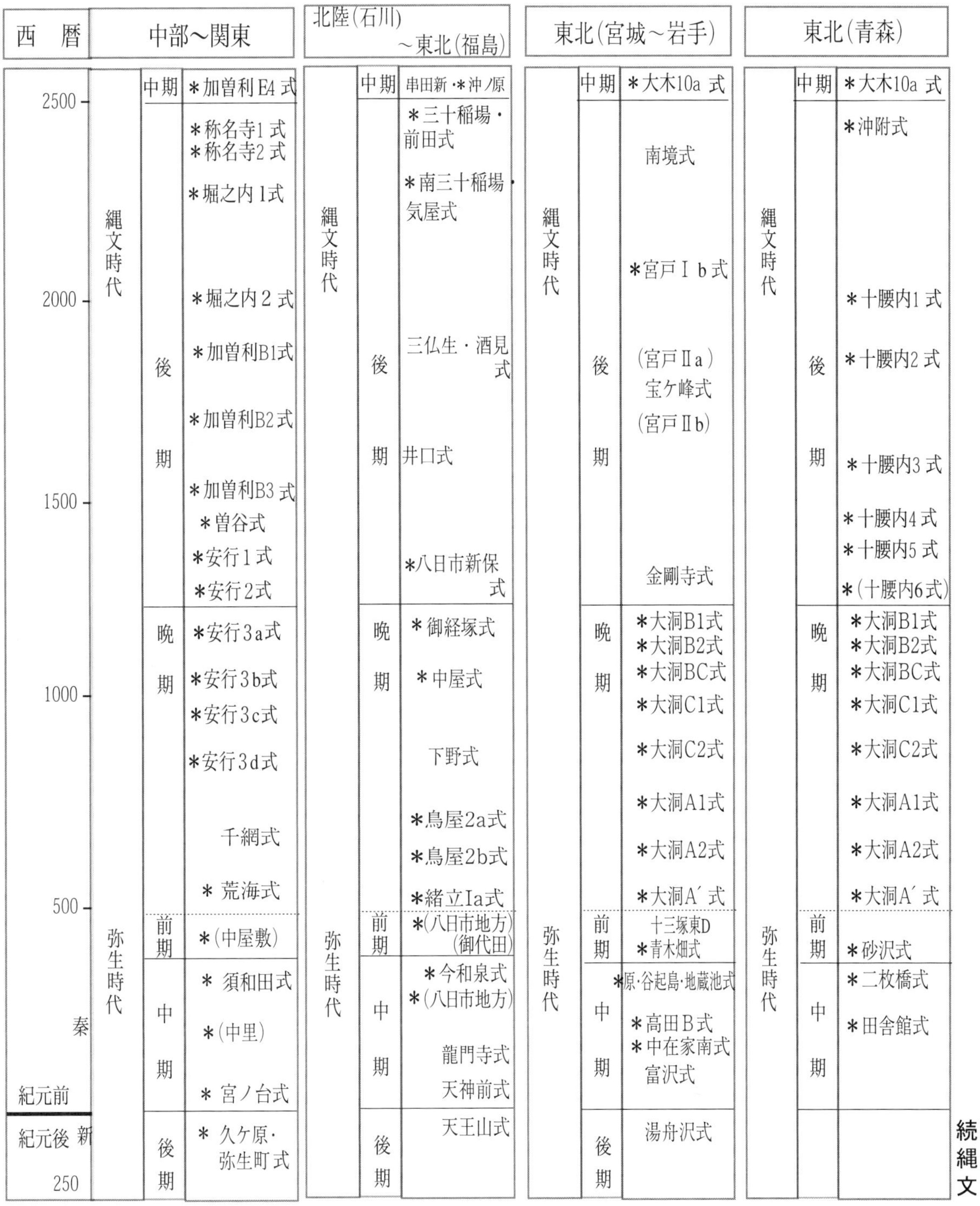

| 西暦 | 中部～関東 | | | 北陸(石川)～東北(福島) | | | 東北(宮城～岩手) | | | 東北(青森) | | |
|---|---|---|---|---|---|---|---|---|---|---|---|---|
| 2500 | 縄文時代 | 中期 | *加曽利E4式 | 縄文時代 | 中期 | 串田新・*沖ノ原 | 縄文時代 | 中期 | *大木10a式 | 縄文時代 | 中期 | *大木10a式 |
| | | | *称名寺1式 | | | *三十稲場・前田式 | | | 南境式 | | | *沖附式 |
| | | | *称名寺2式 | | | | | | | | | |
| | | | *堀之内1式 | | | *南三十稲場・気屋式 | | | | | | |
| | | | | | | | | | *宮戸Ib式 | | | |
| 2000 | | | *堀之内2式 | | | | | | | | | *十腰内1式 |
| | | 後期 | *加曽利B1式 | | 後期 | 三仏生・酒見式 | | 後期 | (宮戸IIa) 宝ケ峰式 | | 後期 | *十腰内2式 |
| | | | *加曽利B2式 | | | 井口式 | | | (宮戸IIb) | | | |
| 1500 | | | *加曽利B3式 | | | | | | | | | *十腰内3式 |
| | | | *曽谷式 | | | | | | | | | *十腰内4式 |
| | | | *安行1式 | | | *八日市新保式 | | | 金剛寺式 | | | *十腰内5式 |
| | | | *安行2式 | | | | | | | | | *(十腰内6式) |
| | | 晩期 | *安行3a式 | | 晩期 | *御経塚式 | | 晩期 | *大洞B1式 *大洞B2式 | | 晩期 | *大洞B1式 *大洞B2式 |
| 1000 | | | *安行3b式 | | | *中屋式 | | | *大洞BC式 *大洞C1式 | | | *大洞BC式 *大洞C1式 |
| | | | *安行3c式 | | | | | | | | | |
| | | | *安行3d式 | | | 下野式 | | | *大洞C2式 | | | *大洞C2式 |
| | | | | | | | | | *大洞A1式 | | | *大洞A1式 |
| | | | 千網式 | | | *鳥屋2a式 | | | *大洞A2式 | | | *大洞A2式 |
| | | | *荒海式 | | | *鳥屋2b式 | | | *大洞A′式 | | | *大洞A′式 |
| 500 | 弥生時代 | 前期 | *(中屋敷) | 弥生時代 | 前期 | *緒立Ia式 | 弥生時代 | 前期 | 十三塚東D *青木畑式 | 弥生時代 | 前期 | *砂沢式 |
| | | | | | | *(八日市地方)(御代田) | | | | | | |
| | | 中期 | *須和田式 | | 中期 | *今和泉式 *(八日市地方) | | 中期 | *原・谷起島・地蔵池式 *高田B式 *中在家南式 富沢式 | | 中期 | *二枚橋式 *田舎館式 |
| 秦 紀元前 | | | *(中里) | | | 龍門寺式 天神前式 | | | | | | |
| | | | *宮ノ台式 | | | | | | | | | |
| 紀元後 新 | | 後期 | *久ケ原・弥生町式 | | 後期 | 天王山式 | | 後期 | 湯舟沢式 | | | 続縄文 |
| 250 | | | | | | | | | | | | |

＊は年代を計測した土器型式

**図8 炭素14年代測定の較正年代にもとづく弥生時代の実年代推定**

稲作を相当な規模で行なうようになり、中期後半の宮ノ台式期以降に関東全域に広がる。これに対し、北東北では青森県砂沢遺跡（前5世紀後半）、垂柳遺跡（前3世紀）で水田が営まれた後に水田稲作は放棄され、北海道の続縄文文化と近しい様相を営んでいく。一方、東北地方でも北緯40度より南の太平洋岸では、前4世紀から前2世紀に仙台湾沿岸（宮城県原遺跡、高田B遺跡、中在家南遺跡）、いわき周辺（福島県戸田条里遺跡、鷹匠地遺跡）、さらに関東地方の神奈川県中里遺跡に水田が営まれ、その後次第に水田を有する遺跡分布が拡大されていく形で、弥生文化が広がっていく様子

が認められるのである。

　本稿を記すにあたり，駒沢大学設楽博己，国学院栃木短期大学小林青樹，名古屋大学山本直人，八戸市教育委員会村木淳，秋田県埋蔵文化財センター小林克，岩手県埋蔵文化財センター金子昭彦，八木勝枝，北上市埋蔵文化財センター稲野裕介，山形県埋蔵文化財センター小林圭一，新潟県埋蔵文化財センター荒川隆史，東京都東村山市千葉敏朗，千葉県埋蔵文化財センター大内千年の各氏ほかの多くの関係機関・関係者のご協力・ご教示を得ています。学術創成研究グループや歴博年代室スタッフのほか，共同研究として流山市教育委員会・村本周三（三輪野山遺跡），工藤雄一郎（下宅部遺跡），荒川隆史・木村勝彦・尾嵜大真（青田遺跡），遠部慎・宮田佳樹（大橋遺跡）各氏との共同研究成果を含みます。感謝します。

**参考文献**

今村峯雄編 2004『平成13～15年度科学研究費補助金　課題番号13308009基盤研究（A・1）縄文時代・弥生時代の高精度年代体系の構築』

今村峯雄・小林謙一 2004「年代測定」『千葉県の歴史　資料編　考古4（遺跡・遺構・遺物）』県史シリーズ12，千葉県史料研究財団

尾嵜大真・小林謙一・坂本　稔・中村俊夫・木村勝彦・荒川隆史 2007「炭素14年代法による新潟県青田遺跡の年代研究」『名古屋大学加速器質量分析計業績報告書（XVIII）』名古屋大学年代測定総合研究センター

遠部　慎・小林謙一・坂本　稔・尾嵜大真・宮田佳樹・新免歳靖・松崎浩之 2006a「2　岩手県北上市大橋遺跡出土試料の$^{14}$C年代測定」『大橋遺跡発掘調査報告書』岩手県文化振興事業団埋蔵文化財調査報告書第481集，中山間総合整備事業岩間地区関連遺跡発掘調査（第1分冊　本文・観察表編），岩手県北上地方振興局農林部農村整備室・(財)岩手県文化振興事業団埋蔵文化財センター

遠部　慎・小林謙一・宮田佳樹・尾嵜大真・新免歳靖・坂本　稔・八木勝枝・松崎浩之 2006b「岩手県北上市大橋遺跡の炭素14年代測定」『日本文化財科学会第23回大会研究発表要旨集』日本文化財科学会

工藤雄一郎・小林謙一・坂本　稔・松崎浩之 2007「東京都下宅部遺跡における$^{14}$C年代研究—縄文時代後期から晩期の土器付着炭化物と漆を例として—」『考古学研究』第53巻第4号，考古学研究会

国立歴史民俗博物館　年代測定研究グループ 2006a「第2節 神奈川県三浦市赤坂遺跡出土試料の$^{14}$C年代測定」『赤坂遺跡—天地返しに伴う第11次調査地点の調査報告—』三浦市埋蔵文化財調査報告書第17集

国立歴史民俗博物館　年代測定研究グループ 2006b「是川遺跡出土試料の$^{14}$C年代測定」『是川中居遺跡』5，八戸市埋蔵文化財調査報告書第111集，青森県八戸市教育委員会

国立歴史民俗博物館年代測定研究グループ・工藤雄一郎 2006「下宅部遺跡出土土器付着物及び土器付着漆の$^{14}$C年代測定」『下宅部遺跡I』（下宅部遺跡調査団編）下宅部遺跡調査会

小林謙一・春成秀爾・今村峯雄・坂本　稔・陳建立・松崎浩之・秋山浩三・川瀬貴子 2004「大阪府瓜生堂遺跡出土弥生～古墳時代土器の$^{14}$C年代測定」『瓜生堂遺跡』1，(財)大阪府文化財センター調査報告書第106集

小林謙一 2006a「関東地方縄文時代後期の実年代」『考古学と自然科学』第54号，日本文化財科学会

小林謙一 2006b「縄紋時代研究における炭素14年代測定」『研究報告』133集，国立歴史民俗博物館

小林謙一・今村峯雄 2003a「南広間地遺跡出土土器の炭素14年代測定」『東京都日野市南広間地遺跡』国土交通省関東地方整備局

小林謙一・今村峯雄・坂本　稔 2003b「第2節　田端遺跡出土土器の炭素年代測定」『田端遺跡—田端環状積石遺構周辺地域における詳細分布調査報告書—』町田市教育委員会

小林謙一・今村峯雄・坂本　稔・陳建立・小林圭一 2005a「山形県高瀬山遺跡出土土器付着物の$^{14}$C年代測定」『高瀬山遺跡（HO地区）発掘調査報告書』山形県埋蔵文化財センター調査報告書第145集

小林謙一・坂本　稔・尾嵜大真・新免歳靖・松崎浩之 2005b「第3節　佐倉市太田長作遺跡出土試料の$^{14}$C年代測定」『太田長作遺跡（第2次）特別養護老人ホームはちす苑増築に伴う埋蔵文化財調査』財団法人印旛郡市文化財センター発掘調査報告書第222集，社会福祉法人愛光・財団法人印旛郡市文化財センター

小林謙一・坂本　稔 2006a「第3章 志摩城跡出土遺物の自然科学分析　1.千葉県多古町志摩城遺跡出土土器付着物の$^{14}$C年代測定」『志摩城跡・二ノ台遺跡Ⅰ―経営体育基盤整備事業島地区に伴う発掘調査報告書―』(財)香取郡市文化財センター調査報告書第99集，財団法人香取郡市文化財センター

小林謙一・小林圭一 2006b「山形県内遺跡出土試料の$^{14}$C年代測定と較正年代の検討」『研究紀要』第4号，財団法人山形県埋蔵文化財センター

小林謙一・坂本　稔・遠部　慎・宮田佳樹・松崎浩之 2006c「8 研究報告 岩手県北上市飯島遺跡出土試料の$^{14}$C年代測定」『北上市埋蔵文化財年報(2004年度)』　北上市立埋蔵文化財センター

小林謙一・坂本　稔・尾嵜大真・新免歳靖・村本周三・金子昭彦 2006d「8 岩手県北上市金附遺跡出土試料の$^{14}$C年代測定」『金附遺跡発掘調査報告書』岩手県文化振興事業団埋蔵文化財調査報告書第482集，緊急地方道路整備事業関連遺跡発掘調査　県営ほ場整備事業下門岡地区関連遺跡発掘調査（第1分冊　本文，遺構・分析・考察編），岩手県北上地方振興局土木部・岩手県北上地方振興局農林部農村整備室・(財)岩手県文化振興事業団埋蔵文化財センター

小林謙一・小林　克 2006e「秋田県内出土試料の$^{14}$C年代測定結果について」『研究紀要』第20号，秋田県埋蔵文化財センター

小林謙一・坂本　稔・松崎浩之 2006f「千葉県三直貝塚出土土器付着物の$^{14}$C年代測定」『東関東自動車道（木更津・富津線）埋蔵文化財調査報告書7―君津市三直貝塚―』千葉県教育振興財団調査報告第533集，千葉県教育振興財団

小林謙一・春成秀爾・今村峯雄・坂本　稔・尾嵜大真・新免歳靖・松崎浩之・中村俊夫・藤田三郎 2006g「唐古・鍵遺跡，清水風遺跡出土試料の$^{14}$C年代測定」『田原本町文化財調査年報2004年度14』田原本町教育委員会

設楽博己・小林謙一 2004「縄文晩期からの視点」『季刊考古学』第88号，雄山閣

鈴木由貴子・半田素子・石井寛子・早勢加菜・小泉玲子 2004「神奈川県足柄上郡大井町中屋敷遺跡第5次調査報告（2003年度）」『昭和女子大学文化史研究』第8号，昭和女子大学文化史学会

中村俊夫・木村勝彦 2004「青田遺跡出土遺物の放射性炭素年代測定―柱根のAMS$^{14}$C年代測定と$^{14}$Cウィグルマッチングを中心にして―」『青田遺跡』新潟県埋蔵文化財調査報告書第133集

西本豊弘編 2005『弥生農耕の起源と東アジア―炭素14年代測定による高精度編年体系の構築―』平成16年度研究成果報告

早勢加菜・江川真澄・中野弥生・吉田泰子・磯部裕史・小泉玲子 2004「神奈川県足柄上郡大井町中屋敷遺跡第6次調査報告（2004年度）」『昭和女子大学文化史研究』第8号，昭和女子大学文化史学会

山梨県教育委員会 2006『塚越遺跡・炭焼遺跡・井坪遺跡』山梨県埋蔵文化財センター調査報告書第237集

# 板付Ⅰ式土器成立における亀ヶ岡系土器の関与

設楽博己・小林青樹

はじめに

　理化学的な年代測定によって，考古学上の資料に年代を与えていく作業の一方で，考古学的方法によって年代を明らかにしていく作業は不断に推し進められねばならない。そのための素材としては土器がもっとも有効であり，とくに相対編年を広域にわたって確立していく際には，在地の土器における異系統土器の関与のあり方が問われることになる。筆者らは，国立歴史民俗博物館の年代研究プロジェクトに加わり，このような視点から弥生土器年代論の研究を進めている。研究の過程で，佐賀県教育委員会から，ある情報がもたらされ，それを発端として西北部九州を中心とした弥生土器形成に亀ヶ岡系土器（註1）が関与していたことが，具体的に明らかにされるにいたった。

　ある情報とは，佐賀県唐津市大江前遺跡から出土した一片の土器の写真であった。赤色塗彩され，細い粘土隆線の文様がついているので，在来の土器ではなく東日本に系統が求められる土器であることは予測できたが，2次元情報の写真では，本来どのような形をしていたのか，さらに正確な系統を判断する鍵となる文様モチーフがどのような構成をとるのかなど不明であったので，現地におもむき，手にとって観察した。その結果，壺形土器の肩部であり，文様は上下を隆線で区画した文様帯に2条一対の隆線文が弧状に展開するモチーフであることが確認でき，高知県土佐市居徳遺跡の亀ヶ岡系壺形土器と関係が深いものと認識するに至った。大江前遺跡からは，もう一片，隆線文がついた土器破片が出土しているが，それは居徳遺跡の壺形土器と同じ文様構成であることも判明した。大江前遺跡の資料を通じて，亀ヶ岡系土器が佐賀県域にまで及んでいることに加えて，すでにそこにバリエーションが生じていることが確かめられたのである。

　1980年代後半から，北部九州や土佐地方など，弥生土器がいちはやく形成されていったいわば弥生文化のメッカの地で，亀ヶ岡系土器が続々と見出されるようになった。そこに，どのような意味があるのだろうか。本稿では，大江前遺跡の亀ヶ岡系土器を手がかりとして，とくに文様モチーフに焦点をあてて，板付Ⅰ式土器から遠賀川式土器にみられるある種の文様の形成に亀ヶ岡系土器が深く関与していたことを明らかにし，たんに遠隔地から縄文土器がもたらされているだけではなかったことを論じる。本論に移る前に，弥生土器がどのようにして形成されたのか，という問題にかかわる学史をふり返っておく。

## 1　北部九州における弥生土器形成過程にかかわる議論

　最初の弥生土器がどこで生み出されたのか，という点もいくつかの議論がある。ここでは内容を複雑にするのを避けて，とりあえず北部九州に限定して弥生土器の成立過程にかかわる学史的整理をおこなう。われわれは北部九州など日本列島の一角という限定つきで弥生早期を認める立場に立っているので，板付Ⅰ式土器は最初の弥生土器と認識してはいない。しかし，板付Ⅰ式土器の成立問題は，弥生土器の性格を理解するうえで重大な論点であるのに加えて，この地方の土器に亀ヶ岡系土器が関与しているのが板付Ⅰ式土器直前の夜臼Ⅱa式期を中心とする時期であり，その関与による影響が具現化するのが板付Ⅰ式期であるので，板付Ⅰ式土器にまで広げて，上述の作業をおこなうことにしよう。

## 縄文系か朝鮮半島系か

弥生土器の成立に先だって，縄文晩期の土器が展開していたのは北部九州も例外ではない。したがって，縄文晩期の土器が弥生土器の成立にどのようなかかわり方をしていたのか，という点にこれまでの議論は集中していた。縄文土器の伝統を重んじる立場を代表するのは，森貞次郎の見解である。これはまだ弥生早期が問題になる以前に板付Ⅰ式土器の成立，すなわち弥生土器の成立を論じたものだが，森は次のように見通した。弥生土器の祖形を朝鮮半島南部の無文土器に求めることは困難であり，それは縄文晩期の土器に求められ，さらにそれは後期末の土器型式にさかのぼるように，縄文土器が弥生土器の母体となった，というのである。しかし，弥生土器は「焼成・製作技術においては，縄文晩期の土器にくらべてすこぶる進んでいるという点で，大陸文化の影響」も否定してはいない〔森 1966：39〕。

これに対して，朝鮮半島の会寧五洞遺跡の土器〔西谷 1968：6-8〕や可楽里式土器〔金 1972：104〕が弥生土器と非常に関係が深いと認める立場が現われた。これら弥生土器朝鮮半島起源説というべき考案は，地域に隔たりがある点や型式学的差異からかえりみられなかったが，春成秀爾は装いを変えてこれを主張した。

福岡市板付遺跡の各種遺構において夜臼式土器と板付Ⅰ式土器の共存が確認されていたが，春成はそれぞれが系統を異にする土器型式であって，板付Ⅰ式土器こそが，土器における移住者集団の存在を示すものと考えた〔春成 1973：14-15〕。すなわち，朝鮮半島での土器編年および弥生土器の祖形探索のいずれも不備である点を指摘して，金海式甕棺＝板付Ⅱ式土器の母体となる土器群であること，すなわち板付Ⅰ式の母体が南朝鮮に存在することを予測したのである〔春成 1973：16〕。

春成の考えは土器編年と乖離しているとされて批判を浴び，大勢は「現段階では，朝鮮無文土器と共通するものは弥生文化成立期にみられる外来要素の一つととらえられているにすぎず，弥生土器を生み出す母体そのものであるとの結論は導き出しがたい」という縄文土器主体の起源論に傾いていった〔田崎 1986：49〕。春成の論文以降明らかになったのは，板付Ⅰ式土器以前に突帯文土器単純段階があったことであり，板付Ⅰ式土器も突帯文土器すなわち山の寺式や夜臼Ⅰ式土器からの継続性を含めて議論しなくてはならなくなったことである。しかし，突帯文土器と板付Ⅰ式土器が各器種に及ぶまで異なった製作手法や特徴をお互いがもっている点，一つの遺跡における二者の量的な割合や，時代が下ると逆に突帯文系土器の特徴が復活するように見受けられる点からすれば，たんに突帯文系土器が板付Ⅰ式土器成立をもって退化の方向に進んでいったというのではなく，この二者はやはり系統を異にする土器群であって，板付Ⅰ式土器は特殊な事情によって成立した土器だと考えないわけにはいかない。朝鮮半島南部における土器編年がほぼ確立し，弥生文化の始まりが板付Ⅰ式期をさかのぼった現在，春成の推測は当らなかったといわざるをえないが，違う系統の土器が共存している事実，すなわち板付Ⅰ式の成立事情をどのように理解するかについては，依然として解決していない問題なのである。

春成の発想と問題提起の原点は，朝鮮半島系磨製石器や渡来形質人骨の存在によって推測できる移住者集団の弥生文化形成に果した役割の大きさからして，弥生時代のはじまりは縄文文化の側の主体的条件によるといった生ぬるいものではなく，朝鮮半島からの移住者集団の主体性と縄文文化のそれとの激突を経過することなしには生じなかった〔春成 1973：5〕と考えた点にある。この考え方は板付Ⅰ式土器をさかのぼる，山の寺式，夜臼式土器という弥生早期土器の成立問題として家根祥多が継承した。

家根は1978年ころに，遠賀川式土器には幅広い粘土板を外側に低く内側に高く接合させたもの，すなわち外傾接合でつくられた土器が多い，という深澤芳樹の示唆をヒントにして韓国の土器を観察し，幅広粘土板の外傾接合に加えてハケメが多用されているのを大坪里遺跡で確認し，西北部九州の一部でこの技術が単純な器形の深鉢に導入され，弥生土器の甕が生まれたと考えた〔家根 1984・87〕。山の寺式の段階に少数の朝鮮半島南部からの移住者が北部九州の一角にもちこんだ無

文土器とその技術によって遠賀川式土器が成立したと，弥生土器朝鮮半島南部起源説を最大限評価し，周辺地域の縄文人が縄文土器製作技術を放棄することにより，板付Ⅰb式期に朝鮮無文土器の系譜を引く弥生土器単独の組成になったとして〔家根 1997：39・53-54〕，弥生土器の縄文土器起源説を一掃しようとした。家根の一連の研究は波紋を広げ，これまで丹塗磨研壺の一部にのみ無文土器の影響をみてきた研究者も，うわべだけの特徴ではなく見えない部分の製作技術にかかわる変化の追跡によってその背後に人的交流を含む大きな革新が存在していることを裏づけた研究として，高く評価するようになった。しかし，その技術導入に対する理解には賛意を表したものの，それは縄文土器づくりの規制のなかで徐々に技術が置き換わっていくのであって，縄文土器が変化の主体であったという意見も根強く〔田崎 1994：70-71〕，無文土器の割合をそのまま移住者の割合に置き換える方法に問題がないこともない。

　しかし，家根の問題提起はこれまでの弥生土器形成問題が，縄文人と移住者の主体性の問題〔田崎 1986：48，大阪府立弥生文化博物館編 1995〕に束縛され，さらに国民国家論に根ざす帰属意識に絡めとられる危うい方向性をもった議論へと導かれていることに警鐘を鳴らす，大いに自覚しなくてはならないものであったことは確かである。本稿も弥生土器の形成に縄文土器が大きく関与していたことを論じるが，そのことを取り上げて縄文人の主体性を主張するつもりは毛頭ない。これまでの弥生土器成立論が，東日本系晩期縄文土器の役割という視点を欠いた，単方向に傾きがちな点に注意を向けることを目指したものである。

### 亀ヶ岡系土器の関与をめぐる議論

　本論で取り扱う壺形土器の成立問題についていえば，縄文晩期の黒川式土器に壺がほとんどないことをどのように考えるかが，焦点になる。その際，比較の対象として問題になるのが，初源期の弥生時代壺形土器と形態的によく似ている亀ヶ岡式の壺形土器である。岡本勇は，弥生土器の大型壺出現の背景を問題にしたなかで，近畿地方の滋賀里遺跡の晩期土器に壺がないことに注意を向ける一方，亀ヶ岡式土器に精製された各種の壺が見出されることを問題にした。しかし板付Ⅰ式土器の壺が高さ30cm以上の大型壺が多いのに対して，亀ヶ岡式土器のそれは10〜20cmの比較的小型のものがほとんどであることから，弥生土器の大型壺は，西日本の晩期土器からも，亀ヶ岡式土器からも脈絡をたどることが困難で，突如出現した器形である，と結んでいる〔岡本 1966：435〕。

　この問題は，早い時期に杉原荘介によって取り上げられた経緯がある。杉原は「立屋敷式・唐古式土器の壺形土器における口辺部わずか外方に広がり，頸部が直斜し，段をもって胴部へ広がる形態は，弥生式土器の場合は一般に器形が大型となる傾向があるとはいえ，これら縄文式土器のことに是川式土器以後の壺形土器に見る強い特徴であって，両者の類似に驚かされる。」と述べた〔杉原 1950：10〕。しかし，すでに森本六爾によって提示されていた，弥生文化と縄文文化との間の明瞭な一線は土器においても同断であり，遠賀川式土器がもつ古さは，縄文土器との関係づけにおいて縄文土器の側から与えられるべきではなく，弥生土器の様式研究の中で与えるべきこと〔森本 1934：27〕，すなわち弥生土器は縄文土器と無縁の状態で誕生したといわんばかりの言説が弥生土器研究を規定しており，杉原の問題提起も研究者に引き継がれることはなかった。

　これをふたたび議論の俎上に載せた豆谷和之は，縄文文化から弥生文化への移行にあたり，土器の影響が西から東へという視点でのみ語られてきた傾向に疑問を呈した。つまり，愛知県一宮市馬見塚遺跡F地点の壺形土器を取り上げ，それは亀ヶ岡式土器の壺形土器が影響を与えて形成されたという見解を導いた。完成された土器の類似からすれば馬見塚F地点型壺形土器と西北部九州突帯文壺形土器とは識別が困難だが，製作技法の点に着目すると両者は異なり，馬見塚F地点型壺形土器と亀ヶ岡式土器のそれとが一致していることを，豆谷の立論は根拠としたものである。とくに，頸部と胴部の境界における段と沈線の手法の違い，すなわち西北部九州壺形土器は頸胴間の接合痕を成形した段のほかに工具を用いてかき取って段と沈線をつくり，その際の工具は胴器面に対し横

方向から当てられるのに対して，馬見塚F地点型壺形土器は接合痕と無関係に段・沈線を施し，その際の工具は器面に対し縦方向から当てられるのを基本としていることをその大きな違いと認識した〔豆谷 1994：376〕。1993年には，前期弥生土器の段につながる夜臼式壺形土器の段が，亀ヶ岡文化や馬見塚遺跡F地点の壺形土器の影響を受けて生み出された〔豆谷 1993：34〕，として夜臼式土器の壺も亀ヶ岡式土器の影響下にあったことを論じていたことからすれば，考えを改めたものと推量される。

　突帯文土器単純期にその広域に及ぶ分布範囲が農耕に傾斜することにより，貯蔵形態の壺形土器が求められていったという内在的要因を壺形土器形成の背景に措定し，突帯文土器分布圏の両端において，身近な壺を祖形としてそれぞれの地域で壺形土器が成立したという事情をあきらかにしたのが豆谷1994論文の骨子である。つまり，西北部九州の壺形土器の祖形を朝鮮半島に求め，東海地方西部のそれを東日本の壺形土器に求めたのである。農耕文化＝西日本からという固定観念を，土器のうわべにあらわれた特徴だけではない製作技術とその系譜の観点から打ち破った点に，家根の研究とも相通じた意義がある。

　しかし，西北部九州壺形土器の祖形が朝鮮半島に求められるという説は，詳細な観察にもとづいて製作技法の異同から導かれるべきだったのであり，違う考えが家根によって示されているように，異論なしとはしえない。家根は朝鮮無文土器の壺に，①無文土器初期に口頸横方向研磨が存在していたのが休岩里式ないし館山里式，すなわち山の寺式併行期には縦方向になっていること，②朝鮮無文土器にみられない頸胴界の段や沈線が，弥生早期土器に特徴的にみられることから，「夜臼Ⅱ式に続く板付Ⅰa式における壺の有文化と段の成立は，北部九州が西部瀬戸内地方と関係を深め，この地域の深鉢に残る文様や浅鉢の段，沈線を採用したことによるものであり，同時にこの交流を通じて西部瀬戸内の縄文集団が弥生化を遂げ，翻っては弥生早期文化の瀬戸内地方への波及を契機として板付Ⅰa式土器が成立した事実を示している」〔家根 1997：57〕，とした。家根はすでに1993年に「夜臼Ⅱ式，板付Ⅰ式の壺に認められる文様のうち，複数の沈線によるジグザグ文は瀬戸内地方では深鉢に認められ」，「北部九州にみられた複合的土器組成が夜臼Ⅱ式段階に周防灘沿岸部まで波及し，両地方の関係の密接化を通じて瀬戸内地方の深鉢，浅鉢の文様要素を壺が取り込み，北部九州の壺が段階的に文様と段を獲得した」と述べていた〔家根 1993：309-310〕。取り上げた文様は一種類のみであったが，少なくともその系譜が明確にされており，瀬戸内地方という特定の当否は別としても，弥生土器に東方の縄文土器の要素が付加されていたことを論じたのは意義深いことであった。

### 文様研究の意義

　北部九州の弥生土器研究者は土器の製作技術や組成問題には力を注ぐが，編年研究においてさえも文様の問題は等閑視する傾向がうかがえる〔田崎 1994，吉留 1994〕。文様の出自，系譜を明らかにすることは，土器の由来を追究するうえで欠くことのできない作業である。田崎博之が示した弥生土器成立過程の土器編年の③式，すなわち夜臼式新段階の壺に施された文様は，どこに系譜が求められるのか。⑤式の板付Ⅰ式新段階の壺には有軸羽状文，複線山形文，重弧文，直線文などが多彩に施されており，④式にすでにその萌芽が認められるが，ではいったいそれらのモチーフはどこに出自が求められるのか。このような疑問に答えてくれていない。

　そのなかで，縄文土器研究を土台にして弥生土器成立問題を議論した山崎純男の論文は，文様モチーフの系譜を扱った数少ない研究の代表例である。板付Ⅰ式には突然彩文と沈線文が現われるが，文様のない黒川式土器にその起源はおえない。そこで山崎は，彩文から彩文＋沈線文へ変化しそして沈線文のみになるという変遷過程を示すとともに，沈線文の起源は彩文にありとした〔山崎 1980：163〕。それ以前に文様がない以上，彩文の起源もどこか別の場所に求めねばならない。山崎は日本列島以外を考えているが〔前出：164〕，それを列島外に措定してしまったところに，問題が

あった。また，福岡県志摩町新町遺跡の支石墓に副葬された小型壺形土器を分析した橋口達也は，板付Ⅰ式の壺形土器も文様の変化があることを論じた〔橋口 1987：108〕。これは後述のように，本稿で問題とする重弧文の系譜に関する研究でもあるため，看過しえない。

　文様モチーフの系譜となると，俄然注目されるのが東日本に展開している縄文晩期土器である。この問題に先鞭をつけたのは中村五郎である。中村は板付Ⅰ式や遠賀川式土器にみられるいくつかの文様モチーフを取り上げ，それが東北地方の晩期終末土器や関東地方の安行式土器に起源が求められることを論じた〔中村 1982・88〕。遠賀川式土器の弧線文および貼り付け双頭渦文が安行3ｃ式に顕著な胴下半の弧線文に起源するのではないか，というのはその一例であるが，総じて「まったく異質の文化に属するはずの遠賀川式と大洞式の間には意外にも隠されたつながりがあり，互いの文物が影響しあっている」と興味深い見解を提示した〔中村 1988：184〕。この重要な問題提起は，北部九州の研究者などに真剣に受け止められたようにはみえない。それは一つには実証性にやや難があった点，すなわち母体となる東日本系土器そのものが北部九州からは見つかっていないという状況で立てられた予察にとどまるものであったためであり，それに対する反応も無理からぬところであった。

　ところが，1980年代後半以降，亀ヶ岡系土器が北部九州を含む西日本一帯で続々と確認されるようになり，この問題は急展開をみせた。それ以前，すでに中村は福岡市藤崎遺跡の彩文による工字文を描いた夜臼式の壺形土器をとりあげ，これが東日本の工字文の影響によることを示唆していた（註2）〔中村 1993：88-89〕。豆谷も藤崎遺跡の壺形土器に施された彩文による流水文は，東日本からの情報伝達，あるいは有機物に施文された流水文が西日本にも広く分布しており，それが北部九州の土器に表出された縄文と弥生の連続性を示す事例とする意見を公表していたが〔豆谷 1993：39〕，石川日出志は西日本に広がる亀ヶ岡系土器に注意を向けて，それらを介することによって藤崎遺跡の工字文風彩文や遠賀川式土器の壺の肩部などにみられる段の形成も視界に入ってくると述べて〔石川 1995：68〕中村や豆谷の見解に根拠を与え，鈴木正博も夜臼式土器の羽状文が北陸地方の乾式土器などの母体となる日本海型文様帯に求められることを積極的に論じた〔鈴木 2003a：20・2003b〕。これらの見解は，夜臼式土器や板付Ⅰ式土器の文様の母体とされる工字文などをもつ亀ヶ岡系土器が北部九州で見出されたわけではない点で中村論と同根の問題を抱えてはいたが，今回，それを補うような実例が登場したことによって，議論はさらに具体性を帯びてきたといえる。

## 2　隆線重弧文の型式学的変遷と板付Ⅰ式土器の沈線文形成

　冒頭に取り上げた大江前遺跡の土器を含めて，同じ文様モチーフの土器がいくつか知られている。以下，「二条隆線」が弧状に貼り付けられた文様モチーフを「隆線重弧文」と呼び，その類例を拾いあげて特徴を明らかにしていくことからはじめたい。

### 隆線重弧文の類例

**佐賀県唐津市大江前遺跡**　佐賀県唐津市浜玉町に所在する低地の集落遺跡である。隆線重弧文のある壺形土器（図1－17，図11－3）は，水田関連の導水路であるSD01溝の埋土下層から出土した〔小松ほか 2006：22-26〕。頸部から胴部上半にかけての破片である。内傾接合の痕跡を一部認めることができる。頸部と胴部の境やや下に横走する1条の隆線をもち，この横走隆線の下に2条の隆線重弧文がある。弧状の隆線が頸胴界の隆線に近づくあたりは，やや直線的である。隆線は頂部がやや尖り気味であり，隆線の側縁はナデによりわずかにくぼむ。これら隆線に平行して，また隆線の間に細かい横方向のミガキが密になされている。隆線間，および隆線脇に赤色顔料が残る。赤色顔料は，隆線上と隆線から離れた胴部にも痕跡が残っており，胴部の広い範囲に塗っていた可能性がある。胎土は，精緻であり，雲母などが含まれる。色調は，内面は灰白色，外面は暗黒褐色を呈する。この土層からは，さらに亀ヶ岡系の隆線文をもつ壺形土器（図1－16，図11－4）が出土し

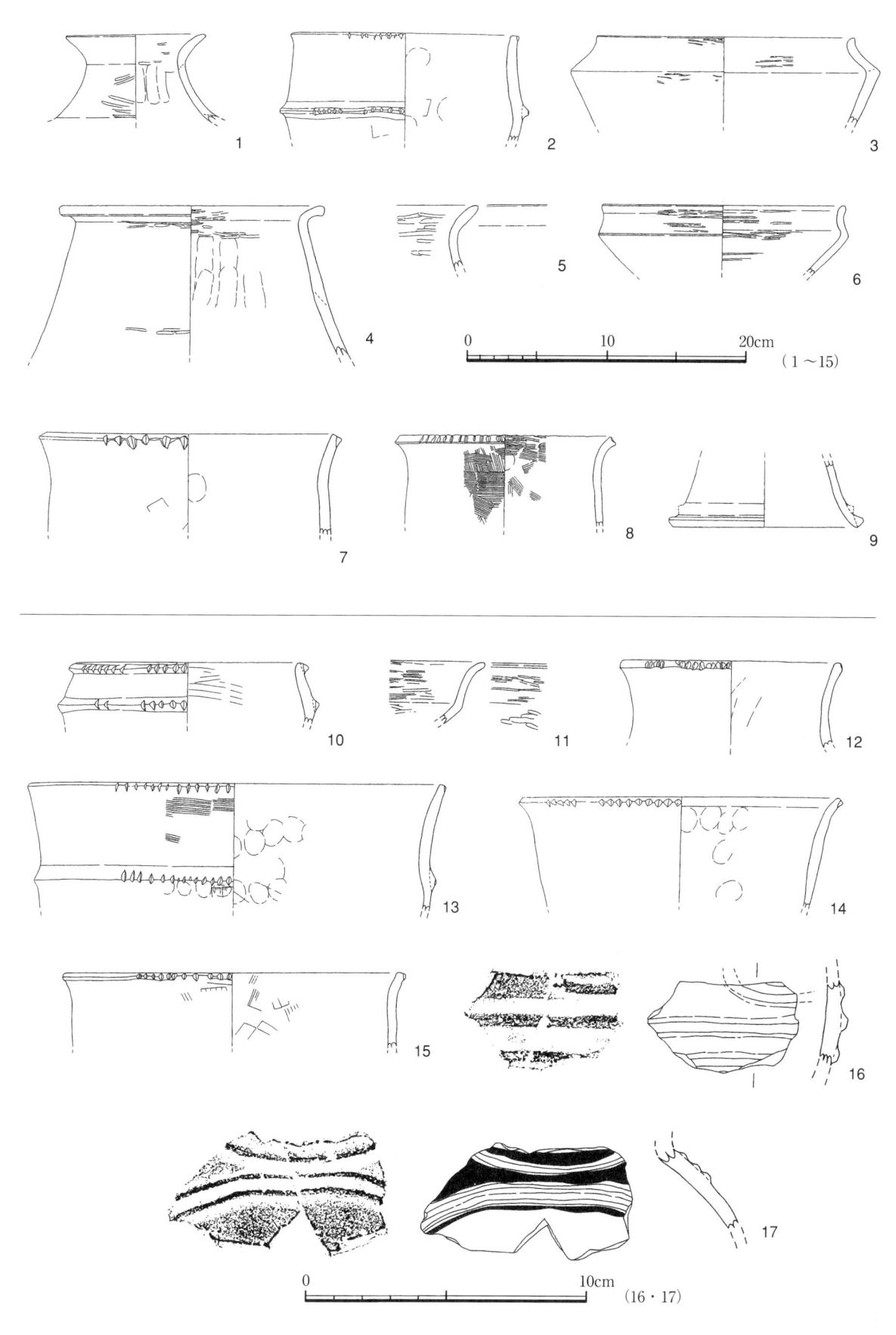

板付Ⅰ式土器成立における亀ヶ岡系土器の関与（設楽博己・小林青樹）

図1　佐賀県唐津市大江前遺跡SD1溝埋土出土土器（1〜9：上層，10〜17：下層）

ている。これらの土器が出土した遺構下層の共伴土器には明確な板付Ⅰ式土器はなく，突帯文の二条甕や原山式の甕，板付Ⅰ式祖形甕などがあり（図1-10～15），上層に明確な板付Ⅰ式壺や如意状口縁の甕，長脚の高杯がある（図1-1～9）。したがって，この遺跡の隆線重弧文土器は，夜臼Ⅱa式期に比定される可能性があるが，すでに板付Ⅰ式土器が出現している時期の可能性も否定できない。

**佐賀県佐賀市久保泉丸山遺跡** 佐賀市久保泉町川久保に所在する台地上の墓地遺跡。118基の支石墓が検出されたが，それらは山の寺式から板付Ⅱ式期に及ぶ。隆線重弧文のある壺形土器（図2-1）は，遺構から出土したものではない。頸部から胴部にかけての破片であり，胴径20.0cmの大きさである。頸部と肩部の境に浅い沈線を施した段をもち，頸部はやや内傾して立ち上がる。肩が強く張り，もっとも張り出したところに1条の隆線を貼り付け，肩部に2条一対の弧状隆線を貼り付ける。復元によると，弧線の単位は6～7個とされる。褐色で砂が多い。全体的に，他の無文の山の寺式土器ないし夜臼式土器と近似した形態をなすが，とくに肩部が強く張り出す器形はSA026号支石墓出土の壺形土器と近似しており，そうした特徴を加味して調査報告者の東中川忠美は，この土器を山の寺式から板付Ⅱ式までを7期に分けた久保泉丸山編年のⅡa期においている。Ⅱ期は夜臼Ⅰ式からⅡ式に相当するので，そのうちでも古い部分に相当するとみなしていることになる〔東中川 1986：411-412〕。

**福岡県福岡市板付遺跡** 福岡市博多区板付に所在する台地および低地に立地する，弥生時代最初頭の集落遺跡。第60次調査の際に，隆線重弧文土器（図2-2）は円形竪穴住居SC-01から出土した。この土器は壺形土器胴部の破片であり，胴部に並走する2条の重弧文を隆線で表現している。隆線は頂部がやや尖り気味である。頸部との間に沈線を加えて，文様帯上端を区画している。伴出した土器は夜臼Ⅱa式土器で，壺，甕，深鉢，鉢，浅鉢などからなる（図2-3～8）。板付Ⅰ式土器の混入はない〔二宮 1995：35〕。

**福岡県福岡市雀居遺跡** 福岡市博多区雀居に所在する微高地に立地する，弥生時代最初頭の集落遺跡。隆線重弧文土器の破片は以下に記述するA～Eの総数5個体出土しているが，すべて壺形土器である。これらにはやや類型の異なる二種類の隆線重弧文がある。

第1種は4個体であるが，SK124出土土器（図3-1・図9-2）がもっとも状態がよいので，これで代表させて解説する。A）胴部最大径33.2cmの壺形土器。胴径に比して高さが低い，つぶれた形である。最大径は肩部の高い位置にあり，肩がよく張っている。頸部との境界には隆線は設けず，細い沈線によって区画している。胴下部に2条の隆線をめぐらし，頸胴界との間にやはり2条の隆線で弧線文を配している。弧線どうし間隔が開いており，総数はおそらく7個になる。弧線の上端は頸胴界に接するばかりであり，板付遺跡例と等しい。器面はよく磨かれて青黒い光沢を帯びている。内面は灰色で，頸部と胴部の接合時の粘土はみだしが顕著であり，内傾接合とわかる。その部分から下胴部に至るまで，ヨコハケが観察される。夜臼Ⅱa式の壺，鉢，突帯文二条甕，砲弾型一条甕，板付Ⅰ式祖形甕を共伴するが，板付Ⅰ式土器は一切含まない（図3-2～8）。他の3片はいずれも二条隆線をもつ壺形土器の肩部であり，B）第Ⅲ面遺構検出面出土土器（図3-9），C）第Ⅱ面掘り下げ時出土土器（図3-10），D）160号ピット出土土器（図3-11）である〔力武ほか 2003a・2003b〕。Bのみ，頸胴間に沈線文を加えて文様帯を区画している。

第2種は1個体で，第Ⅱ面遺構検出面で出土した。壺形土器胴部下半である（図3-12）。第1種と同じく隆線を貼り付けて文様としているが，隆線の幅は広く断面が台形をなし，隆線というよりは隆帯といったほうがふさわしい。文様帯を画す下端の隆帯と，そこから直線的に上へと延びる二条隆帯が一部残っている。この隆帯はやや右に傾いているので，あるいは大きな弧状をなすかもしれない。

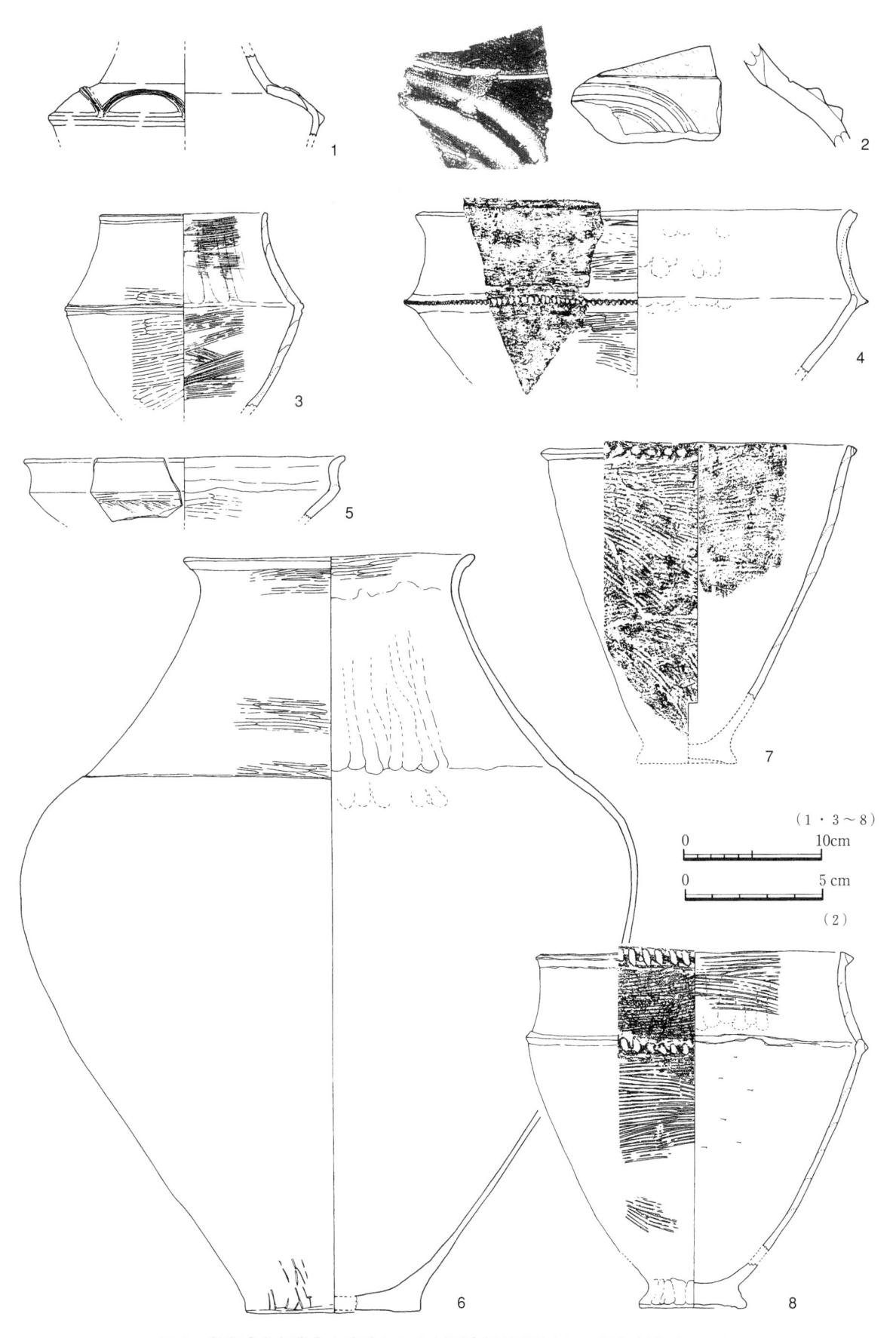

板付Ⅰ式土器成立における亀ヶ岡系土器の関与（設楽博己・小林青樹）

図2　佐賀市久保泉丸山遺跡（1）と福岡市板付遺跡SC-01出土土器（2～8）

- 73 -

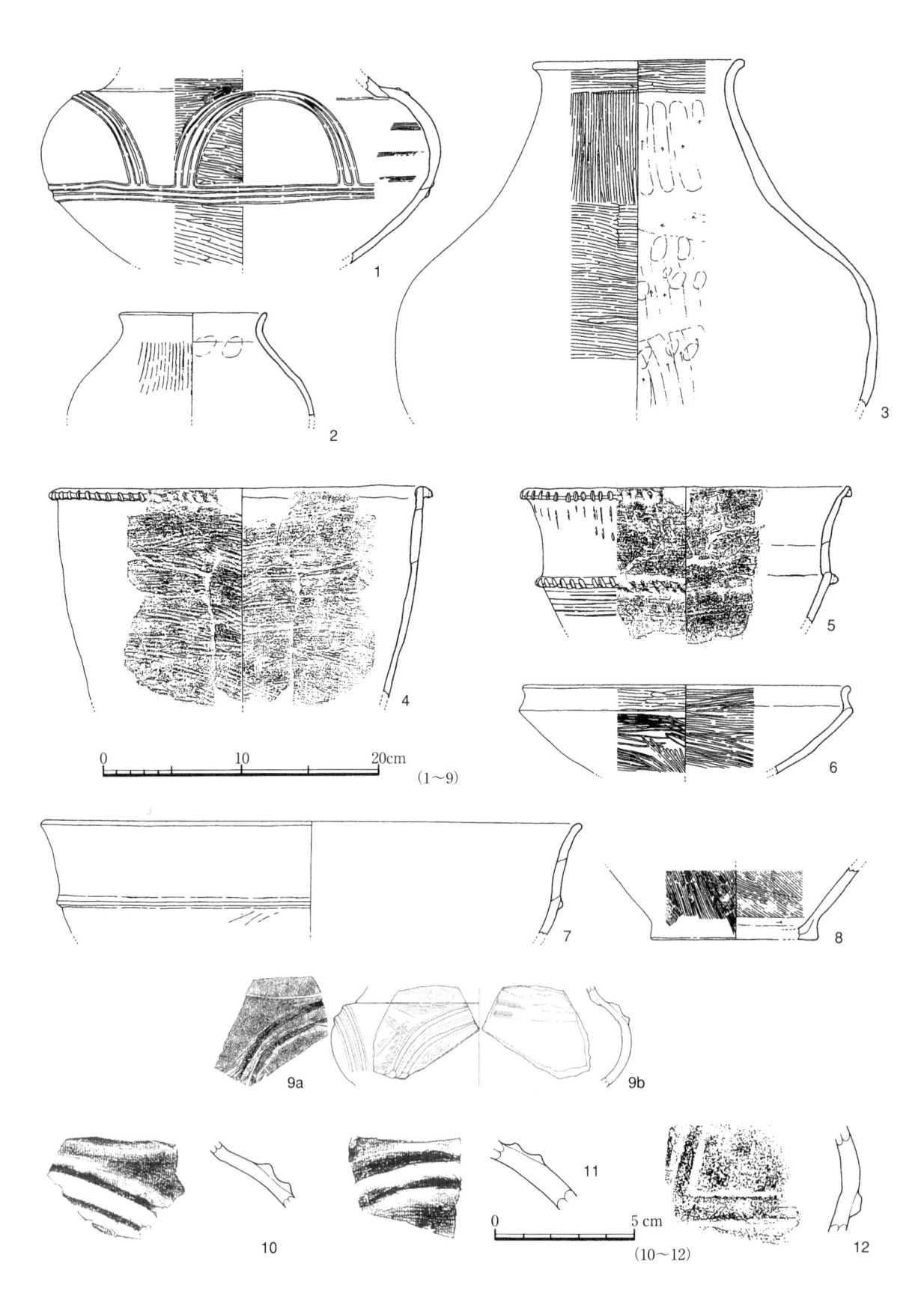

図3　福岡市雀居遺跡SK124（1〜8）・第Ⅲ面遺構検出面（9）・第Ⅱ面掘り下げ時（10）・
160号ピット（11）・第Ⅱ面遺構検出面（12）出土土器

**隆線重弧文から沈線重弧文雀居類型へ**
　隆線重弧文土器は，福岡県域と佐賀県域に認められる。すべて壺形土器であることが特徴の一つである。その年代であるが，板付遺跡と雀居遺跡で共伴土器から年代が明確なものはいずれも夜臼Ⅱa式期である。久保泉丸山遺跡例は夜臼Ⅰ式期の可能性が指摘されている。確かに器形は山の寺式，夜臼Ⅰ式の壺にみられる体部が算盤球状をなす形態に近く，文様帯下端も胴部最大径の位置にあるのに対して，雀居遺跡のAは文様帯下端が胴部下半に及びそれに応じて文様帯の幅が広くなっているが，算盤球状の器形は板付Ⅰ式ないしそれ以降にも引き継がれるし，大江前遺跡例と雀居遺跡B例は文様帯上端を画する隆線文や沈線文が加わっている以外に他のものと型式学的な差を見出しがたい。大江前遺跡例は共伴土器から夜臼Ⅱa式期か板付Ⅰ式期か判断が困難である。したがって，これらは夜臼Ⅱa式期に位置づけられるものが多いが，その前後にまで及ぶかどうかこれだけでは明確ではない。個体数にするとわずか8個体であるが，雀居遺跡例にみるように文様モチーフのバリエーションもあり，分布も佐賀県域と福岡県域と複数箇所にまたがる。では，隆線重弧文土器は在地の土器に何の影響も与えずに消え去ってしまったのだろうか。
　通常，西日本の弥生土器で重弧文といえば沈線重弧文を指し，いわゆる遠賀川式土器に通有の文様モチーフである。たくさんの重弧文を連ねたのが一般的なあり方として思い浮かぶ。ところが，単位数が少なく上下に長い沈線重弧文が存在している。雀居遺跡169号土坑出土の壺形土器（図4－5）は，上下に長い沈線重弧文を，器面一周9単位で描く。2個体あるが，いずれも特徴的なのは，胴下位に最大径があってその部分が屈曲しており，上部が長い算盤球形をしている点である。したがって文様帯も幅広い。文様帯は上下を沈線文で区画する。下端沈線は2条であり，上端は欠失しているために1条以上何条になるか不明だが，おそらく1～2条である。重弧文の沈線の条数は3条である。この上下端を区画した文様帯に大ぶりな沈線重弧文をやや離して展開させた類型を，仮に沈線重弧文雀居類型と名づけておく。
　沈線重弧文雀居類型と隆線重弧文の関係が問題になる。①雀居遺跡169号土坑の共伴土器は夜臼Ⅱb式を含む，板付Ⅰ式でも古い段階である。算盤球形という古い器形を採用した沈線重弧文でももっとも古い類型といってよいだろう。②文様帯を幅広くとり，③大ぶりな重弧文どうしをやや離して単位数少なくめぐらす特徴は，隆線重弧文と共通する。そして，④重弧文の沈線の条数が3条とあらかじめ多条から出発するのは，隆線重弧文が2条であり，それに隆線間の凹み状沈線を含めた，隆線＋沈線＋隆線というパターンをすべて沈線に置き換えたためと思われる。⑤文様帯の下端区画の存在が共通している。上端の区画は隆線や沈線が大江前遺跡や板付遺跡などの隆線重弧文土器にあり，雀居遺跡A例では段がその役割を果しており，これを沈線に置き換えて継承している。⑥福岡市野多目遺跡水路1・2上層出土の壺形土器〔山崎 1987：84-85〕に，沈線重弧文の一部を描いた試作品的な資料がある（図4－1a）。以上の6点を主眼として，沈線重弧文雀居類型は，夜臼Ⅱa式期に隆線重弧文をもとにして試作され，板付Ⅰ式期に完成したと考える。
　沈線重弧文雀居類型は，板付Ⅰ式期のうちに急速に変化をはじめる。突帯文土器と共伴しない板付Ⅰ式新段階に属する雀居遺跡SK-188出土資料（図4－6・7）は雀居類型だが，球胴化して文様帯も胴上位にせり上がっている。しかし，重弧文どうしは離れており原則的であるのに，板付Ⅱ式の福岡県小郡市津古土取遺跡28号貯蔵穴出土例（図4－8）は重弧文の形態は雀居例をよく踏襲しているものの，単位文どうしが重なり合い，下端沈線も失われているようである。一方，板付Ⅰ式新段階の福岡県津屋崎町今川遺跡V字溝中層出土資料（図5－1・3）となると，区画された胴上部文様帯に位置する原則を引きながらも条数が増えると同時に単位数も増えて弧線どうしが連結するなど隆線重弧文からの逸脱が著しく，雀居系列とはいえても雀居類型の仲間に加えてよいか疑問ですらある。同じV字溝中層や福岡市比恵遺跡SU-007には文様帯下端の区画線がとれた例（図5－2・4，図4－10）があり，すでに板付Ⅰ式期にそのような変化もあったようだ。これらはまだ単位文が大ぶりだが，板付Ⅱa式になると福岡市那珂遺跡第1号土壙例（図4－9）のように，小さ

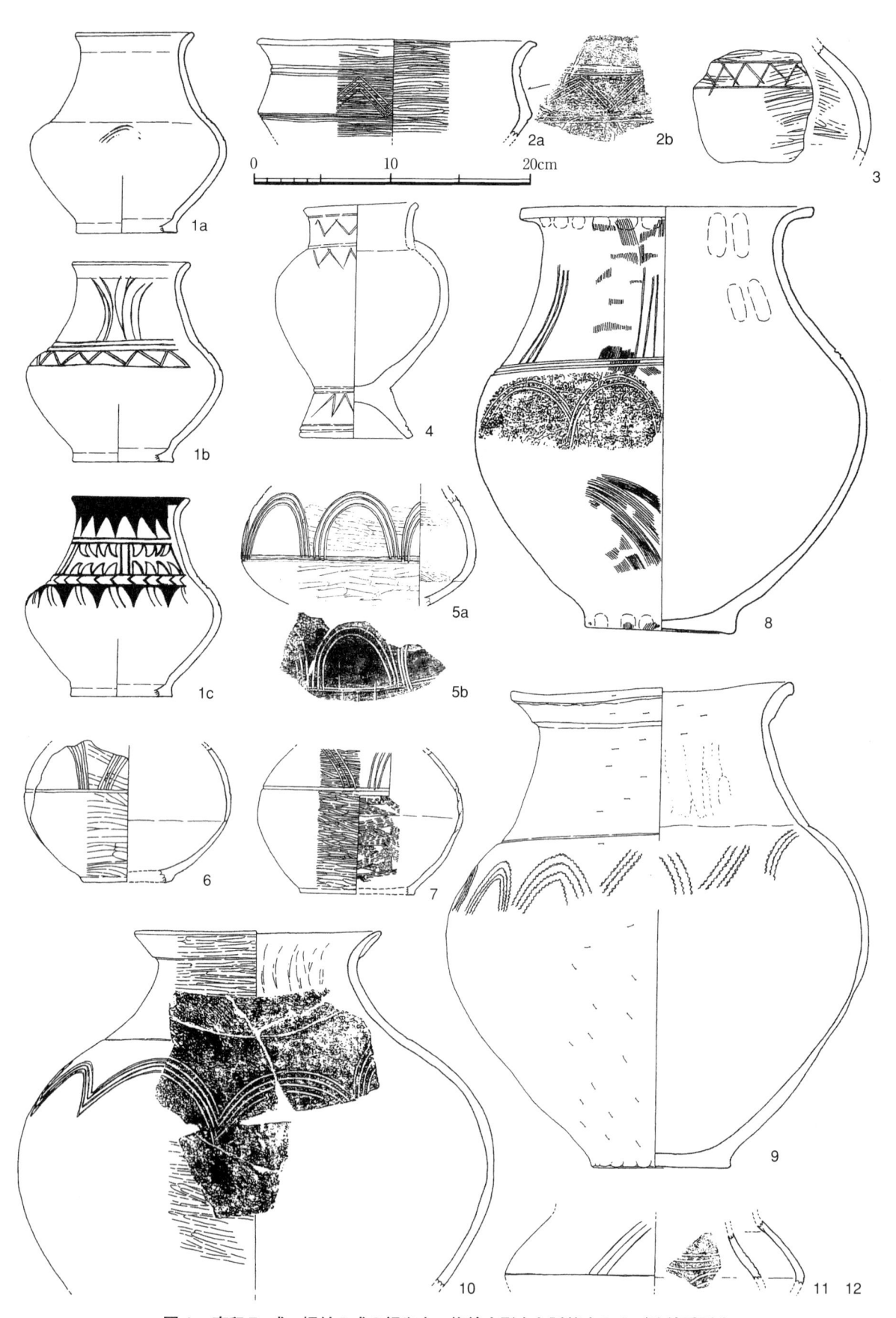

図4 夜臼Ⅱa式〜板付Ⅰ式の鋸歯文・複線山形文と弧状文および沈線重弧文
(1:野多目遺跡, 2・5〜7・11・12:雀居遺跡, 3:東那珂遺跡, 4:江津湖遺跡, 8:津古土取遺跡, 9:那珂遺跡, 10:比恵遺跡)

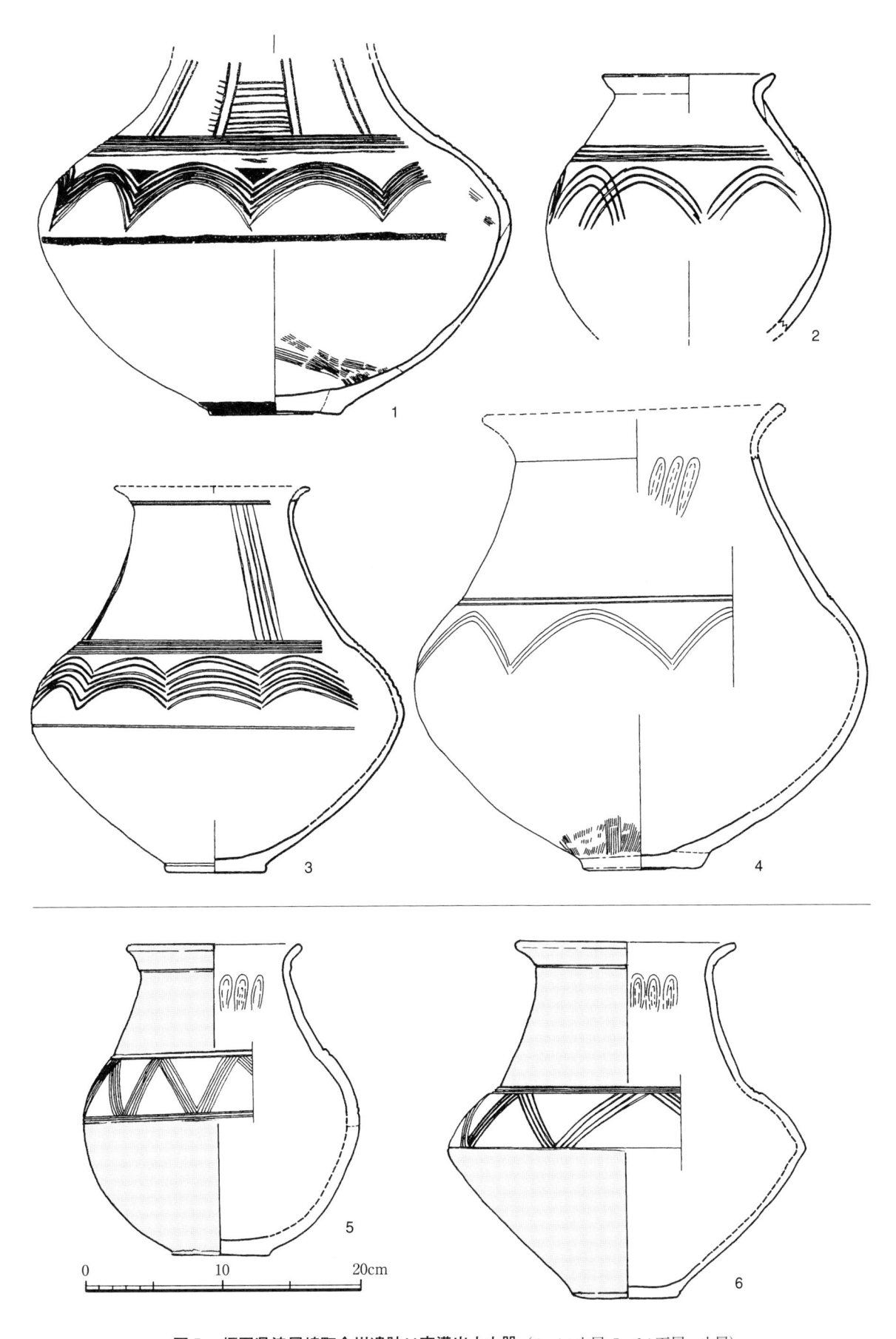

図5　福岡県津屋崎町今川遺跡V字溝出土土器　(1〜4：中層,5・6：下層・中層)

な単位文を多数連続させる類型へと変化している。

那珂遺跡例は胴部上半に沈線重弧文を施す雀居類型の文様帯のあり方を踏襲しているし，単位文が離れる古い形態を保っているので，雀居類型の変化系列にのるものとして祖形を隆線重弧文に求めるのが妥当のようにみえるが，沈線重弧文がすべて隆線重弧文を母体とした雀居類型の系列に属するわけではない。そこで次に，板付Ⅰ式土器の沈線重弧文の変異と沈線文の多様な生い立ちを問題にする。

### 板付Ⅰ式土器における沈線重弧文の変異と沈線文の多様性

沈線重弧文雀居類型の祖形が隆線重弧文だったと考えた。しかし，沈線重弧文の出現，祖形には別の有力な仮説がある。それは，沈線重弧文の祖形は鋸歯文だ，という理解である。

前章で山崎純男と橋口達也の文様分析研究を取り上げた。山崎の場合，文章では述べられていないが，図6の左列をみて判断すると，板付Ⅱa式土器の沈線重弧文は，板付Ⅰ式土器の複線山形文の流れを引いたハの字形弧線文に起源があるとみなしているようである〔山崎 1980：165〕。新町遺跡の分析から，橋口も同じように胴部に直線的な複線山形文を描いたものが古く，やや丸みを帯びた複線山形文を経て，沈線重弧文が成立すると考え，山形文→重弧文という推移（図7－23→44→49）を示した〔橋口 1987：108〕。口縁の外反度という器形の点からもそのことは追証できるうえに，今川遺跡でⅤ字溝下層・中層の壺が山形文を施し，中層になると重弧文を施すようになる（図5），という層位的な分析結果〔伊崎 1981：82〕や山崎の分析とも相即的であり，貴重な文様分析の結果であるといえよう。

では，複線山形文の起源はどこに求められるだろうか。板付Ⅰ式期における縄文系の鉢に複線山形文が認められることは，この文様が縄文系統である可能性を高めている（図4－2）。すでに述べたように，家根祥多は野多目遺跡の水路1・2上層の鋸歯文が施された夜臼Ⅱa式壺形土器（図4－1）を取り上げ，夜臼Ⅱa式以降みられる壺の文様の系譜を瀬戸内地方に求めた。福岡市東那珂4遺跡（図4－3）や新町遺跡（図7－23），熊本市江津湖遺跡（図4－4）でも夜臼Ⅱa式期の鋸歯文のある壺形土器が出土しているので，野多目遺跡例が特殊であったわけではない。この文様は朝鮮半島に起源を求めることはできないし，在地の黒川式土器，山の寺式土器，夜臼Ⅰ式土器にないので，家根のいうように瀬戸内地方の突帯文土器からの影響を考えるべきであろう。

たしかに板付Ⅰ式古段階の資料には，やや弧状に描く複線山形文を施した肩に丸みをもつ算盤球形の壺が多く，夜臼Ⅱa式期の鋸歯文を祖形として板付Ⅰ式古段階の直線的複線山形文，弧状の複線山形文を経て板付Ⅰ式新段階に沈線重弧文が成立するという型式変化は，一つの道筋を示しているようである。しかし，隆線重弧文のモチーフをそのまま沈線に置き換えた，沈線重弧文雀居類型が板付Ⅰ式古段階に存在することも無視できない。雀居遺跡SK007では，板付Ⅰ式古段階に沈線重弧文と弧状複線山形文をもつ土器が共存しており，同時に存在していたことを示している（図4－11・12）。橋口が問題にした新町遺跡や今川遺跡が福岡平野から東西にはずれていることからすると，隆線重弧文から沈線重弧文への変化は，夜臼Ⅱa式から板付Ⅰ式期にかけて福岡平野で生じ，やや遅れて東西に波及したと考えるのが妥当ではないだろうか。つまり，沈線重弧文の成立と展開には隆線重弧文や複線山形文など，いくつかの文様系統の関与が考えられるのである。

こうした二重性，つまり鋸歯文・複線山形文と重弧文とは前者から後者へと変化した側面をもつ一方，別系譜のモチーフとして展開していたことを示す資料が，新町遺跡48号墓副葬壺（図8－1），北九州市寺内遺跡第6地点（図8－4）の壺にこの二者が同居していることである。さらに佐賀県唐津市菜畑遺跡の壺（図8－3）のように胴上部文様帯に複線山形文を，頸部に重弧文を彩文で施すという同居の仕方も認められる。橋口は新町遺跡22号墓副葬壺（図7－22）における二者の融合現象から，この土器が板付Ⅰ式でも古い段階にはおけないように考えているが〔橋口 1987：108〕，体部が算盤球形で張りが強く古い形態であるのに加えて，墓坑が弥生早期の区域に属し，古い。主

文様に伝統的な複線山形文を採用し，従属文様としてことさら下位に重弧文を描いたかのようであり，板付Ⅰ式古段階に，この地方に沈線重弧文が伝わった初期の姿を示すものと考えたい。菜畑遺跡例も板付Ⅰ式期に属するので，山形文と重弧文の融合は，文様帯の位置関係をめぐる緊張をはらみながら，意外と急速に展開したのであろう。那珂遺跡第1号土壙（図4－9）は板付Ⅱ式に同居が継続していた例である。なお，菜畑遺跡例には重弧文の間に縦区画沈線文があり，高知県南国市田村遺跡の壺が隆線重弧文の正しい文様帯の位置に沈線でそれを施した例である（図8－2）。縦区画沈線文のもつ意味については，次章で論じる。

次に，沈線重弧文の多元的なあり方に考察を及ぼすが，それを理解するうえで注目できるのが，再三取り上げている野多目遺跡水路1・2上層の夜臼Ⅱa式壺形土器に彩文で描いた連続弧線文（図4－1c）である。単位文末端が接続しているのは，鈴木正博が指摘するように，このモチーフが東北地方の大洞A₁式のT字形三叉文を母体にし

図6　山崎純男による板付式文様成立過程

たものであるからかもしれない。比恵遺跡包含層から出土した板付Ⅱ式土器の矢羽根状沈線文帯下端区画の下に連続して描かれた沈線重弧文（図8－5）は，このモチーフから変化したものと考えられる。したがって，単位数が多く単位文が接続する沈線重弧文は，隆線重弧文とはまた別の系譜とみるべきだろう。野多目遺跡の土器は沈線重弧文と複線山形文，そして彩文の弧線文がその順に描かれており，系統を異にする文様の重なり具合がきわめて興味深い。

隆線重弧文から沈線重弧文への初期的変化を示したのが図9であり，それをまじえて複線山形文と沈線重弧文の系統関係を示したのが図10である。このように，板付Ⅰ式土器の沈線文は，有軸・無軸羽状文〔鈴木2003b〕を含めて，他地域の影響により多元的に成立し，融合や変異現象を経て多彩に展開したのである。沈線重弧文の一つの祖形として，隆線重弧文は大きな役割を果した。そこで，次に問題になるのが，隆線重弧文の系譜である。

## 3　隆線重弧文と隆線連子文の系譜

### 隆線重弧文の祖形は九州に求められるか

隆線重弧文の祖形の候補となる資料を，まず九州内部で検索すると熊本市江津湖遺跡例がある。江津湖遺跡は熊本市水源に所在する台地上の墓地遺跡である。隆線弧文のついた土器（図11－1）は，42号土坑から副葬品として出土した〔金田2005：78〕。この土器は高さ8.1cmの小型壺で，口縁は外反している。体部が算盤球状という独特な器形である。頸部のもっともくびれた部分と胴部のもっとも張り出した部分に隆線を貼り，その上に竹管状工具で刺突文を施す。それにはさまれた頸部に1条の隆線による弧文を5個配するが，その上にも同じ刺突文が施されている。赤色塗彩を口縁部と頸部におこない，帯状に塗り分けている。墓坑にはもう一つ土器を副葬しているが，それは口縁がやや内傾した平底の小壺である。夜臼Ⅱa式段階の資料と考えられる（図11－2）。

本例のほかに，隆線表現による重弧文の祖形となりうるものは，九州内部ではみあたらない。突帯文土器，黒川式土器のいずれにも存在しないので，隆線表現による重弧文の祖形は他地域に求めざるをえない。そこでやはり注目しなくてはならないのは，東日本に展開した亀ヶ岡系土器である。

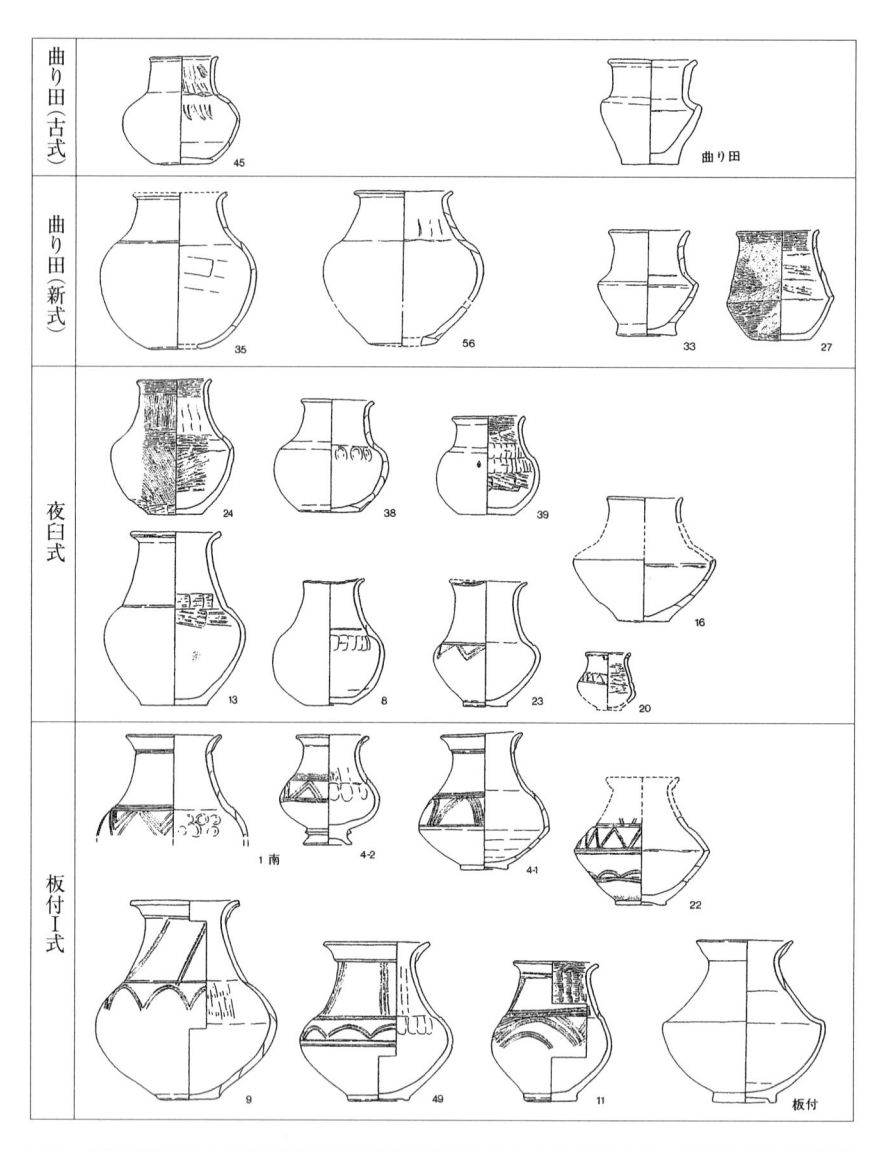

図7　橋口達也による福岡県志摩町新町遺跡を中心とした弥生早～前期初頭土器編年

　本例の隆線弧文は，大洞$C_2$式新段階（註3）から大洞A式古段階にかけての注口土器の胴部文様や鉢や壺の口縁部付近の文様に類似する。こうした隆線の多くは，その上に竹管状工具による刺突文をもっており，江津湖遺跡例の隆線弧文の祖形が亀ヶ岡系である可能性は高い。しかし本来，口縁部文様であったものが胴部文様となってしまうのは東北地方中・北部にはない現象であり，問題を残す。
　重弧文の祖形については，別に腹案があるので後述するとして，視点を変えて文様モチーフではなく，隆線表現の系譜を問題にしてみよう。

### 大江前遺跡と居徳遺跡の隆線連子文土器
　先に触れたように，大江前遺跡からは隆線重弧文をもつ壺（図11-3）のほかに，亀ヶ岡系の隆線文をもつ壺形土器（図11-4）が出土している。この土器は，胴部破片であり，横走する太い隆線が2条あり，隆線の脇に凹線がある。この凹線に太めの弧状の隆線が接続している。弧状隆線の脇もやや浅く凹線状をなす。わずかに，赤彩の可能性を示す痕跡がある。本例は，居徳遺跡〔曽我ほか編 2002〕出土の亀ヶ岡系の隆線文をもつ壺形土器（図11-5）と非常によく類似している。居徳遺跡では，隆線文をもつ壺形土器は複数出土している（図11-5～8）。これらは口縁部と胴部の

**図 8 沈線重弧文と他の沈線文・彩文の融合**
(1:新町遺跡, 2:田村遺跡, 3:菜畑遺跡, 4:寺内遺跡, 5:比恵遺跡)

破片からなり,胴部には水平方向とそれに接続する縦方向の隆線を施すことによって文様を形成している。ここでは,縦と横に展開する隆線をそれぞれ仮に縦走隆線,横走隆線とし,文様全体が寺院や茶室によくみられる「連子窓(れんじまど)(註4)」に似ていることから仮に「隆線連子文」としておきたい。

居徳遺跡例の連子文(図11-5)は,隅丸の四角形の窓枠状モチーフ(①)と細長く隅の丸みがより強い長方形の窓枠状モチーフ(②)からなり,それらが横位に展開する。①と②のモチーフは,残存する破片から判断する限り,①1個→②2個→①1個→②1個,という順序で①のモチーフをはさみ②のモチーフの個数をかえて交互に配置されている。本例は頸部を欠損しているが,他の土

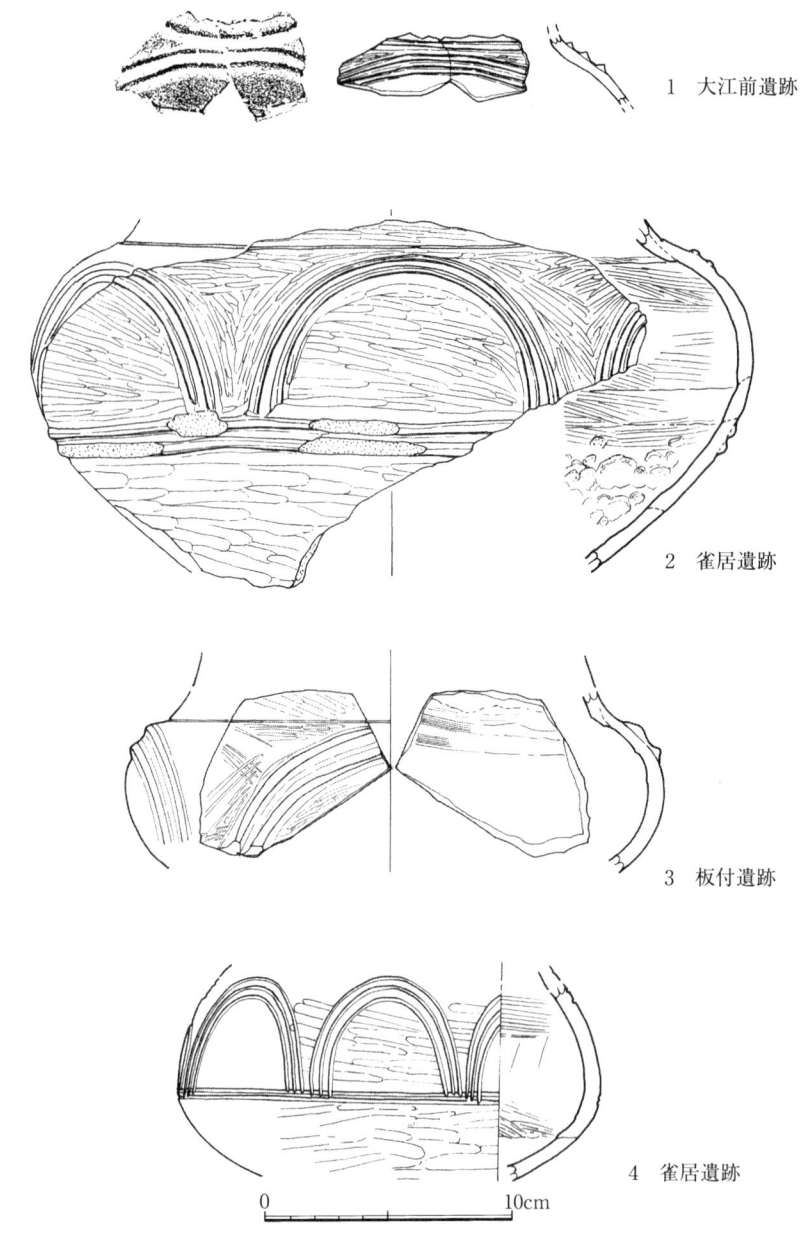

図9　隆線重弧文から沈線重弧文へ

1　大江前遺跡
2　雀居遺跡
3　板付遺跡
4　雀居遺跡

器破片（図11-7）から類推すればそこに数条の横走隆線をもつであろう。隆線は，いずれも，頂部がやや尖り気味であり，側縁はナデによりわずかにくぼむが，それは大江前遺跡例と一致した特徴である。居徳遺跡例の口縁部と胴部には赤漆が塗彩されており，胴部では①の部分と横走隆線の間に塗彩がみられる。文様の部分を塗り分けているのは，大江前遺跡の隆線重弧文土器と共通する。

　以上のように大江前遺跡と居徳遺跡の隆線連子文土器の特徴は，いずれもよく類似している。とくに両者の文様描出法については共通性があり，いずれも2本の隆線を貼り付けて，断面三角形状をなすようにナデ成形がなされている。そして，隆線の貼付けと調整の過程で，隆線に沿った側縁部分が浅くくぼむのが，共通した特徴である（図11-4◀）。

　共伴する土器からみたこれらの土器の年代は，大江前遺跡が夜臼Ⅱa式ないし板付Ⅰ式併行期であり，居徳遺跡はどう考えても夜臼Ⅱa式期にはさかのぼらない，板付Ⅰ式期以降である。では，こうした二条隆線を特徴とする隆線連子文の壺の系譜はどこに求めることができるのであろうか。

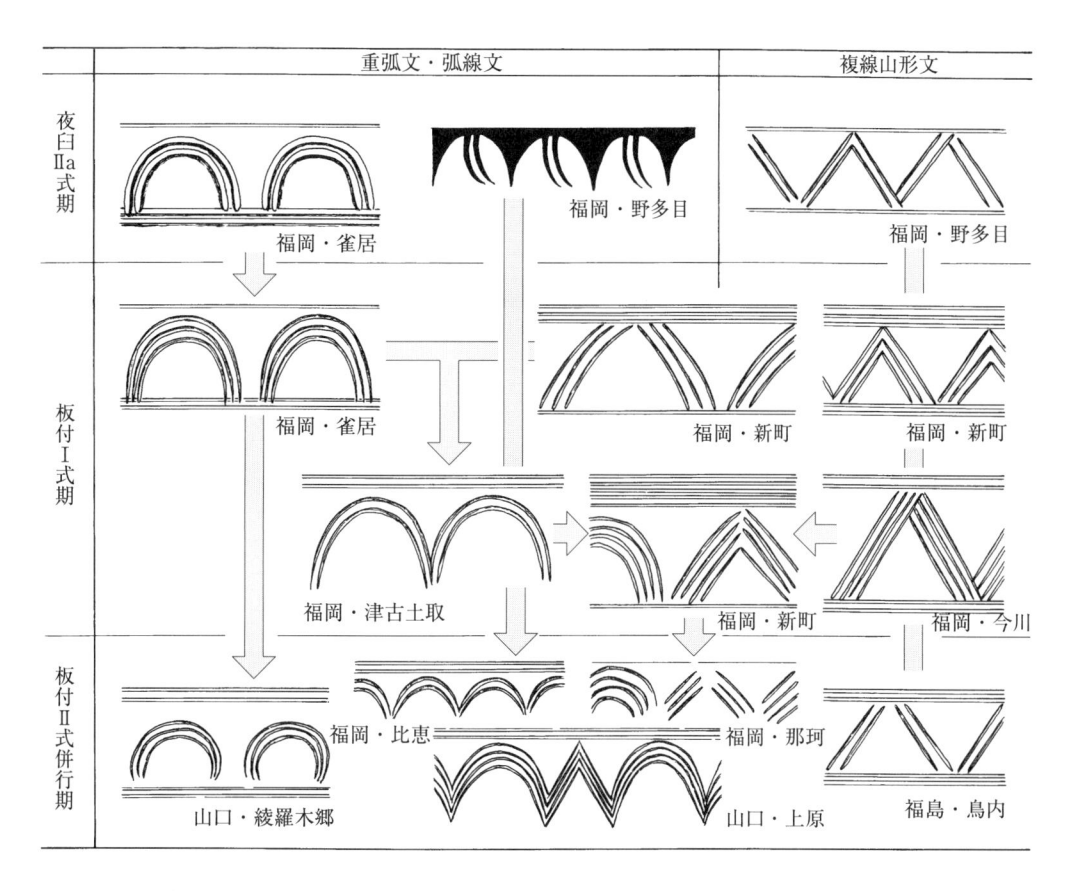

**図10　弥生早・前期土器沈線文の諸系列**（沈線条数の変化は必ずしも年代序列を示すものではない）

### 隆線連子文の変異と系譜および年代

　宮城県栗原市山王遺跡の隆線連子文の壺形土器（図12-1）が，居徳遺跡の類似資料として早くから注目を集めたように，隆線連子文をもつ土器は東北地方中・北部に分布している。類例を探索すると，岩手県域と宮城県域に多く，青森県域と山形県域に散見され，東北地方中部に集中していることがわかる。とくに岩手県北上市九年橋遺跡では目だって多く出土する。東北地方南部から北陸地方北部，関東地方，中部地方に分布する浮線文土器の分布圏では石川県能登町波並西の上遺跡や神奈川県横浜市杉田遺跡でそれぞれ１個体みられるにすぎず，東北地方中・北部以外の地域にはほとんどない土器である。この種の土器は，分布の中心である東北地方中・北部にあっても一つの遺跡で数個体出土する程度であり，それほど多いとはいえない。したがって，西北部九州や土佐地方という遠く離れた地域で出土する異常さが際立っている。

　隆線連子文をもつ土器は壺に限られ，それは西日本でも共通している。隆線連子文は，頸部と胴部の境界に１～２条の沈線文や２～３条ほどの横走隆線文を施し，胴のもっとも張った部分もしくはそれよりやや下部にも２～３条の横走沈線ないし２条の横走隆線を配置して文様帯を形成する。そして，この上下の隆線に区画された内部に，縦走隆線を一定の間隔で接続させるのを典型例とする（図12-1～7・9）。隆線は細いもの（2～5・7）と，太くて断面が台形状をなすもの（6・9）とがあり，前者が雀居遺跡例の第１種，後者が第２種に相当する。隆線の数は１条と２条一対がある。縦走隆線の間隔は図12-7を基準にすれば，それより狭く密なもの（図12-3～5）と広いもの（図12-2・6・9）がある。横走隆線と縦走隆線の交点は7のように直角になるものと，2や9のようにやや丸みを帯びたものがあり，大江前遺跡例や居徳遺跡例は後者の丸みを帯びた典型例である。

　隆線連子文をもつ壺の器形は，口縁部が「ハ」の字状に細く立ち上がる細頸壺を基本としており，中・小型の精製壺に限られるようである。そのなかにあって山王遺跡例は直立の口縁部をもつ点で

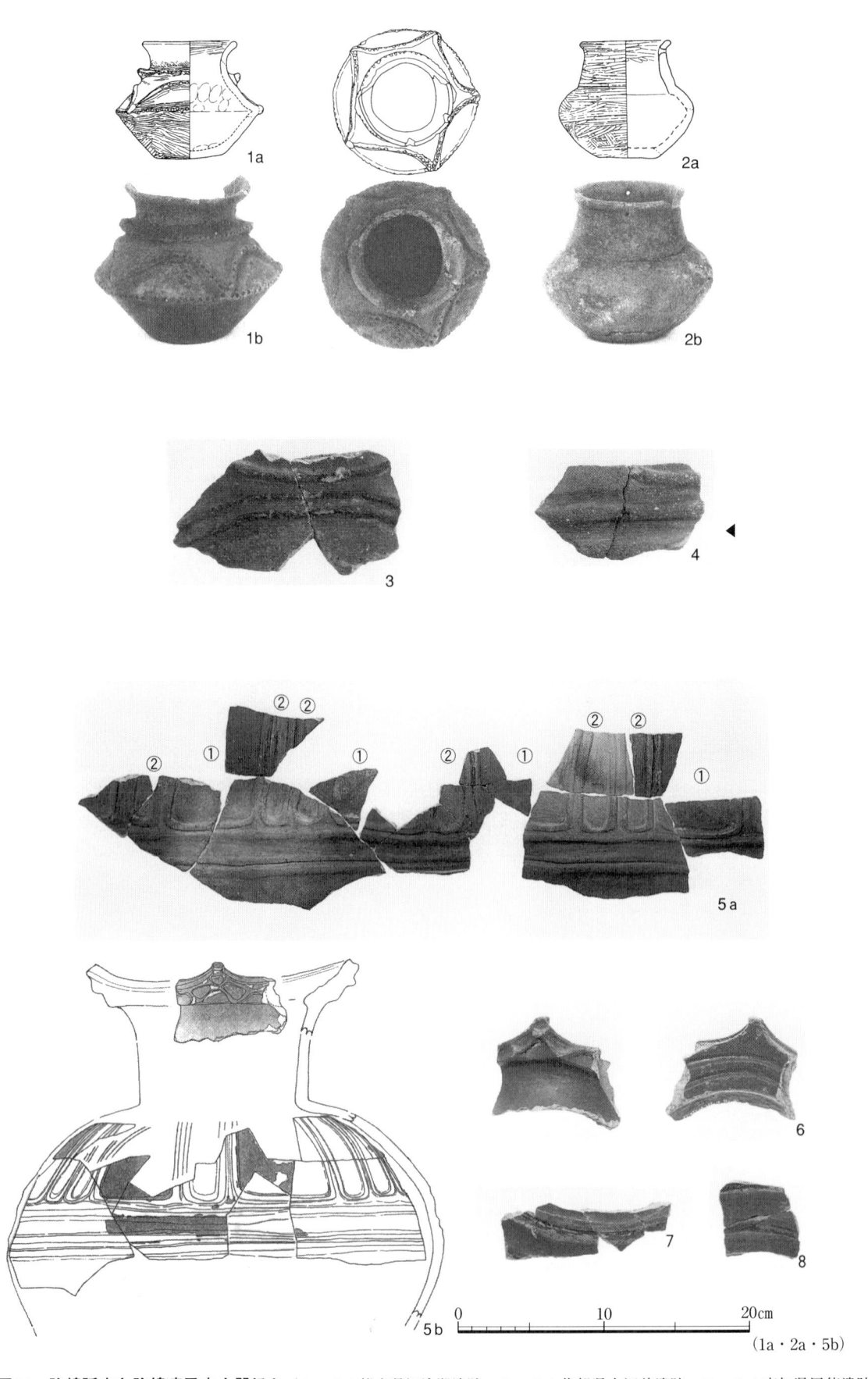

図11 隆線弧文と隆線連子文土器ほか（1・2：熊本県江津湖遺跡，3・4：佐賀県大江前遺跡，5〜8：高知県居徳遺跡）

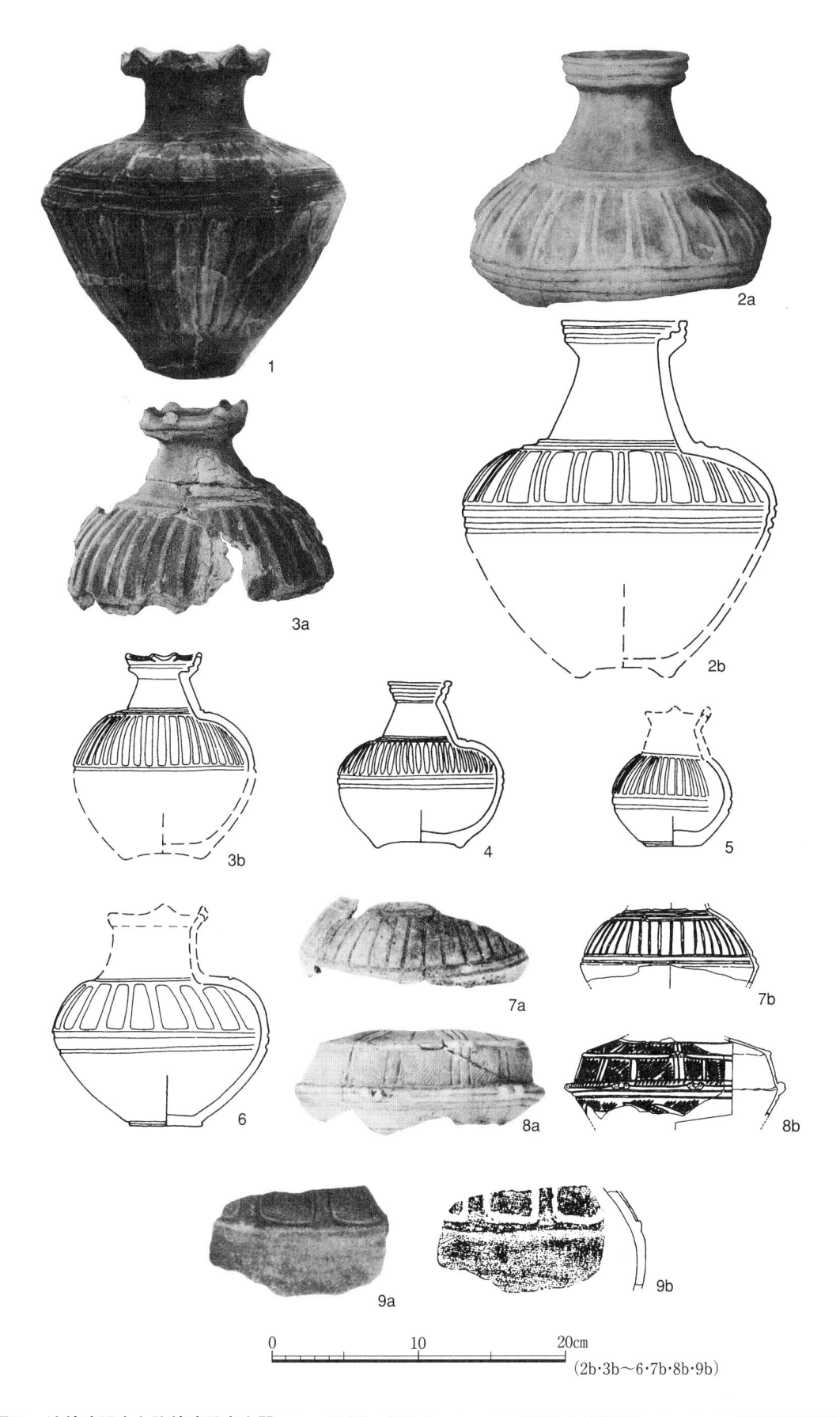

板付Ⅰ式土器成立における亀ヶ岡系土器の関与（設楽博己・小林青樹）

図12 沈線連子文と隆線連子文土器（1：宮城県山王遺跡，2～6：岩手県九年橋遺跡，7～9：山形県作野遺跡）

― 85 ―

異例であり，居徳遺跡例と共通する。また，基本的に頸部と胴部下半は無文であるが，山王遺跡例は胴部下半にも縦走隆線を充填し，胴上半と下半の境界に二条隆線を3段に施している点，異例である。九年橋遺跡などの諸例の胴下半は丸みをもって底部へと移行するのに対して，山王遺跡例は直線的であり，長胴化している点も他と異なっている。さらに，口縁部文様帯が王冠状の立体的装飾となっているのも，他の簡素な例とは異なる。

以上に述べた隆線連子文の典型例を，それが豊富に出土した九年橋遺跡の例にもとづいて九年橋類型，山王遺跡例を山王類型と，一応呼んでおこう。

次に，これら隆線連子文土器の年代的位置づけについて検討してみよう。亀ヶ岡系土器で隆線表現といえば大洞$A_1$式の特徴であるというのが一般的な考え方であるが，実際には隆線表現の有無だけでは時期を安易に特定できない。小林正史は，九年橋遺跡B4・H5区の出土資料について，各地区の資料を層位的に整理し，単位文様の変化と器種構成の変化を分析した〔小林 1991：92-125〕。その結果によれば，九年橋遺跡のB4区は層位的に上下に分かれるが，このうち下層から九年橋類型の隆線連子文をもつ土器が出土している。小林は大洞$C_2$式土器を主体とする下層資料を2分して，その新しい段階に隆線連子文土器を位置づけているので，隆線連子文は大洞$C_2$式後半に相当することになる（図13-22）。ただし，小林の示した同一層には，大洞A式古段階に相当する鉢などを伴っているので，九年橋遺跡B4区の隆線連子文土器は，大洞$C_2$式後半新段階から大洞A式古段階に移行する段階（大洞$C_2$／A式段階）としておく。

宮城県大和町摺萩遺跡では，第1遺物包含層の2層下A層上面から隆線連子文をもつ壺が出土した（図14-1）。これらは報告では，大洞$C_2$式後半新段階から大洞A式古段階に移行する時期とされており〔柳沢ほか 1992：735-747〕，共伴した土器は大洞$C_2$／A式である。本資料は，胴部に隆線連子文をもち，その下に横走沈線文を3条施している。縦走連子文の幅が均等なタイプで，横走沈線文3条の典型的な九年橋類型である。

宮城県色麻町香ノ木遺跡〔佐々木ほか 1985：29〕から出土した壺の隆線連子文はバラエティーに富むが，胴分下半に縦走連子文が展開する山王類型である（図14-7～10）。伴出した土器には5のような大洞$C_2$／A式に位置づけられる資料もあるが，隆線の工字文が多段構成をなす典型的な大洞$A_1$式土器の壺（図14-6）が伴っており，隆線連子文土器の胴上部に展開する工字文と同時期とみなしうる。

以上のように，隆線連子文をもつ壺の主要な時期は，大洞$C_2$／A式から大洞$A_1$式に位置づけられる。共伴した土器からすれば，九年橋類型である摺萩遺跡例（大洞$C_2$／A式）→山王類型である山王遺跡例（大洞$A_1$式）という序列が考えられるが，わずかな資料でありこれだけでは確証はもてない。この点を検討するために，さらにさかのぼって隆線連子文の成り立ちを追跡してみたい。

### 隆線連子文と隆線重弧文の淵源

隆線連子文は，大洞$C_2$式土器の沈線連子文を隆線表現に置き換えたものである。図15に大洞$C_2$式土器の沈線連子文の類例をあげた（図15-13・14）。これは大洞$C_2$式後半の資料だが，13は沈線文で等間隔に連子文を施す。文様帯上限の横走沈線は1条，下限は3条であり，摺萩遺跡などの典型的な隆線連子文九年橋類型はここに起源があるとみて間違いない。この文様帯の上に窓枠状磨消縄文があるが，これは大洞$C_1$式の雲形文の流れを汲んで大洞$C_2$式の後半に単純化した磨消縄文（図15-1～6）の系統である。この磨消縄文帯を縦に区切る3条の沈線だけが取り出されて，沈線連子文が成立するのだろう。14は古い段階の3条沈線区画に1条の縦走沈線を加えて，幅狭と幅広の長方形区画をつくりだした例であり，居徳遺跡例のパターンに通じるモチーフが，すでに大洞$C_2$式後半の段階に出現していたことを示している。

このように，沈線連子文（大洞$C_2$式期後半）→隆線連子文（大洞$C_2$／A式期以降）という序列が措定されたが，先に予察した隆線連子文のなかでの序列についてもう少し検討して，それと西日本の

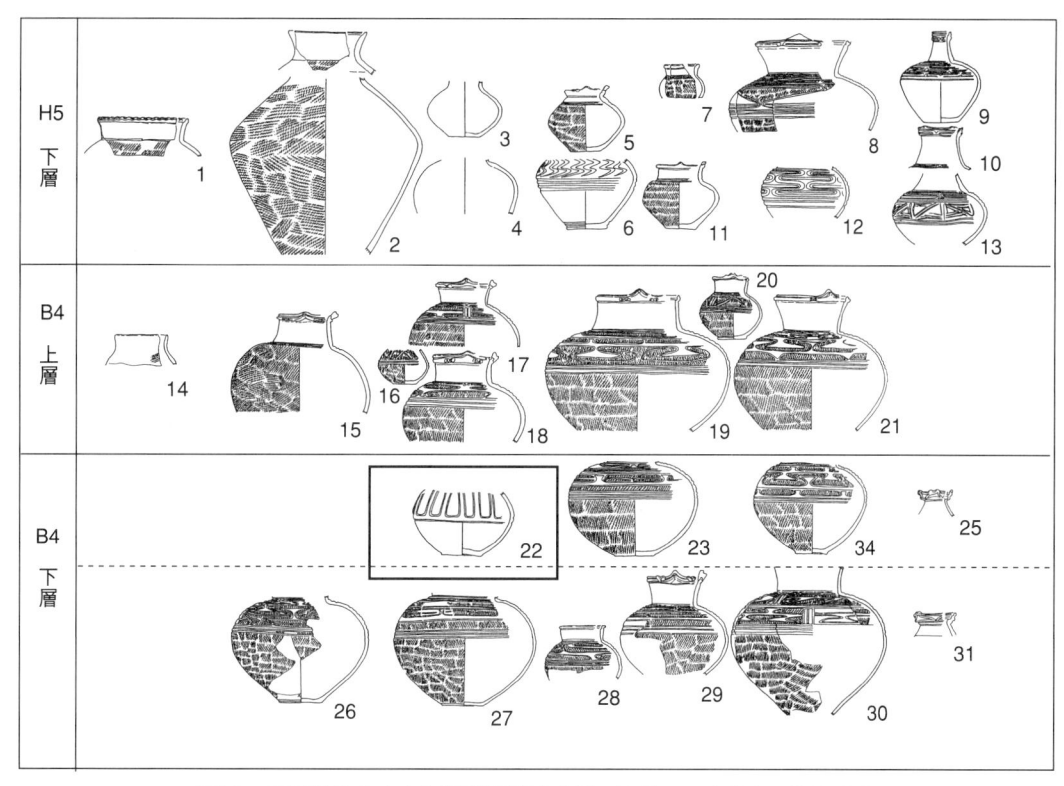

図13 岩手県北上市九年橋遺跡出土土器（小林 1991を改変：縮尺不同）

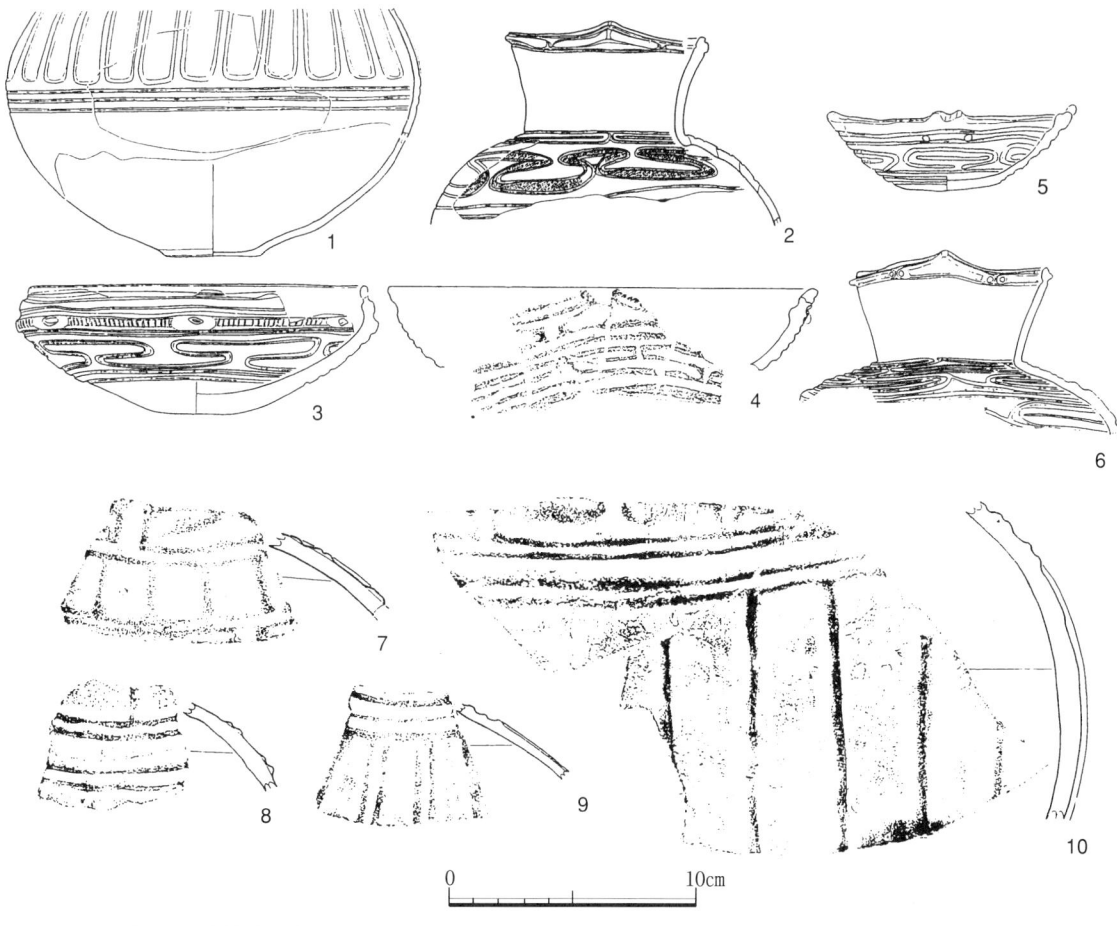

図14 隆線連子文土器と伴出土器（1〜4：宮城県摺萩遺跡，5〜10：宮城県香ノ木遺跡）

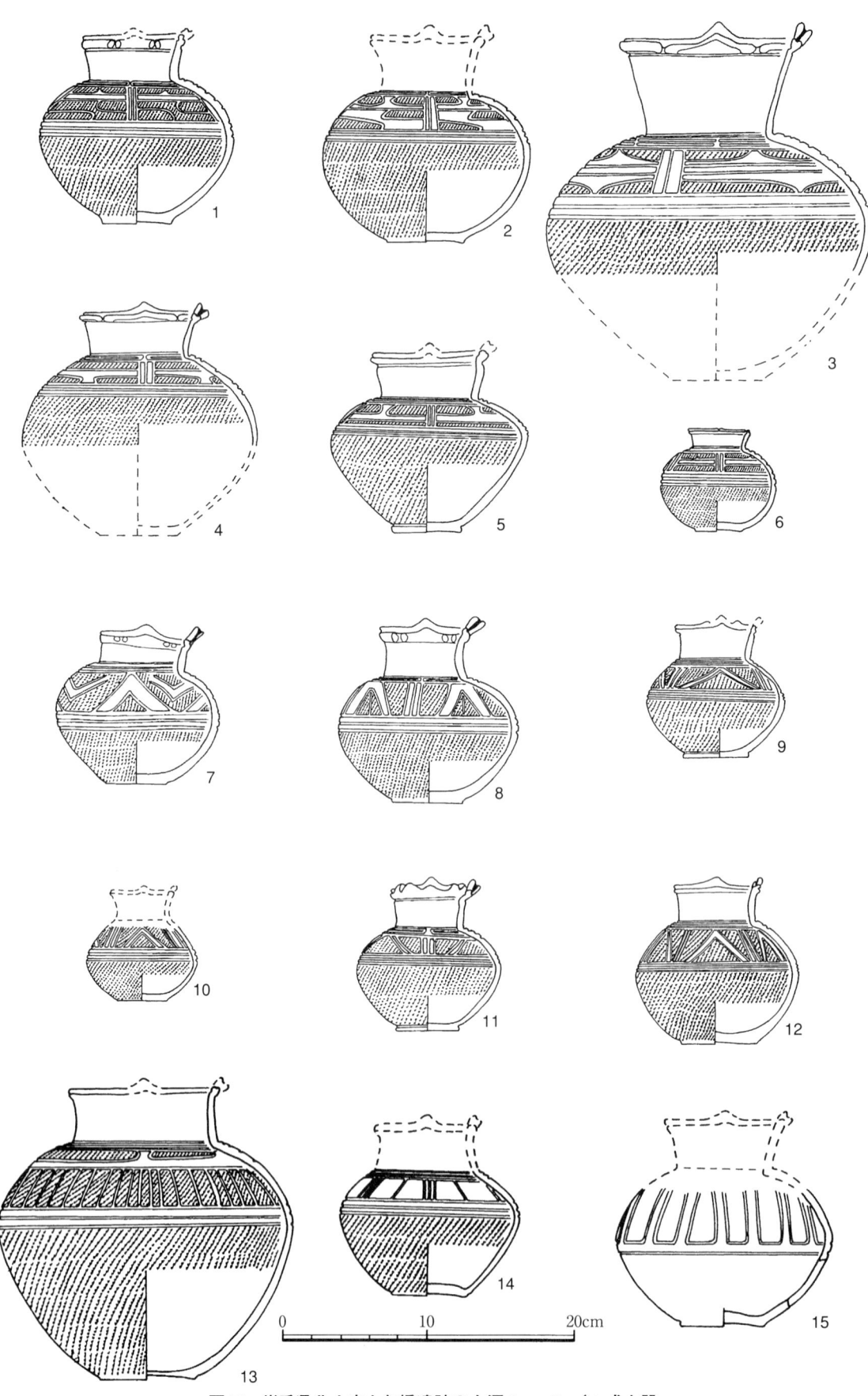

図15　岩手県北上市九年橋遺跡の大洞$C_2$〜$C_2$／A式土器

隆線連子文との年代対比をおこないたい。

　品川欣也は大洞$C_2$式～A式をいくつかの特徴によって細別しているが（註5），壺形土器の口縁部文様からみれば，大洞$A_1$式土器の特徴は発達した王冠状の装飾で，まさに山王遺跡例はその段階である。胴下半が直線状に伸びて長胴化するのは，大洞$A_1$式期でもむしろ後半の特徴である〔品川2003〕。口頸部が直立する傾向は，大洞$A_1$式期になって顕著になる特徴である。したがって，横走沈線文や胴部下半の丸みに大洞$C_2$式の特徴をよく残した九年橋類型摺萩遺跡例と，大洞$A_1$式的要素をもつ山王類型山王遺跡例は，同じ宮城県域のなかにあってその順に編年できる。

　では，岩手県域でも同じような序列が認められるのだろうか。青森県名川町出土の隆線連子文の壺（註6）は九年橋類型だが，口縁部文様帯は明らかに大洞$A_1$式段階のそれであり，胴下半分も直線的に伸びて長胴化している。文様帯下限の隆線の下に沈線が引かれるが，隆線との間隔が広くて山王遺跡出土例に近く，大洞$C_2$式の沈線連子文のそれからは遠ざかっている。岩手県域では山王類型に併行する九年橋類型があったのである。このことはつまり，九年橋類型から山王類型へと一系列で変化するのではないことを示している。したがって，岩手県域の場合，九年橋類型は系列として九年橋系列摺萩段階→九年橋系列名川町段階と理解するべきである。山王類型はどうだろうか。山王類型は大洞$A_1$式期の段階の資料が確認されているだけであり，東北地方では山王遺跡や香ノ木遺跡など宮城県域という比較的狭い範囲に，系列を構成せずに短期間分布した類型であることが，現時点では予測できる。よって，

　　沈線連子文（大洞$C_2$式第Ⅳ期～第Ⅴ期前半）→隆線連子文九年橋系列摺萩段階（大洞$C_2$／A式期）
　　　　┬岩手・青森県域：隆線連子文九年橋系列名川町段階（大洞$A_1$式期）
　　　　└宮城県域：隆線連子文山王類型（大洞$A_1$式期）

という編年と系列が設定できる。

　大江前遺跡と居徳遺跡の隆線連子文土器は，前者が夜臼Ⅱa式期にさかのぼる可能性があるが，後者は板付Ⅰ式併行期に比定される。居徳遺跡例は大洞$A_1$式期の山王類型であり，東北地方での所見と矛盾はない。眼鏡状付帯文が厚みをもっており，口頸部が直立するなど，その時期の亀ヶ岡系土器の特徴をよく保持したおそらく搬入品であろう。発生期の隆線連子文は横走隆線と縦走隆線がまじわる部分が直角に近かったのに対して，隆線連子文の製作時の特徴である隆線の脇をなでつけるようにして加えた沈線を直角部分に連続して加えることから徐々に連子の角が丸みをもつようになるが，両遺跡例はその進行が著しく，こうした点からも隆線連子文でも後出の年代的位置が与えられる。

　一方，隆線重弧文は夜臼Ⅱa式土器に伴う例が多いことからすれば，隆線連子文よりも古い年代が与えられることになるが，それでよいのだろうか。隆線文が大洞$A_1$式期に限定される固定観念からすればそれは矛盾だが，先に検討したように隆線文は大洞$C_2$／A式期にさかのぼるので，隆線重弧文はそこに位置づけられる可能性がある。そこで，棚上げしてあった隆線重弧文の淵源が追究されなくてはならない。

　先に問題にした，雲形文などが単純化した磨消縄文を胴部文様帯に施した九年橋遺跡出土の大洞$C_2$式の壺に，山形の磨消縄文を描いたものがある（図15-7・9～12）。変異の幅が大きいが，基本は3本の縦走沈線文を間にはさんで山形文が配置される。なかには山形文が台形になり，その上辺が文様帯上位区画線に接したものがある（図15-8）。大洞$C_2$式後半に相当する。隆線連子文の祖形が沈線連子文に求められるならば，下向きの弧線というモチーフの祖形としてはこの山形文を有力な候補としてあげたい。この考え方の是非を検討するうえで注目したいのが，大江前遺跡例の重弧文上辺に文様帯上位区画隆線と平行した直線的部分があった点である。本例は伴出土器では雀居遺跡例よりも古くなることは保証できないが，型式学的には図15-8に近く，隆線重弧文のプロトタイプといえるかもしれない。この仮説は，東北地方で隆線重弧文土器が出土すること，あるいは西北部九州地方など西日本で大洞$C_2$式の沈線山形文土器や直線から弧線への変化をたどれる資料が出

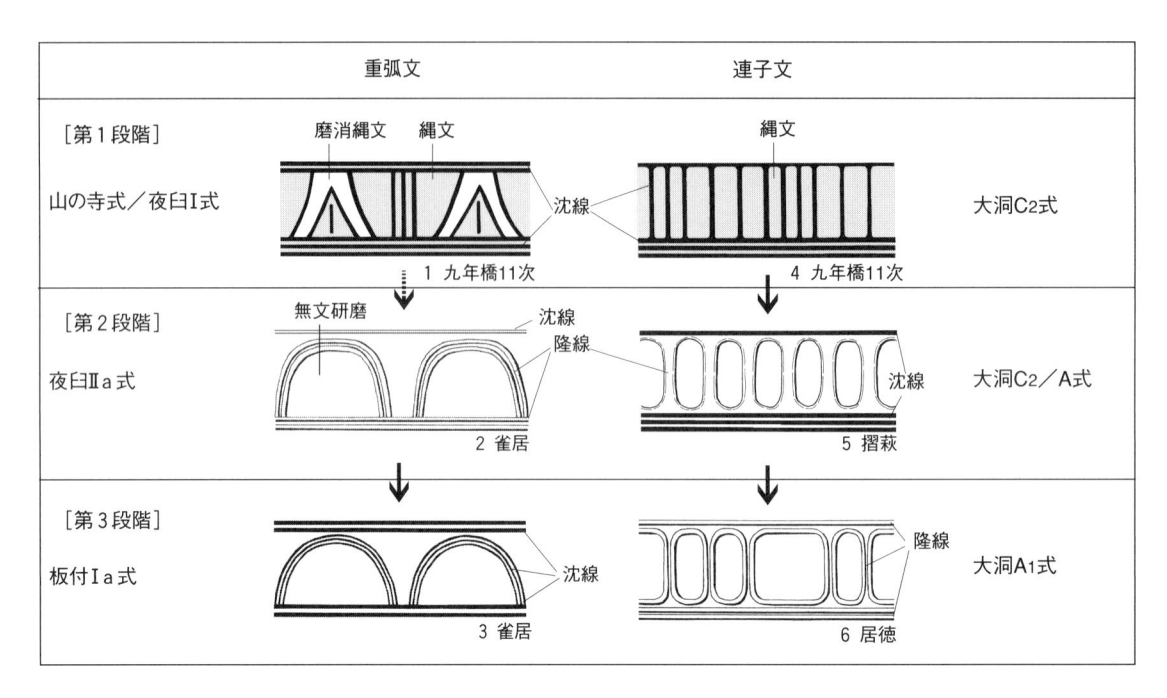

図16 重弧文と連子文の変遷

土することによって，検証される必要がある（註7）。いずれにしても，大洞$C_2$式第V期前半に隆線重弧文が直続するとすれば，それが大洞$C_2$／A式併行期と考えられる夜臼Ⅱa式期にさかのぼっても矛盾はない。雀居遺跡のSD003から夜臼Ⅱa式土器に伴って出土した亀ヶ岡系土器（図17）〔松村 1995：50〕が大洞$C_2$／A式であること（註8）も，それを裏づけている。先に遠賀川式土器のなかに，沈線重弧文とその間に縦区切りの沈線文を加える例のあることを指摘したが（図8−2・3），その祖形もここに求められる可能性がある。

以上，西北部九州と土佐地方で出土した二種類の隆線文土器の祖形を，いずれも東北地方中・北部の亀ヶ岡式土器に求めた。その形成過程を模式化したのが，図16である。西日本で出土する隆線重弧文土器と隆線連子文土器は夜臼Ⅱa式〜板付Ⅰ式期であるから，ある程度の時期幅をもっており，東北地方における隆線連子文土器もそれと併行する大洞$C_2$／A式〜$A_1$式期に位置づけられるとおり，まったく矛盾のないことが明らかになった。そのことは，東北地方のこの系統の土器の序列と系列が，西日本でも矛盾なく展開していることを意味し，弥生時代成立期の広域土器編年という相対年代決定に資する素材の定点というべき重要な役割を果しているといってよい。広域編年を確定するためには，交差年代決定法によって東北地方でもこの共伴関係が確認される必要があるが，その問題は最後に述べることにする。

これまで板付Ⅰ式の壺形土器は，在地の突帯文土器に朝鮮半島の土器および西部瀬戸内地方の縄文土器が強弱の影響を与えて成立したと考えられてきたが，そこに亀ヶ岡系土器が一定の関与をしていたことを明らかにした。次章ではこの成果を踏まえて西日本にさらに広く分布する東日本系土器と土器以外の文化事象を分析することにより，西北部九州において弥生土器成立における亀ヶ岡系土器のもつ意義を吟味するとともに，逆に東北地方に北部九州の文化が影響を与えることはなかったのか考える。

## 4　弥生土器成立期における亀ヶ岡文化の関与

### 東日本系土器西漸の状況

1988年に大分市植田市遺跡から，1993年に福岡市雀居遺跡から亀ヶ岡系土器が検出されたことに端を発して，北部九州地方を中心に亀ヶ岡系土器の類例は続々と増えていった。こうした例に触れ，

東日本の研究者を中心に西日本から出土した亀ヶ岡系土器およびその文化的背景についての考察が相次いだ。鈴木正博は稙田市遺跡出土の大洞$C_2$式系土器を取り上げて，大洞$C_2$式系集団による弥生式早期への適応状況はより積極的に双方向の文化伝達がおこなわれたと考えるべきであり，九州まで活動した大洞$C_2$式系集団の情報は亀ヶ岡式文化圏にまで到達していたとみなし〔鈴木 1993：7-8〕，設楽博己もまた，西日本に展開する晩期後半の東日本系土器が大洞$C_2$式新段階からA式古段階に限定できることと，それ以前の東日本系土器の分布を大きく逸脱していることから，これが北部九州で水田稲作が開始されたという特殊事情に促された現象であり，東日本への農耕文化の伝播は西日本からの一方通行ではなく，相互交流にもとづくものであった可能性を考えた〔設楽 1995：257-258〕。すでに触れたように，石川日出志は弥生前期土器や木器の流水文の祖形として東日本縄文系の工字文を取り上げ，九州における弥生早期土器の工字文風彩文や遠賀川式土器の段の成立にも，東日本系土器がかかわっていたことが直接的に説明できる資料として，北部九州などで出土した亀ヶ岡系土器を位置づけた〔石川 1995：68〕。さらにその後，高知県居徳遺跡などで亀ヶ岡系土器の類例が増えたことを受けて，小林青樹は西日本一円のそれら資料を集成し，亀ヶ岡系土器の分布の変動に考察を加え〔小林 1999：62-67〕，石川は東日本系土器といっても，九州にまで動く大洞系と浮線文土器のようにそうでない土器が存在するといった系統による分布の差を指摘した〔石川 2000：1232-1236〕。これが，近年急速に数を増した縄文〜弥生移行期における西日本出土東日本系土器に対する研究者の取り組みのあらましである。

図17は，その後明らかになった資料

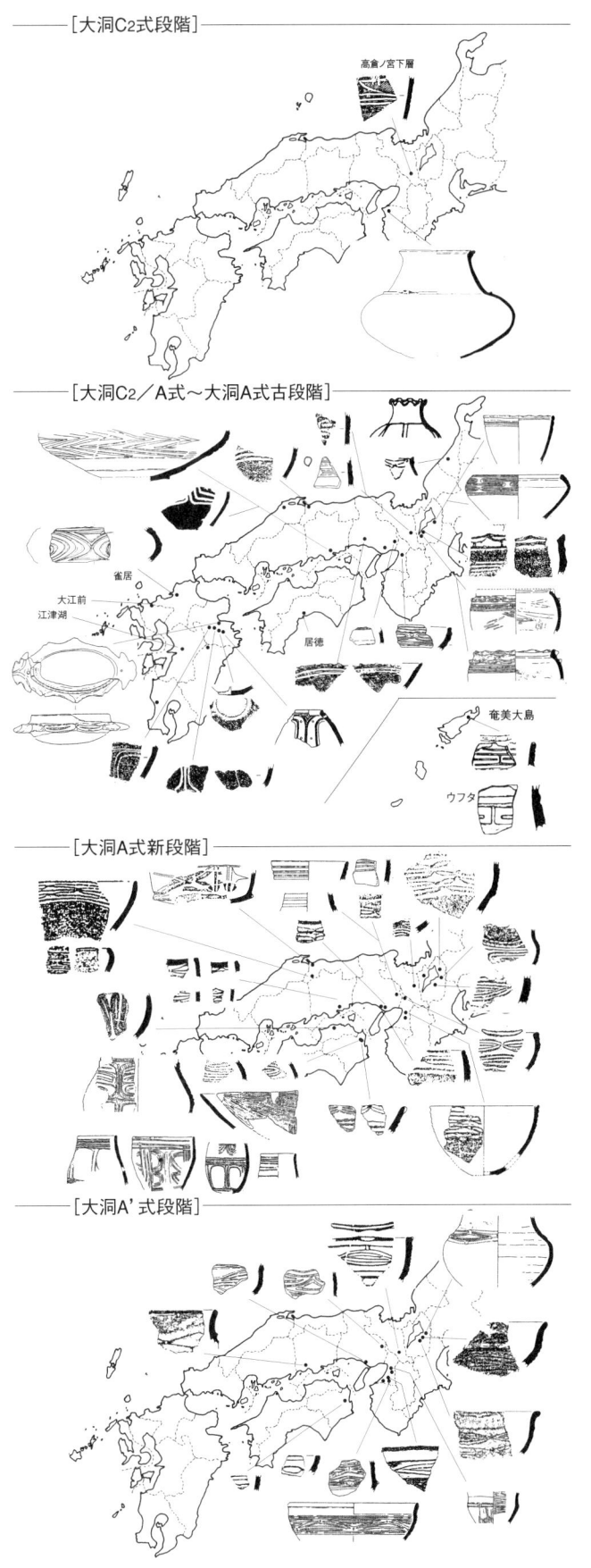

図17 西日本における縄文晩期後半〜終末の東日本系土器

― 91 ―

を含む亀ヶ岡系土器を中心とした東日本系土器の西日本における分布である。

大洞B-C式併行期に西日本では亀ヶ岡系土器の出土例が増加し，大洞$C_1$式併行期，すなわち近畿地方における滋賀里Ⅲb～篠原式の段階にもっとも例数が増加する〔大野 1997：68，濱田 1997：7-10〕。しかし，大洞$C_2$式併行期になると，西日本では前段階における緊密な関係性は急速にくずれ，亀ヶ岡系土器が大量に出土する遺跡はなくなる。西日本における大洞$C_2$式前半～後半古段階併行の土器の出土例としては，京都市高倉宮下層出土土器〔石川 2000：1223〕と和歌山市川辺遺跡出土土器〔松下 1995：256〕程度とごく少数である。

ところが夜臼Ⅱa式～板付Ⅰ式段階－大洞$C_2$／A式～大洞$A_1$式段階になると，亀ヶ岡系土器を中心とする東日本系土器の西漸が勃発し，亀ヶ岡系土器の分布範囲は鹿児島県域の奄美大島にまで及んでいることが明らかにされてきた〔小林青 2006a：26-29〕。前述の隆線文土器はその典型であるが，それ以外にもいくつかの系統の東日本系の土器が，この時期の西日本一帯に展開している。それらは，亀ヶ岡系，浮線文系，北陸系，三田谷系という4つの系統に分けられる。亀ヶ岡系土器は，東北地方中・北部地域の大洞$C_2$／A式～$A_1$式土器であり，浮線文系は中部・関東地方の浮線文系土器，北陸系は北陸中部以南を中心に展開する長竹式土器である。

三田谷系文様とは，北陸地方の晩期土器に類似した文様をもつ一群の土器であり，濱田竜彦は東日本との交流を通じて中・四国地方で生成されたとみる〔濱田 2006：14-15〕。三田谷系文様をもつ土器は，西日本の非常に広い範囲で出土するので（図18-2），亀ヶ岡系土器の西漸と弥生文化成立との関係を考えるうえで重要である〔設楽 2004：201-203〕。三田谷系文様は，刳り込み表現による三叉文を上下左右に対向させて配置し，なかには対向する三叉文を連結させて「Ⅰ」の字状を呈するものもある。こうした三田谷系文様は主として鉢の体部に展開するが，縦に文様を区画する縦走沈線によるモチーフは，隆線連子文とまったく無関係ではない。壺と鉢で器種は異なるが，縦走する沈線・隆線を好みによって選択している点が指摘できる。

この4系統の外来系土器のうち，石川が注目するように浮線文系土器は北部九州に達していない。したがって，この時期に北部九州という農耕文化発祥の地と直接的に接触をもったのは，東北地方中・北部と北陸地方に由来する文化だといえる。大洞$A_2$式期になると，九州地域への土器の西漸はほとんどみられなくなり，近畿地方から中・四国地域に分布範囲が縮小する。それも浮線文系，北陸系，三田谷系にほぼ限られるようになり，とくに大洞$A_2$式土器は隣接する浮線文土器の分布圏にすら動かなくなってしまった。

### 漆技術とそれに伴う東日本系文化要素の西漸

隆線連子文をもつ壺に代表される亀ヶ岡文化の西漸は，土器だけにおさまらない。注目すべきは，雀居遺跡から出土した木製品である〔松村 1995：180〕。これらのうち，最も重要なのは北日本のものと見まがう赤漆塗りの飾り弓である（図19-1）。この弓は，弓筈部の穿孔の存在から北陸系の可能性もあるが，糸巻きの特徴などから東北系の可能性もまったくないわけではない。さらに，雀居遺跡からは漆塗り飾り弓の破片が出土している（図19-2）。それには黒漆地に赤漆で居徳遺跡出土の木胎漆器の文様に類似する，朱点を伴った自由な文様が描かれている。その他，雀居遺跡からは青森県八戸市是川中居遺跡出土の漆塗り樹皮製容器〔小久保ほか 2005：37〕と非常によく類似した漆塗り容器が出土している（図19-6）。夜臼Ⅱ式期の資料である。是川中居遺跡出土の漆塗り樹皮製容器は，東北地方北部でもきわめて稀な製品であるにもかかわらず，雀居遺跡において同種のものが出土しているのは，亀ヶ岡系文化との関係の深さを物語る。

居徳遺跡出土の蓋状の木胎漆器（図18-1）は，その出自について中国大陸製との説もあるが〔永嶋 2006：93〕，漆器に彫りこまれた隆線には二条隆線による区画（①）が認められ，この特徴から隆線連子文の壺との関係が浮上する。三田谷文様と関連した北陸系の文様モチーフ（②）（③）が描かれており，朱点（④）を伴うのは雀居遺跡の飾り弓と共通している。また，このような特徴を

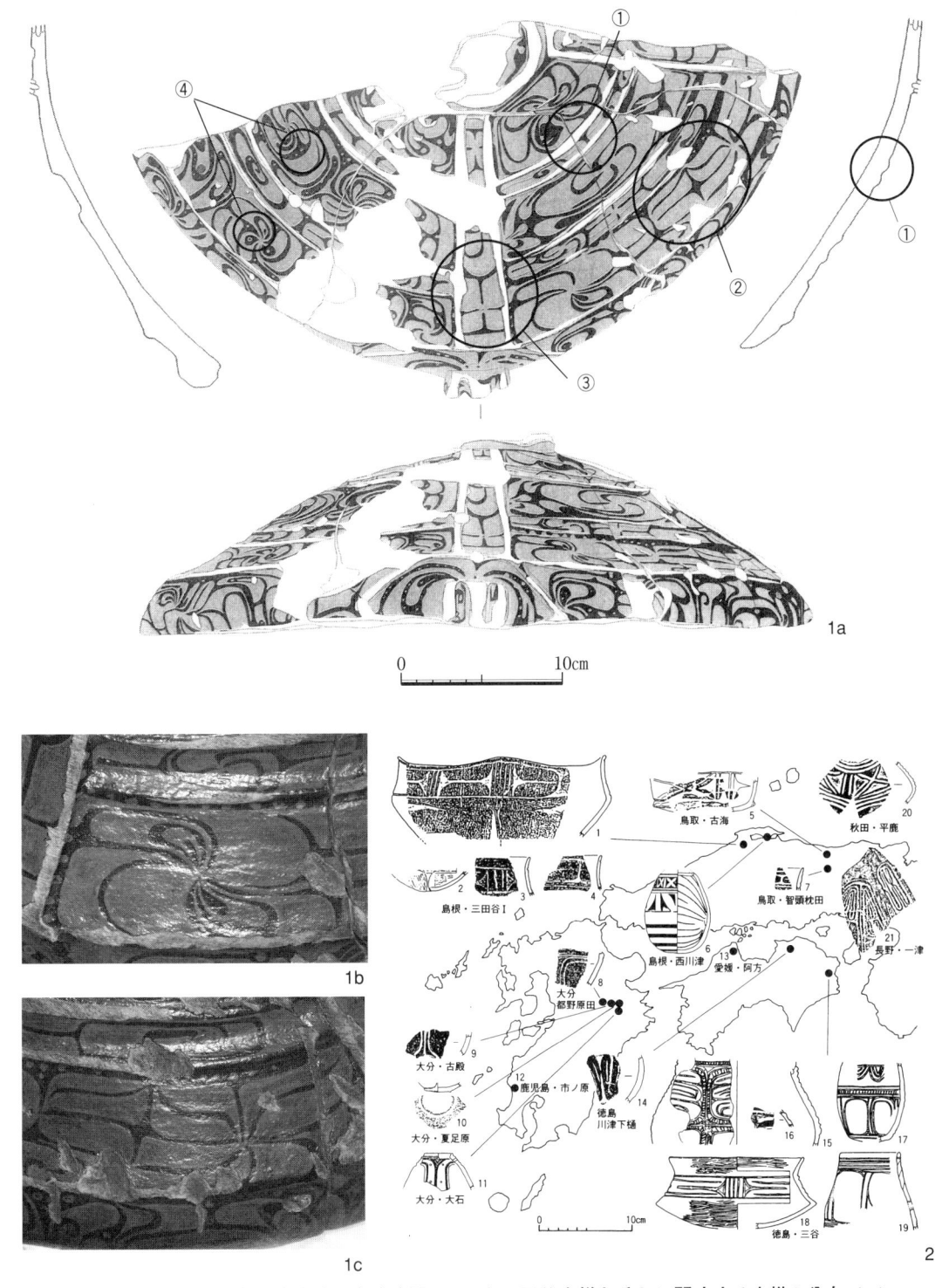

図18 高知県土佐市居徳遺跡の木胎漆器（1）と三田谷文様とそれに関連する文様の分布（2）

等しくする漆製品が福岡県域と高知県域という離れたところで出土することから，中国大陸からもたらされたとは考えがたい。さらに，これらの遺跡には亀ヶ岡系土器がともに関与していることからすれば，やはりその影響によって製作された製品とみなすべきだろう。二条隆線とそれに類似した文様表出技法は，雀居遺跡から出土した木製品にも認められる（図19-3・5）。

この木胎漆器に類似する装飾の特徴をもつ土器として，山形県村山市作野遺跡から出土した大洞$C_2$式の壺がある（図12-8）。この壺は，隆線表現ではなく沈線表現の段階であり，木胎漆器よりも

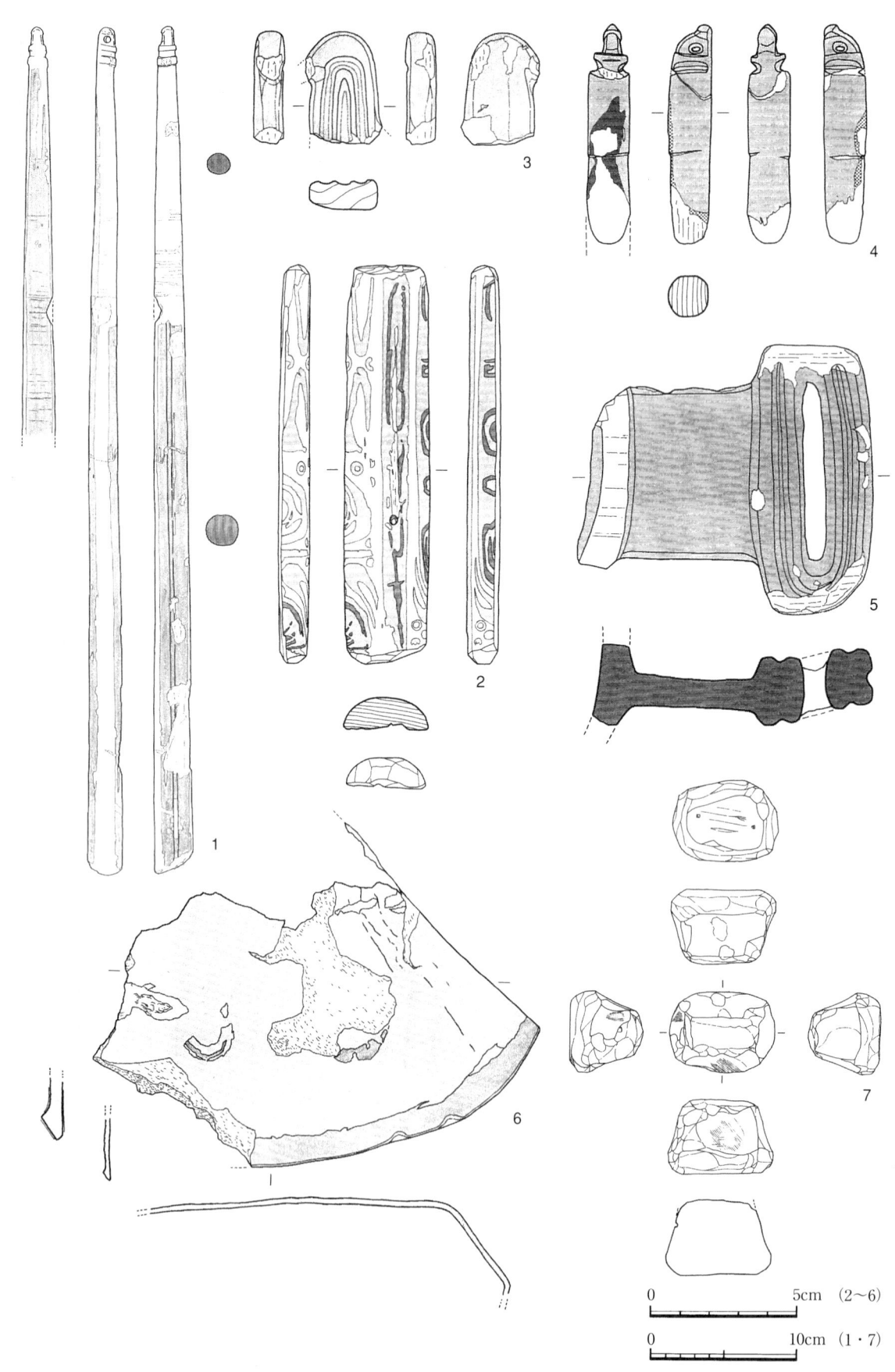

図19 福岡市雀居遺跡の漆製品と石冠状土製品

古いが，横走の隆線と縦走の沈線の組み合わせによる構成は類似する。また，胴部下の隆帯には貼り付けられた突起があり，居徳遺跡の木胎漆器と共通した要素をもっていることは注目に値する。

漆による彩文土器も雀居遺跡や居徳遺跡から出土している。籃胎漆器の出土はまだないが，亀ヶ岡文化の高度な工芸技術は，板付Ⅰ式直前段階に西日本の各地に伝わり移植された可能性が高い。奈良県田原本町唐古・鍵遺跡では，漆製品や木製品，骨角製品などに工字文が多彩に施されており，奢侈工芸品の多くに東日本縄文文化の文様が採用され移植されていた〔石川 1995：62-69〕のは，近畿地方での弥生文化成立における東日本縄文文化の関与と考えることができる。

雀居遺跡からは漆製品以外にも注目すべきものが出土している。それは，漆塗り樹皮製容器と一緒の土坑から出土した石冠状土製品（図19－7）であり，縄文時代後半期に北陸地方から東北地方北部，さらに北海道南部にみられるものに類似する。九州の石製呪術具である有文の精製石剣のなかには東日本系のものもあり，呪術具の交流は知られていたが，石冠状土製品は九州地方内でつくられた可能性があり，呪術具に通じた人間の移動も想定できる。

## 板付Ⅰ式土器成立における亀ヶ岡系土器の関与とその位相

西北部九州において，弥生土器は他地域のさまざまな要素を結合させて成立したが，そのなかに亀ヶ岡系土器の要素が含まれていたことを前章において論じた。亀ヶ岡系土器は北部九州に複数点在していたが，隆線重弧文から沈線重弧文雀居類型の形成と沈線重弧文の周辺への段階的拡散にみるように，亀ヶ岡系土器が関与して板付Ⅰ式壺形土器が生み出されたのは福岡平野であった。これは藤尾慎一郎が，板付Ⅰ式土器における如意状口縁の甕形土器の創出は板付遺跡でなされたとみなしたこと〔藤尾 1999：68〕に通じる（註9）。

これらの亀ヶ岡系土器には，雀居遺跡SD003出土例や居徳遺跡の隆線連子文土器のように持ち込み品と思われるものがある。そのなかには，東北地方で確認できた2種類の文様の変異がそのまま含まれている。また在地の人々が，亀ヶ岡系土器の影響によって新たな文様モチーフを創出したと考えざるをえない土器もある。隆線重弧文土器がそれであり，類似資料が東北地方でみつからない点と雀居遺跡の隆線重弧文土器の内面にハケメが施されている点が，在地で創出されたことを如実に示している。こうした隆線文土器の年代と変異が示す土着化と一定期間の関与，そののちに隆線文が沈線文へと変化していった事実は，板付Ⅰ式という大変革を経て成立した真の弥生土器形成に亀ヶ岡系土器が参画していた事実として見逃すことはできない。そればかりでなく，亀ヶ岡系文様は壺形土器という集団表象にかかわるアイデンティティー表出要素を多分に含む器種に取り込まれ，さらにそれが沈線重弧文のように遠賀川式土器で隆盛を極める文様モチーフに発展していったことは，弥生土器形成にかかわる亀ヶ岡系土器の関与の意義を示している。

弥生土器が成立する以前から西日本で奢多工芸品として位置づけられていた亀ヶ岡系土器は，漆製品とともに優れた工芸製作品であったため，板付Ⅰ式土器が成立していく過程でその文様が取り入れられていったのであろう。まったくといってよいほど文様を欠いていた突帯文土器のなかに亀ヶ岡系土器が関与していったとき，どのようなリアクションが生じて文様が選択され変化していったのか，という問題も興味をそそられる。

大洞$C_2$／A式期に亀ヶ岡文化が影響を強めるのは，突然生じた現象ではない。すでに，縄文時代晩期前半における亀ヶ岡系土器の西方展開の背景として，土器のみが客体的に搬入するというだけにはおさまらない，複雑な社会関係が存在していたようである。濱田竜彦は，数ある亀ヶ岡系文様のうちでも，羊歯状文ばかりが施された深鉢に注目し，在地土器との比較から，亀ヶ岡式土器の深鉢の受容には規制があり，こうした規制は近畿地方に移住した土器製作に携わった東北系集団に課せられたものであったとした〔濱田 1997：16-19〕。これに対し，岡田憲一は，亀ヶ岡式土器ないしそれに類似する土器の製作技術保有者が，近畿地方の晩期集落の構成員として存在し，土器製作をおこなっていたと考え，その製作は受容側の規制の制約下にはなく，むしろ交換・分配品として

拠点集落に集積された可能性を考える〔岡田 2006：5-11〕。そして岡田は，こうしたシステムの存在から，一定量の亀ヶ岡式土器が継続，安定して拡散したとする。

以上のような晩期前半における亀ヶ岡系集団の関わり方が，果たして大洞$C_2$／A～$A_1$式段階の西北部九州で同じようにみられたか確証はないが，類似点は指摘できる。すなわち，まず亀ヶ岡系土器には多彩な文様体系が存在するが，隆線重弧文や隆線連子文といった特殊な文様に固執している。三田谷文様も同様に選択的であろう。このように晩期前半と後半では，時代背景は異なるであろうが，同じようなあり方を示している点は重要であろう。

このような，晩期前半的ともいえる社会関係が継続していたという捉え方が否定できない一方で，大洞$C_2$／A式期の独自性，すなわち変化する文化のなかの必然性から文様の選択が生じたという歴史的な見方もできる。どういうことかというと，この時期に西北部九州や土佐地方などに出現する亀ヶ岡系土器には変異が多かったが，出自の不明瞭なものや直接の祖形が見つかっていないものを含めて列挙すると，雀居遺跡SD003出土のC字文，隆線連子文，隆線重弧文，羽状文（註10），工字文，三田谷文様，鋸歯文，複線山形文などである。このうち弥生土器に採用されなかった文様モチーフはC字文である。これは複雑な文様モチーフである。逆にいえば採用されたのは簡素な文様モチーフであり，亀ヶ岡文化特有の入り組んだ文様は敬遠されたのだ。口縁部の立体的な装飾や波状口縁も，一切取り入れられなかった。雀居遺跡の隆線重弧文土器は，おそらく夜臼式土器に通有な外反する簡素な平口縁をなすだろう。隆線文もすぐに沈線文に置き換えられた。隆線連子文も縦区画沈線文に置き換えられていったであろう。縄文は伝来していなかった可能性もあるが，一切採用されなかった。こうした動向は朝鮮半島の無文土器やほとんど文様をもたない突帯文土器製作者側の選択の結果であり，その意味では在地の規制が働いたのである。

**農耕文化の東方伝達と相互交流の役割**

大洞$C_2$／A式～$A_1$式期というなかば限定された時期に，北部九州を中心に亀ヶ岡系土器が多様な展開を見せることを論じた。それ以前の大洞$C_2$式前半期には$C_1$式期よりもその分布を縮小させていることも指摘した。それでは，なぜ亀ヶ岡系土器がこの時期に，大洞$C_1$式期の分布域をはるかに越えて北部九州にまで分布を拡大したのだろうか。また，その移動現象の結果，文化が東北地方に逆輸入されることはなかったのか。

北部九州のこの時期は弥生早期であり，渡来人の関与も受けつつ水田稲作をはじめとする渡来系の文化を定着させようとした，日本列島の有史以来におけるおそらく最大の文化変動期に相当する。それと符合したように東日本，とくに亀ヶ岡文化という晩期において他の地域に多大な影響を及ぼした文化圏の土器の分布が収縮・拡大をみせるのは，偶然の一致とは考えられない。とくに北部九州の亀ヶ岡系土器が東北地方中・北部からもち込まれた土器をはじめとして，在地で変容した類型をまじえて展開するなど多様なあり方を示すと同時に，板付Ⅰ式土器の創生にも関与していることは，北部九州で生じた新たな文化胎動における亀ヶ岡文化の位相を知るうえできわめて重大な事実といわなくてはならない。その際，重要なのはこの文化変動に関与していったのが，土器からみれば東北中・北部と北陸地方の系統であり，関東地方や中部高地地方の土器は認められない点である。この事実が，その後における東北地方中・北部の水田稲作農耕文化指向に対する理解の方向性を決定づけるように思われる。

遠賀川系土器が東北地方一円に存在していることが認められるようになったのは，1980年代半ば以降であった。東北地方における遠賀川系土器の展開は弥生前期末，すなわち板付Ⅱc式併行の砂沢式期以降活発化することと，馬淵川流域など東北地方北部や日本海側の遠賀川系土器が西日本のものに近いことから，日本海経由で一気に東北地方北部にまでその情報がもたらされたとみなす見解は，多くの研究者が注目している点である。関東・中部高地地方の遠賀川系土器が壺の搬入品を主体に少数認められるのに対して，東北地方中・北部の遠賀川系土器は壺・甕がともに土器組成の

主要な要素として構成される。小林正史や佐藤由紀男は，土器の容量の変化がどのような文化的，社会的変化を反映しているのか研究を進めている〔小林 1992，佐藤 2002など〕。佐藤によれば，砂沢式の甕形土器の容量はそれ以前とくらべて少なくなり，西日本の弥生土器と同じような小型化の傾向があるとされる〔佐藤 2002：10-11〕。つまり，弥生時代の開始とともに土器が農耕文化に適したものへと構造的に変化したのである。砂沢式期には砂沢遺跡で水路を伴う水田が形成され，籾痕土器も関東地方などと比較した場合格段に多く認められるほどに稲作が広範囲に展開したようであり，大陸系の管玉やあるいは大洞A式期にさかのぼって炭化米やガラス小玉〔鈴木 1974：163-165〕も出現した。これも関東・中部高地方にはみられなかった現象である。

このように西日本的農耕文化の要素は，東北地方中・北部が圧倒的に関東・中部高地方を凌駕しており，農耕文化に対するこのような受容のありかたからすれば，文化が西から徐々に伝わったのではないことに加えて，大陸起源の西日本的弥生文化に東北地方の弥生文化が求めたものがいかに大きかったかわかるであろう。東北地方の人々を引き寄せた力は農耕文化の側にあり，亀ヶ岡文化が引き寄せられたのだろうが，動いていったのは東北地方の側である。そうした意志が，北部九州などあらたな文化を創出した地域における亀ヶ岡系土器の出現となってあらわれた。また，農耕文化が日本海を通じて東北地方北部にまでもたらされる過程で，亀ヶ岡系土器西漸にともに関与していた北陸系の人々が果した役割も，大きなものと推察される (註11)。

大洞$C_2$式の後半に東日本ではさまざまな文化変化が生じていることは，半田純子が早くに体系的に指摘したとおりである〔半田 1966〕。大洞$C_2$式後半〜$A_1$式に生じた土器の変化を指摘すれば，磨消縄文の単調化と消失，縄文の衰退傾向，文様モチーフの直線化，文様帯の狭小化 (註12)，鉢形土器がくの字形に屈曲する傾向を強めることなどをあげることができる。これまでは，この現象に対して漠然と西日本弥生文化の影響を想定しつつも，亀ヶ岡文化自体の矛盾に伴う内的変化として捉えがちであったが，北部九州における亀ヶ岡系土器の要素採用に際しての規制という具体的な働きかけが作用しているとみてはどうだろうか。一方，砂沢式〜弥生中期になると磨消縄文の復活，変形工字文など文様モチーフの流線化，複雑化，文様帯の拡大傾向など，どれも先にあげた傾向の反動のような現象が生じている。水田稲作を希求する一方で，かつての縄文土器への復古的な回帰現象が生じている点に，東北地方中・北部の農耕文化への移行に対する一様ではない複雑な内実を推察することができる。

東北地方中・北部が西日本の弥生文化を単純に取り入れたのではなかった点については，それに加えて以下の現象が注目される。まず，遠賀川式土器が砂沢式土器の分布圏に直接持ちこまれて，土器の構造的な変化を促したのではない，ということが研究結果から明らかにされている。また，水田稲作をおこなうために遠賀川文化では通有の道具であった大陸系磨製石器を，体系的には受け入れていない点である。それらは単体で認められるだけであり，石器組成の構造的変化は生じていない。亀ヶ岡系土器の西漸に後続する東北地方への農耕文化の流入は，もっと構造的になされてしかるべきであるのにそうではない。また西日本的農耕文化の関与によって生じたこれら文化の変化は大洞$A_1$式期に継起して生じたものではなく，土器2型式を隔てた砂沢式期にならないと活発化しなかった。

しかし，文化の伝達が中部日本を飛び越して生じたものであることは，東北地方中・北部を中心に圧倒的影響力をもちえた亀ヶ岡文化が，農耕文化という新たな文化に対する情報収集など積極的な働きかけを示した結果である点は動かないと考えられる。ここではそれを指摘するにとどめて，東北地方的な農耕文化の特質がどのような歴史的条件のもとに惹起されたのかといった課題については，また稿を改めて論じることにしたいが，前述の農耕文化受容の時間的懸隔については，ひとこと触れておかなくてはならない。

われわれは，かつて東日本に展開する突帯文土器を集成した〔設楽・小林 1993〕。突帯文土器の東方への展開は，さほど顕著ではないものの，東海東部〜関東地方の各地に認めることができる。

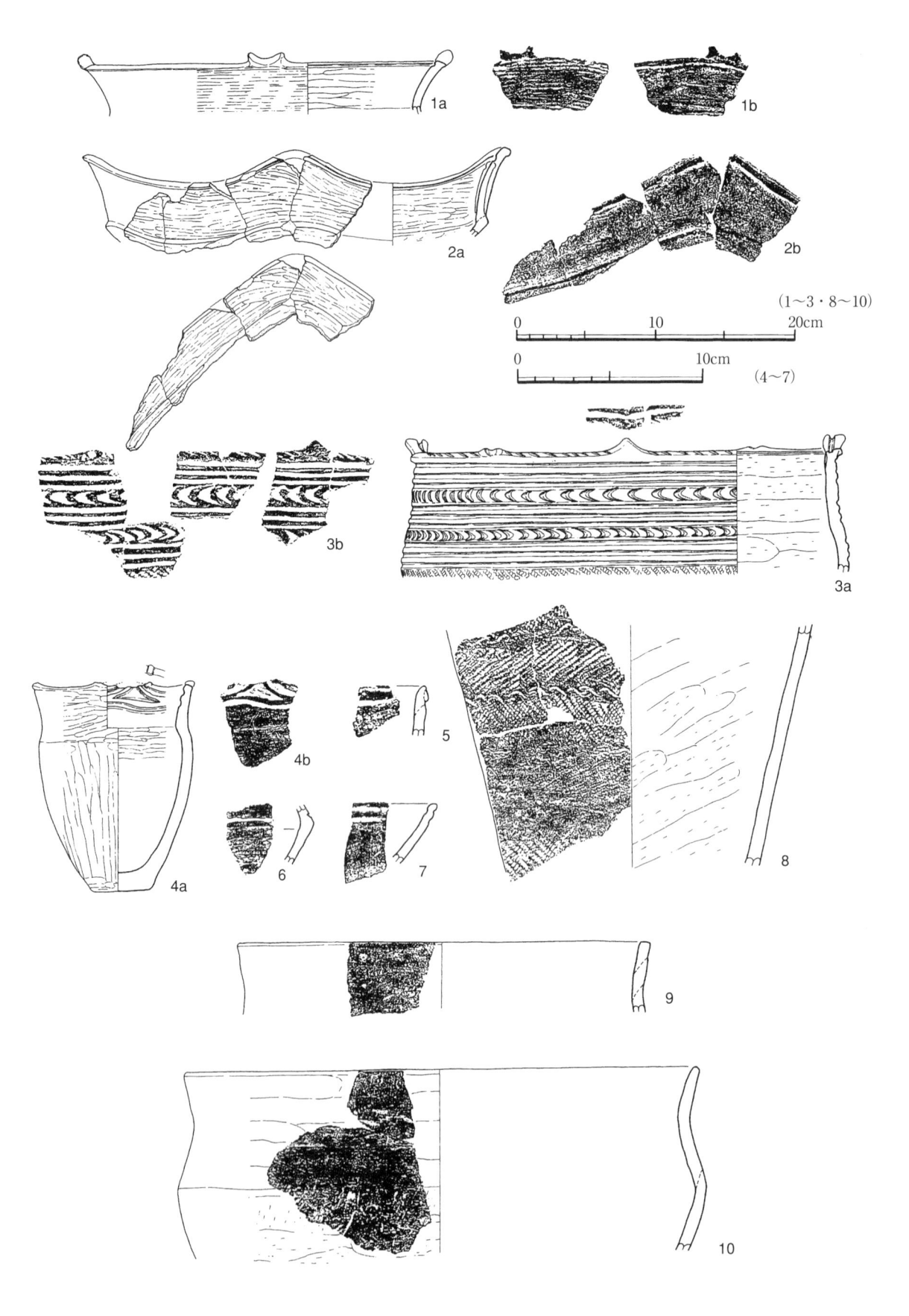

図20 静岡県沼津市雌鹿塚遺跡出土土器

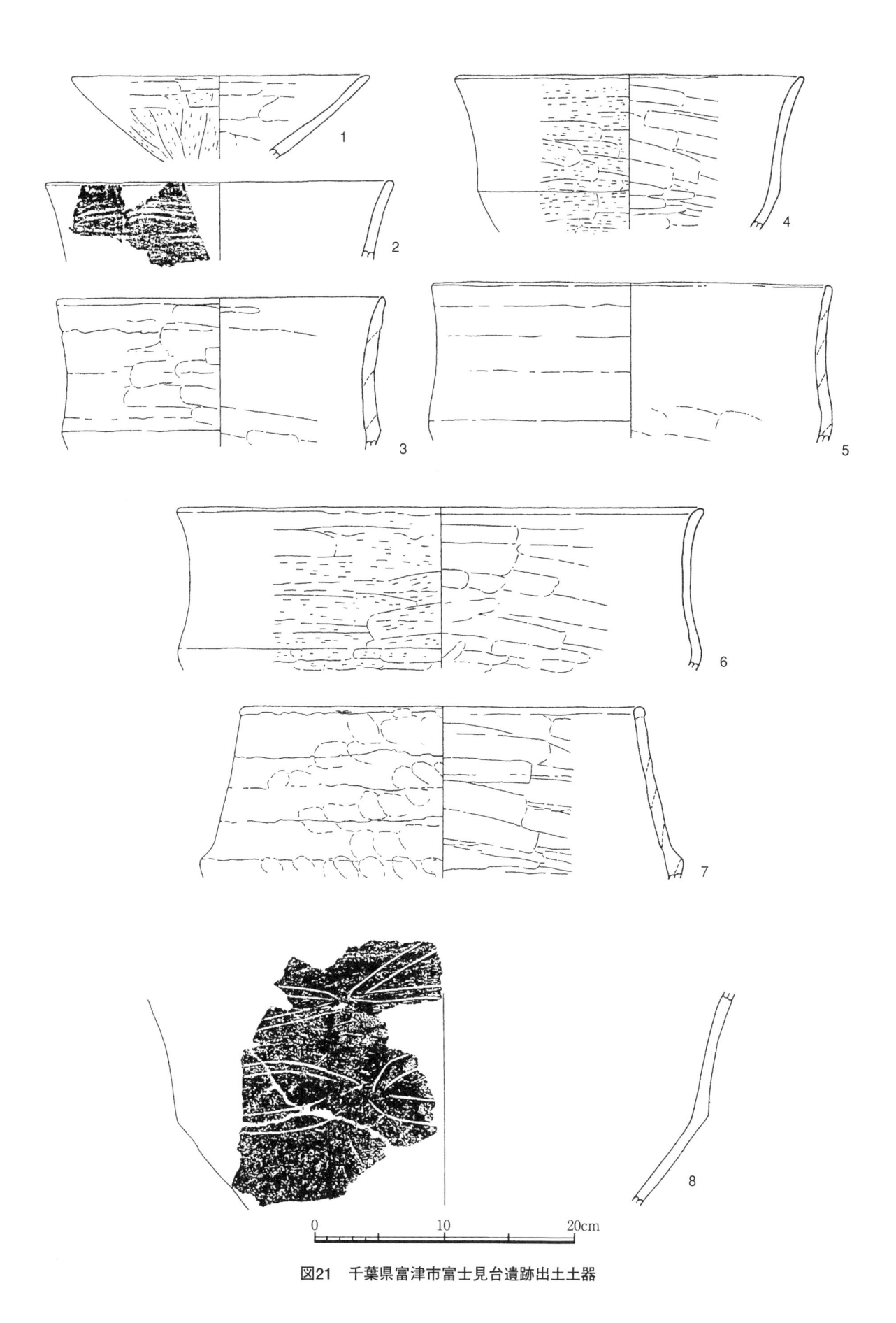

図21 千葉県富津市富士見台遺跡出土土器

たとえば，静岡県沼津市雌鹿塚遺跡出土の波状口縁浅鉢（図20-2）は注目できる資料である〔設楽 1994：23〕。この遺跡からは，1段階古いリボン状突起をもつ土器も出土しており（図20-1），西日本との交渉の緊密さを示しており興味深い。また，千葉県富津市富士見台遺跡〔椙山・金子 1972〕の頸部が屈曲する無文の粗製土器（図21-3～7）は，共伴した土器の特定がむずかしく，稲荷山式～西之山式期に東海地方の影響を受けた土器であると想定していたが〔設楽・小林 1993：224〕，口縁部の内傾の具合や肩で屈折する深鉢の器形は，中国地方の黒土B1式土器の特徴に非常に類似しており，直接的な関係を想定できる可能性がある〔設楽 2000：1180〕。宮城県域では，時期は不明であるがおそらく朝鮮半島から北部九州などに系譜が求められる縞模様のある磨製石剣が出土している〔設楽 1995：253〕。これらの事例は，いずれも太平洋沿岸の遺跡ばかりである点が気にかかる。

1993年当時，突帯文系土器は関東地方にまでしか知られていなかったが，このたびの論文執筆にかかわる調査において，宮城県山王遺跡に突帯文系土器が存在していることを確認した（註13）。明確な伴出土器を特定するのは今後の分析にゆだねるほかないが，大洞$C_2$／A～$A_1$式土器の層から発掘されたようである。先に問題にした広域編年の条件である交差年代法に照らして編年を確定する糸口を見出すことができた。それとともに，この遺跡からは大洞A式期の竪杵や弥生前期の環濠が検出されていること〔須藤 1998：16〕と，居徳遺跡や大江前遺跡の隆線連子文土器はその分布が今のところ宮城県域に限定される山王類型であることをあわせて考えると，興味深い事実が焦点を結ぶようにおもわれる。大洞$C_2$式新段階以降の壺のなかには，地文の縄文を省略すれば，夜臼式，もしくは板付Ⅰ式の壺と非常に類似するものが多い。頸部と胴部の境の段も，亀ヶ岡式土器には大洞$C_2$式以前からみられる。

このような事実を踏まえれば，山王遺跡の突帯文系土器が北部九州系であり，さらに両地域で相互交流がなされていたとの仮定に立ったうえでのことではあるが，西北部九州と東北地方で在地の土器に伴って双方の土器が見出されたことは広域編年に資するばかりでなく，東北地方の水田稲作の開始問題にも波及するし，逆に西北部九州における弥生土器，板付Ⅰ式土器の成立に亀ヶ岡系土器がさらに大きな影響を与えていた可能性も考えていかなくてはならなくなる。大洞$C_2$／A～$A_1$式期における亀ヶ岡系土器の西漸とその反射作用による農耕文化の流入は，日本海経由とはまた別の道筋，すなわちそれ以前から築かれていた太平洋を通じた西日本との交流に乗じてなされた可能性が指摘できるのであり，それが砂沢式期の弥生文化形成の下地になったことをも推測させる。

おわりに

本稿は，西北部九州など弥生文化の発祥の地において，出現期の弥生土器に隆線重弧文をもつ壺が伴うことを取り上げ，類似資料とともにこの土器の由来や在地の土器における役割を明らかにしてきた。そこで得られた結論は，隆線文土器の起源は亀ヶ岡系土器に求められ，その文様要素が夜臼Ⅱa式に取り込まれ，板付Ⅰ式土器に沈線化しつつ継承されたように，板付Ⅰ式土器の成立に亀ヶ岡系土器が深く関与していたことである。

さらに，亀ヶ岡系土器が弥生文化成立期に北部九州などにあらわれた理由を，東北地方中・北部が農耕文化という異文化への胎動に触発された結果とみなした。そして，それは一方通行の文化の流れではなく，新たな文化が東北地方にもたらされる契機となったこと，すなわち東北地方における砂沢式期の弥生文化成立の下地が弥生文化成立期の文化の相互交流によってはぐくまれたことを予察した。

1980年代後半以降，亀ヶ岡系土器が西日本で続々と発見されるようになった。なかでもとくに西北部九州や土佐地方でその現象が顕著に確認されるようになったことは，そこが弥生文化成立という日本列島を震撼させた文化変動期の要衝であるだけに，ただたんに東北地方の土器が存在していたというにとどまらず，西日本における弥生土器や文化の形成に東日本の縄文文化が果した役割と，逆にそれが東日本に与えた影響の実態を解き明かす有力な手がかりを秘めたきわめて貴重な情報源

が出現したというべきであろう。

　弥生土器，板付Ⅰ式土器の成立はまだまだわからないことが多い。壺形土器の口縁の外反，内傾する口頸部，段の形成や頸胴界の沈線など，これまでその出自が不明であった技術や形態の系譜は，亀ヶ岡式土器を視野に入れて分析すべきことを，このたび明らかになった西北部九州の弥生土器成立における亀ヶ岡系土器の関与という事実が，つよく訴えているのである。

（2007年3月18日稿了）

　謝　辞

　本稿を執筆するにあたり，石川日出志，忽那敬三，小久保拓也，小林正史，小松譲，島田和高，高橋徹，曽我貴行，高瀬克範，常松幹雄，永嶋正春，藤尾慎一郎，細川金也，美浦雄二，山崎純男，吉田寛，佐賀県教育委員会，福岡市教育委員会，明治大学博物館の諸氏，諸機関のお世話になった。記して感謝申し上げたい。なお，本稿は設楽・小林の両名が章・節ごとに執筆分担を決めて取り組み，設楽が全体を調整したが，検討や討議の過程で両者の意見が渾然となり，分担が意味をなさなくなった。したがって，本稿は全体として二人の共同執筆で，責任もすべてにわたり両名で負うことを銘記しておきたい。

（註1）　亀ヶ岡式土器とは，東北地方に起源をもち，北海道，北陸，関東，中部，近畿地方にまで広がる東北系の縄文晩期土器の総称であり，1925年，長谷部言人と山内清男による岩手県大船渡市大洞貝塚の発掘調査において，地点別に得られた資料によって大洞諸型式として細別された〔山内1930：141〕。本稿では，主として北部九州など西日本に広がる同系土器を問題にするために，総称としての「亀ヶ岡式土器」の呼称にしたがい，それと同じ系統の土器という意味で，「亀ヶ岡系土器」の名称を用いる。

（註2）　中村は藤崎遺跡出土土器の夜臼式彩文が板付Ⅰ式よりも東日本の工字文に近似していることに対して，夜臼式のほうが板付Ⅰ式よりも東日本からの影響が強かったからだ，とまで言っている。これはまだ東日本系土器の広域分布が判明する以前の見解であり，予察にすぎないものの卓見だった。豆谷和之は唐古遺跡の長方形区画文と石川県下の工字文や長方形区画文との比較の中で藤崎遺跡の土器文様をとりあげているが，東日本系の文様とは無関係との立場をとっていた〔豆谷1992：39〕。

（註3）　大洞$C_2$式土器の編年細別については，おもに鈴木加津子の研究〔鈴木1991〕を参照した。鈴木は大洞$C_2$式を5期12段階に細別する。第Ⅰ期は大洞$C_1$式も含むので問題があるが，本稿と直接関係がないので本稿ではこれに触れずに鈴木5期細別に依拠する。しかし，第Ⅴ期新段階は大洞$A_1$式との間にわれわれには理解の及ばない部分を含むので，やむなく大洞$C_2$／A式としておく。これは林謙作らが大洞$C_2$式とA式の間の未命名の型式とした－仮称山王6層式－〔林1981：136〕に近いが，この場合は鈴木の第Ⅳ期も含んでいるのに対して，われわれはさらに限定して用いるので，大洞$C_2$／A式の概念は林らの案とも異なる。

（註4）　四角の窓枠に縦に細い格子（連子子：れんじこ）をはめたもの。

（註5）　品川の編年では，口頸部が外反する小型短胴の壺を大洞$C_2$式後半～大洞A式第1期に位置づけて，大洞A式第2期以降になるとすべて内傾する口頸部の壺に変化するように図面を組んでいる〔品川2003：112〕。しかし，青森県外ケ浜町今津遺跡ではすでに大洞$C_2$式期に口頸部が内傾する壺があらわれており，一方の口頸部が外反した壺は，福島県霊山町根古屋遺跡の再葬墓に用いられた壺のように大洞A′式期にまで存在している。これはこの二種類の壺形土器が同時に存在して並行して変化する別種の類型であることを物語っており，誤解を招かないためには注釈が必要である。

（註6）　天理大学参考館所蔵資料。石川日出志氏教示。

(註7) これはまだ未検証の仮説である。隆線重弧文が，突帯文土器の壺や浅鉢にみられる隆線文を祖形とする可能性も，ないことはない。大阪府東大阪市馬場川遺跡，同市鬼塚遺跡，大阪市城山遺跡あるいは石川県金沢市中屋サワ遺跡〔南ほか 1992：72〕などで出土している。突帯文土器には，浅鉢や壺の口縁部を丸くおさめ，その直下に平行して同じ太さの突帯文を施したものがある。それだけを取り出せば，二条隆線に類似している。これらはいずれも明確な重弧文を形成していないが，隆線重弧文の淵源が突帯文土器にあるというもう一つの仮説として提示しておく。

(註8) 雀居遺跡報告書作成の際に意見を請われ，C字文の特徴をよく残しているところから大洞$C_2$式の新しい段階と答えた。本稿の視点に照らせば，大洞$C_2$／A式期である。

(註9) 藤尾は板付Ⅰ式における如意状口縁甕形土器の成立地を板付遺跡に限定するが，沈線重弧文壺形土器の形成という点からすれば，雀居遺跡もそれに含まれる。板付遺跡からも隆線重弧文は出土しており，古式の沈線重弧文雀居類型も出土しているので，沈線重弧文の創出は雀居遺跡や板付遺跡周辺でなされた可能性を考えておきたい。しかし，如意状口縁の甕の創出が板付遺跡に限定されるという藤尾の分析を否定するものではない。

(註10) 鈴木正博は帯状綾杉文（本稿の羽状文）を取り上げて，「極めて希少かつ限定された管理に従っている」とし，隆線連子文の文様帯にも同じ価値を指定して太平洋を南下して西日本に達する意義を導き出している〔鈴木 2003a：18-19〕。福島県喜多方市沢口遺跡からは二条隆線と羽状文をともにもつ壺が出土しており，二条隆線の西北部九州における展開からすれば，遠賀川式土器の羽状文に亀ヶ岡式の文様帯が関与していたという鈴木の分析はきわめて興味深い。

(註11) こうした西日本系文化の受容の見返りは果たしてなんであろうか。土器を交換財としてみる考えもあるが，それだけではないであろう。大洞$C_1$式期ころから，仙台湾では製塩が盛んとなり，それは東西交流が盛んな大洞$C_2$式期ころに継続している。あるいは，塩を西日本への交易物資としていた可能性も考える必要がある。豊富な海産物と塩は，日本列島に到来した渡来人や西日本の初期弥生人にとって重要な生活物資であったのではないだろうか。

　一方，設楽はかつて小林行雄や高倉洋彰の説に依拠してヒスイを取り上げて西日本と東日本の交流を論じた〔設楽 1995：257〕。九州南部にまで達する東日本系土器の動きに北陸系土器が大きな役割を果していたことは，それを裏書きしているようである。亀ヶ岡系土器の集団は，晩期前半段階には日本海沿岸を通じてヒスイの交易にかなり深く関与していた可能性がある。縄文時代晩期前半において，亀ヶ岡系土器はヒスイの原産地を含めて北陸地方一帯にまで分布を広げており，亀ヶ岡文化圏の内部で整備された情報や物流のシステムのなかでヒスイは流通していたと考えられる〔小林 2001：6-8〕。西日本の日本海沿岸各地では，ヒスイの原産地の土器である北陸系土器が出土しており，亀ヶ岡系集団と北陸系集団はヒスイなどをめぐる広域なネットワークに相互にかかわっていたと考えることができる。こうした相互補完的な関係に基づいた流通ネットワークの形成によって，日本海側から北部九州，そして西北部九州を経て南九州，そして南島にまでおよぶヒスイを媒介とする広域な交流関係が形成されていた。北陸系の晩期前半の土器が西北九州から南九州に展開し，その後，北陸系の三田谷文様が西日本で展開するのも，このネットワークを経由した情報・物流のネットワークが基盤となっていたのだろう。

　本論の中心的議論となる隆線重弧文土器などが西日本で出土する段階ころ，すなわち大洞$C_2$式から大洞A式期以後は，ヒスイの原産地では亀ヶ岡系土器の出土はなくなる。これと連動して，亀ヶ岡文化の側では墓にヒスイ製品を副葬する習俗が終わってしまうが，逆に北部九州の墳墓からヒスイ製品が出土するようになる。これは，亀ヶ岡系土器の西漸と，ヒスイ原産地での亀ヶ岡系土器の動向が連動し，ヒスイ製品を西方にもたらす作用が働いたことを示している。前述した雀居遺跡から出土した漆塗樹皮製容器や赤漆塗飾り弓などの奢侈工芸品の存在とあわせて，西日本の首長層は，亀ヶ岡文化の精巧な工芸品とともに，ヒスイ製品を嗜好したということであろう。

　その後大洞A′式期以降になって，ヒスイの原産地では，逆に遠賀川系土器が出土するようにな

(註12)　文様帯の狭小化が大洞$A_2$式期に顕著であることは，鈴木正博が指摘している。
(註13)　この論文を執筆するために，明治大学が所蔵している宮城県栗原市山王遺跡の土器を実見させていただいた。この遺跡からは，隆線連子文土器が出土していたので，その類例がないか探索したのだが，それは見出せなかったものの，口縁が丸みをもち，肩がくの字に屈曲する無文の鉢形土器や，口縁端部が外反する内傾口縁の壺形土器を確認した。これらはいずれも内面に沈線をもたない。色調や胎土など東海地方西部の土器よりも，むしろ夜臼式系土器に近似しているように見受けられる。また内面に沈線をもちながらも，夜臼式や板付Ⅰ式によく類似している壺形土器の存在に，改めて問題が深いことを感じた。石川日出志氏に図面をつけて公表することをお薦めいただいたが，整理途上の資料であることから，これ以上のご好意に甘んじるわけにはいかないので，註で触れさせていただいた。

**参考文献**

伊崎俊秋 1981「弥生土器について」『今川遺跡』津屋崎町文化財調査報告書第4集，81-85，津屋崎町教育委員会

石川日出志 1995「工字文から流水文へ」『みずほ』第15号，62-69，大和弥生文化の会

石川日出志 2000「突帯文期・遠賀川期の東日本系土器」『突帯文と遠賀川』1221-1238，土器持寄会論文集刊行会

大阪府立弥生文化博物館編 1995『弥生文化の成立　大変革の主体は「縄紋人」だった』角川書店

大野　薫 1997「河内周辺の大洞式系土器」『堅田直先生古希記念論文集』，57-71，堅田直先生古希記念論文集刊行会

岡田憲一 2006「近畿地方の亀ヶ岡式土器」『考古学ジャーナル』10（No. 549），5-11，ニューサイエンス社

岡本　勇 1966「弥生文化における諸問題―弥生文化の成立―」『日本の考古学Ⅲ　弥生時代』424-441，河出書房新社

金田一精 2005『江津湖遺跡群Ⅰ―江津湖遺跡群第9次調査区発掘調査報告書―』熊本市教育委員会

金　廷鶴 1972「無文土器文化」『韓国の考古学』68-105，河出書房新社

小久保拓也ほか 2005『是川中居遺跡4』（『八戸市遺跡発掘調査報告書20』八戸市埋蔵文化財調査報告書第107集）12・37，八戸市教育委員会

小林青樹 1999『縄文・弥生移行期の東日本系土器』考古学資料集9，1-75，岡山大学文学部

小林青樹 2000「東日本系土器からみた縄文・弥生広域交流序論」『突帯文と遠賀川』1193-1219，土器持寄会論文集刊行会

小林青樹 2001「農耕社会形成前の日本海沿岸地域」『古代文化』第53巻第4号，3-11，古代学協会

小林青樹 2002「突帯文土器の絵画」『国立歴史民俗博物館研究報告』第97集，193-221，国立歴史民俗博物館

小林青樹 2006a「縄文から弥生への転換」『弥生の始まりと東アジア』26-29，国立歴史民俗博物館

小林青樹 2006b「中国・四国地方における年代測定の成果」『弥生時代の新年代』（『新弥生時代のはじまり』第1巻）94-96，雄山閣

小林青樹 2006c「西日本の亀ヶ岡式土器」『考古学ジャーナル』10（No. 549），3-4，ニューサイエンス社

小林正史 1991「単位文様と器種組成からみた縄文時代終末期の地域差」『第1回東日本埋蔵文化財研究会　東日本における稲作の受容』第Ⅰ分冊　研究発表概要・追加資料，92-125，東日本埋蔵文化財研究会

小林正史 1992「器種組成からみた縄文土器から弥生土器への変化」『北越考古学』第5号，1-34，北越考古学研究会

小松　譲ほか 2006『大江前遺跡　西九州自動車道建設に係る文化財調査報告書（3）』佐賀県文化財調査報告書第167集，佐賀県教育委員会

佐々木和博ほか 1985『色麻町香ノ木遺跡・色麻古墳群―昭和59年宮城県営圃場整備等関連遺跡詳細分布調査報告書―』宮城県文化財調査報告第103集，宮城県教育委員会

佐藤由紀男 2002「煮炊き用土器の容量変化からみた本州北部の縄文／弥生」『日本考古学』第13号，1-18，日本考古学協会

設楽博己 1994「沼津市雌鹿塚遺跡の縄文晩期土器」『沼津市史研究』第3号，17-36，沼津市教育委員会市史編さん係

設楽博己 1995「木目状縞模様のある磨製石剣」『信濃』第47巻第4号，247-265，信濃史学会

設楽博己 2000「縄文晩期の東西交渉」『突帯文と遠賀川』1165-1190，土器持寄会論文集刊行会

設楽博己 2004「遠賀川系土器における浮線文土器の影響」『島根県考古学会誌』第20・21集合併号，189-209，島根県考古学会

設楽博己 2006「西日本で出土する縄文晩期終末の東日本系土器」『日本考古学2006　第18回友の会主催講演会記録』44-57，明治大学博物館友の会

設楽博己・小林謙一 2004「縄文晩期からの視点」『季刊考古学』第88号，60-66，雄山閣

設楽博己・小林青樹 1993「関東地方における縄文晩期の西日本系土器と関連資料」『突帯文土器から条痕文土器へ』211-235，第1回東海考古学フォーラム豊橋大会実行委員会・突帯文土器研究会

品川欣也 2003「器種と文様，そして機能の相関関係にみる大洞A式土器の変遷過程」『駿台史学』第119号，97-133，駿台史学会

杉原荘介 1950「古代前期の文化」『新日本史講座〔古代前期〕』2-56，中央公論社

椙山林継・金子裕之 1972「千葉県富士見台遺跡の調査」『考古学雑誌』第58巻第3号，269-292，日本考古学会

鈴木加津子 1991「安行式文化の終焉（二）」『古代』第91号，47-113，早稲田大学考古学会

鈴木克彦 1974「亀ヶ岡遺跡出土の玉類の考察」『亀ヶ岡遺跡発掘調査報告書』青森県埋蔵文化財調査報告書第14集，149-165，青森県教育委員会

鈴木正博 1993「特集「縄紋文化の解体」について」『古代』第95号，1-11，早稲田大学考古学会

鈴木正博 2003a「「遠賀川式」文様帯への型式構え」『埼玉考古』第38号，3-23，埼玉考古学会

鈴木正博 2003b「「亀ヶ岡式」から「遠賀川式」へ―「文様帯クロス」関係から観た弥生式形成期の複合構造と相互の密結合―」『日本考古学協会第69回総会研究発表要旨』56-60，日本考古学協会

須藤　隆 1998「序章」『東日本先史時代文化変化・社会変動の研究　縄文から弥生へ』纂修堂

曽我貴行ほか編 2002『居徳遺跡群Ⅲ　四国横断自動車道（伊野～須崎間）建設に伴う埋蔵文化財発掘調査報告書』（財）高知県文化財団埋蔵文化財センター調査報告書第69集，（財）高知県文化財団埋蔵文化財センター

田崎博之 1986「弥生土器の起源」『論争・学説　日本の考古学』第4巻弥生時代，21-52，雄山閣

田崎博之 1994「夜臼式土器から板付式土器へ」『牟田裕二君追悼論集』35-74，牟田裕二君追悼論集刊行会

永嶋正春 2006「居徳遺跡出土木胎漆器の漆絵に見られる大陸的様相について」『原始絵画の研究　論考編』85-93，六一書房

中村五郎 1982『畿内第Ⅰ様式に並行する東日本の土器』

中村五郎 1988『弥生文化の曙光　縄文・弥生両文化の接点』未来社

中村五郎 1993「東日本・東海・西日本の大洞A・A´式段階の土器」『福島考古』第34号，71-92，福島県考古学会

中村 豊 2006「四国地域の亀ヶ岡式土器」『考古学ジャーナル』10（No. 549），17-20，ニューサイエンス社

西谷 正 1968「青銅器から見た日朝関係―弥生文化を中心として―」『朝鮮史研究会論文集』4，1-25，朝鮮史研究会

二宮忠司 1995「第60次調査」『板付遺跡環境整備遺構確認調査』福岡市埋蔵文化財調査報告書第410集，27-50，福岡市教育委員会

橋口達也 1987「結語」『新町遺跡』志摩町文化財調査報告書第7集，106-111，志摩町教育委員会

濱田竜彦 1997「近畿地方における亀ヶ岡系土器の受容について―滋賀里Ⅲb式期にみられる受容と規制を中心に―」『滋賀考古』第17号，1-22，滋賀考古学研究会

濱田竜彦 2006「中国地方における縄文・弥生移行期の東日本系土器」『考古学ジャーナル』10（No. 549），12-16，ニューサイエンス社

林 謙作 1981「縄文晩期という時代」『縄文土器大成4―晩期―』130-136，講談社

林 謙作 2001「亀ヶ岡文化論」『縄文社会の考古学』438-459，同成社

春成秀爾 1973「弥生時代はいかにしてはじまったか―弥生式土器の南朝鮮起源をめぐって―」(含「研究報告をめぐる討議」)『考古学研究』第20巻第1号，5-32，考古学研究会

半田純子 1966「東日本縄文時代晩期前半から後半への移行期にみられる変化についての一考察」『明治大学大学院紀要』第4集，717-727，明治大学大学院

東中川忠美 1986「支石墓出土土器の編年試案」『久保泉丸山遺跡（上巻）』佐賀県文化財調査報告書第84集，409-427，佐賀県教育庁文化課

藤尾慎一郎 1999「福岡平野における弥生文化の成立過程―狩猟採集民と農耕民の集団関係―」『国立歴史民俗博物館研究報告』第77集，51-84，国立歴史民俗博物館

松下 彰 1995『川辺遺跡発掘調査報告書 一般国道24号和歌山バイパス建設に伴う発掘調査』(財) 和歌山県文化財センター

松村道博ほか 1995『雀居遺跡3 福岡空港西側整備に伴う埋蔵文化財調査報告』福岡市埋蔵文化財調査報告書第407集，福岡市教育委員会

松村道博ほか 2000『雀居遺跡5 福岡空港西側整備に伴う埋蔵文化財調査報告』福岡市埋蔵文化財調査報告書第635集，福岡市教育委員会

豆谷和之 1992「「長方形区画文をもつ浅鉢」について」『みずほ』第6号，22-26，大和弥生文化の会

豆谷和之 1993「近畿前期弥生土器成立論（上)」『みずほ』第9号，32-35，大和弥生文化の会

豆谷和之 1994「弥生壺成立以前―馬見塚F地点型壺形土器について―」『古代文化』第46巻第7号，373-389，古代学協会

南久和ほか 1992『金沢市中屋サワ遺跡』『金沢市文化財紀要』100，金沢市教育委員会

森貞次郎 1966「弥生文化の発展と地域性 九州」『日本の考古学Ⅲ 弥生時代』32-80，河出書房新社

森本六爾 1934「筑前藤崎の弥生式土器」『考古学』第5巻第1号，24-27，東京考古学会

家根祥多 1984「縄文土器から弥生土器へ」『縄文から弥生へ』49-78，帝塚山考古学研究所

家根祥多 1987「弥生土器のはじまり―遠賀川式土器の系譜とその成立―」『季刊考古学』第19号，18-23，雄山閣

家根祥多 1993「遠賀川式土器の成立をめぐって―西日本における農耕社会の成立―」『論苑 考古学』267-329，天山舎

家根祥多 1997「朝鮮無文土器から弥生土器へ」『立命館大学考古学論集Ⅰ』39-64，立命館大学考古学論集刊行会

柳沢和明ほか 1992『摺萩遺跡』宮城県文化財調査報告第132集，宮城県教育委員会

山崎純男 1980「弥生文化成立期における土器の編年的研究―板付遺跡を中心としてみた福岡・早良平野の場合―」『鏡山猛先生古稀記念古文化論攷』117-192，鏡山猛先生古稀記念論文集刊行会
山崎純男 1987『野多目遺跡群―稲作開始期の水田遺跡の調査―』福岡市埋蔵文化財調査報告書第159集，福岡市教育委員会
山内清男 1930「所謂亀ヶ岡式土器の分布と縄紋式土器の終末」『考古学』第1巻第3号，139-157，東京考古学会
吉田　寛 1993「大分県種田市遺跡出土の縄文晩期土器―特殊な鉢形土器の紹介を中心に―」『古代』第95号，12-23，早稲田大学考古学会
吉留秀敏 1994「板付式土器成立期の土器編年」『古文化談叢』第32冊，29-44，九州古文化研究会
力武卓治ほか 2003a『雀居7　福岡空港西側整備に伴う埋蔵文化財調査報告』福岡市埋蔵文化財調査報告書第746集，福岡市教育委員会
力武卓治ほか 2003b『雀居8　福岡空港西側整備に伴う埋蔵文化財調査報告』福岡市埋蔵文化財調査報告書第747集，福岡市教育委員会

**挿図出典**
図1　小松ほか 2006：27頁図Ⅲ-10〜29頁図Ⅲ-12
図2-1　東中川 1986：282頁Fig.179-147
図2-2　力武ほか 2003b：89頁Fig.134-7
図2-3〜8　二宮 1995：34頁Fig.9，36頁Fig.10-4・5・10・15
図3-1〜8　力武ほか 2003a：158頁Fig.231-11・14，160頁Fig.234-35・36・38・42〜44
図3-9　筆者作成および力武ほか 2003b：89頁Fig.134-7
図3-10・11　筆者作成
図3-12　力武ほか 2003b：19頁Fig.28-1
図4-1　山崎 1987：84頁Fig.51
図4-2　力武ほか 2003b：87頁Fig.130-7
図4-3　大庭康時 2000『東那珂4　鳥田1』福岡市埋蔵文化財調査報告書第637集，福岡市教育委員会：16頁Fig.21-13
図4-4　金田 2005：82頁第51図42
図4-5　筆者作成
図4-6・7　松村ほか 1995：28頁Fig.22-39・41
図4-8　片岡宏二ほか 1990『津古土取遺跡-第1分冊-みくに野第2土地区画整理事業関係埋蔵文化財調査報告-13-』小郡市文化財調査報告書第59集，小郡市教育委員会：165頁第125図-9
図4-9　吉留秀敏ほか 1992『那珂5-第10・12・13・16・17・21次調査報告-』福岡市埋蔵文化財調査報告書第291集，福岡市教育委員会：45頁Fig.39-103
図4-10　菅波正人ほか 1992『比恵遺跡群(11)』福岡市埋蔵文化財調査報告書第289集，福岡市教育委員会：44頁Fig.26-106
図4-11・12　力武ほか 2003a：122頁Fig.166-63・64
図5　伊崎 1981：30頁第12図-56・57，32頁第14図-64，37頁第19図-99・100・101
図6　山崎 1980：165頁第17図
図7　橋口 1987：107頁第76図
図8-1　橋口 1987：72頁第67図-48
図8-2　家根 1993：296頁図10-2
図8-3　田島龍太ほか 1982『菜畑』唐津市文化財調査報告第5集，唐津市教育委員会：178頁Fig.210-1562

図8−4　家根 1993：291頁図8-4
図8−5　小畑弘己ほか 1991『比恵遺跡群（10）』福岡市埋蔵文化財調査報告書第255集，福岡市教育委員会：189頁Fig.174-110
図9　筆者作成
図10　筆者作成
図11−1・2　金田 2005：巻頭図版，83頁第52図-59・60
図11−3・4　小松ほか 2006：巻頭図版3
図11−5〜8　曽我ほか編 2002：巻頭図版3・88頁第67図-352・91頁第70図より作成
図12−1　伊東信雄・須藤　隆編 1985『山王囲遺跡調査図録』宮城県一迫町教育委員会：12頁第2図-1
図12−2〜6　藤村東男編 1987『九年橋遺跡第10次調査報告書』北上市文化財調査報告第44集，北上市教育委員会：写真図版18-460-10，ＰＬ460-10，写真図版18-460-7，ＰＬ460-7，ＰＬ460-8，ＰＬ460-5，ＰＬ460-6
図12−7〜9　渋谷孝雄・長橋　至 1984『作野遺跡発掘調査報告書』山形県埋蔵文化財調査報告書83集，山形県教育委員会：36頁第25図-71，37頁第26図-73，73頁第57図-11，89頁図版13，93頁図版17
図13　小林 1991：114・115頁を改変
図14−1〜4　柳沢ほか 1992：302頁第256図-11・12，303頁第257図-7，304頁第258頁−2
図14−5〜10　佐々木ほか 1985：28頁第21図-11，29頁第22図-4・8〜11
図15−1〜15　藤村東男編 1977『九年橋遺跡第3次調査報告書』文化財調査報告第18集，北上市教育委員会：ＰＬ46-13〜15，ＰＬ47-1〜4・6〜9・11・12・15・16
図16　筆者作成
図17　小林 2000：1211頁を改変
図18−1　曽我貴行ほか編 2003『居徳遺跡群Ⅳ　四国横断自動車道（伊野〜須崎間）建設に伴う埋蔵文化財発掘調査報告書』（財）高知県文化財団埋蔵文化財センター調査報告書第78集，（財）高知県文化財団埋蔵文化財センター：262頁第188図。1ｂ・1ｃの写真は，複製品を撮影したものであり，国立歴史民俗博物館永嶋正春氏からの提供資料（復元資料は，国立歴史民俗博物館が展示・保管）。
図18−2　設楽 2004：202頁図6
図19−1〜5　力武ほか 2003ｂ：180頁第100図-166，208頁151図-212，206頁第145図-208，212頁第163図-224，213頁第160図-160
図19−6・7　力武ほか 2003ａ：134頁第214図-57，131頁第211図-51
図20　設楽 1994：23頁図3-1・2・4・7・12〜14，25頁図4-28・33
図21　設楽・小林 1993：21頁図5-1〜4・6，22頁図6-2，23頁図7-17

# 日本産樹木年輪試料の
# 炭素14年代による暦年較正

尾嵜大真

## はじめに

　近年，加速器質量分析(AMS)法を用いた少量・短時間での高精度な炭素14測定が可能となり，さらにその確立は困難であるとされてきた日本における年輪年代法が奈良文化財研究所の光谷氏によって実用化され，日本における大気中の炭素14濃度の変動が調べられる環境が整ってきている。我々は日本版ともいえる炭素14年代較正曲線の作成を目指して，日本産樹木年輪試料の炭素14年代測定を行なっている。ここではまだ中途段階であるが，その成果について述べてみたい。

### 1　モデル年代である炭素14年代

　炭素14年代法とは，炭素14が放射壊変によって時間とともに減少していく性質を利用して，年代を求める方法である。炭素14年代値は，大気中の炭素14濃度が過去から現在までにおいて常に一定であったと仮定して，その大気中の炭素14濃度を初期値として試料中の炭素14濃度にまで減少する時間として与えられる。また，炭素14年代値を算出するためには，過去の報告値との整合性を鑑みて炭素14年代法が確立された当時の5568年という炭素14の半減期が慣習的に用いられている。
　しかし，大気中の炭素14濃度が決して一定ではないことは炭素14年代法が実用化された後，早い段階で明らかとなっていた。さらに炭素14の半減期も5568年でなく，現在では5730±40年がもっとも確からしいとされている。したがって，炭素14年代値は実際の年代である暦年代とは異なる年代値なのである。このことは炭素14年代法から得られる年代値の解釈やそれを用いた議論に混乱をもたらしている。

### 2　実年代への変換——暦年較正——

　炭素14年代値を暦年代に変換―較正（calibration）―するために，暦年代と炭素14年代の対応表が必要となってくる。これは炭素14年代較正曲線と呼ばれ，実際の年代がわかっている年輪試料や年縞堆積物に含まれる有機物の炭素14年代を測定して作成される。この較正曲線作成を目的とした炭素14年代測定は1980年代から始められ，1986年に始めて国際的な較正曲線が発表された〔Stuiver and Pearson 1986, Pearson and Stuiver 1986〕。その後，多くの測定機関で較正曲線作成のための炭素14測定が行なわれるようになり，この国際的な較正曲線の作成は，1986年以後，1993年〔Stuiver and Pearson 1993〕，1998年〔Stuiver et al. 1998〕と更新され，2005年3月にもっとも新しいものとしてIntCal04〔Reimer et al. 2004〕が公表された。

### 3　炭素14測定の技術革新と較正曲線

　炭素14年代法が実用化された1950年代からしばらくの間は炭素14測定法として，液体シンチレーション法などのβ線計数法が主なものであった。それらの測定法ではgオーダーの多量の試料を要するうえに，一試料につき数日にもおよぶような測定時間が必要であった。1980年代に入ると加速器質量分析（AMS）法が確立・実用化され，mgオーダーという少量の試料で，一試料につき数十

分という短い測定時間で炭素14測定が可能となった。それにより，炭素14年代測定の対象となる試料の選択肢が広がったり，それまで現実的には測定不可能であった試料の炭素14年代測定が行なわれるようになった。較正曲線作成のためのデータも炭素14年代測定における技術革新により急速な進展を見せることになる。

炭素14年代測定の技術革新とあいまって国際的な炭素14年代較正曲線が作成される中で，南半球の試料は北半球のそれに比べて炭素14年代が系統的に古くなる傾向があることが示され〔Hogg et al. 2002〕，最新のIntCal04と同時に南半球用にSHCal04も公表されている〔McCormac et al. 2004〕。さらに北半球内でもトルコの埋没樹木についての炭素14濃度の測定結果からKromer et al. (2001) はINTCAL98と比較してトルコの樹木とでは紀元前800年から紀元前750年までにおいて炭素14年代値にして30年ほどの系統的に古くなる傾向が認められるとしている。このような違いは地域効果と呼ばれ，比較対象がINTCAL98からIntCal04になったとしても結論は変わらない。つまり，INTCAL98およびIntCal04は北半球において適切な較正曲線とされているが，地域あるいは時期によっては異なる値を示す場合のあることが明らかとなってきた。したがって，高精度な実年代を得るためにはそれぞれの地域での地域効果を検討する必要がある。IntCal04の作成のために用いられている測定結果のほとんどが北アメリカやヨーロッパの樹木年輪試料によるものであることを考えると，それらの地域から最も遠い日本においては独自に樹木年輪中の炭素14濃度を高精度で測定し，IntCal04との比較が特に望まれる。

## 4 日本における年輪年代法の確立

現在，公表されている較正曲線IntCal04の12400年前までについては北アメリカやヨーロッパの樹木年輪の炭素14年代値をもとに作成されている。北アメリカやヨーロッパでは年輪幅の変動の同期性に着目した年代測定法である年輪年代法が20世紀初めには確立され，現在では12400年くらい前までの標準年輪変動パターンが作成され，年輪年代測定が可能となっているのである。

日本でも1980年から奈良文化財研究所の光谷氏により年輪年代法の確立が試みられてきた。その結果，スギやヒノキなどについては3000年くらい前までの年代決定が可能となっており，他にコウヤマキとヒバの年輪の暦年標準パターンが1000年から2000年前まで出来上がっている。

年輪年代法により年代決定された日本産樹木の年輪試料についても炭素14測定が試みられており（たとえば〔Sakamoto et al. 2003〕），箱根埋没スギの測定結果からおおよその範囲ではINTCAL98と整合的であるものの，西暦100年から200年において炭素14年代にして30年から40年程度古くなる可能性が指摘されており，日本における地域効果を検討することは非常に興味深い。

近年，日本考古学においても土器付着炭化物などの炭素14年代測定が精力的に行なわれ，縄文から弥生時代にかけての実年代の議論が盛んに行なわれている。しかしながら，世界的にも類を見ない精緻な日本の土器編年との組み合わせを考えた場合，現在の炭素14年代法によって得られる実年代の精度は必ずしも高くない。日本産樹木年輪試料について高精度での炭素14年代測定を行ない，その結果をもとに較正曲線を作成することができれば，日本での高精度の暦年較正が可能となると考えられる。少なくとも地域効果に起因する不確定要素が解消され，より正確な暦年代を得ることが可能となる。

## 5 日本産樹木年輪試料の炭素14年代測定

現在，我々国立歴史民俗博物館の研究グループでは日本産樹木年輪試料の炭素14年代測定を進めており，年代既知の日本産樹木試料として奈良文化財研究所の光谷氏より，年輪年代法によって年代の決定された年輪試料がいくつか提供されている。これまでに二つの樹木試料の年輪について測定を行なっている。一つは長野県飯田市畑ノ沢地区で見つかった埋没樹幹で，紀元前685年から紀元前193年にあたる試料（光谷氏提供）である。もう一つは広島県東広島市黄幡1号遺跡出土の加工

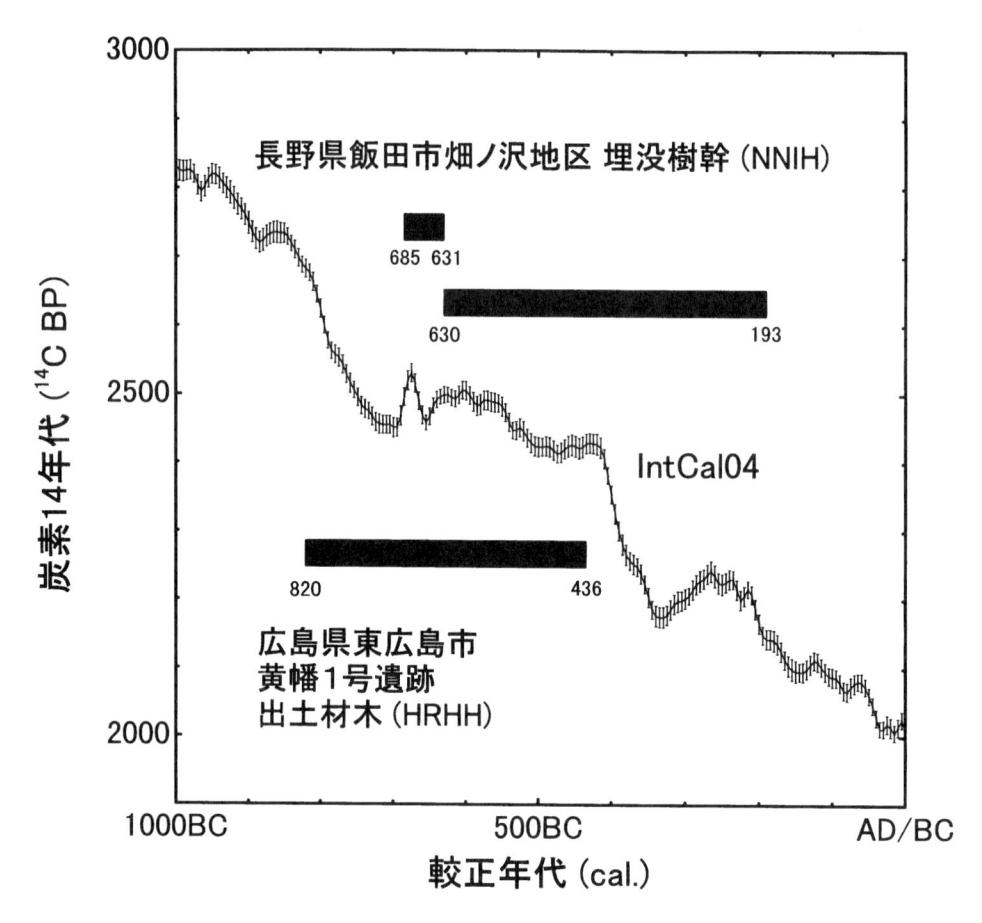

図1 IntCal04較正曲線と測定試料の年代幅

材木資料のひとつで，紀元前820年から紀元前436年にあたるもの（東広島市教育委員会提供）である。二つの試料の年代幅を図1にIntCal04とともに示した。図からも明らかなようにこの二つの試料の年代幅は必ずしも我々が弥生時代の始まりとする紀元前10世紀には届かないが，弥生時代の開始期などの議論をする上での非常に重要な時期にあたるものである。

年輪試料は5年輪ごとに切り取り，細かく粉砕した後，酸-アルカリ-酸（AAA）処理によって埋没していたときに付着した不純物を，塩酸，亜塩素酸ナトリウムを用いた塩素漂白によりリグニンを，濃アルカリ溶液処理によって重合度の低いヘミセルロースをそれぞれ除去して，最終的に年輪間で移動しないとされる$\alpha$-セルロースのみを抽出する。得られた$\alpha$-セルロースから真空ラインを用いて二酸化炭素を分離・精製した後，グラファイトとし，AMSによる炭素14年代測定を名古屋大学年代測定総合研究センタータンデトロン加速器質量分析計および東大原子力研究総合センタータンデム加速器にて行なっている。

## 6　日本産樹木年輪試料の炭素14年代値とIntCal04との比較

長野県飯田市畑ノ沢地区の埋没樹幹および広島県東広島市黄幡1号遺跡出土の加工材木資料について，これまでに得られた炭素14年代値〔尾嵜ほか 2005および2007〕を5年ごとに平均した値をIntCal04とともに図2に示した。図中に示されている誤差は個々の年輪資料の測定値から荷重平均を求めた際に得られた誤差を1標準偏差で示している。それぞれの5年輪に含まれる単一年の割合は不確定ではあるものの10年輪ごとの測定値から5年刻みの較正曲線を構築するよりは正確なものとなっているはずである。しかしながら，個々の測定値をIntCal04と比較しても大きな差は認めら

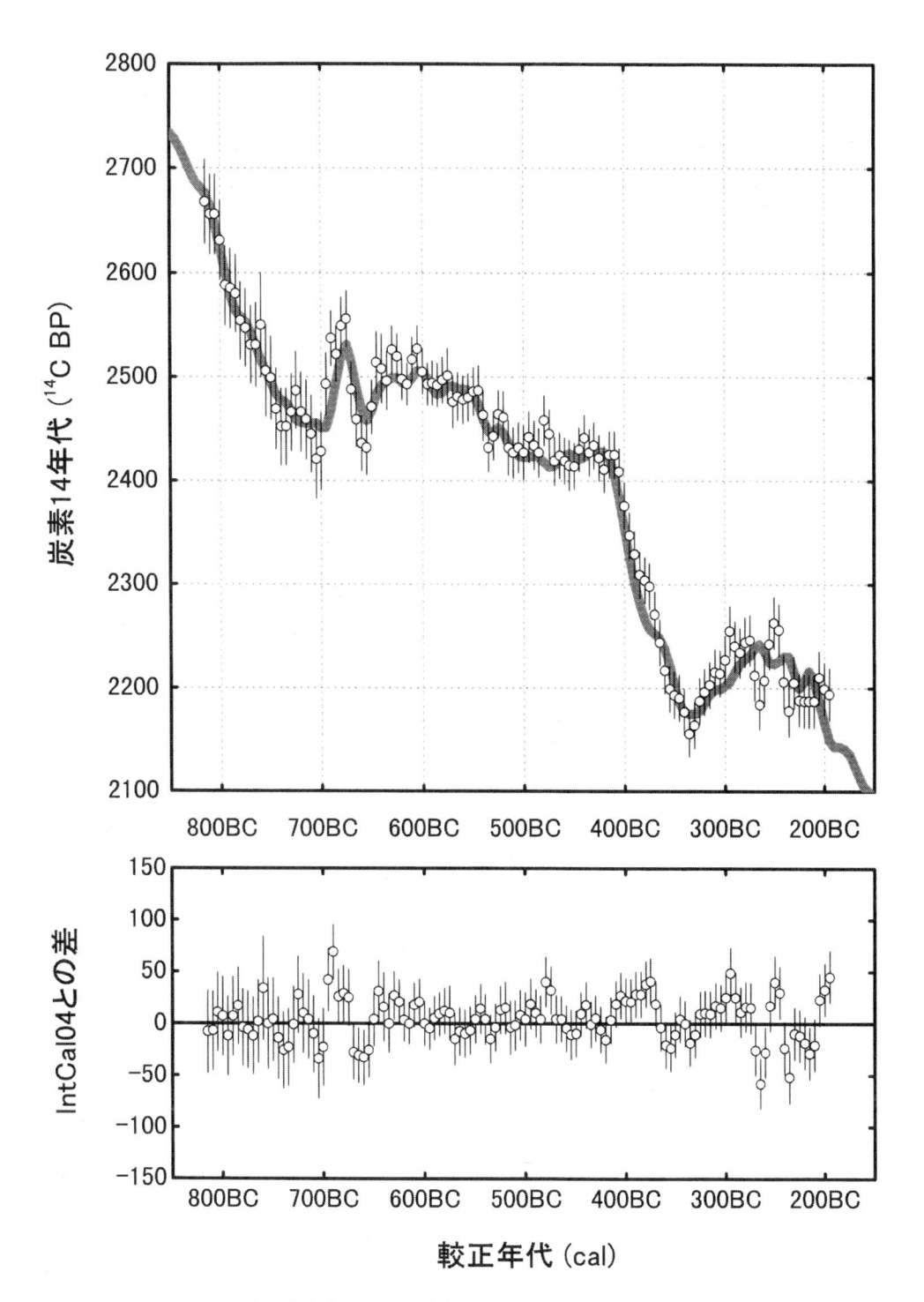

図2　日本産樹木年輪試料の炭素14年代測定結果の平均値とIntCal04

れていない（例〔尾嵜ら 2005〕）。実際に図2から日本産樹木年輪試料の炭素14年代値はおおよそにおいてIntCal04は整合的であるといえよう。

ただし，較正曲線において急激な落ち込みの後の部分（紀元前700年前後，紀元前300年から紀元前200年）で日本産樹木年輪試料の炭素14年代値がIntCal04と大きくずれることが多く見受けられる。紀元前600年から紀元前400年の平坦部では非常によく一致していることと対照的である。これは日本における地域効果の一つか，これまで10年輪ごとの測定値だけであったために見つけられなかった地球（あるいは北半球）全体における大気中炭素14濃度の短期間の大きな変動を示すものなのか

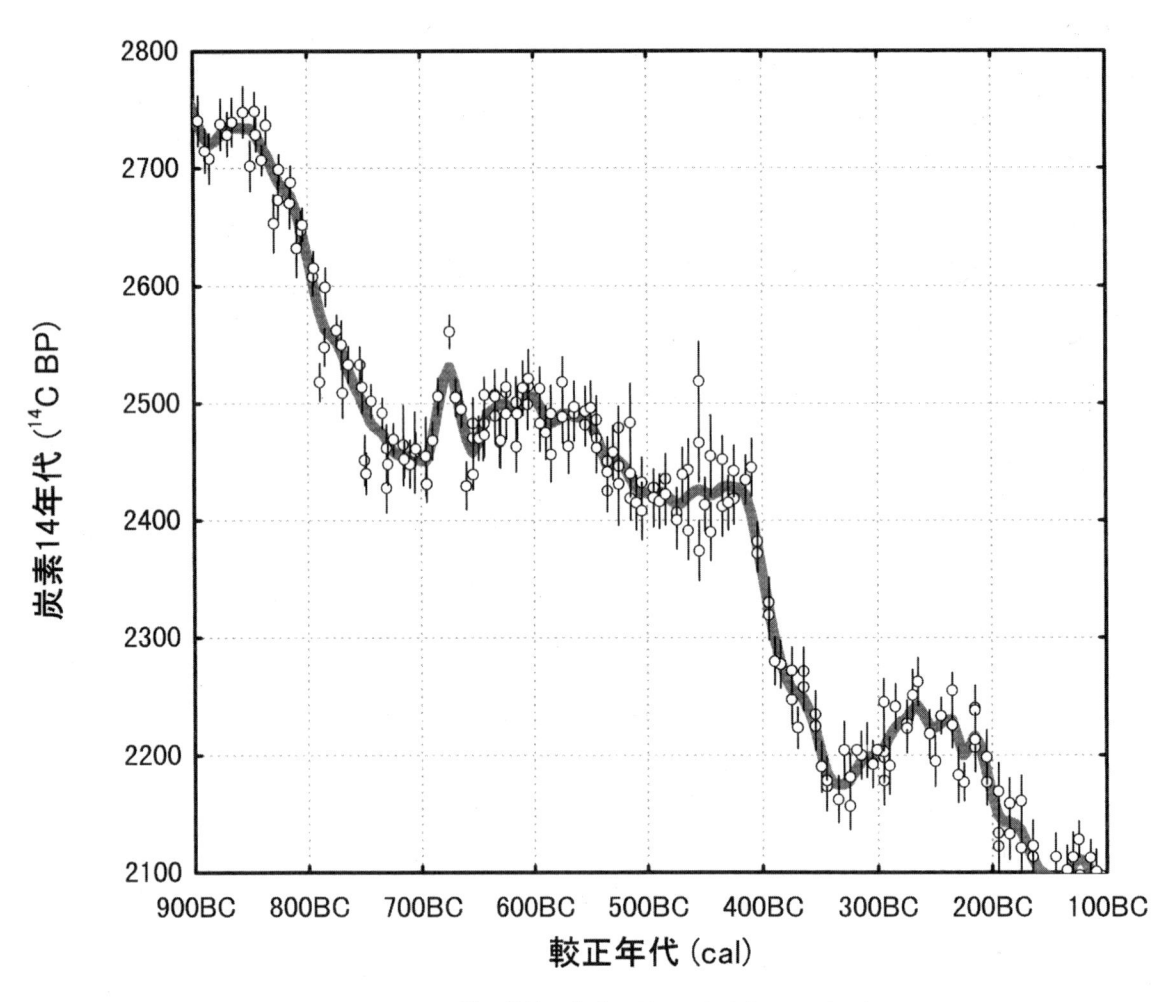

図3　IntCal04較正曲線の作成に用いられた個々のデータ

興味深い。

　さらにIntCal04の作成に用いられたデータを図3に示す。これらの測定点数をみると今回報告した我々の測定点数の方が上回っている。それを考えると，この日本産樹木年輪試料の炭素14年代値とIntCal04のずれが地域効果によるものと考えるよりも，IntCal04自体に見直しを要求するものと考えるべきではないだろうか。今後，さらにこれらの試料も含めた日本産樹木の分析を進めるとともに日本産以外の樹木などの測定なども行ない，対比を行ないながら進める必要があるであろう。

## 7　日本産樹木年輪試料中の炭素14年代値を用いた暦年較正

　さらに，日本産樹木年輪試料の炭素14年代値を較正曲線（以下，便宜上JCALと呼ぶ）として用いて暦年較正を試みた。実際にはJCALは紀元前815年から紀元前195年までの年代範囲のみで，炭素14年代値にして2150 $^{14}$C BPから2650 $^{14}$C BPの範囲となる。そこで，2100 $^{14}$C BPから2700 $^{14}$C BPまでについて50年おきに暦年較正を試みた〔尾嵜・今村 2007〕。INTCAL98およびIntCal04を用いた暦年較正結果を比較してみると，測定値の単純な荷重平均であるINTCAL98およびJCALを用いた場合はその細かなジグザグが確率分布にも反映されジグザグであるのに対し，IntCal04のそれはやはり較正曲線のスムーズさと同じように確率分布もスムーズであった。しかし，細かな確率分布の違いがある以外は得られる暦年較正の結果はINTCAL98，IntCal04のものと比較して大差はなく，JCALがINTCAL98およびIntCal04と比較的大きく異なっている紀元前700年前後と紀元前300年から紀元前200年で較正年代の範囲が大きくても30年程度異なったりしている場合があったりする程

度であった．つまり，ほとんどにおいて較正年代の解釈が大きく異なるような違いは認められず，紀元前815年から紀元前195年という年代範囲においては少なくとも単一試料の炭素14年代値を暦年較正する際にはINTCAL98，IntCal04およびJCALとの間に大きな違いは認められなかった．

次に，年代間隔が既知の年輪試料などに対してより高精度な暦年代を得る手法であるウィグルマッチ法の場合について検討する．この方法では，得られる複数の炭素14年代値を，較正曲線と比較して年代値およびパターンと照合し年代を特定する．特徴的な例として，木材試料から10年間隔で1年輪ずつ採取した3点の試料について炭素14濃度測定をし，ウィグルマッチ法により暦年較正した結果を図4に示す．INTCAL98とIntCal04とでは単一の試料の暦年較正同様ほぼ同じ結果が得られ，JCALを用いた場合でも較正年代の年代範囲はほぼ同じであった．しかし，図4に示した最頻値における3点のプロットとそれぞれの較正曲線の一致を見てみると，パターンマッチングという観点ではINTCAL98，IntCal04およびJCALのどの場合についても最適とは言いがたい．その代わりJCALにおいては確率は必ずしも最大ではないものの，紀元前700年付近でパターンとしては非常によく一致している．他の二つの較正曲線の場合と比較してもこの年代における確率は明らかに高い．この違いは紀元前700年付近のJCALの形状がINTCAL98およびIntCal04と大きく異なっていることに起因するものである．上述したように，この紀元前700年付近の形状の違いが地域効果であるか断定し難いが，較正曲線の形状の違いがウィグルマッチ法の結果に看過できない影響を与えていることは確かである．INTCAL98に比べIntCal04では較正曲線が平滑化され，較正曲線本来のジグザグが失われている可能性があり，ウィグルマッチ法に利用するには必ずしも適しているとは言えないのではないであろうか．すなわち，IntCal04の較正曲線作成法は必ずしも最適な方法ではないように思われる．

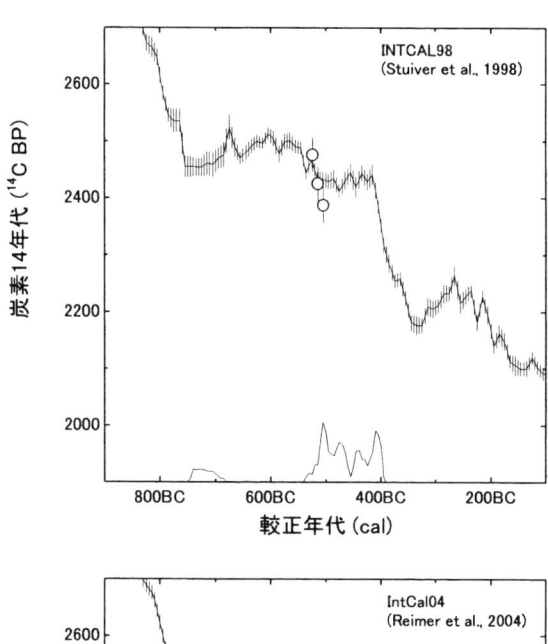

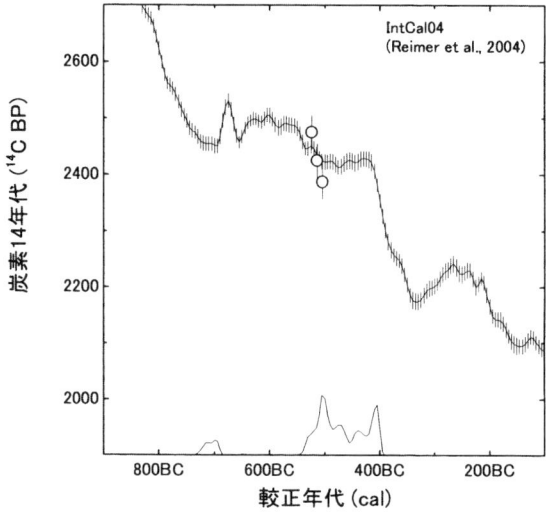

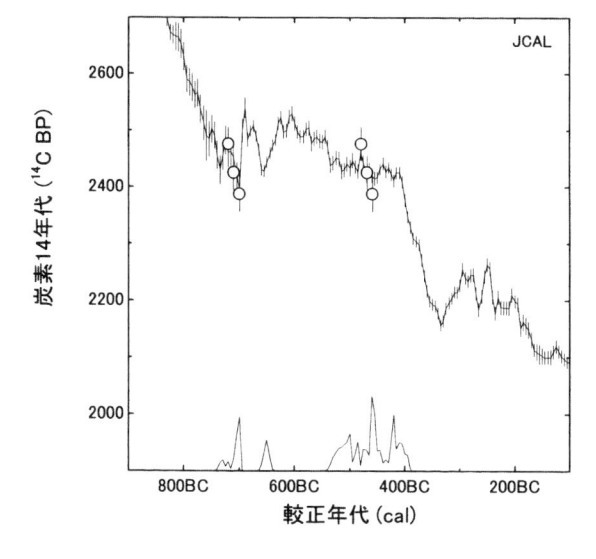

図4　INTCAL98，IntCal04およびJCalを用いたウィグルマッチングの例

おわりに

　以上，日本産樹木年輪試料の炭素14年代測定から地域効果の検討および暦年較正に与える影響について考察してみた。しかし，地域効果を検討する上で比較対象となるIntCalもまだまだ完成したものとは言い難く，よりよいものとするために日本産樹木を含めた多くの試料を測定し，蓄積していく必要があるようである。また，較正曲線に地域効果があったり，IntCalそのものの変更が必要になるとすれば暦年較正に与える影響は決して小さくない。炭素14年代測定法の高度化にはやはり較正曲線の高精度化は避けて通れない関門なのである。

参考文献

1) M. Stuiver, G. W. Pearson 1986 High-precision calibration of the radiocarbon time scale, AD1950-500BC *Radiocarbon*, **28(2B)**, 805-838

2) G. W. Pearson, M. Stuiver 1986 High-precision calibration of the radiocarbon time scale, 500-2500BC *Radiocarbon*, **28(2B)**, 839-862

3) M. Stuiver, G. W. Pearson 1993 High-precision calibration of the radiocarbon time scale, AD1950-500BC and 2500-6000BC. *Radiocarbon*, **35(1)**, 1-23

4) M. Stuiver, P. J. Reimer, E. Bard, J. W. Beck, G. S. Burr., K. A. Hughen, B. Kromer, G. McCormac, J. van der Plicht, M. Spurk 1998 INTCAL98 Radiocarbon Age Calibration, 24, 000-0 cal BP. *Radiocarbon* **40(3)**, 1041-1083

5) P. J. Reimer, M. G. L. Baillie, E. Bard, A. Bayliss, J W. Beck, C. J. H. Bertrand, P. G. Blackwell, C. E. Buck, G. S. Burr, K. B. Cutler, P. E. Damon, R. L. Edwards, R. G. Fairbanks, M. Friedrich, T. P. Guilderson, A. G. Hogg, K. A. Hughen, B. Kromer, G. McCormac, S. Manning, C. B. Ramsey, R. W. Reimer, S. Remmele, J. R. Southon, M. Stuiver, S. Talamo, F. W. Taylor, J. van der Plicht, C. E. Weyhenmeyer 2004 IntCal04 Terrestrial Radiocarbon Age Calibration, 0‐26 cal kyr BP *Radiocarbon* **46(3)**, 1029-1058

6) A. G. Hogg, F. G. McCormac, T. F. G. Higham, P. J. Reimer, M. G. L. Baillie, J. G. Palmer 2002 High-presicion radiocarbon measurements of comtemporaneous tree-ring dated wood from the British Isles and New Zealand：AD1850-950, *Radiocarbon* **44(3)**, 633-640

7) F. G. McCormac, A. Bayliss, G. L. Baillie 2004 ShCal04 southern hemisphere calibration, 0-11.0 cal kyr BP. *Radiocarbon* **46(3)**, 1087-1092

8) B. Kromer, A. W. Manning, P. I. Kuniholm, M. W. Newton, M. Spurk, I. Levin 2001 Regional $^{14}CO_2$ offsets in the troposphere: Maginitude, mechanisis, and conseqences. *Science* **294**, 2529-2532

9) M. Sakamoto, M. Imamura, J. van der Plicht, T. Mitsutani, M. Sahara 2003 Radiocarbon Calibration For Japanese Wood Samples *Radiocarbon* **45(1)**, 81-89

10) 尾嵜大真・坂本　稔・今村峯雄・中村俊夫・光谷拓実 2005「日本産樹木による縄文・弥生境界期の炭素14年代較正曲線の作成」『日本文化財科学会第22回大会』

11) 尾嵜大真・今村峯雄 2007「日本産樹木年輪試料中の炭素14濃度を基にした較正曲線の作成」『国立歴史民俗博物館研究報告』第137集

# 韓半島南部地方の先史時代農耕—研究動向を中心に—

金　度憲
（金　憲奭　訳）

## はじめに

　農耕の概念は様々に定義されるが，人類史にとって農耕の始まりは「新石器革命」と命名されているように画期的な変化だと認識されてきた。そのような認識の中で，各地域から「いつから，どんな穀物を，どのような方式で」栽培を始めたかということは重要な研究課題になってきた〔李賢恵 2002b〕。このような認識は韓国でも同様で，実際に農耕あるいは稲作の開始時点と伝来経路，農耕形態などの研究は考古学の他の分野より早く始まり，現在でも多くの議論が進んでいる。
　韓国の先史時代の農耕研究史は1990年代を基準としてそれ以前とそれ以後に区分できる。1980年代までは炭化穀物と稲の種，籾痕資料などを検討して農耕（あるいは稲作）の開始時点と伝来経路の把握に焦点を合わせてきた。1990年代に入ってから文化財保護法の改正と発掘調査研究専門法人の設立を契機として，発掘調査の回数と規模の増加とともに考古資料は爆発的に増大した。そのような流れの中で，農具の出土事例と耕作遺構の調査事例が増加し，自然科学的分析の本格的な導入により植物遺体資料もどんどん増加した。このような資料増加をもとに農耕形態と農耕集落，農耕社会などの研究に比重をおく形態に転換された。
　本稿では最近の成果と動向を中心にして韓半島南部地方の先史時代の農耕について述べる。韓国の先史時代農耕研究史は先学により何度か検討が行なわれている〔李賢恵 1989，安承模 1996・2005，趙現鐘 1997a・2000a〕。したがって本稿の一部の内容は上記した先学のものと重複することがあることを明記する。
　ここでは先史時代の中で農耕と関係がある新石器時代と青銅器時代を対象にし，新石器時代は一般的に6期（草創・早・前・中・後・晩期）区分に，青銅器時代は3期（早・前・後期）に区分する案に従う〔河仁秀 2006，安在晧 2006〕。また韓半島の南部地方とは嶺南地方（慶尚道）と湖南地方（全羅道）を意味する。

## 1　農耕の概念

　韓国の考古学界では農耕という用語をはっきり定義せず，辞書的意味，すなわち水田と畠を開墾して穀物を栽培するという意味に使用することが一般的である。農耕活動を反映するような考古資料（植物遺体や農具，耕作遺構など）を基準に設定した後，そのような資料が認識できれば農耕が行なわれたと把握する〔河仁秀 2004，崔鍾赫 2005〕。最近，狩猟採集と農耕の二分法的な思考の問題点と野生植物の獲得から，馴化植物の専業的な栽培の間に中間過程が多く存在するという事実が知られ，農耕の概念についての論議が進行している。
　研究者によって用語差があるが，農耕(agriculture)や栽培・耕作(cultivation)，馴化 (domestication)，農耕・農事(farming)，園耕(horticulture)などの概念を区分されている〔安承模 2005〕。その中で 'agriculture' と 'domestication' を農耕と栽培種化に〔李俊貞 2001〕，'domestication' と 'horticulture' を '作物化' と '菜畠栽培' に命名したことがある〔李炅娥 1998〕。農業とは生計の全部あるいは大部分を栽培植物に依存する生産経済体系〔李俊貞 2001〕と専業的な農耕〔安承模 2005〕

をいう。耕作は野生種と栽培種に関係なく特定植物群の生育環境を操作する人間の文化的な行為，馴化は野生植物が人間の介入のため，遺伝的な形質と外形的な形態が変化し新しい種に変貌する生物学的な過程〔李炅娥 1998，李俊貞 2001〕，農事は規模に関係なく馴化植物の耕作〔安承模 2005〕を意味する。園耕は日本で使用されている用語〔西本豊弘 2002，藤尾慎一郎 2004，宮本一夫 2005〕を借用したもので，野生植物の栽培と馴化植物の小規模な栽培の両方を含むが，韓半島の南部地方は後者に限定される〔安承模 2006〕。

その他に広い意味での農耕とは，生業として作物を栽培すること以外にもそのような農耕が可能な社会体系，宗教および理念体系，住居体系などを含める概念を指し，狭い意味での農耕集約化とは，水田と畠の開墾，水路の築造と管理というような農耕活動によって単位面積により多いエネルギーを使用したりする関連の技術を適用する概念に定義される〔金權九 2005〕。また集約的農耕の条件として，1．栽培種あるいは主資源としてみなされる野生種の管理および農耕施設の維持が生計経済活動の大部分を占めている形態，2．少なくとも集団の成員の一部は農耕活動を専門的に担当，3．集約的な農耕への転換は資源の季節的な時間管理，自然環境に対しての理解と選択した立地条件の変化に伴い，最終的に集団のアイデンティティと象徴体系まで本質的に変化させる，などの条件を充足しなければならないとの見解もある〔李炅娥 2005〕。

また「農耕社会」を植物栽培の有無あるいは発達した農耕社会の特徴によってのみ規定するのではなく，全般的に生計形態にもっと比重を置いており，どんな生計活動が主に基盤を支えたかによって定義しなければならないという意見も提示された〔金壮錫 2002〕。その他に立地を基準として農耕集落を設定することもあるが，農耕のために集落の立地が決定された場合には「農耕集落」，さらに墳墓が持続的に築造されれば「定住形農耕集落」に設定できるということがある〔金度憲ほか 2004〕。

## 2　耕作遺構

耕作遺構の調査事例は1990年代から増えてきた。2003年までに調査された先史・古代の耕作遺構は水田40カ所，畠25カ所ぐらいが知られている〔郭鍾喆 2003，金炳燮 2003〕。しかし，まだ新石器時代の耕作遺構の調査事例はなく，大部分が青銅器時代（特に後期）のものである。以下に耕作遺構を立地と形態，灌漑施設に区分して示す。

耕作遺構の立地は6つに分類する案と3つに区分する案がある。まず前者は立地を，1．丘陵斜面部の麓を開析した谷底，2．多少規模が大きな谷底平野あるいは中小規模の河川の氾濫原（後背湿地），3．丘陵面あるいは扇状地を開析した谷底，4．大河川の氾濫原の一部（主に後背湿地の沿辺部あるいは微高地から後背湿地に至る境界部），5．丘陵の斜面部，6．細部地形条件不明などに区分している〔郭鍾喆 2001〕。後者は谷底形と河川形，丘陵形に大きく区分している〔金度憲 2006a〕。以下からは後者の案に沿って記述する。

現在までの資料からみると，時期によって立地の変化相ははっきりしていない。水田は谷底形，畠は河川形の調査事例が多い。先史時代には丘陵形の畠が多かったと推定されるが，確認された事例はあまりない。そして谷底は開墾と治水の容易性，河川辺は氾濫の危険性があるが，開墾が容易であり土質が肥沃な長所がある〔郭鍾喆 2001，金度憲 2006a〕。

耕作遺構の形態は水田と畠に区分され，前者を畦畔区画形，後者を段区画形に命名したりすることもある〔金度憲 2006a〕。まず水田は小区画・不定形と階段式に大きく区分されること〔郭鍾喆 2001〕が一般的である。さらに資料が増加するにつれて4つの類型に分類する案〔郭鍾喆ほか 2003〕も提示された。

畦畔区画形は幅20cm前後の畦畔によって区画された水田面の平面形態が長方形や方形，菱形，不定形など多様である。そして地形傾斜によって区画された水田面が階段状に低くなる。一般的には地形傾斜がなだらかな所であればあるほど区画された水田面の面積は相対的に広い。

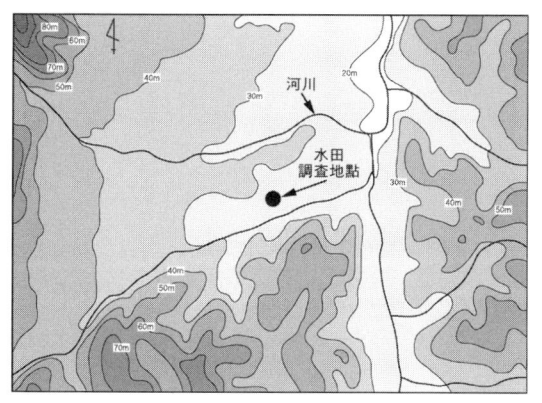

図1　蔚山玉峴遺跡地勢図

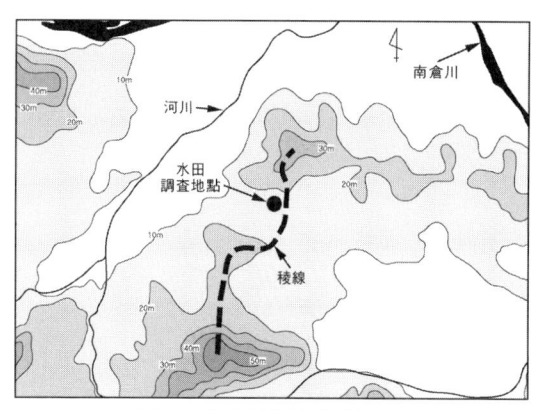

図2　蔚山鉢里遺跡地勢図

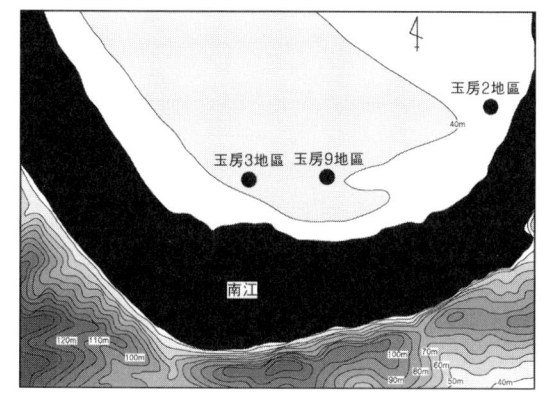

図3　晋州大坪遺跡地勢図

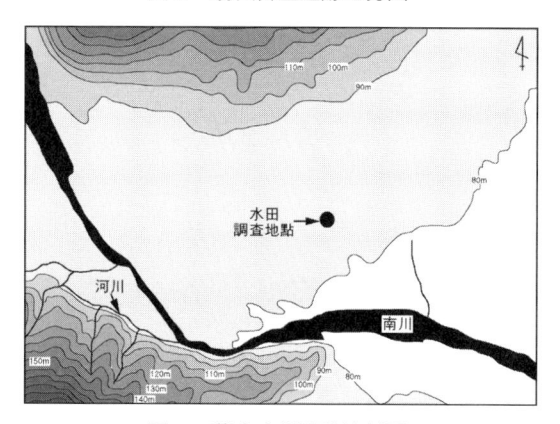

図4　蔚山南川遺跡地勢図

　段区画形は水田面の幅が長さに比べて短いのが特徴であり，段によって区画された水田面の平面形態はさらに細い長方形あるいは弧状になる。水田面の幅は大体1mを超えず50～70cmほどであり，上下の水田面の段差は10cm以下であるのが一般的である。段区画形の水田と類似の形態は日本の徳島県大柿遺跡で調査された棚田が知られているが〔郭鍾喆・文栢成 2003〕，段区画形の水田は韓国だけに確認される形態であり，水田面の幅が狭いのは地形傾斜によって堆積された土壌を最大に活用するためである〔郭鍾喆 2001〕。さらに元来はあったかどうかは不明であるが，段区画形には畦畔がよく確認できず灌漑施設も検出された事例がない。そのゆえ，泉水沓あるいは『農事直説』に載っている「乾畓直播」という旱地農法（雨期が始まる前までは田の形態で耕作する。しかし雨期になると，水田のように管理される栽培法）の形態が用いられた可能性がある〔田崎博之 2002a・2002b〕。

　現在の資料からみると，畦畔区画形が段区画形より早く出現するが，両者は三国時代以後まで持続的に共存する。さらに両者は時間が経過するにつれて区画された水田面の面積がどんどん広くなる。そして青銅器時代の水田には畦畔区画形が多く，分布範囲も広いが，段区画形は嶺南地域に主に検出されている。そのような分布相の特徴のために畦畔区画形は嶺南の地形条件に適応した形態の可能性も考慮される〔金度憲 2006a〕。

　畠の形態については様々な分類案〔李相吉 2000，郭鍾喆 2001，宋永鎮 2001，金炳燮 2003〕が提示（図8・9参照）されているが，区画施設の有無，畝・畝間の形態と有無などを基準として同じように分類する。具体的な資料が不足するが，発掘された畠の年代はほとんど青銅器時代後期に推定される〔安在晧 2000〕。時期によって変化の様相はまだはっきりわかっていないが，畝間の形態が曲線的なものから直線的なものに変化していくのは明らかである。また，区画溝の内部に畝間と畝がある畠の形態で分類することもある〔兪炳琭 2002，大庭重信 2005，金炳燮 2006〕。

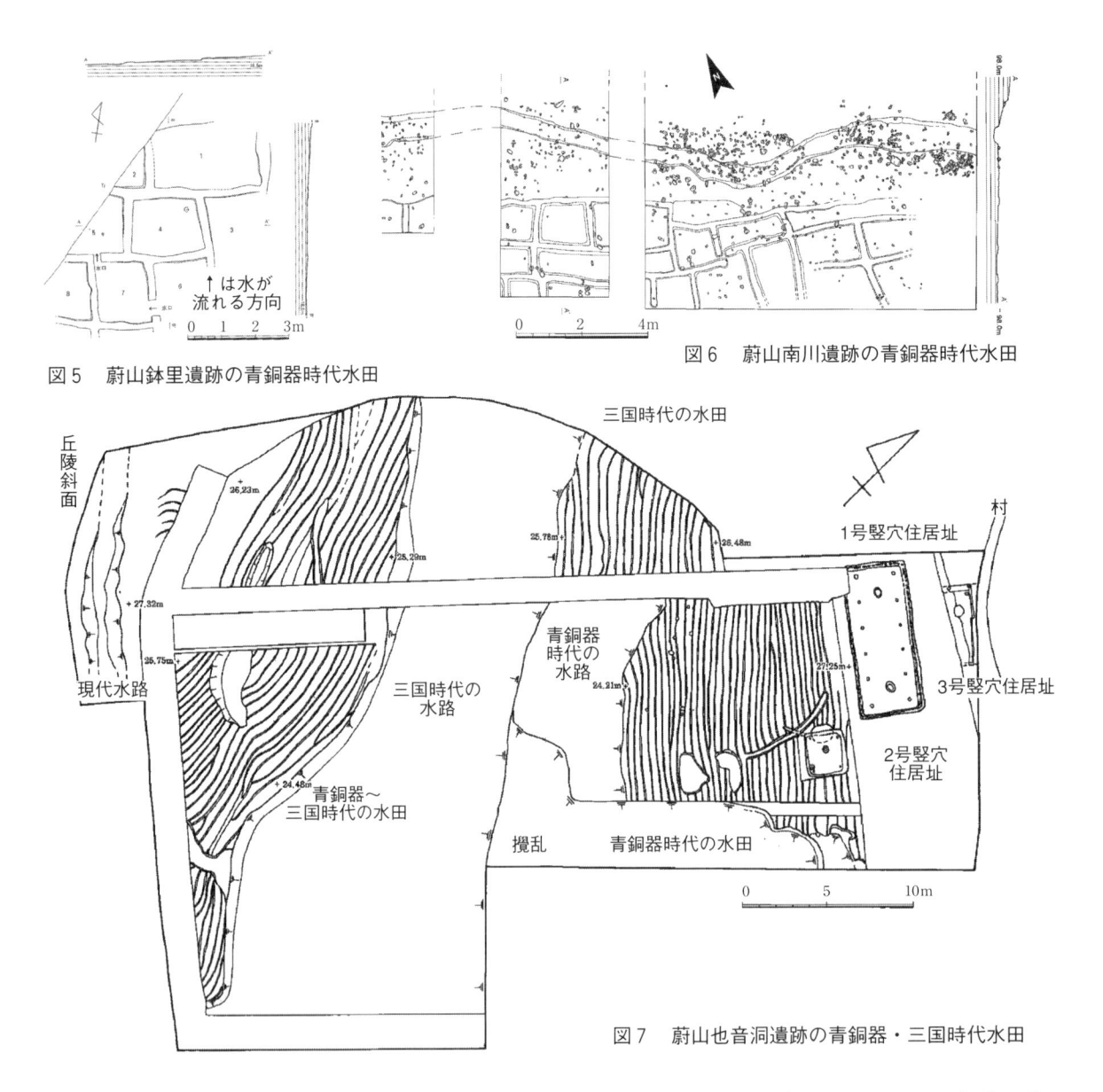

図5　蔚山鉢里遺跡の青銅器時代水田

図6　蔚山南川遺跡の青銅器時代水田

図7　蔚山也音洞遺跡の青銅器・三国時代水田

　畠の耕作の主体は規模によって異なることは知られている。大規模な畠（図10参照）は集落が共同で耕作したが，小規模な畠は個別的に管理したと考えられている〔李相吉 2000〕。また畠の形態によって作物の栽培する場所と方法が違うことは知られており，作物植栽は畝間と畝の両方で可能であり，列状と点状に植える方法（図8参照）があることが知られている〔李相吉 2000〕。

　さらには畠の形態により起耕方法の差異（図9参照）があることが指摘されている〔宋永鎭 2001〕。晋州の大坪里遺跡の畝は2人1組で起耕したり，一つの道具で往復しながら起耕，あるいは一人が起耕し別の一人が播種する形態だと推定する意見もある〔崔德卿 2002〕。このほかに大坪里遺跡の畝の休耕期間は畝間と畝が平行線（図10参照）であるという点から5年以内であるという見解もある〔李賢恵 2002a〕。しかし，畝間と畝に列状に存在する窪みの性格については見解差がある。すなわち，播種溝と把握する見解〔李相吉 2000，李賢恵 2002a〕と起耕痕とみる見解〔宋永鎭 2001，金炳燮 2003〕に分かれており，さらには足跡という見解もある。

　灌漑施設には用水路と洑，集水池などがあるが，耕作遺構とともに調査された事例は少ない〔金度憲 2003〕。灌漑施設の中で一番普遍的に確認されるのは用水路で，洑により上昇した水を水田面まで運搬する機能をもつものである。用水路は一般的に水田面より地形が高い所に等高線と平行した方向に設置された（図6・12参照）。堰は水路を止めて水の流れを停滞する機能と同時に水位

— 118 —

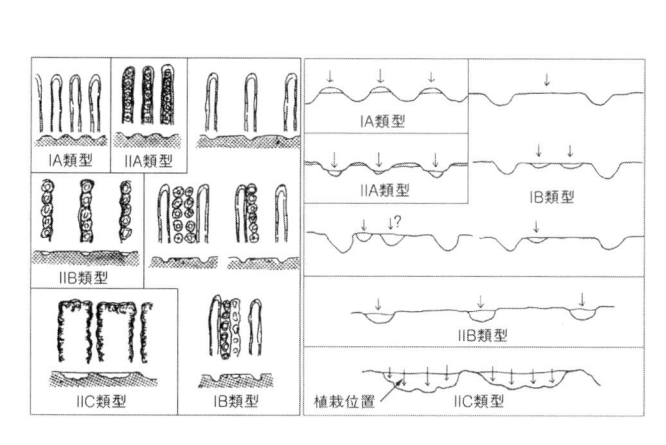

図8　李相吉の畠分類案(左)と植栽方法(右)

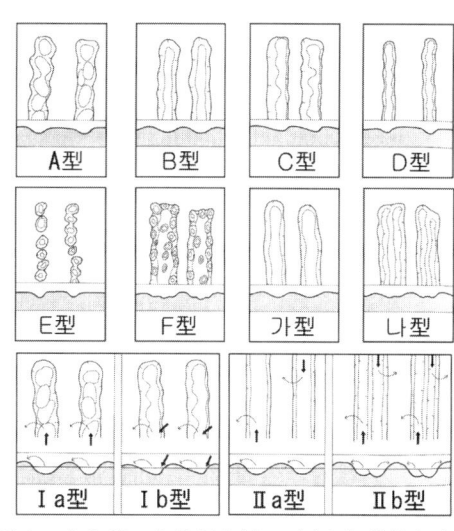

図9　宋永鎮の畠分類案(上・中)と起耕法(下)

図10　晋州大坪遺跡の玉房2地区の畠

を上昇させる機能をもつ施設である（図11・12参照）。密陽琴川里遺跡には洑と用水路が検出されたが，両者は時期が違うことが知られている。集水池は水を入れておく竪穴のみの形態と水を集める溝が伴う形態が知られている。また，最近，安東苧田里遺跡から青銅器時代前期と考えられる灌漑施設が調査〔李漢祥 2006〕されたが，年代と性格については様々な見解がある。

## 3　農　具

先史時代の農具は材質を基準として石製と木製，骨製，貝製などに区分される。そのうち骨製と貝製の農具は南部地方から出土した事例があまりない。先史時代の農具の中で一番比重が高かったと考えられるのは木製農具だが，出土した事例は非常に限られている。そのため石製工具を検討することにより木製農具の様相を推定し，抉入石斧を根拠として青銅器時代の後期には木製農具が発達したと推論した研究〔盧爀眞 1981・2001，裵眞晟 2001〕が代表的である。最近，低湿地遺跡の調査事例の増加にともなって木製農具の出土事例が増加し，これについての研究〔趙現鐘 1994・1997b・2000b〕も進んでいるが，大部分が三韓時代の資料である。木製農具の基本的な形態には大きな差異がないと知られているため，ここでは三韓・三国時代の資料を対象として説明する。

木製農具には鍬と挿，タビ（二又鋤）などが代表的であり，これらはすべて開墾・起耕具である。

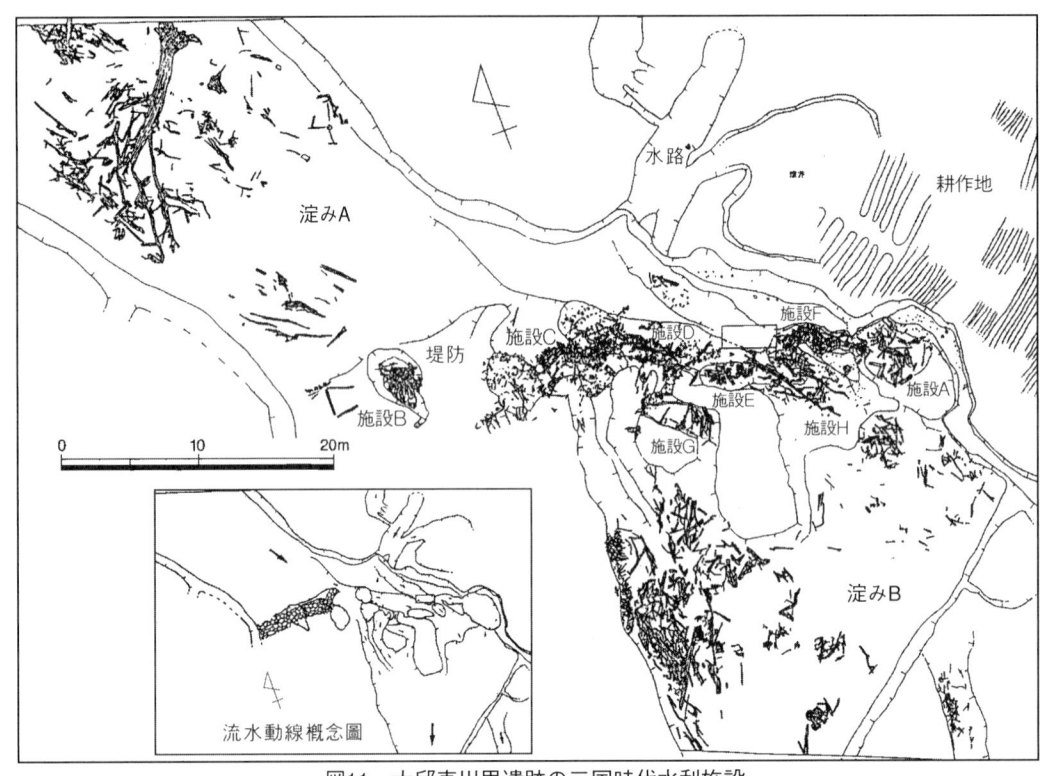

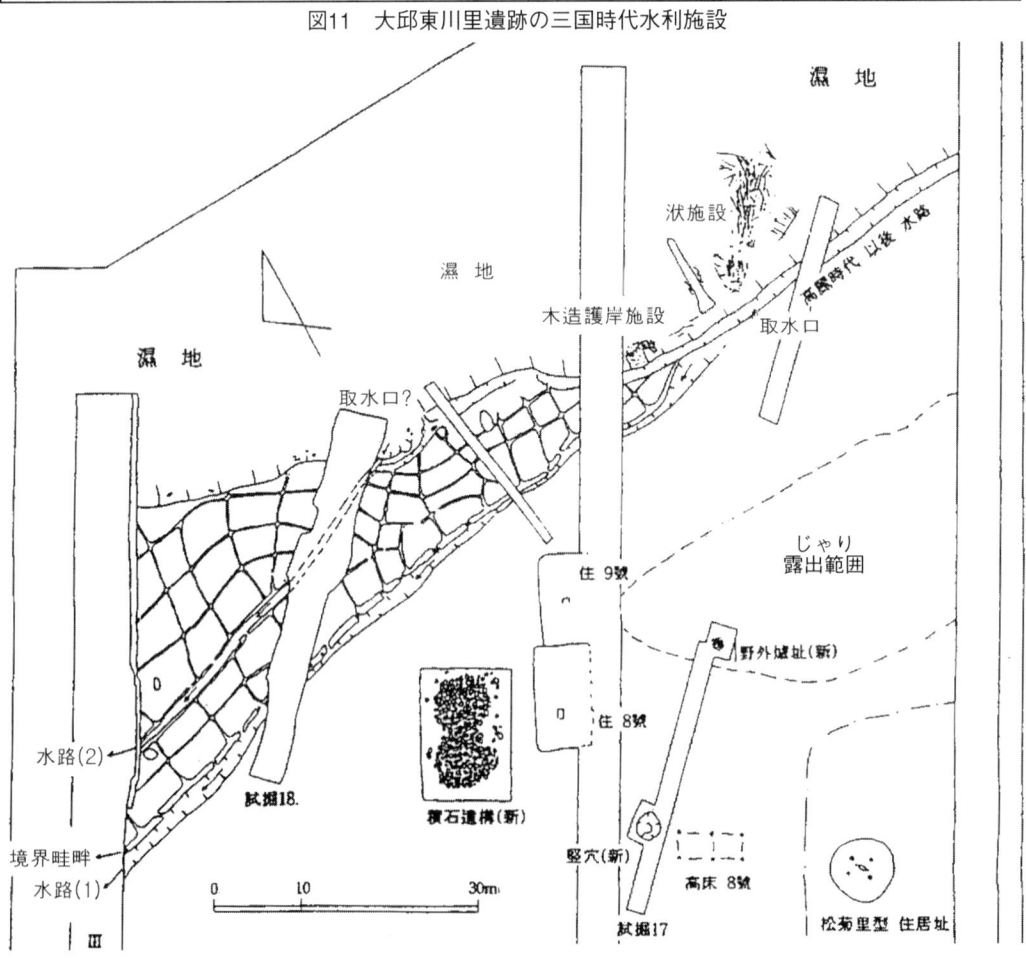

図11　大邱東川里遺跡の三国時代水利施設

図12　密陽琴川里遺跡の青銅器時代水利施設

木製鍬（図13参照）は刃部の形態を基準に平鍬とソスラン形鍬に区分〔趙現鐘 1997a〕され，両者は起耕作業に使われ〔李賢恵 1988〕，低湿地の開墾にも利用したと考えられる〔金在弘 2001〕。木製挿（図14参照）は長さ１m前後の大きさで水路を掘ったり，泥を鋤き返したりする用途に使用したと考える〔郭鍾喆 1992，安承模 2001〕。しかし，刃部の横断面が扁平であることから土を運搬する機能は少なかったと考えられる〔金度憲 2005b〕。そして出土事例はないが，農耕文青銅器（図15参照）にある絵から存在が推定できる木製タビがある。タビは韓国の固有の起耕具（図16参照）で農耕文青銅器に描かれており，長柄に二つの刃が120°ぐらいの角度で木柄についており，木柄の下部を足で踏みしめる部分がつくられた形態の農具である〔李賢恵 1988〕。

石製農具には石製鍬と石製挿，石製犂，石包丁，石鎌などがある〔池健吉ほか 1983，길경택 1985，安承模 2001〕。そのうち石製鍬と石製挿，石製犂などの打製掘地具は分類がはっきり出来ないことがあり，木柄がない状態からは用途区分は難しいという見解もある〔安承模 2001〕。実際にはこれらの遺物を打製石斧としてタビ形と鍬形に区分することもある〔河仁秀 2006〕。南部地方には打製掘地具の出土頻度が低く，新石器時代の貝塚から出土したものが多い。そして青銅器時代になると，打製掘地具は大体消滅すると知られている〔安承模 1996〕。群山ノレソム遺跡から出土した打製掘地具は貝類採集に使用したといわれており，この事例からみれば，打製掘地具の用途については科学的な機能分析が必要だと考えられる〔安承模 2005〕。

石包丁は先史時代の代表的な農具で稲の穂をつむ収穫具である。平面と刃部の形態（図17参照）により様々な分類があるが，刃部の断面形態はすべて片刃であり大きな差はない。石包丁の形態と栽培植物との間には一定の関連性がある。石包丁の中で長方形と櫛形は雑穀栽培の畠農事用，長舟形と魚形は雑穀の収穫に使用したが，後者は韓国では稲作用にも兼用され，短舟形と三角形は稲作用にのみ使用されたことが知られている〔安承模 1985〕。

そして石包丁の刃は平面形態によって大きく直刃と弧刃に区分される。直刃の石包丁は効用性が落ちるが，製作が簡単であるため農耕の比重が低い北部地域で使用された。一方，機能性が高い弧刃の石包丁は水田農事と畠農事の両者を行なうことが可能な韓半島中南部地方で使用された。また，三角形石包丁は製作と機能がともに優れていることから水稲作の拡散とともに採択されたと考えられている〔孫晙鎬 2002〕。近年，使用痕分析により石包丁を利用した収穫法がより多様化したということが明らかになった〔高瀬克範・庄田慎矢 2004〕。

石鎌は在来の鎌と形態的に似るが，石包丁に比べ出土頻度が少ないことから収穫具に使用されたかどうかの検討を必要とし，草や小枝などを切る用途に多く使われたと推定される〔安承模 2001〕。また，最近では，農具に分類される石製道具でブリ形石器がある。しかし用途については鋤と類似した掘地具〔李相吉 1998〕という説や収穫具〔兪炳珠 2006〕，農耕儀礼用〔国立晋州博物館 2002〕などの様々な見解が提示されている状況である。

その他に石棒と石盤は新石器時代の早・前期には少量しかみられないが，中期になると両端突出の石盤（鞍形磨臼）が拡散する〔田中聰一 2001，崔鍾赫 2005〕。しかし青銅器時代になると石棒と石盤の出土頻度が減少することが知られている。これらの両端突出の石盤と石棒，柳葉形鍬などを華北形農耕石器と命名し，雑穀農事と関連があると把握する例もある〔宮本一夫 2003〕。

## 4　穀物資料

穀物資料は稲籾や炭化穀物，土器の籾痕などが中心であったが，最近では花粉とプラント・オパールなどが追加され，資料の範囲が拡大されてきた。炭化穀物と籾痕は青銅器時代の集落から主に出土し，花粉とプラント・オパールが検出〔郭鍾喆ほか 1995〕されることもある。一方，稲籾は農耕の開始時点と関連がある資料だと議論されているが，大部分が自然堆積層から出土したもので年代の信頼性に問題がある。代表的な例が清原小魯里遺跡から出土した稲籾である。この稲籾は年代が15,000BPで馴化初期段階の稲だと主張〔朴泰植・李隆助 2004〕する見解もあるが，稲籾が出土し

図13　各種の木製鍬

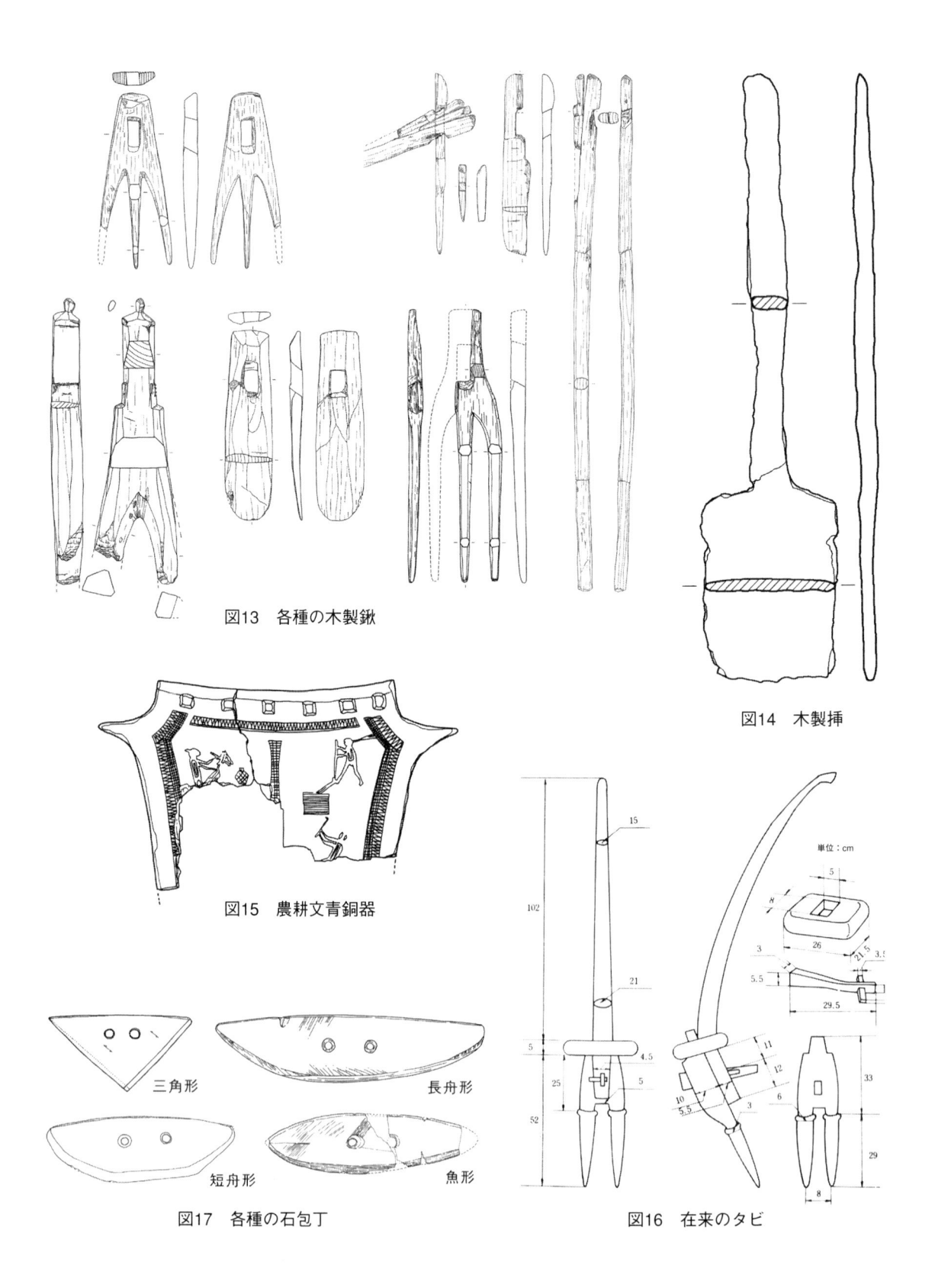

図14　木製挿

図15　農耕文青銅器

三角形　　長舟形
短舟形　　魚形

図17　各種の石包丁

図16　在来のタビ

た層の年代は認定するものの稲籾は後代の層から流入されたとみる見解もある〔郭鍾喆 1993，安承模 1996〕。

最近では，発掘から出土した穀物資料を基礎にして農耕形態の変化相についての研究〔李炅娥 2005〕が進んでいる。この結果から新石器時代の前期にもアワの栽培の可能性があり，中期になるとアワとキビを栽培したと考えられている。後期にはアワとキビの比重が増加し稲栽培の可能性も指摘されている。そして青銅器時代の前期には稲と麦類，豆類，アワ，キビなどの大部分の穀物が栽培され，後期になると稲の比重がさらに増加する。また，東三洞遺跡と上村里遺跡の雑草組成がヨーロッパの新石器時代の集約的な園耕からみられる雑草組成と似ていることから両遺跡から出土したアワとキビは森の中の火田地帯ではなく川岸の沖積地の園耕から収穫された可能性がある〔安承模 2005〕。

また植物遺体の分析結果についての見解もある。たとえば多数の先史時代の遺跡からモロコシの出土事例が報告されたが，モロコシの栽培種化の起源が紀元前後だという最近の研究成果からみると，現在までに報告された資料についての再検討が必要である〔李炅娥 2005〕。そして一般的に扇形珪素体を標識として稲の栽培可否を判断するが，そのような方法も一定の問題点があると指摘された〔李炅娥 2005〕。さらに植物遺体自体の年代測定が必要だという認識も拡がってきた。これは晋州上村里遺跡の新石器時代の遺構から出土した麦類を年代測定した結果，後代のものだと確認された事例があるためである。その他に分析結果を間違って引用する事例も時々確認される。例えばプラント・オパール分析から稲科が検出されたが，稲が検出されたと間違って引用することもある。

## 5　農耕形態

韓半島の南部地方には新石器時代の中期から穀物の栽培が認定されており，青銅器時代になると相当な水準になったことが知られている。即ち新石器時代の中期の園耕段階から始まり青銅器時代の前期の農事段階を経て後期に農業（あるいは集約農耕）段階へ変化するということが出来る。そして新石器時代に雑穀農事が先に伝来し，稲農事は青銅器時代に導入されたものだと考えられている。また，新石器時代には河川辺の畠から雑穀を，青銅器時代の前期になると河川辺と丘陵の畠から雑穀と稲を栽培したと考えられている。以後，青銅器時代の後期には河川辺の畠と水田あるいは丘陵の畠と谷間の水田から雑穀と稲を栽培したことが知られている。そして青銅器時代以降は稲作と畠作が並行して行なわれたが，畠作の比重が稲作より持続的に高かったと考えられている〔李賢恵 1997〕。それは韓半島の自然環境との関連があると考えられる〔後藤直 2002〕。

一方，先史時代の農耕形態の中で見解の差が一番大きなものは火田の存在の可否で，肯定論と否定論がある。前者によれば伐木火耕を基本にする長期休耕が新石器時代の農耕技術である〔李賢恵 1995〕。また青銅器時代の山地型の集落の農耕は伐木用石斧の比率が高いことと高地の立地から見ると火田の形態に推定されている〔安在晧 2000〕。しかし後者は地形条件が合わず〔李相吉 2002〕，河川辺の沖積地は自然的な施肥が可能であり，伐採用斧がないこと〔宋銀淑 2001〕から火田の存在を否定している。もちろん火田に対して積極的な証拠がないのは明白であるが，持続的に禁止されたとしても韓国で火田が消滅した時点は1970年代という事実を考えれば否定的な理由もない。

そして水稲作の拡散時点に対しての異見もそのまま存在する。これは水田の年代との関連がある。水田（水稲作）の導入時点は青銅器時代の後期という見解〔安承模 2000，安在晧 2000〕が一般的である。しかし最近，密陽琴川里遺跡から調査された水田の年代は青銅器時代の早期に報告〔李相吉ほか 2003〕され，蔚山の玉峴遺跡と也音洞遺跡で調査された水田の年代も青銅器時代の前期まで遡れると見る見解〔李相吉 2002，郭鍾喆ほか 2003〕がある。ところが，琴川里遺跡を除外すると，青銅器時代の早期まで遡れる事例がまだなく，水田といえる遺構は年代を判断するのは難しいときが多い。それゆえその問題については資料の増加を待つしかなく，水田も導入時点が遡る可能性が高くなっている状況であるのは明らかである。しかし稲との関連がある資料が後期に集中している

ことから水稲作の拡散は松菊里文化(青銅器時代の後期)との密接な関連があるという見解〔安承模 1996〕は現在でも有効な見解だと考えられる〔金度憲 2005a〕。

　また農耕生産量についてはまだ具体的な研究が進んでいないが,研究者によって見解差が大きい。青銅器時代の水田についての研究は7,000坪の水田から獲得できる稲の量は5,000kg(1坪に約0.7kg)で70名の人が半年ぐらいの生活ができる量だと計算した研究もある〔李弘鍾 1997〕。しかし三国時代の水田の研究には, 水田300坪の生産量は約34〜74kg(細かく言うと34kg前後, 1坪に約0.11kg)と算出されたものである〔郭鍾喆 2001〕。両者の算出値は約7倍の差がある。時期の差を考えればその差はさらに大きいものだと考えられる。

　そして先史時代の農耕生産力は一般的に道具の発達を根拠として説明されている。抉入石斧と三角石刀から農耕生産力の増大を推論する研究が代表的である。しかし道具の発達による生産力の増大は限界があり, 先史時代には農耕生産力を増大する一番よい方法は可耕地の拡大という見解が提示された〔金度憲 2005a・2006a〕。この見解の上からみれば水稲作の拡散も可耕地の拡大という側面から理解できると考えられる〔金度憲 2006a〕。

## 6　農耕と社会相

　農耕と関連がある現状の中で広く知られているのは定住性であり, 農耕が入ってきた以後に集落の定住性が増大したと考えるのが一般的である。しかし最近の研究からみると, 作物の起源地には定住性と植物栽培がほぼ同時期に出現して発展していく反面, 作物が波及する周辺地域には堅果類と魚貝類を集中的に利用する定住集落が形成された後に作物栽培を受け入れることが知られている〔安承模 2006〕。

　一方, 南部地方には新石器時代の集落の資料が少ないが, 大体, 新石器時代の中期になると内陸の河岸辺に定住性の集落が拡散する現象が確認され, これは農耕と関連があるものと推定されている〔宋銀淑 2001, 崔鍾赫 2005〕。以後, 末期になると定住性の集落が解体され, 移動性が増加する現象が確認される〔安承模 2006, 林尚澤 2006〕。青銅器時代になって再び定住性の集落が出現する。その時は河川辺だけではなく丘陵にも多数の集落が形成される。また地域によっては, 青銅器時代の前期には丘陵に立地した集落が, 後期になると河川辺あるいは丘陵のすそに移動する現象が確認されている。この現象は農耕形態(水田の拡散)との関連があると推定されている〔兪炳琭 2002, 金度憲ほか 2004〕。

　先史時代の集落構造についての研究は資料が豊富な青銅器時代を中心にして行なわれている。新石器時代の集落は中期に規模が一番大きく, 以後はどんどん縮小していくと知られている〔林尚澤 2006〕。しかし, 青銅器時代には前期から後期へいくほど人口が増加し, 集落の規模も拡大することが知られている〔安在晧 2006〕。また後期には大規模な集落が拠点化して地域の中心体に成長したとみる見解もある〔安在晧 2006〕。しかし青銅器時代以後, 三韓時代の粘土帯土器段階になると再び集落が衰退する現象が見られる〔安在晧 2006〕。

　一方, 先史時代の集落の定住性を示唆する資料には, 記念物と防御施設がある。前者は支石墓, 後者は環濠が代表的である。支石墓の年代と変化相については様々な見解があるが, 農耕社会の代表的な記念物として認識されている〔李盛周 2000〕。そして環濠は青銅器時代の後期になると拡散することが知られており, 機能については防御よりは境界とみる見解が優勢である〔裵徳煥 2000〕。

　そして大部分の研究者たちが青銅器時代の後期を複合社会〔金權九 2005, 安在晧 2006〕と把握しており, この時には生産体系の変化も見られる。即ち, 集落間の分業〔庄田慎矢 2005〕と集落内の分業あるいは専業集団の存在を想定している〔安在晧 2006〕。さらにこの時から大量生産体系が出現したと推定する〔金度憲 2005a〕。これによれば後期に発達する抉入石斧は精巧な作業よりも大きく整える作業に合うという点, 刃の効用性は落ちるものの, 製作の長所がある三角形石包丁の存在〔孫晙鎬 2002〕, 製作時間が短くなる半製品(所謂船形石器)の出現〔黃昌漢 2004〕, 石器組成か

ら始まって道具体系まで変化するということ〔趙現鐘 2000b〕などを総合的に見れば青銅器時代の後期の生産体系は以前とは違うかも知れない。

　また農耕は生業の一部であるため，農耕の受容と生業内での農耕の占める比重の増加とともに生業形態も変化したことは明らかである。実際に落とし穴を利用した狩猟法〔金度憲 2006b〕と管状土錘を利用した淡水漁労〔郭鍾喆 2003〕の出現はそのような事実を後押ししている。しかし狩猟と採集，漁労などの先史時代の生業についての研究は，資料の制約のためにあまり進んでいない状況である。最近は石製道具の構成比を分析〔孫晙鎬 2003〕して生業形態を推定したり，貯蔵穴の検討〔孫晙鎬 2004〕などの研究から，採集様相を明らかにする研究が進んでいる。

## おわりに

　以上，韓半島の南部地方の先史時代の農耕について研究成果を中心にして見た。資料の蓄積を基に，最近では新石器時代に狩猟採集とともに農耕が行なわれ，青銅器時代にはかなり高い水準の農耕社会が形成されたとみる認識も普及している。今後，資料の蓄積と研究の進展を基に，先史時代の農耕のさらなる具体的な様相が明らかになることが期待される。また先史時代の農耕と関連がある内容で本稿では扱わなかった部分もあるが，これはすべて筆者の能力不足によるものである。

### 参考文献
■韓国文献

郭鍾喆 1992「韓国と日本の古代農業技術－金海地域と北部九州地域との比較検討への基礎作業」『韓国古代史論叢』4，韓国古代社会研究所

郭鍾喆 1993「先史・古代稲資料出土遺蹟の土地条件と稲作・生業」『古文化』42・43，韓国大学博物館協会

郭鍾喆 2001「わが国の先史～古代水田畠遺構」『韓国農耕文化の形成』第 25 回韓国考古学全国大会発表要旨文

郭鍾喆 2003「加耶の生業」『加耶考古学の新しい照明』釜山大学校韓国民族文化研究所

郭鍾喆・藤原宏志・宇田津徹朗・柳澤一男 1995「新石器時代土器胎土から検出された稲の plant-opal」『韓国考古学報』32

郭鍾喆・文栢成 2003「水田遺構調査法再論」『湖南考古学報』18

郭鍾喆・李珍柱 2003「わが国の水田遺構集成」『韓国の農耕文化』6，京畿大学校博物館

国立晋州博物館 2002『青銅器時代の大坪・大坪人』特別展図録

宮本一夫 2005「園耕と縄文農耕」『韓国新石器研究』10

金權九 2005『青銅器時代嶺南地域の農耕社会』学研文化社

金度憲 2003「先史・古代水田の灌漑施設についての検討」『湖南考古学報』18

金度憲 2005a「青銅器時代嶺南地域の環境と生業」『嶺南の青銅器時代文化』第 14 回嶺南考古学会学術発表会

金度憲 2005b「考古資料で見る古代の農耕－嶺南地域を中心にして」『先史・古代の生業経済』第 9 回福泉博物館学術発表会

金度憲 2006a「先史・古代の耕作遺構についての検討－嶺南地域を中心にして」『石軒鄭澄元教授停年退任記念論叢』釜山考古学研究会

金度憲・李在熙 2004「蔚山地域青銅器時代聚落の立地についての検討－生業と関聯して」『嶺南考古学』35

金炳燮 2003「韓国の古代畠遺構についての検討」『古文化』62

金炳燮 2006「区劃溝についての検討」『咸安都市自然公園敷地内遺蹟』慶南発展研究院歴史文化センター調査研究報告書 第 46 冊

金壮錫 2002「南韓地域新石器－青銅器時代転換：資料の再検討で仮説の提示」『韓国考古学報』48

金在弘 2001「新羅中古期村制の成立と地方社会構造」ソウル大学校博士学位論文
길경택 1985「韓国先史時代の農耕と農具の発達についての研究」『古文化』27
盧爀眞 1981「有溝石斧についての一考察」『歴史学報』89
盧爀眞 2001「有溝石斧再検討」『古文化』57
朴泰植・李隆助 2004「小魯里稲籾発掘で見る韓国稲の起源」『農業史研究』3-2, 韓国農業史学会
裵德煥 2000「嶺南地方青銅器時代環濠聚落研究」東亞大学校碩士学位論文
裵眞晟 2001「柱状片刃石斧の変化と劃期－有溝石斧の発生と無文土器時代中期社会の性格」『韓国考古学報』44
孫晙鎬 2002「韓半島出土半月形石刀の変遷と地域性」『先史と古代』17, 韓国古代学会
孫晙鎬 2003「磨製石器分析を通じてみる寛倉里遺蹟B地区の性格検討」『韓国考古学報』51
孫晙鎬 2004「錦江流域松菊里文化の群集貯蔵孔研究」『科技考古研究』10, 亞州大学校博物館
宋永鎭 2001「Ⅳ. 考察」『晋州大坪里玉房3地区先史遺蹟』慶尚大学校博物館
宋銀淑 2001「新石器時代生計方式の変遷と南部内陸地域農耕の開始」『湖南考古学報』14
安承模 1985「韓国半月形石刀の研究－発生と変遷を中心として」ソウル大学校碩士学位論文
安承模 1996「韓国先史農耕研究の成果と課題」『先史と古代』7
安承模 2000「稲作の出現と拡散」『韓国古代の稲作文化』国立中央博物館学術シンポジウム発表要旨
安承模 2001「古代の農具」『韓国の農器具－伝統農耕の歴史』語文閣
安承模 2005「韓国南部地方石器時代農耕研究の現状と課題」『韓国新石器研究』10
安承模 2006「東アジア定住聚落と農耕出現の相関関係－韓半島南部地方を中心として」『韓国新石器研究』11
安在晧 2000「韓国農耕社会の成立」『韓国考古学報』43
安在晧 2006「青銅器時代聚落研究」釜山大学校博士学位論文
兪炳琭 2002「大邱地域の初期農耕」『韓日初期農耕比較研究』韓日合同シンポジウムと現地検討会発表要旨, 大阪市学芸員等共同研究韓半島綜合学術調査団
兪炳琭 2006「一名'ブリ形石器'用途についての小考」『石軒鄭澄元教授停年退任記念論叢』
李炅娥 1998「古民族植物学の研究方向と韓国における展望」『嶺南考古学』23
李炅娥 2005「植物遺體に基礎する新石器時代'農耕'についての観点の再検討」『韓国新石器研究』10
李相吉 1998「無文土器時代の生活儀礼」『環濠聚落と農耕社会の形成』嶺南考古学会・九州考古学会第3回合同考古学大会
李相吉 2000「南江流域の農耕－大坪地域畠［田］を中心として」『晋州南江遺跡と古代日本－古代韓日文化交流の諸様相』仁齊大学校伽倻文化研究所
李相吉 2002「南部地方初期農耕の現段階－遺構を中心として」『韓日初期農耕比較研究』
李相吉・金美暎 2003「密陽琴川里遺蹟」『高句麗考古学の諸問題』第27回韓国考古学全国大会発表要旨文
李盛周 2000「支石墓：農耕社会の記念物」『韓国支石墓研究の理論と方法－階級社会の発生』주류성
李俊貞 2001「狩猟・採集経済から農耕への転移過程についての理論的考察」『嶺南考古学』28
李漢祥 2006「青銅器時代の水利施設と安東苧田里遺跡」『韓・中・日の古代水利施設比較研究』啓明大学校史学科50周年紀念国際学術大会
李賢恵 1988「韓半島青銅器文化の経済的背景」『韓国史研究』56
李賢恵 1989「韓国古代農業技術の研究現況と課題」『韓国上古史－研究現況と課題』韓国上古史学会
李賢恵 1995「韓国農業技術発展の諸時期」『韓国史時期区分論』翰林科学院
李賢恵 1997「韓国古代の畠農事」『震檀学報』84
李賢恵 2002a「韓半島青銅器時代の畠農事－晋州大坪里畠遺跡を中心として」『震檀学報』94
李賢恵 2002b「韓国古代の農業」『講座韓国古代史－6 経済と生活』駕洛国史蹟開発研究院
李弘鍾 1997「韓国古代の生業と食生活」『韓国古代史研究』12, 韓国古代史学会
林尚澤 2006「櫛文土器文化聚落構造変動研究－中西部以南地域を中心として」『湖南考古学報』23
庄田慎矢 2005「玉関聯遺物で見る晋州大坪聚落の分業礼制」『湖南考古学』36

田中聰一 2001「韓国中・南部地方新石器時代土器文化研究」東亞大学校博士学位論文
趙現鐘 1997a「湖南地方稲作農耕研究の現段階」『湖南考古学の諸問題』第 21 回韓国考古学全国大会発表要旨文
趙現鐘 1997b「木器研究集成（Ⅰ）－韓国先史時代出土品を中心として」『務安良將里遺蹟綜合研究』木浦大学校博物館
趙現鐘 2000a「稲作農耕の起源と展開」『韓国古代文化の変遷と交渉』書景文化社
趙現鐘 2000b「農工具の変遷と生産量の増大－稲作と関聯して」『韓国古代の稲作文化』
池健吉・安承模 1983「韓半島先史時代出土穀類と農具」『韓国の農耕文化』創刊号
崔德卿 2002「古代韓国の旱田耕作法と農作制についての一考察」『韓国上古史学報』37
崔鍾赫 2005「韓国南部地方農耕についての研究－石器組成を中心として」『韓国新石器研究』10
河仁秀 2004「東三洞貝塚文化についての予察」『韓国新石器研究』7
河仁秀 2006「嶺南海岸地域の新石器文化研究」釜山大学校博士学位論文
黄昌漢 2004「無文土器時代磨製石鏃の製作技法研究」『湖南考古学報』20
後藤　直 2002「無文土器時代の農耕と聚落」『韓国 農耕文化의 形成』韓国考古学会

■ 日本文献
高瀬克範・庄田慎矢 2004「大邱東川洞遺跡出土石庖丁の使用痕分析」『古代』15，早稲田大学考古学会
宮本一夫 2003「朝鮮半島新石器時代の農耕化と縄文農耕」『古代文化』55－7，古代学協会
金度憲 2006b「韓国における陷し穴と狩猟法の検討」『考古学研究』53－1
大庭重信 2005「無文土器時代の畠作農耕」『待兼山考古学論集－都出比呂志先生退任記念』大阪大学考古学研究室
藤尾慎一郎 2004「日本列島における農耕の始まり」『文化の多様性と 21 世紀の考古学』考古学研究会 50 周年記念国際シンポジウム
西本豊弘 2002「〈縄文時代〉生業」『季刊考古学』80，雄山閣
田崎博之 2002a「朝鮮半島の初期水田稲作－初期水田遺構と農具の検討」『韓半島考古学論叢』すずさわ書店
田崎博之 2002b「日本列島の水田稲作」『東アジアと日本の考古学Ⅳ（生業）』同成社
趙現鐘 1994「韓国先史時代の木工文化」『季刊考古学』47，雄山閣

# 防牌形銅飾りの系譜と年代

春成秀爾

## 1 序　説

　朝鮮半島西南部の青銅器文化には，剣・戈・矛・斧や多鈕鏡・鈴のように，機能・用途を推定することが可能な器種のほかに，防牌形銅飾り・剣把形銅飾り・円蓋形銅器・喇叭形銅器・八珠鈴などのような「儀器」と分類されるものが存在する。

　ここで取りあげる「防牌形銅飾り」は，これまで「防牌形銅器」と呼び慣わされてきたものであるが，岡内三眞の呼び方〔岡内 1983：88〕がその用途にふさわしいと考え，岡内に従って私はこの呼称を用いる。「牌」は中国では札，割符，盾をさし，「防牌」も盾のことである。

　忠清南道大田市槐亭洞遺跡の石棺墓から1967年に最初に見つかった防牌形銅飾り（図1-1）を李殷昌は「銅製楯形金具」の名称をつけて報告した。そのなかで，「上部の4孔に紐を通して懸下するようにした懸垂金具と推測するが，用途は未詳」と述べた〔李 1968：86-87〕。

　金廷鶴は，「今まで発見されたことのない形態の銅器であるが，馬面ではないか」と考え，「これに似た形の銅製馬面（図1-2）2点が1962年平壌市石巌里遺跡から細形銅剣とともに発見されている」と指摘し，「銅製馬面」の名称を与えた〔金 1972：116〕。しかし，石巌里遺跡からの出土品との間には著しい形態的な差があった。

　防牌形銅飾りの2例目は1970年に同じ大田市で見つかった。「農耕文青銅器」の名称を付して報告した韓炳三は，その形態が槐亭洞例とまちがいなく同じであると考えたが，両面に表現されている鳥と農耕の図像の解釈に重点をおき，用途や系譜については言及しなかった〔韓 1971・1987〕。

　その後，1976年に忠清南道牙山郡南城里遺跡で新たに見つかった防牌形銅飾りを含む青銅器群を報告した韓炳三と李健茂は初めて「防牌形銅器」の名称を与え，蠟型を作りそれを使って鋳造し

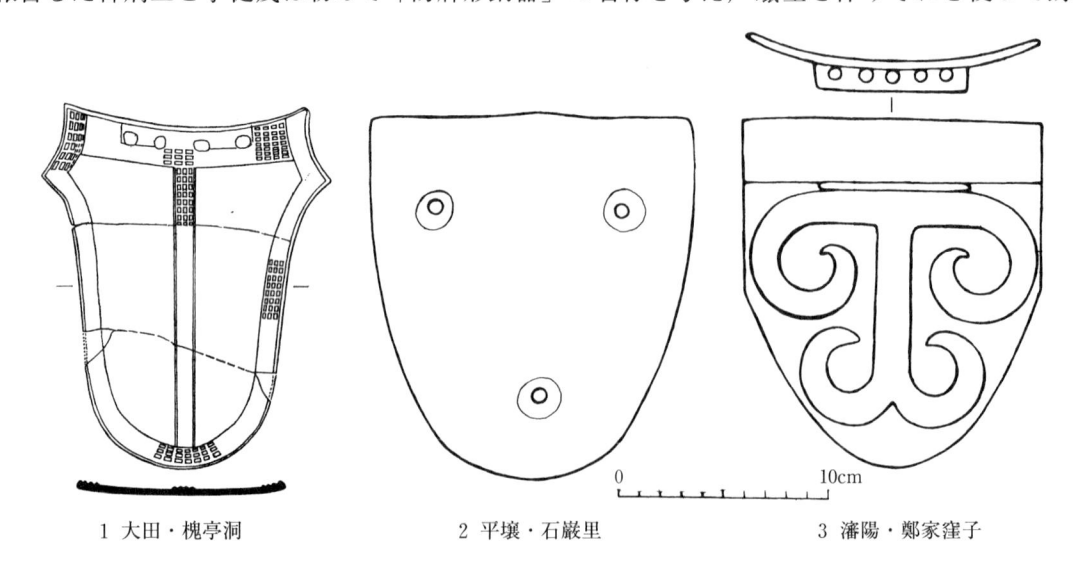

　1 大田・槐亭洞　　　　2 平壌・石巌里　　　　3 瀋陽・鄭家窪子

**図1　防牌形銅器と青銅馬面**［金廷鶴編 1972］**と盾形飾牌**［瀋陽故宮博物館ほか 1975］

たことを考えた〔韓・李 1977：10-11〕。しかし，用途についての考察はしなかった。

南城里遺跡の報告書を日本に紹介した宇野隆夫は，金廷鶴の馬面起源説に賛成し，槐亭洞例が「より異形化したもの」と考えた〔宇野 1979：243〕。

その一方，朝鮮青銅器文化の剣把形銅飾りや防牌形銅飾りなどの高度な鋳造技術の復元に取り組んだ岡内三眞は，防牌形銅飾りの起源を遼寧省鄭家窪子6512号墓の盾形飾牌（斧嚢（ふのう））（図1-3）に求め，馬具と考えている〔岡内 1983：88〕。

それにたいして，1987年に筆者は，槐亭洞遺跡の防牌形銅飾りの起源は遼寧青銅器文化に属する遼寧省十二台営子1号墓出土の人面銅牌（銅飾り）にあることを指摘した〔春成 1987a：27-28, 1987b：66〕。

しかし，最近でも，宮本一夫は鄭家窪子6512号墓の盾形飾牌を馬具と考え，それを防牌形銅飾りの起源とみなす岡内説を踏襲した意見を述べている〔宮本 2004：210〕。

防牌形銅飾りはこれまで韓国の3遺跡からわずか3点見つかっているにすぎないけれども，朝鮮青銅器文化と遼寧青銅器文化とをつなぐ重要な資料である。

小論では，防牌形銅飾りの系譜について，あらためて私見を述べるとともに，それと関連して八珠鈴の起源についても考察することにしたい。この作業を通じて，遼寧青銅器文化と朝鮮青銅器文化の性格と年代について，より明らかにすることができるならば幸いである。

## 2　人面銅飾りと防牌形銅飾り

### 遼寧省十二台営子1号墓の人面銅飾り

遼寧省朝陽市十二台営子で1958年に調査された3基の墓の一つで，1960年に朱貴（遼寧省博物館）によって報告されている〔朱 1960〕。しかし，概報であって，副葬品などについての詳しい分析はなされていない。人面銅飾りは「人面銅牌」の名称で報告されている。このばあいの「銅牌」は，小銅板あるいは飾り板といった意味であろう。ここではその用途にふさわしい人面銅飾りの名称に直して使用することにしたい。

**遺跡・遺構・年代**　石槨木棺墓で，石槨は3方を自然の石塊と卵形の自然石で築き，西側だけは板石で門をつくっている。天井は11個の石塊で覆っている。内法の長さ1.8m×幅1.0m，高さ1.2m，地表から墓の上面までの深さ2.0mである。石槨の底には卵形の自然石を敷き，遺体は木板上の葦席の上に遺体を置いていたようである。

男女2人合葬墓で，北側の男は50歳前後，南側の女は40～50歳の間である。副葬品は，以下に取りあげる馬具関係の遺物のほかに，銅剣2，多鈕銅鏡2，Y形銅具1，銅斧1，銅鏃2，銅刀2，銅鑿1，銅錐3，銅釣針3，石錘1，有孔砥石1，土製紡錘車1，細石刃，細石刃核1がある。遼寧青銅器文化Ⅰ期に属し，春秋前期，前8世紀と推定する。

**出土状態**　人面銅飾りは6個あり，獣面銅飾り3個，銅鑣（鑣留（ひょうはみどめ））6個，銅帯具6個，銅節約12個，管状銅飾59個といっしょに出土した。これらは男女2人の遺体の南側，つまり女性の右腰の右側の1個所と右脚の右側の1個所にまとまっている（図2-1）。鑣留は2個一組であるから6個で馬3頭分とみなすと，のこりの獣面銅飾りは1個一組，銅帯具は2個一組，銅節約は4個一組，管状銅飾は20個一組となる。したがって，3頭の馬から面繋（頭絡（おもがい））を外し，腰の右側に2組，脚の右側に1組おいたと解釈してよいだろう。鑣留があるのに，銜が存在しないのは，銜は青銅ではなく，動物の皮革・腱か，または植物繊維の縄でつくっていたからであろう。すなわち，人面銅飾りは出土の状態から鑣留などと組み合わせて使った馬具の部品で面繋の飾り金具であると推定する。

「石製枕状物」つまり銅剣の柄の加重器2個は，男性の左肩付近にある。銅剣2本は男性の胸の上に並んでいたけれども，発掘調査以前に盗掘にあっており，北側の男性の人骨は上半身の骨が失われ，下半身の骨の位置も乱れているから，銅剣の位置も盗掘時に動いていると考えるべきであろう。面繋が2頭分と1頭分に分けて置いてあったのは，男性に2頭の馬，女性に1頭の馬が帰属し

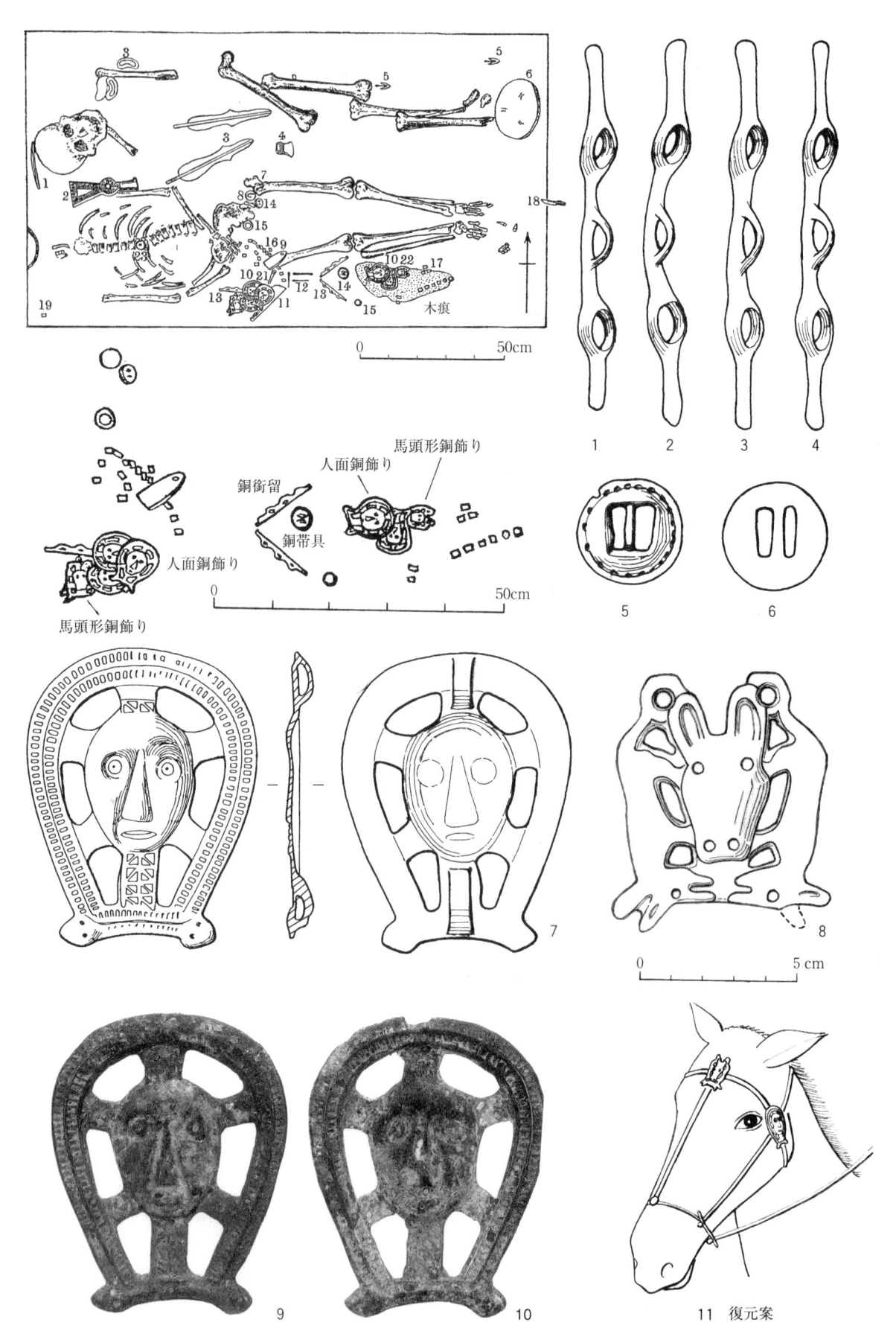

図2 朝陽十二台営子1号墓と副葬の馬具

**遺物配置図** 1・6 多鈕銅飾り，2 Y形銅具，3 青銅短剣，4 銅斧，5 銅鏃，7 銅釣針，8 石錘，9 有孔砥石，10 人面銅飾り，11・18 銅刀，12 銅錐，13 銅銜留，14 銅帯具，15 銅節約，16・17 管状銅飾り，19 紅色石刃，20 灰白色瑪瑙石核，21 銅鑿，22 馬頭形銅飾り，23 土製紡錘車
**出土遺物** 1〜4 銅銜留，5・6 銅帯具，7・9・10 人面銅飾り，8 馬頭形銅飾り（1〜6は写真を図化，7の裏面は推定図）

ていたことを示しているのであろうか。

**人面銅飾りの形態・文様** 片面（a面）は凸面で，人面と双頭蛇を立体的にあらわした図像があり，反対面（b面）の凹面の上下2個所に鈕を付けてある（図2-7）。遼寧省博物館に展示中の6点をガラス越しに観察したところでは，同范すなわち同一の鋳型で6点作っているように見えた。

双頭蛇は卵形の人頭の縁の6個所に橋をわたして卵形にめぐらせているので，人面のまわりに6つの透し孔があき，全体は楕円形の車輪形を呈している。橋のうち上下の2本だけは二つの三角形を組み合わせて四角形にした文様を2帯施している。人面は，明らかな頭髪の表現はなく，頸をもち円い眼球をとびださせた眼，縦に長い三角形の鼻，閉じた口で立体的にあらわされている。

蛇は底辺で双頭が短い胴でつながれている一方，胴は2本の帯を内外に重ねて表現してあり，蛇の頭がつながっているのは，外側の帯だけである。本来的には，双頭，双胴の蛇であって，2匹の蛇が並行している有様を表現していたのではないかと推定する。帯の中は長方形の凹点でうめて，蛇の胴の模様をあらわしている。眼は2つの凹点で表現している。高さ9.2cm，幅7.4cm。

**人面銅飾りの装着復元** 裏面の上下端の2個所に鈕をつけ，その孔は左右方向にあけている。それを手がかりに復元すると，革製の縦帯を下に横帯を上にして十字形に交差させた位置にこの銅飾りをおき，縦帯の裏側にあけた2孔と鈕孔に通した紐を結んで縦帯に綴じ付けた留め金具であると推定できる。

この遺跡からは別に獣類の頭と全体を立体的に表現した「獣面銅飾り」が3点出土している。長さ7.95cm，幅6.6cm。朱貴は，中央に1頭の獣頭の正面，両側に2匹の狼の側面を配しているとするが，中央の獣の種類については言及していない。

1 遼寧・南山根102号墓

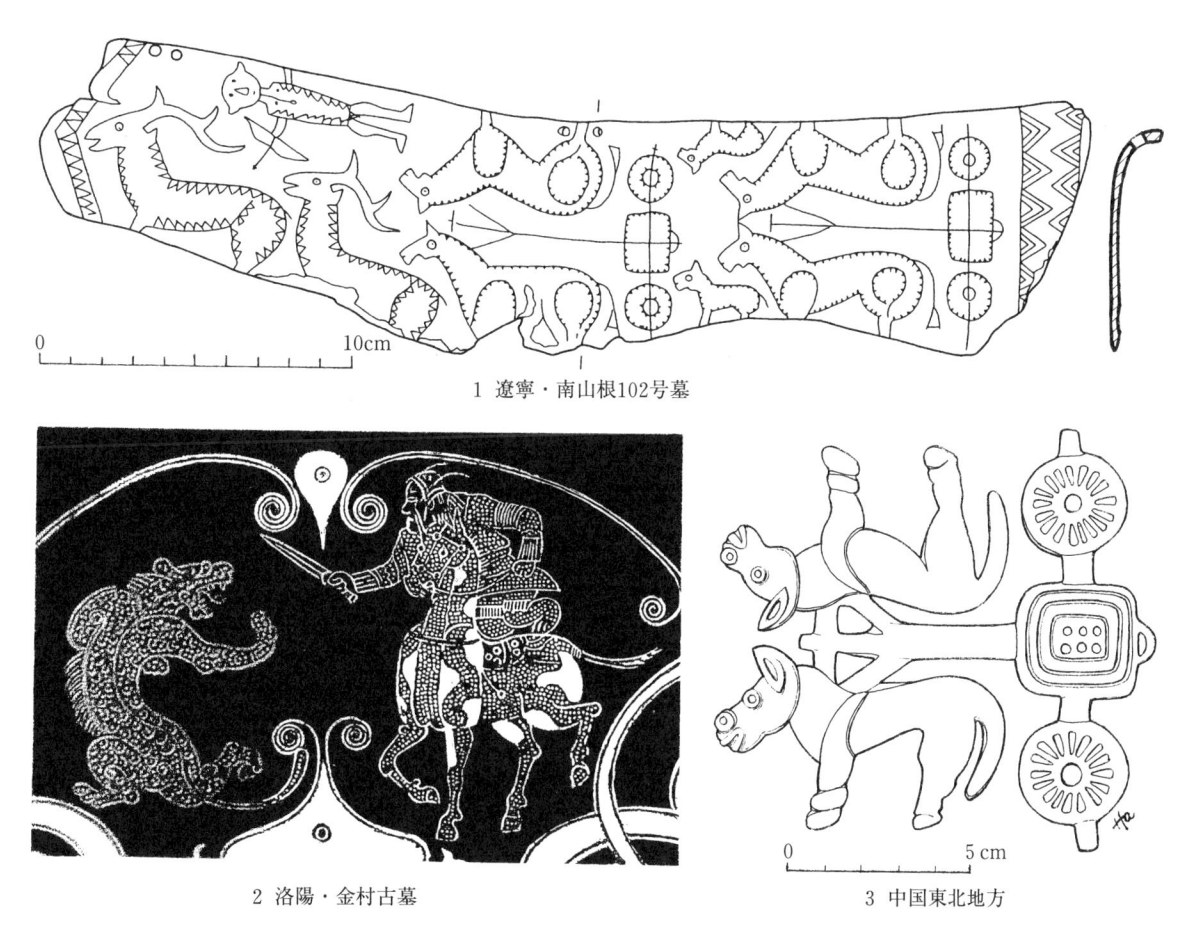

2 洛陽・金村古墓

3 中国東北地方

**図3 馬車を表現した骨製品（1）・銅飾り（3），騎馬を表現した鏡（2）**
（1〔朝・中合同考古学発掘隊 1986〕，2〔瀧 1930〕から作図，3 春成原図）

寧城県南山根102号墓の出土品に，2頭立ての馬車2台が2頭の鹿を追っている図像を線刻した骨製品がある（図3-1）〔朝・中合同考古学発掘隊（東北アジア考古学研究会訳）1986：171〕。馬のすぐ前にいる動物を報告者は仔馬とみなしているけれども，縄もかけずに仔馬が馬車の前を走ることはありえないので，2匹の犬が馬車に付き添っていると私は判断する。この図像では，鹿に矢を放とうとしている地上に立つ人が馬車に乗っている人であろうから，この馬車は戦車として描かれていないことになる。南山根102号墓の時期は，銅斧の型式や十二台営子1号墓にない銅銜をもつことから，春秋中期，遼寧青銅器文化Ⅱ期に属するとみなし，この時期に馬車が存在したことを認める。ニューヨークのメトロポリタン美術館蔵の「中国東北部」出土「馬車飾り」2点は，この図像を車馬具の一部品として鋳造した例である（図3-3）。南山根の図像も参考にして，十二台営子の獣面銅飾りの「獣」は馬，「狼」は犬と私は同定する。「馬頭形銅飾り」は，犬が馬または馬車を警護する意味をもつ護符であったのであろう。

　馬頭形銅飾りは1個，人面銅飾りは2個一対で用いたとすると，馬頭形銅飾りを面繋の後方，おそらく頸から額にかけた額革の中央に綴じ付け，人面銅飾りをその左右，おそらく額革と頬革との交差部に紐で綴じ付けて辻金具の役割をはたすとともに，邪悪を斥ける役割をはたすことを期待していたのであろう（図2-11）。人面銅飾りの上下の鈕の間は6cmであるから，額革・頬革ともに幅は5cm前後であったと推定する。

　この墓からは面繋（頭絡）の部品が見つかっているだけで馬骨や馬車の部品は見つかっていない。また，瀋陽市鄭家窪子6512号墓では，銅銜8個（馬4頭分），銅銜留と骨銜留をそれぞれ8個（馬4頭分×2）副葬していたけれども，車馬坑はなく，面繋だけを外して副葬している（図4）〔瀋陽故宮博物館ほか　1975〕。遼西の遼寧青銅器文化Ⅱ期に馬を飼い，実際に面繋をつけていたことは，鄭家窪子6512号墓出土の銅銜の中央の連結部がひどく磨滅していることに示されている。また，同墓の銜は片方だけを長くして端に二つの環をつけている。これは乗馬用の銜ではなく，明らかに2頭以上の馬が馬車を牽くさいに必要な装置である。遼寧青銅器文化では，馬を殉死させて埋葬したり馬車を副葬する風習は知られていない。軛部品や車軸頭など馬車の部品を副葬するようになるのは，遼寧青銅器文化Ⅱ期の喀左南洞溝墓〔遼寧省博物館ほか　1977〕が最初である。したがって，面繋の部品だけが副葬されている遼寧青銅器文化Ⅰ期には，馬はもっぱら乗馬用であったとも考えうる。

　洛陽金村古墓から出土した戦国時代の狩猟文鏡には，馬上の騎士が短剣を振りかざして虎を相手に闘っている情景をあらわしている（図3-2）〔瀧　1930，梅原　1933，梅原編　1943：巻首図版，41〕。馬車を走らせるには道路の整備が必要であり，戦車として使うには車馬戦用の武器つまり長い柄をもつ戈が必要である。このように，遼寧青銅器文化Ⅰ期に戦車が存在した証拠は，直接的，間接的を問わず見つかっていない。しかしながら，十二台営子1号墓で被葬者が2人に対して同一型式の面繋が3頭分あったということだけは不自然な状況である。

### 忠清南道槐亭洞の防牌形銅飾り

**遺跡・遺構・年代**　忠清南道大田市槐亭洞にある石槨木棺墓であって，李殷昌によって報告されている〔李　1968〕。石槨は深さ2.7mの土坑の底に厚さ10cmほどの板石を積んで四壁を造り，内法の長さ2.2m，幅0.5m，高さ推定1mの規模をもつ。床に木質がのこっていたので，木棺に木蓋をかぶせた墓であった可能性が考えられている。

　副葬品は，細形銅剣1，多鈕粗文鏡2，剣把形銅飾り3，防牌形銅飾り1，円蓋形銅器1，銅鈴（銅鐸）2，天河石製飾り玉（勾玉）2，小玉50余り，磨製石鏃3，黒色長頸壺1，粘土帯口縁甕1である。

　青銅武器は銅剣だけで，この時期には銅戈・銅矛はまだ出現していない。多鈕鏡は粗文鏡である。剣把形銅飾りは棘の発達が比較的弱く，銅鈴（銅鐸）とともに朝鮮半島最古例である。副葬土器の甕は口縁部に断面円形の粘土帯を貼り付けたもので，壺は黒色・長頸である。いずれも水石里式土

防牌形銅飾りの系譜と年代（春成秀爾）

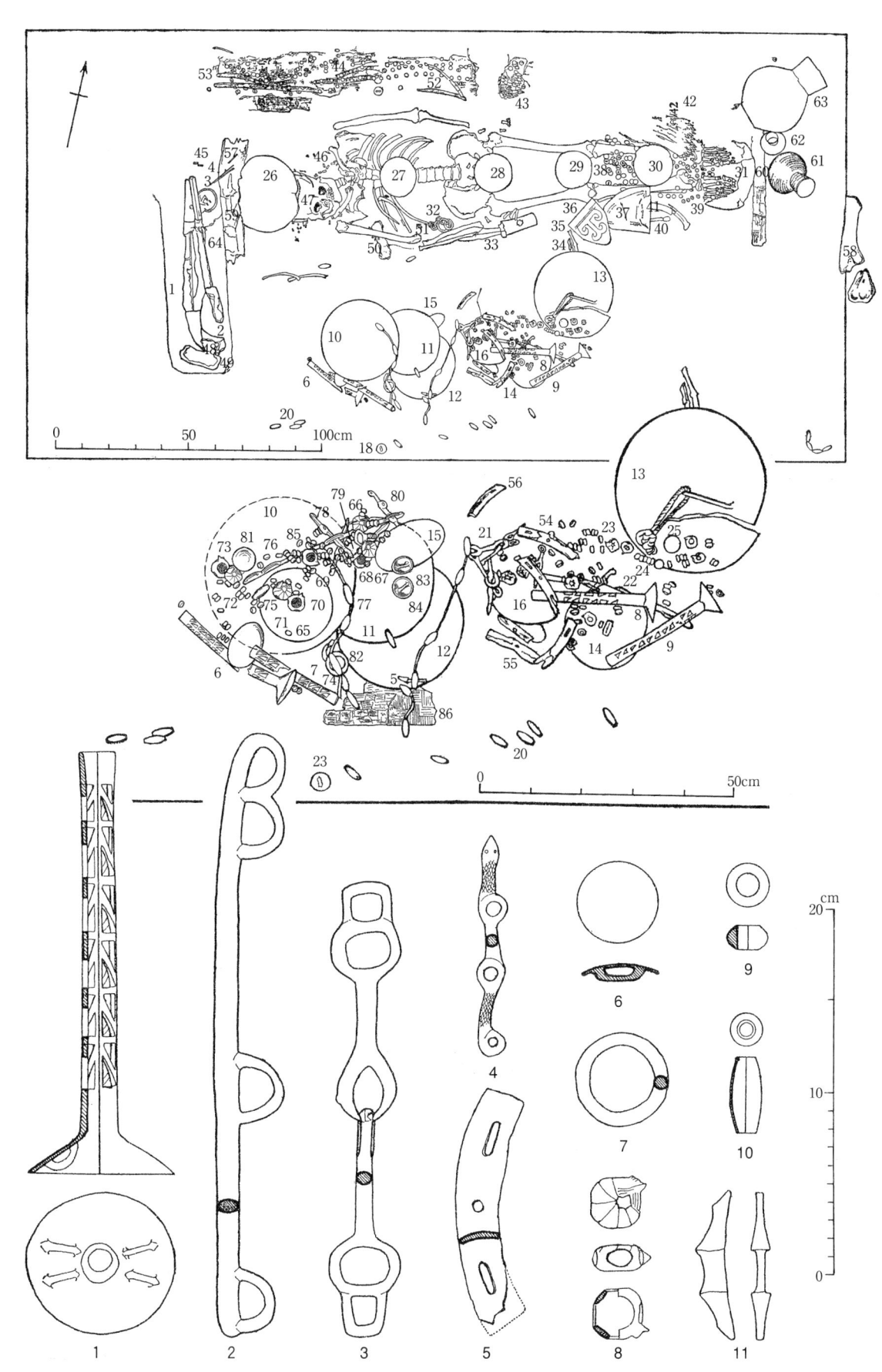

**図 4　瀋陽鄭家窪子6512号墓と副葬の馬具**

**遺物配置図**　1・2・33 短剣, 3 双鈕鏡, 4 簪, 5・19 絞具, 6～9 ラッパ形器, 10～16 円形飾り, 17 円環, 18・25 馬頭泡飾り, 20 管, 21・22 銜12件, 23 珠145枚, 24 節約, 26～31 鏡形飾り, 32 七連環, 34 斧, 35 鑿, 36 斧嚢（盾形飾牌）, 37 刀嚢飾牌, 38 靴上大泡124枚, 39 靴上小泡56枚, 40 錐, 41 刀, 42 Ⅰ式鏃98枚, 43 Ⅱ式鏃71枚, 44 弓嚢上泡飾り130枚, 45 鞘（以上青銅器）, 46 大石串珠33枚・石佩飾り1枚, 47 小石串珠46枚, 48～50 剣把上石飾り, 51 石佩珠, 52・53 弓嚢・弓弭, 54～56 骨銜8枚, 57 骨簪, 58 牛骨, 59・60 板灰, 61～63 壺形土器, 64 骨針, 65 円形飾り, 66～73 節約, 74・75 管, 76 Ⅱ式銜, 77～80 銜, 81～84 泡飾り, 86 葦席

**出土馬具**　1 ラッパ形器, 2 Ⅱ式銜, 3 Ⅰ式銜, 4 銜留, 5 骨銜留, 6 大泡, 7 遊環, 8 節約, 9 珠, 10 管, 11 絞具

1 朝陽・十二台營子

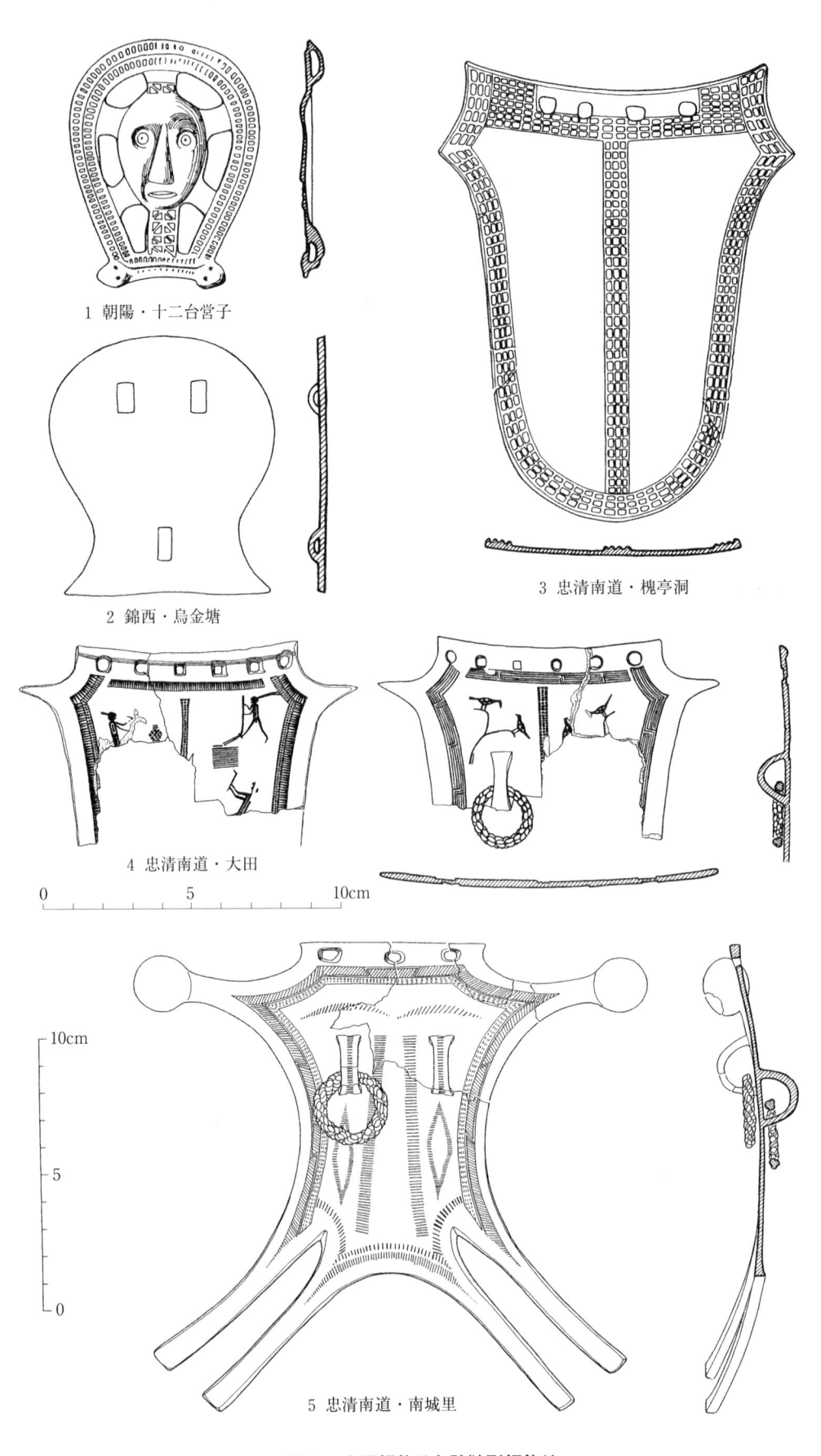

2 錦西・烏金塘

3 忠清南道・槐亭洞

4 忠清南道・大田

5 忠清南道・南城里

図5　人面銅飾りと防牌形銅飾り

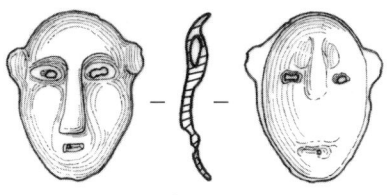

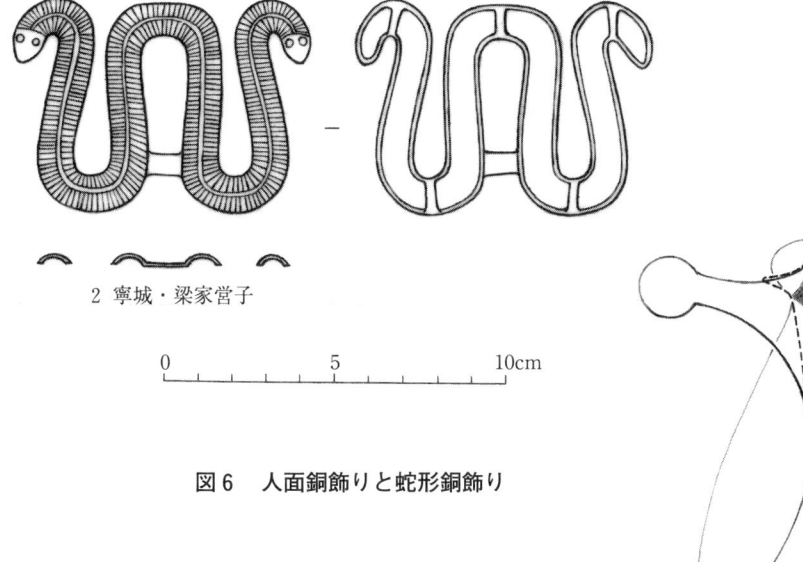

1 赤峰・紅山

2 寧城・梁家営子

0　　　　5　　　　10cm

図6　人面銅飾りと蛇形銅飾り

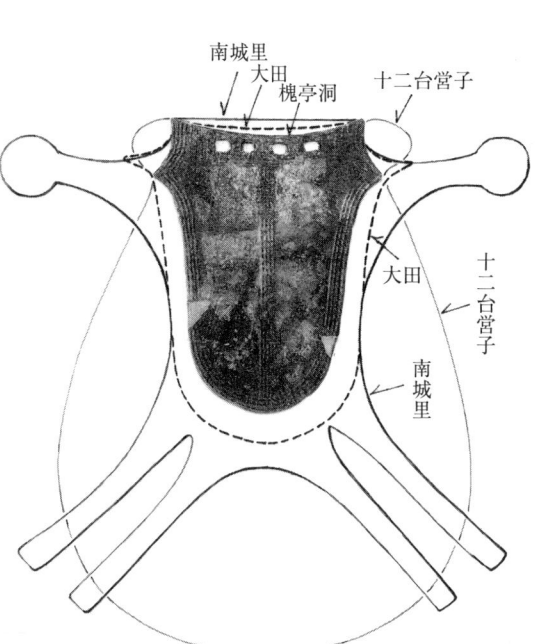

図7　人面銅飾り・防牌形銅飾りの形態比較図（縮尺不同）

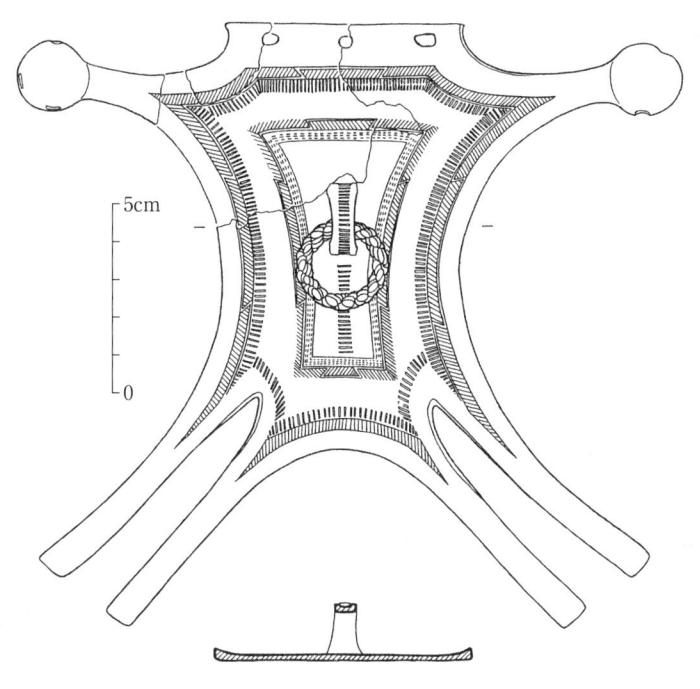

器では古いほうに位置する。細形銅剣成立の初期に属し，墓は朝鮮青銅器文化の前半に位置する。

**出土状態**　調査前に発見者によって副葬品はすべて取りあげられていた。あとで発見者から聞き取りしたところでは，頭付近に飾り玉，上半身の左に銅剣，右に石鏃があり，防牌形銅飾りは遺体の足元付近に土器・剣把形銅飾り・銅鈴（小銅鐸）・円蓋形銅器・多鈕粗文鏡とともにあったというが，確かなことはいえない。

**防牌形銅飾りの形態・文様**　防牌つまり盾の形をした小さな青銅板である（図5－3）。片面の縁が内側に反っており，凹面にのみ文様がある。上辺は凹湾し，4孔を並べている。側縁の高い位置に棘をもっているが，先端の角度は90度で突出の度は弱い。下半分は半円形を呈している。文様は上辺は7列の格子文の帯，側縁は3列重ねの格子文の帯で縁取り，側縁からの文様帯が上辺の文様帯を切っている。上辺から下縁に向かって中央に縦方向に3列からなる格子文帯を1本施している。格子文の一つ一つは，小さな凹みであるから，原型を作ったあと，真土に型を写して作ったものであろう。

　高さ17.2cm，幅（上辺）11.7cm，（両棘間）13.6cm，厚さ2.0mm。

**防牌形銅飾りの装着復元**　馬面とされたことがある。高さがわずか17.2cmであるから，馬の額につける飾り，つまり西周の獣面銅飾りの影響は否定できないだろう。しかし，槐亭洞の墓の副葬品の組み合わせには衡や衡留など馬具のもっとも基本となる部品が認められない。防牌形銅飾りだけを馬具とみるのは不自然な解釈である。4孔のまわりはすべて磨滅しているので，孔に紐を通して使用したものであることは明らかである。片面にのみ文様がある点からすると，被葬者が身に着けていた胸飾りの可能性がもっとも大きいと考える。

## 忠清南道大田付近出土の防牌形銅飾り

**遺跡・遺構・年代**　忠清南道大田市付近出土と伝えられる防牌形銅飾りの上半分の破片である〔韓1971，韓（今津訳）1987〕。

1970年代末に古鉄回収業者から入手したもので，細形銅剣を出土した大田市炭坊洞遺跡から見つかったとする説もある。私は1985年に国立歴史民俗博物館に展示する複製品を作るときに実物を観察し，実測図も作成した（図5－4）。そのさいに，報告者の韓炳三からは炭坊洞遺跡出土説には根拠がないと聞いた。

朝鮮青銅器文化の中頃に位置するのであろう。

**防牌形銅飾りの形態・文様**　片面（a面）がゆるやかな凹面で，反対面（b面）がゆるやかな凸面となり，両面に文様がある。上辺はわずかに凹湾し，6孔を並べている。側縁の高い位置に鋭く尖った棘をもっている。下半部は欠損しているが，半円形を呈していたと推定する。遊環をa面の中央のおそらく左右に2個所，b面の中央におそらく1個所付けている。遊環は，細い縄を環状にして蝋型で鋳造しておき，それを本体の鋳型内にうめこんでおいて，本体と合わせたものである。

**a面**　縁は平行線6〜7本をめぐらせた文様帯からなっている。途中に直交する2〜3本の線をいれてクランク状にしている。側縁の文様帯が上辺の文様帯を切る関係にある。中央の上辺から下縁に向かって縦方向に3列からなる格子文帯を1本施している。縁と縦の帯によって区画された内部には，左右ともに2羽の鳥がY字形に二叉に分かれた木の枝にとまっている情景をあらわしている。鳥は嘴・脚・尾が短く，体内は格子文でうめている。鳥は小禽の類であろう。

**b面**　縁は，2列の文様帯で，外側は内向きの長い三角形を連ねた文様，内側は格子文帯を3列並べた文様である。上辺は7列の格子文の帯，側縁は3列重ねの格子文の帯で縁取り，上辺から下縁に向かって中央にも縦方向に3列からなる格子文帯を1本施している。

左区画には両手を前に差し出した人をあらわしている。何かしているが，手元の部分が欠損しているために，詳細は不明である。ただし，人の前に壺をあらわしているので，壺に収穫した穀類を容れる情景である可能性がある。人の後頭部から短い線が後ろ方向にのびており，束ねた髪の可能

性があろう。収穫とかかわりがあるとすれば，女の可能性がつよい。

　右区画には二叉の踏み鋤を右足で踏んでいる人をあらわしている。股間の下向きのものが男根とすれば男である。鋤の先に短線，そしてその下に長い線を11本ひいている。すでに作った畝の表現であろう。つまり，鋤で畝をつくっている情景をあらわしているのであろう。後頭から先が二つに分かれたひじょうに長い羽状のものが後ろ方向にでている。羽飾りとされてきたが，それよりも，頭髪を編んで長く後ろに垂らした弁髪をあらわしている可能性があろう。その下に，両手で鍬状の道具をもって振り下ろそうとしている人をあらわしている。足もとは破損しているために不明である。鍬で耕起している情景をあらわしているのであろう。

　高さ不明（現存7.5cm），幅（上辺）8.4cm，（両棘間）12.8cm，（現存下端）8.5cm，厚さ1.5mmである。

　**防牌形銅飾りの装着復元**　a面が凹面でb面が凸面となっているので，通例だと凹面が表で凸面が裏であるが，このばあいは両面とも文様をもっているので，両面がみられる状態で装着したと考えるべきである。

### 忠清南道南城里の防牌形銅飾り

　**遺跡・遺構・年代**　忠清南道牙山郡南城里にある石棺墓で，1976年に韓炳三・李健茂らによって調査されたが，当時すでに遺構の大部分が破壊されており，副葬品の出土状態は不明である〔韓・李 1977〕。深さ2mのところに長さ3.1m，幅1.8mの不整楕円形の土坑を掘り，その底に厚さ10cmほどの板石を数段積んで石棺の四壁を造り，床には厚さ5cmの板石を敷いている。内法の長さ2.35m，幅0.5〜0.7m，高さ推定1mの規模をもつ。木質はのこっていなかったけれども，石槨内に木蓋をかぶせた木棺墓を納めていた可能性もあろう。

　朝鮮青銅器文化の中頃に属する。

　**出土状態**　出土状態は不明。副葬品には，細形銅剣9，多鈕粗文鏡2，剣把形銅飾り3，防牌形銅飾り1，扇形銅斧1，銅鑿1，天河石製飾り玉1，管玉103，黒色長頸壺1，粘土帯口縁甕3，および不明漆片がある。

　**防牌形銅飾りの形態・文様**　片面（a面）が凹面で，反対面（b面）が凸面となり，両手を広げ，2本一対の計4本の脚を広げたような特異な形態で，両手の先端に球形の鈴を一鋳で作り付けている（図5－5）。両面に文様と遊環がある。a面は中央やや上よりの左右に遊環を計2個（1個は推定），b面は中央に遊環を1個付けている。上辺に3個の孔をあけてあり，紐通しに用いている。孔の周囲はよく磨滅している。

　文様はa面では，上辺と側縁には幅のせまい無文の縁をおいて，その内側に斜線文帯1本と刺突文帯1本を輪郭に合わせてめぐらせている。a面には，区画内の上位左右に下開きの弧線帯を配し，その下中央から縦帯を下開きの八字形に配して描き，左右の遊環の下に縦に長いレンズ形を描いている。前者は眉と鼻，後者は縦長の眼をあらわしているのであろう。そして，鼻の下の上開きのコ字形は口をあらわしているのであろう。そうすると，a面の縁の文様帯は顔の輪郭を表現していることになる。このように考えるならば，南城里の異形の銅飾りは，上部左右の鈴のついた棘は耳，下部左右の2本一対の脚は頭髪を編んで左右にそれぞれ2本垂らしている状態をあらわしている可能性がある。上部左右の棘にだけ鈴がついているのは，そこを耳と考えるならば納得がいくことである。結局，南城里の防牌形銅飾りは全体で人面をあらわし，縦長の目をもっているので常人ではありえず，おそらく神面あるいは祖霊の顔を表現しているのであろう。

　b面では，2列の文様帯で上辺と側縁には幅のせまい無文の縁をおいて，その内側に斜線文帯1本と縦・横線文帯1本を輪郭に合わせてめぐらせている。下辺はa面と同じく，縦の短線を連ねて上開きのコ字形に表現している。区画内には逆台形に表現している。文様帯の外側は途中で方向を変える斜線文，内側は刺突文を施している。中央の鈕およびその下には横短線を重ねて1本の文様

帯をあらわしている。区画内の逆台形の区画文様帯の構成は，同遺跡で伴出した剣把形銅飾りと同じであって，剣把形銅飾りの文様構成のつよい影響をうけていることは明らかである。

高さ17.6cm，幅（上辺）7.0cm，（左右の鈴間）復元19.8cm，（くびれ部）7.0cm，（下部の突起間）18.0cmである。

**防牌形銅飾りの装着復元**　この例も，上辺の3孔の紐を通して，垂下し，両面が見えるような使い方をしたのであろう。ただし，a面に人面をあらわしているので，あくまでも凹面を表にして使ったと考えるべきであろう。遊環は紐飾りをつけることができるていどのものである。棘状突起の先に球形の鈴をつけているので，身体につけて音を発していたのであろう。

## 3　変遷と用途

### 人面銅飾りから防牌形銅飾りへ

防牌形銅飾りの上辺は，凹湾している例が古く，水平になっている例が新しく，また，棘は突出が弱い例が古く，よく突出している例が新しいとみられる（図7）。これを基準にとれば，槐亭洞→大田付近→南城里の順番が考えられる。南城里例に鈴が付いているのも新しい要素である。

槐亭洞→大田付近→南城里の順序は，伴出の剣把形銅飾りの棘の発達度からも裏づけられる。ただし，槐亭洞出土の剣把形銅飾りは確かに古いけれども，南城里のそれとくらべると，形態と文様の違いはそれほど大きくなく，また製作技術も南城里のそれとくらべて遜色があるわけではない。ところが，槐亭洞出土の防牌形銅飾りと遊環付きの剣把形銅飾りとを比較すると，文様の表出技術がまったくといってよいほど違う。岡内三眞は，両者の鋳造技術には「格段の差」があり，防牌形銅飾りは「同一工人によって製作されたとは考えられない粗製品である」と表現している〔岡内1983：88，90〕。李健茂は，「本遺跡出土の他の青銅器に比べ文様が太く製作技法も粗く，星形文鏡（多鈕粗文鏡）とともに伝世品の可能性が高い」と述べている〔李 1991b：255〕。私も李の考えを支持し，槐亭洞の防牌形銅飾りは，著しく磨滅した鈕をもつ銅鈴（銅鐸）とともに，伝世品であったと考える。防牌形銅飾りや銅鈴は，それを着装する人の職能に特別な意味をもたせるシンボルであって，それゆえに世代をこえて伝世することがあったと考えておきたい。

十二台営子例は，当然，槐亭洞例の前に位置する。十二台営子例と槐亭洞例とを比較してみよう。十二台営子例の人面のまわりにできた6孔は，槐亭洞例では上辺に集められて4孔になり，鈕に代わる紐通し用の孔に変わっている。さらに，十二台営子例の蛇の頭は槐亭洞例では二つの角に変化し，意味不明になっている。蛇の胴部は十二台営子例では格子文は2匹の蛇を意識して2帯になっていたのが，槐亭洞例では蛇を意識しなくなったために，上辺では7帯，側縁では3帯に変わっている。十二台営子例の人面は槐亭洞例では失われ，人面の上下にのびていた頸と髪？をあらわす三角を組み合わせた帯は槐亭洞例では格子文の帯になり中央をつらぬいている。以上のようにあらゆる点で，十二台営子の人面銅飾りを祖型にしてその著しく退化したものとして槐亭洞の防牌形銅飾りが成立していることは明らかである。

では，これらの実年代はどうか。十二台営子例が春秋前期，前8世紀という年代は動かないだろう。槐亭洞例の年代は，伴出土器は水石里式土器であるので，炭素年代の暦年較正では前7～前4世紀の間にはいる。十二台営子例と槐亭洞例の間の飛躍は大きく，間に2型式以上がはいらないと両者はつながらない。しかし，槐亭洞例には先にふれた伝世の問題が横たわっている。防牌形銅飾りの製作技術は伴出の剣把形銅飾りより古い様相をもっている。銅鈴（銅鐸）は，鈕の中央が著しく磨滅し，その形態的特徴は遼寧省三官甸例よりも古い。三官甸遺跡の年代は5世紀初めと考えられる。あれこれ勘案すると，槐亭洞の副葬品は二時期のものからなっており，古い一群の年代は前6世紀，銅鈴と剣把形銅器など新しい一群の年代は前5世紀前半頃と考えておきたい。槐亭洞出土の細形銅剣の形制は朝鮮半島最古に位置づけうるので，この年代は細形銅剣（朝鮮式銅剣）の成立年代をも示唆する。

## 人面形銅飾りと蛇形銅飾りから人面銅飾りへ

　十二台営子の人面銅牌は人面と蛇を組み合わせることによってできた青銅器である。この例の起源を考えるうえで，興味深い青銅器がある。一つは赤峰市紅山で収集された小型の人面形銅飾りである（図6-1）〔水野・江上 1935：第105図7，春成 1990：114〕。これと似た表現は，湖南省寧郷村黄材の銅鼎や南山根東区石槨墓の銅剣柄（図10-7）の人面にみられる。これらの人面に頭髪がないのは，剃髪の人をあらわしているのか，それとも，現世の人ではなく，祖先神をあらわしているのであろうか。

　もう一つは寧城県梁家営子8071号石槨墓出土の双頭の蛇をW字形に曲げた状態で鋳造した「双蛇形銅飾件」8点である（図6-2）〔寧城県文化館ほか 1985：31-33〕。裏面の上部の3個所，下部の2個所に鈕をつけて革帯の縦帯と横帯とを十文字に交差させるようにしている。蛇は鎌首をもちあげた状態で両端に頭がつき，直線を密に並行してうめた2列の帯で胴をあらわしている。頭は2列からなる胴の中央にまたがっているから，双頭単胴で尾のない蛇と考えるほかない。ただし，梁家営子例に先行する型式があるとすれば，2匹の蛇が頭を左右にして並行している「交蛇」をあらわしていた可能性があろう。高さ6.2cm，幅8.8cmである。報告者は「車馬具飾件」として記述しているけれども，その証明はできていない。蛇はおそらくこの地方に棲むサンガクマムシ（山岳蝮）であって，猛毒をもって悪敵を倒すという意味をもっているのであろう。

　十二台営子の人面銅飾りは遼寧青銅器文化Ⅰ期に，おそらく紅山の人面と梁家営子の蛇形を合体して成立したものである。梁家営子では，銅刀・銅鏃・銅斧などを伴っており，それらの型式は十二台営子例に近い。人面銅飾りは，十二台営子では2個一対で使う馬具であって，面繋の飾り金具と考えた。人面と蛇を1個の器物に表現した人面銅飾りは，祖先神と蝮の力で自らを護る護符の機能をもっていたのであろう。梁家営子の「双蛇形銅飾件」について，報告者は「車馬飾件」と考えているけれども，この石槨墓からは他に馬具といえる遺物が出土していないので，車馬具とみなしてよいかどうかは不明である。紅山の人面については，地方での購入品であるので，何と組み合わせて使う金具であるのか判断のしようがない。

　馬車に乗って敵と闘うためには長い柄をつけた銅戈が必要である。しかし，十二台営子の時期には遼寧地方にはまだ銅剣だけで銅戈は存在しない。したがって，馬車に乗って敵と格闘し殺傷するには武器がない。武器は銅剣のみとなると，可能な戦法は騎馬戦ということになる。

　馬車を描いた骨製品を出土した南山根102号墓〔朝・中合同考古学発掘隊 1986：167-171〕では，銅銜2点と「馬具の付属器具」1点が副葬されていた。後者も銅銜の一部の可能性がある。他に凸形装飾品5点があり，やはり車馬具の可能性がある。南山根でも銅戈の出土はない。銅剣は遺存しなかったけれども，墓の年代はおそらく遼寧Ⅱ式銅剣の時期，春秋後期，前7～6世紀までくだるのであろう。

　中原では西周代に，辟邪の顔をあらわした獣面銅飾り（馬面）や，小さな獣面をつけた鈎形銅飾り（当盧）を馬の額や鼻面につけて馬車を牽かせることが流行した（図8-1）。十二台営子の人面銅飾りや馬頭形銅飾りは，おそらく西周の獣面銅飾りを遼寧青銅器文化で取り入れるさいに大幅に変容させたとみるべきであって，それがさらに簡略化したのが鄭家窪子の「円形飾り」であろう。

　現在，十二台営子でのみ知られている人面銅飾りは，その後どうなったのであろうか。人面銅飾りの形態に似た青銅の飾り金具は，錦西県烏金塘3号墓出土の「盾形飾り」8点である（図5-2）〔錦州市博物館 1960：8-9〕。円形に幅広の低い台形の突出部がつく平たい銅板で，1点は裏面に鈕を3個所，三角形に配列して付けている。もう1点は鈕を中央より上に2個所付けているだけである。文様はまったくないので，これをただちに十二台営子の人面銅飾りの後裔にあててよいのか判断は難しいけれども，その可能性はあるとみたい。銅銜留8点，鈴形飾り4点などがあり，馬4頭分の馬具と考えてよいので，この盾形飾りも2点一組で使っていたのであろう。伴出の遼寧式銅剣はⅠ式，時期は春秋中期，前7世紀であろう。遼寧省博物館では現在，「盾式銅鏡」の名称で展示

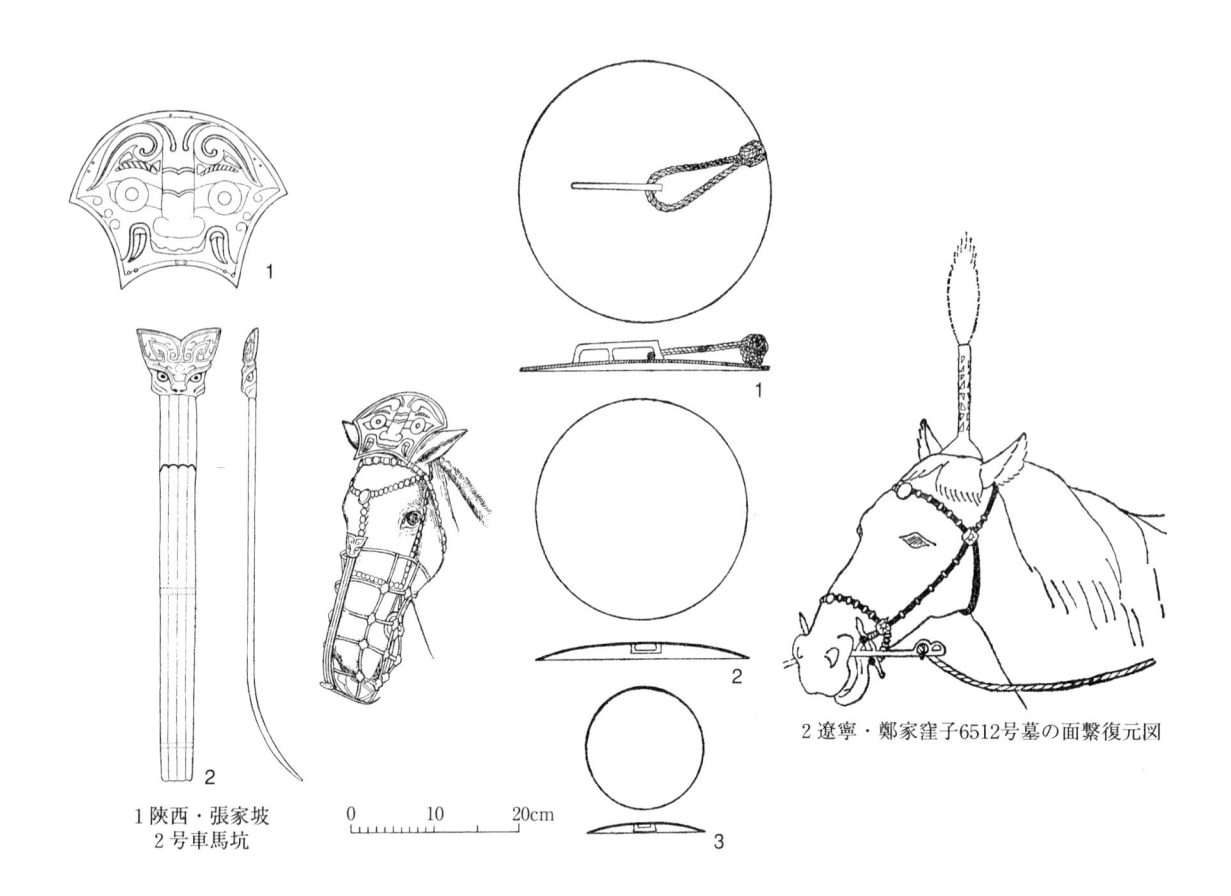

図8　西周と遼寧の面繋の銅飾り

している。高さ13cm，幅11.6cm，底辺の幅10cmである。

　朝鮮半島の青銅器文化には車馬の風習ははいってきていない。楽浪郡が漢によっておかれたあと，馬車が登場したけれども，土着の人びとにまで普及するに至らなかった〔岡内　1979〕。遼寧地方のばあいも遼西には車馬の風習はあるが，遼東は丘陵ないし山がちの地形であるので，車馬の風習はなかった。そこで朝鮮半島では車馬具がはいってくると，銜は双頭鈴に変わり，車軸頭は竿頭鈴に変わった。防牌形銅飾りも馬から離れて人の身の付ける装身具に変わってしまったのであろう。

### 防牌形銅飾りから八珠鈴へ

　防牌形銅飾りは南城里例をもって消滅する。では，防牌形銅飾りの系譜はその後どうなったのか。南城里の防牌形銅飾りの形態の大きな特徴は，意識的な突起が「両手」と「4本脚」の計6個所あることである。これに上辺左右の角を加えると突起は計8個所になる。

　8個所の突起をもっている青銅儀器に八珠鈴がある（図9－1～4）。かつて梅原末治が「八手形鈴」と命名したように，八珠鈴は8個所の棘状の突起（八手）の先端に半球形の鈴を着けている。突起の形も鈴もそれぞれの形態に違いはない。片面または両面に文様があり，凸面の中央には台形環状の鈕1個を付けている。八珠鈴は2個副葬されているのがつねであるので，1人で2個使ったと考えてよい。幾人かの研究者は鈕に紐を通して左右の手にそれぞれ1個もち，手を振って鈴の音を発したと考えている。

　八珠鈴はこれまで次の出土例がある。

1) 全羅南道和順郡大谷里　2点。裏の中央に鈕1。文様帯2。鈴の表に双頭渦文1対，裏に2孔〔趙　1984〕
2) 伝慶尚北道尚州　1点。裏の中央に鈕1。文様帯3。鈴の表に双頭渦文1対，裏に2孔

1 全羅南道・大谷里

3 伝・忠清南道・論山

2 伝・慶尚北道・尚州

4 伝・忠清南道・徳山

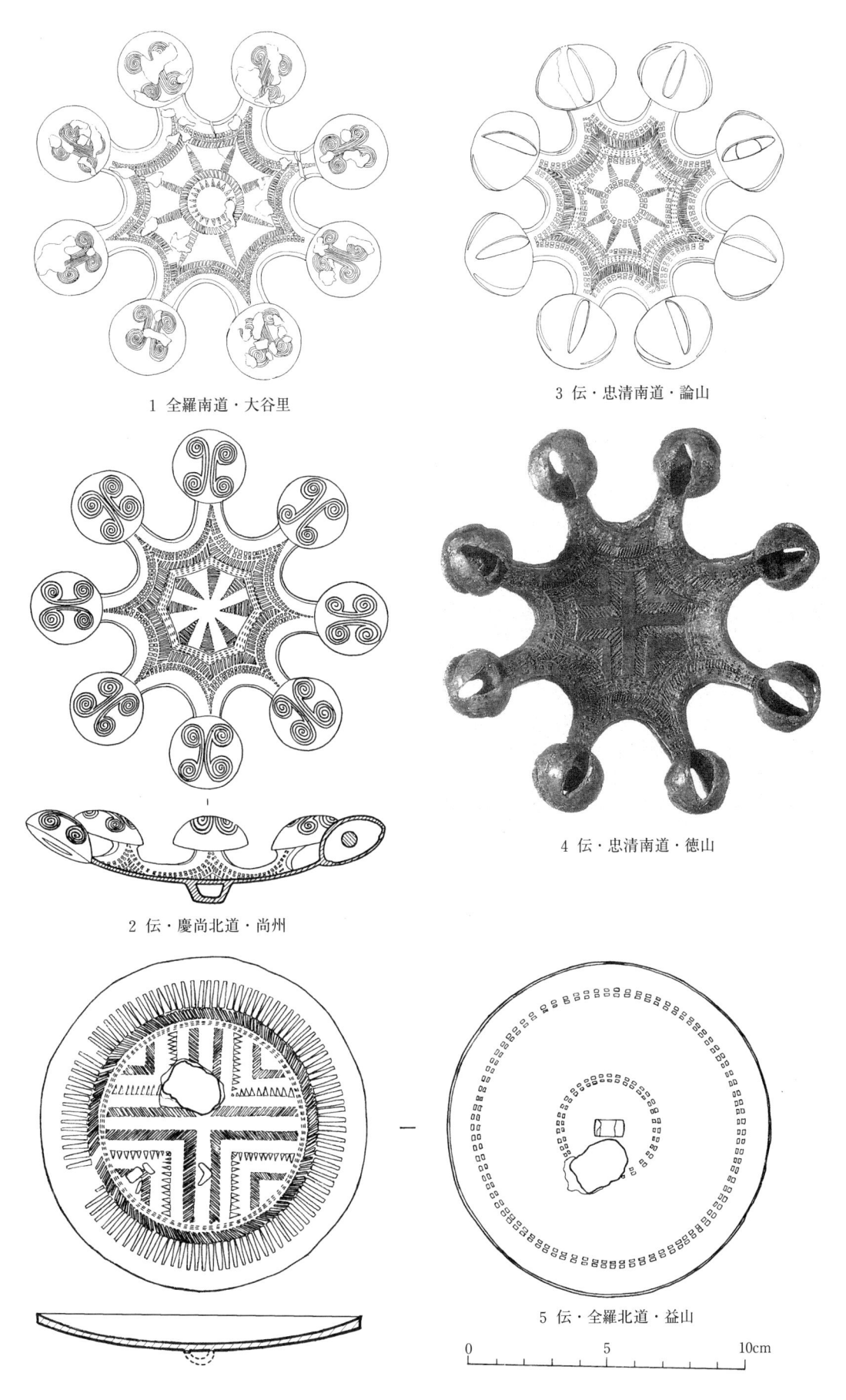

5 伝・全羅北道・益山

図9　八珠鈴（1〜4）と円形有文銅板（5）　〔岡内 1983，国立中央博物館編 1992，李 1984〕から作成

〔梅原ほか 1925〕
3）伝忠清南道論山　　2点。裏の中央に鈕1。表裏に文様，文様帯4。鈴の表裏に4孔〔国立中央博物館 1973〕
4）伝忠清南道徳山　　2点。裏の中央に鈕1。文様帯4。鈴の表裏に4孔〔李 1991 a〕

　八珠鈴を構成する外区の文様帯の数，鈴の表に施していた1対の背中あわせの双頭渦文と裏の2孔，鈴の表裏にあけた4孔，鈴をつけている脚の長さと幅の割合などの諸要素を比較すると，これまで見つかっている八珠鈴の製作順番は，大谷里→伝尚州→伝論山→伝徳山である，と私は考える。すなわち，外区の文様帯の数は，大谷里例の鈴の2から伝尚州例の3へ，そして伝論山例の4へと増加していく。大谷里例と伝尚州例の鈴の表に施していた1対の背中あわせの双頭渦文，裏の2孔は，伝論山例，伝徳山例になるとなくなり，後二者では鈴の表にも2孔をあけて計4孔をあけている。鈴をつけている脚は大谷里例では長いけれども，その後は短くなる一方，鈴は大きくなり，本体の大きさとの釣り合いは崩れていく。伝論山例はその典型である。

　八珠鈴を副葬してあった大谷里，論山では，多鈕鏡は細文鏡である。それに対して，防牌形銅飾りは粗文鏡を伴出しているので，八珠鈴は明らかに防牌形銅飾りよりも後出である。

　私は，南城里の防牌形銅飾りの鈴を付けた「両手」がモデルになり，それをのこりの6個所の突出部にまでつけ，本体を八角形に変えてしまったのが大谷里の八珠鈴であると考える。すなわち，八珠鈴は，防牌形銅飾りの形態・文様から完全に脱却して別の種類の青銅器を創出した朝鮮青銅器文化独自の所産である。しかし，八珠鈴も，銅剣・銅戈・銅矛が揃った時期には存在しない長続きしない短命の青銅器であった。伝全羅北道益山出土の円形有文銅板（図9－5）〔李 1984：106-111, 120-121，国立中央博物館編 1992：100〕は，文様構成からすると八珠鈴が鈴を失った形態なのであろう。

## 4　後　説

　十二台営子では，銅剣をもつ人物が乗る馬（または彼が走らせる馬車を牽く馬）の頭に人面銅飾りをつけ，邪悪や外敵を排除する機能をもっていた。しかし，朝鮮半島に伝来すると，馬から離れ，武と祭を具有する人がつけるシンボルへ変わる。

　十二台営子の人面銅飾りは周囲に2匹の蛇をめぐらせている。遼寧の青銅器には銅剣の柄に蛇を表現した例がある（図10－8～10）。頭を三角形に表現しているから，蛇の種類はこの地方に棲息するサンガクマムシ（山岳蝮）であろう。青銅器の動物意匠は，それを選んで施している以上，何ら

表1　遼寧青銅器文化と朝鮮青銅器文化の副葬品の組み合わせ

| | 銅剣 | 剣把形 | 銅戈 | 多鈕鏡 | 円蓋形 | 銜 | 双頭鈴 銜留 | 人面飾り 防牌形 | 馬頭形飾り | 八珠鈴 | ラッパ形 | 銅鈴 | 飾玉 | 石鏃 | 土器 |
|---|---|---|---|---|---|---|---|---|---|---|---|---|---|---|---|
| 梁家営子 | | | | | | | | | | | | | | | |
| 十二台営子 | 2 | | | | | | 6 | 6 | 3 | | | | | | |
| 鄭家窪子 | | | | 8 | 4 | 8 | | | | | 4 | | | 3 | 3 |
| 烏金塘 | 2 | | | | | | 8 | 8 | | | | | | | |
| 三官甸 | 1 | 1 | 1 | | | 2 | | 1 | 2 | | | | | | |
| 南洞溝 | 1 | 1 | 1 | | | 2 | | 2 | | | | | | | |
| 槐亭洞 | 1 | 3 | | 2 | 1 | | | 1 | | | | 2 | 2 | 2 | 2 |
| 東西里 | 8 | 3 | | 2 | 1 | | | | | | 2 | | | 3 | 6 |
| 南城里 | 9 | 3 | | 2 | | | | 1 | | | | 1 | | | 3 |
| 大谷里 | 3 | | | 2 | 2 | | | | | 2 | | | | | |
| 論山 | | | | 1 | 2 | | | | | 2 | | 2 | | | |
| 徳山 | | | | | | | 2 | | | 2 | | | | | |

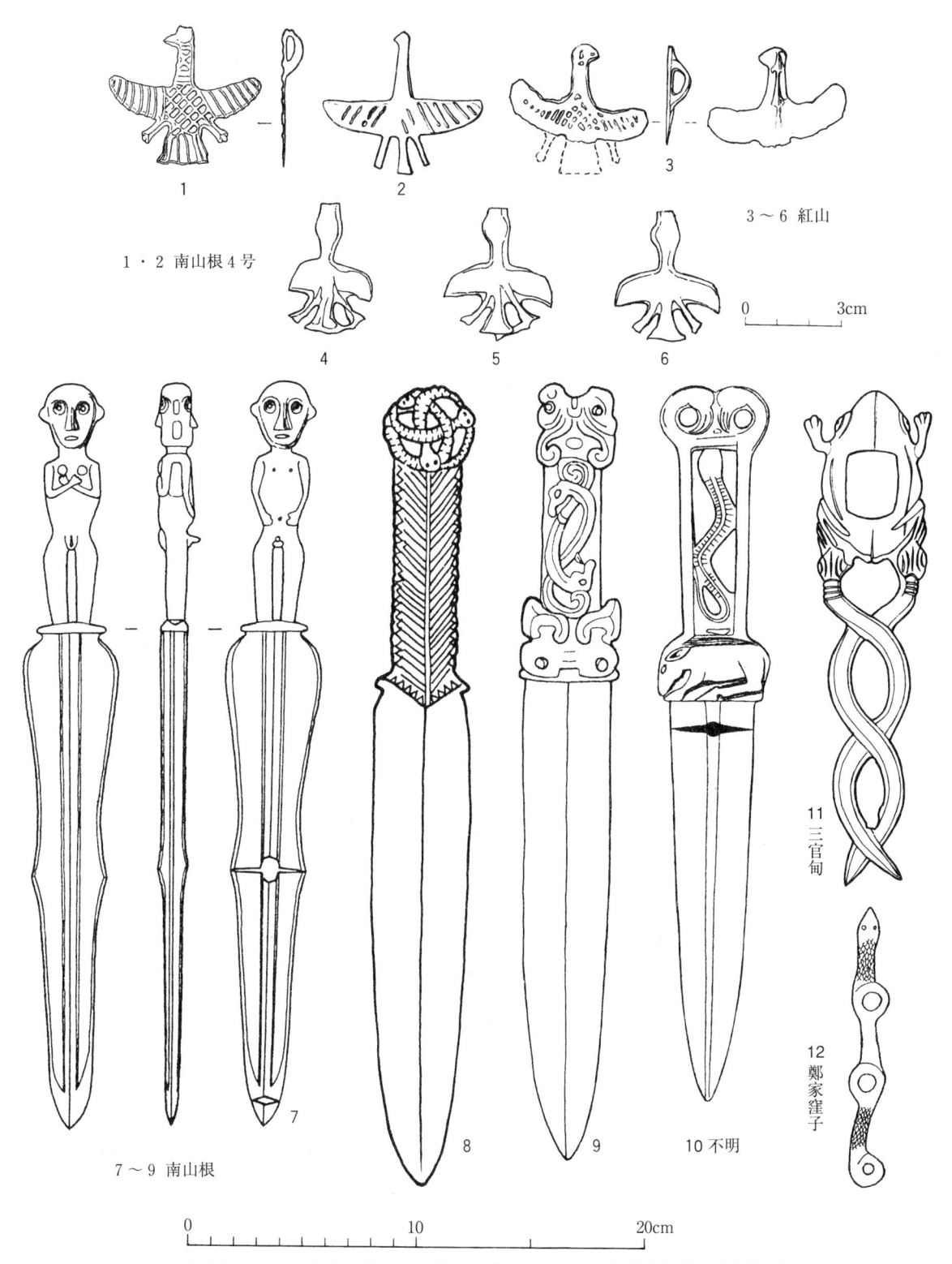

1・2 南山根4号
3〜6 紅山
7〜9 南山根
10 不明
11 三官甸
12 鄭家窪子

図10 遼寧青銅器文化の象徴を表わした鳥形銅飾り(1〜6)，祖先像柄付き銅剣(7)，
蛇柄付き銅剣(8〜10)，蛙・蛇形銅飾り(11)，蛇形銅衝(12)

かの象徴的な意味をもっているはずである。この地方の山地に住む人びとにとって，猛毒をもち人を咬むと死に追いやるサンガクマムシは土地の主とみなされており，その形姿を持ち物にあらわしておくと，その毒が敵を制するという意味をもっていたのであろうか。

蛇と対になると考えられるのは，赤峰紅山や南山根4号墓から出土した「青銅鷹状小飾件」にあらわしてある鳥であろう（図10-1〜6）。林巳奈夫は中国南部の河姆渡文化に太陽を運ぶ鳥，日の神として出発したイヌワシが，良渚文化で帝のシンボルとなり，さらに西周代の中原で火の神，竈の神に変わったことを考察している〔林 2002：1-22, 76-91〕。その一方，中国東北地方では，紅山文化の阜新胡頭溝墓地などで，すでに玉鳥が知られており，その延長上に夏家店上層文化の鳥形青銅製品があると考えてよいだろう。この地方には，イヌワシもタカも棲息しているので，これらもイヌワシかタカとみてよいだろう。林の論を敷衍すれば，太陽を運ぶ鳥としてのイヌワシが転じて天の象徴，天の主になったと考えることができるだろう。

しかし，遼西の青銅器文化も，朝鮮半島に伝わると，現在知られている最古の防牌形銅飾りである槐亭洞例では，すでに人面が失われ，蛇の形もはっきりしなくなっている。朝鮮半島では，大田出土の防牌形銅飾りの鳥の図像が小禽をあらわしているように，イヌワシやタカに対する信仰が存在した証拠はまったくない。

伝大田付近出土の防牌形銅飾りにあらわしている鳥は，小禽の類である。朝鮮半島では槐亭洞例に先行する青銅器文化となると，遼寧式銅剣II式が変形した銅剣をもつ文化であるが，出土状態不明の銅剣が単独で見つかっている例が多く，その実態は明らかでない。しかし，この時期に「異形

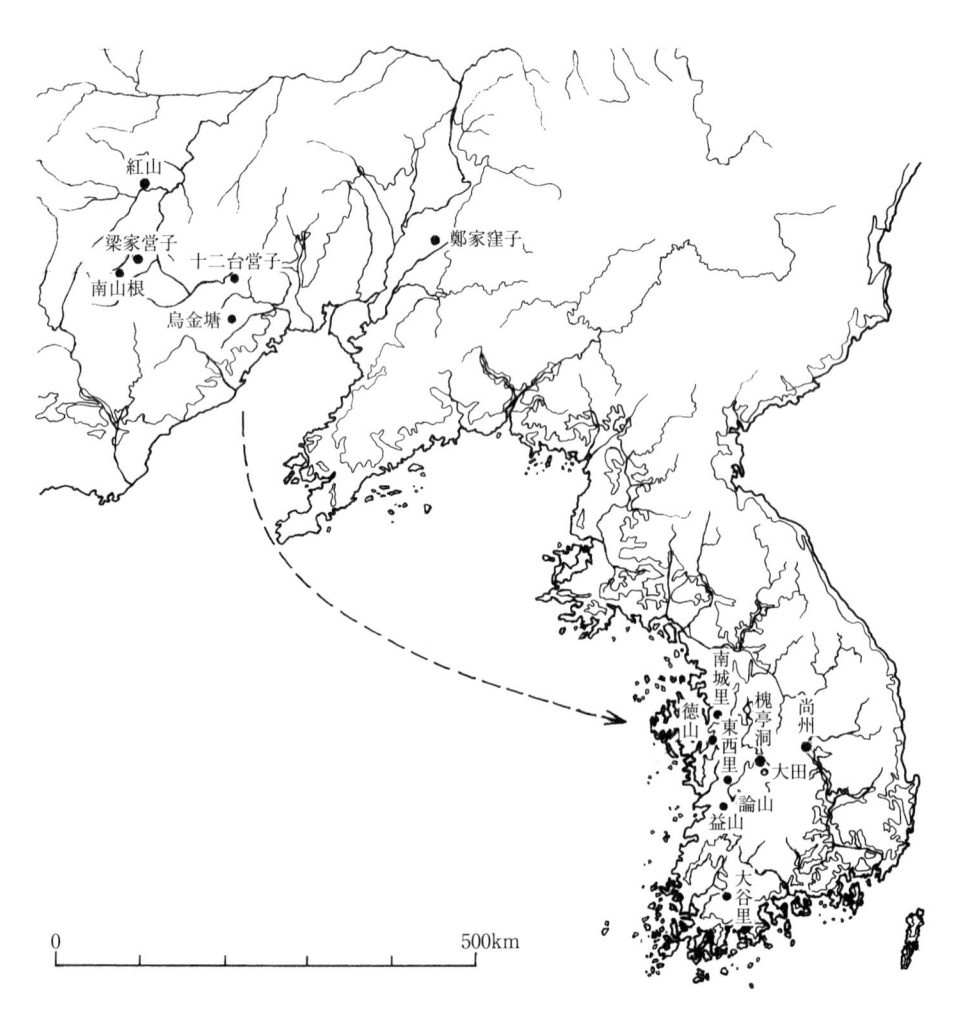

**図11　遼寧青銅器文化の伝播経路**

青銅器」が存在するとは考えにくいから，十二台営子例と槐亭洞例とをつなぐ未知の2，3型式は遼寧青銅器文化のなかに求めるべきであろう。

　防牌形銅飾りを出土した3遺跡はすべて忠清南道に所在する。さらに，ラッパ形銅器を出土した東西里遺跡も忠清南道にあり，朝鮮半島では西海岸の中ほどに集中している。すなわち，遼寧青銅器文化の馬具が朝鮮半島に最初に受け入れられたのは，この地域である。その一方，十二台営子は遼西にあり，東西里のラッパ形銅器の祖型となった鄭家窪子は遼東になるけれども，遼東山地の西端であって，遼西勢力の遼東における橋頭堡的な位置にある。遼寧から朝鮮半島へ行くさいには，山地がちの遼東は通らず，海路を通って朝鮮半島西南部に到達する経路があり，人面銅飾りやラッパ形銅器も，遼西→忠南のルートで朝鮮半島に伝来したのであろう（図11）。その背景には西周と遼西勢力との政治的関係の軋轢があり，それが遼西から忠南へと人と文物の移動を引き起こしたとみることもできるだろう。

　その一方，朝鮮青銅器文化には剣把形銅飾りのように独特のものがある。遼寧青銅器文化では，銅剣の把頭は蠟で原型を作り，それから真土型を起こす方法を用いた精巧な作りになっている。しかし，遊環を蠟型法で前もって鋳造し，それを真土型のなかに埋め込んで本体に付けるという巧みな鋳造技術は遼寧青銅器文化からは容易にはでてこない。朝鮮青銅器文化の系譜と発展の様相も複雑である。

　朝鮮青銅器文化および弥生時代の年代を，考古資料を主に使って先後関係や系譜関係を明らかにすることまでは一定程度可能である。しかし，中原の青銅器を伴うか，または明らかにその影響をうけた遺物が出土しないかぎり，実年代を与えることはきわめて困難である。本稿では，前者を中心に論を展開した。槐亭洞や南城里の墓に副葬されていた水石里式土器の実年代の追究も現在進行中であるので，いずれ朝鮮半島で細形銅剣の成立時期についても解明が進むことであろう。

文　献

宇野隆夫 1979「韓国南城里出土の青銅器」『古代文化』第31巻第4号，233-245
梅原末治 1933「細川侯爵家蔵金銀錯狩猟文鏡」『美術研究』第13号，1-7
───── 編 1943『増訂洛陽金村古墓聚英』小林出版部
梅原末治・藤田亮策・小泉顕夫 1925「南朝鮮に於ける漢代の遺跡」『大正十一年度古蹟調査報告』第2冊，朝鮮総督府
岡内三眞 1979「朝鮮古代の馬車」『震檀学報』第46・47号，135-162
───── 1983「朝鮮の異形有文青銅器の製作技術」『考古学雑誌』第69巻第2号，73-116
小田富士雄・韓　炳三編 1991『日韓交渉の考古学』弥生時代篇，六興出版
川又正智 1994『ウマ駆ける古代アジア』講談社選書メチエ11，講談社
韓　炳三（今津啓子訳）1987「韓国大田出土の農耕画青銅器」『えとのす』第31号，56-66，新日本教育図書
金　廷鶴 1972「韓国青銅器文化の源流と発展」（金廷鶴編）『韓国の考古学』106-146，河出書房新社
瀧　拙庵 1930「最近出土の狩猟文古鏡に就て」『國華』第40編第10号，283-289
朝・中合同考古学発掘隊（東北アジア考古学研究会訳）1986「南山根」『崗上・楼上―1963-1965中国東北地方遺跡発掘報告―』165-172，六興出版
林　巳奈夫 1959「中国先秦時代の馬車」『東方学報』京都第29冊，155-284
───── 1992『中国古代の生活史』吉川弘文館
───── 2002『中国古代の神がみ』吉川弘文館
春成秀爾 1987a「銅鐸のまつり」『国立歴史民俗博物館研究報告』第12集，1-38
───── 1987b「付記・解説」（韓炳三）「韓国大田出土の農耕画青銅器」『えとのす』第31号，66，新日本教育図書

―――― 1990『弥生時代の始まり』UP考古学選書11, 東京大学出版会
―――― 2004「弥生時代の年代推定」『季刊考古学』第88号, 17-22, 雄山閣
増田精一 1960「埴輪馬にみる頭絡の結構」『考古学雑誌』第45巻第4号, 290-305
水野清一・江上波夫 1935「綏遠青銅器」『内蒙古・長城地帯』東方考古学叢刊, 乙種第1冊, 1-205, 図版1-45, 東亜考古学会
宮本一夫 2004「青銅器と弥生時代の実年代」(春成秀爾・今村峯雄編)『弥生時代の実年代』198-218, 学生社
李　健茂 1991b「槐亭洞遺跡」(小田富士雄・韓炳三編)『日韓交渉の考古学』255, 六興出版

韓　炳三 1971「先史時代農耕文青銅器 에대하서」『考古美術』第112号, 2-13
韓　炳三・李　健茂 1977『南城里石棺墓』国立博物館古蹟調査報告, 第10冊, 国立中央博物館
国立中央博物館編 1973『韓国先史時代青銅器』特別展図録, 国立中央博物館
―――― 1992『韓国 와 青銅器文化』汎友社
池　健吉 1978「礼山東西里石棺墓出土青銅一括遺物」『百済研究』第9号, 151-181
趙　由典 1984「全南和順青銅遺物一括出土遺蹟」『尹武炳博士回甲紀念論叢』67-103
李　殷昌 1968「大田槐亭洞青銅器文化 와 研究」『亜細亜研究』第11巻第2号, 75-99
李　健茂 1984「伝益山出土円形有文青銅器」『尹武炳博士回甲紀念論叢』105-127
―――― 1991a「伝忠南出土青銅 방울 一括」『動産文化財指定報告書』1990指定篇, 文化部・文化財管理局

錦州市博物館 1960「遼寧錦西県烏金塘東周墓調査記」『考古』1960年第5期, 7-9
朱　貴 1960「遼寧朝陽十二台営子青銅短剣墓」『考古学報』1960年第1期, 63-71, 図版Ⅰ-Ⅵ
瀋陽故宮博物館・瀋陽市文物管理弁公室 1975「瀋陽鄭家窪子的両座青銅時代墓葬」『考古学報』1975年第1期, 141-156, 図版1-8
中国科学院考古研究所編 1962『澧西発掘報告』1955－1957年陝西長安県澧西郷考古発掘資料, 中国田野考古報告集, 考古学専刊丁種第12号, 文物出版社
中国科学院考古研究所内蒙古工作隊 1975「寧城南山根遺址発掘報告」『考古学報』1975年第1期, 117-140, 図版1-8
寧城県文化館・中国社会科学院研究生院考古系東北考古専業 1985「寧城県新発現的夏家店上層文化墓葬及其相関遺物的研究」『文物資料叢刊』9, 23-58, 文物出版社
北京市文物研究所 1995『琉璃河西周燕国墓地』1973－1977, 文物出版社
劉　永華 2002『中国古代車輿馬具』上海辞書出版社
遼寧省博物館 1985「遼寧凌源県三官甸青銅短剣墓」『考古』1985年第2期, 125-130, 図版1
遼寧省博物館・朝陽地区博物館 1977「遼寧喀左南洞溝石槨墓」『考古』1977年第6期, 373-375, 図版1

# 年代測定データ一覧表
## (2006年度)

# 炭素14年代の較正年代にもとづく縄文〜弥生時代の実年代

| 西暦 | 中国 | 韓半島南部 | | 九州北部 | | 瀬戸内東部 | |
|---|---|---|---|---|---|---|---|
| 2500 | 龍山 | 中期 | | 中期 | 岩崎上層 | 中期 | (里木Ⅲ) |
| | | 後期 | 節目文土器時代 | | | | 中津 |
| | | | | | | | *福田K2 |
| | | | | | | | 布施 |
| | | | | | *南福寺 | | 津雲A |
| 2000 | | | | 後期 | | 後期 | *彦崎K1 |
| | | | | 縄 | 北久根 | | 彦崎K2 |
| | | 晩期 | | 文 | | | |
| | 1750 | | | 時 | *西平 | | |
| | 夏 | | 水佳里Ⅲ | 代 | | | |
| | 1520 | *渼沙里 | | | *三万田 | | 元住吉山Ⅰ |
| 1500 | *二里頭Ⅳ | | | | | | 元住吉山Ⅱ |
| | 商 | | | | | | 福田K3 |
| | | 早期 | *突帯文 | | *天城 | | |
| | | 前期 | 可楽里 | 晩 | *入佐 | | *黒土B2 |
| | 1027 | | *欣岩里 | 期 | *黒川 | | |
| 1000 | 西周 | 中期 | *休岩里 | 早期 | *山の寺 | 晩期 | *南溝手B2 |
| | 770 | | *松菊里 | | *夜臼Ⅰ | | *前池 |
| | 春秋 | | | | *夜臼Ⅱa | | |
| | | | | | *夜臼Ⅱb | | |
| | | | | | *板付Ⅰ | | |
| 500 | | 後期 | 水石里 | 前期 | *板付Ⅱa | 前期 | *Ⅰ古　*津島岡大 |
| | 403(453) | 無文土器時代 | | 弥 | *板付Ⅱb | | *Ⅰ中　*沢田 |
| | 戦国 | | | 生 | *板付Ⅱc | | *Ⅰ新 |
| | 221 | | *勒島 | 時 | *城ノ越 | | *Ⅱ |
| 秦 | 202 | | | 代 | *須玖Ⅰ | 中期 | *Ⅲ |
| BC | 前漢 | | | 中期 | *須玖Ⅱ | | *Ⅳ |
| AD 新 | 8 | 原三国時代 | | | *高三潴 | | |
| | 25 | | | 後期 | *下大隈 | 後期 | *Ⅴ |
| 250 | 後漢 | | | | *西新 | | |

*は年代測定した土器型式

**年表の説明**

　この年表は，学術創成研究により測定した炭素年代測定結果を中心に，考古学の土器編年を実年代で配列したものである。炭素14による年代測定の結果は，これまでの考古学研究で認定されていた土器型式の順序を変更するものはなく，各地域の土器型式に前後関係はほとんど変化がない。しかし，それぞれの土器型式の実年代は，各研究者の想定と異なる場合が多いであろう。特に，弥生時代早期と前期の土器型式は，従来の編年位置よりも古くなり，それに伴って中期・後期もずれることになる。

年代測定データ一覧表

| 近畿 | | 東海 | | 南関東 | | 東北北部 | | 従来の年代観 | 西暦 |
|---|---|---|---|---|---|---|---|---|---|
| 中期 | ＊北白川下層C4 | 中期 | ＊山の神 | 中期 | ＊加曽利E4 | 中期 | ＊大木10a | 中期 | 2500 |
| | 中津 | | 林の蜂Ⅱ | | ＊称名寺1 | | ＊沖附 | | |
| | ＊福田K2 | | 林の蜂Ⅲ | | ＊称名寺2 | | | | |
| | 四つ池 | | 咲町Ⅱ | | ＊堀之内1 | | | | |
| | 北白川上層1 | | 林の蜂Ⅳ | | | | | | |
| 後期 | 北白川上層2 | 後期 | | 後期 | ＊堀之内2 | 後期 | ＊宮戸1b | 後期 | 2000 |
| | 北白川上層3 | | 八王子 | | ＊加曽利B1 | | ＊十腰内1 | | |
| | | | | | | | ＊十腰内2 | | |
| | 一乗寺K | | 西北出 | | ＊加曽利B2 | | | | 1500 |
| | ＊元住吉山Ⅰ | | 蜆塚K2 | | ＊加曽利B3 | | ＊十腰内3 | | |
| | 元住吉山Ⅱ | | (吉田C) | | ＊曽谷 | | ＊十腰内4 | | |
| | 宮竜 | | 伊川津Ⅰ | | ＊安行Ⅰ | | ＊十腰内5 | | |
| | 滋賀里Ⅰ | | ＊清水天王山下層 | | 安行Ⅱ | | ＊(風張) | | |
| 晩期 | ＊滋賀里Ⅱ | 晩期 | 清水天王山中層 | 晩期 | ＊安行Ⅲa | 晩期 | ＊大洞B1 | 晩期 | 1000 |
| | ＊滋賀里Ⅲa | | ＊元刈谷 | | ＊安行Ⅲb | | ＊大洞B2 | | |
| | ＊滋賀里Ⅲb | | 稲荷山・桃井 | | ＊安行Ⅲc | | ＊大洞BC | | |
| | | | 西之山 | | ＊安行Ⅲd | | ＊大洞C1 | | |
| | | | 馬見塚F | | | | ＊大洞C2 | | |
| | ＊口酒井 | | 五貫森 | | | | ＊大洞A1 | | |
| | | | 馬見塚 | | ＊荒海 | | ＊大洞A2 | | 500 |
| 前期 | ＊Ⅰ古 ＊長原 | 前期 | ＊Ⅰ中 樫王 | 前期 | | | ＊大洞A' | 早期 | |
| | ＊Ⅰ中 | | ＊Ⅰ新 水神平 | | | 前期 | ＊砂沢 ＊青木畑 | 前期 | |
| | ＊Ⅰ新 | | | | ＊(中屋敷) | | | | |
| 中期 | ＊Ⅱ | 中期 | 朝日 | 中期 | ＊中里 | 中期 | ＊田舎館 | 中期 | |
| | ＊Ⅲ | | 貝田町古 | | | | | | |
| | | | 貝田町新 | | ＊宮ノ台 | | | | BC |
| | ＊Ⅳ | | 古井 高蔵 | | | | | | AD |
| 後期 | ＊Ⅴ | 後期 | 山中 | 後期 | ＊久ヶ原・弥生町 | | | 後期 | 250 |
| | ＊Ⅵ | | 欠山 | | | | | | |

　縄文時代の後期以前の測定は2003年以前に行なった測定結果を基礎としているが，2004年度以降もこの学術創成研究で縄文時代の早期から晩期までの各時代の資料を測定している。特に，縄文晩期から弥生時代前期の資料は，この3年間で集中的に測定しており，その成果からまとめたものである。

　なお，弥生中期から後期にかけてと，東海地方以東の土器型式の測定資料はまだ不十分であり，今後2年間で可能な限り年代測定を行なう予定である。今回は学術創成研究が3年目を終えたところで中間報告としてこの年表を作成した。

(歴博学術創成研究グループ)

## 凡例

1. 本報告は国立歴史民俗博物館を通じて試料を収集し測定した資料の中で平成18年（2006年）1月1日～12月31日までに測定結果が得られたものである。
2. 文部科学省科学研究費補助金　学術創成研究費「弥生農耕の起源と東アジア─炭素年代測定による高精度編年体系の構築─」（西本豊弘代表，2004-2008年）によって測定したが，それ以外の研究によるものも含まれる。
3. 縄文時代中期～古墳時代までの試料を測定した年代を示した。
4. 暦年較正は，較正曲線Intcal04による。
5. これらの試料の前処理は，国立歴史民俗博物館で行なっている。洗浄処理の方法は，AAA処理（酸─アルカリ─酸処理）である。

―測定データ一覧の読み方―

①遺跡名　採取試料の出土遺跡

②測定試料名

　試料採取時に歴博がつけた番号。試料番号の数値の後の符号は下記のとおりである。

a・b・c・d：同一個体の内面・外面など採取部位の異なる試料。

re・rt・ad：再測定を行なった試料。

　re：AAA処理などの前処理から再度行なったもの。

　rt：すでに前処理を行なったものの残りを，ガス化から再度行なったもの。

　ad：同一試料を再度採取したもの。

③所在地

　遺跡の所在地である。町・村の郡名称は除いている。所在地は2007年3月31日現在の名称を記載している。

④所蔵・協力機関

　所蔵・協力機関名は，原則として試料採取時点の名称を記載している。

⑤試料の種類

　採取した炭化物の種類。土器付着物・炭化材・木材・種実・漆・その他の分類を記載。

⑥試料の詳細

　土器の器種名（主に弥生時代），種実の種類を入れる。例）甕，壺，クリなど

⑦採取部位

　資料のどの部位から炭化物を採取したかを示す。

　　　　口（口縁）・頸（頸部）・胴（胴部）・底（底部）

　　　　内（内側）・外（外側）

　　　　上（上部）・中（中部）・下（下部）

⑧試料の時代

　土器付着物採取時の資料が属する土器型式の時代，または資料が包含されていた層位の時代を示す。

⑨試料の時期

　土器付着物や炭化物・種実が属する土器の型式を示す。

⑩測定機関番号

　炭素14年代測定を行なった機関と測定番号。

　　　Beta　米ベータアナリティック社によるAMS測定

　　　PLD　株式会社パレオ・ラボによるAMS測定

　　　MTC　東京大学タンデム加速器質量分析計によるAMS測定

　　　TERRA　国立環境研究所によるAMS測定

⑪炭素14年代（¹⁴C BP）

　ここで示されている値は，同位体効果補正済みの数値（¹⁴C補正値）である。

　炭素14年代値は炭素14の半減期を5,568年として計算した年代値で，西暦1950年を基準にさかのぼった年数として得られる。その値に対してAMS測定時に得られた$δ^{13}C$値[注]を陸上植物の平均的な値（−25‰）と比較し，試料調製および測定の際に起こった同位体比の変動を補正した値を掲載している。

　測定値およびその誤差の表記について，名古屋大学，米ベータアナリティック社，東京大学の三者では方法に違いがある。測定機関によって下一桁の数値の扱いが異なるためで，これらの表記方法が異なっている。

　　　　名古屋大学：測定値の数値をそのまま記載する。
　　　　米ベータアナリティック社：10年単位で表記している。
　　　　東京大学：誤差±50年以内であれば，5年単位で表記する。（2捨3入・7捨8入）
　　　　　　　　例）2342±32→2340±30　　2347±33→2345±35
　　　　誤差±50年超であれば，10年単位で表記している。（4捨5入）
　　　　　　　　例）2343±62→2340±60
　　　　株式会社パレオ・ラボの表記方法は，東京大学の表記方法に準じている。

[注] この$δ^{13}C$値は，AMSによる測定の際に計測されるもので，⑬の安定同位体質量分析計で計測された$δ^{13}C$値ではない。AMSで計測される$δ^{13}C$値は，試料調製および測定の際の変動を受け，厳密には試料自身の$δ^{13}C$値として採用するべきではないため，本報告では掲載していない。

⑫較正年代（cal BC：紀元前の暦年代を示す）

　炭素14年代補正値は暦年代に相当するものではなく，国際学会によって提案された較正曲線（IntCal04）によって暦年代へと変換される。この変換された暦年代が較正年代となる。この範囲の中に約95％の範囲を計算して示している。この年代は計算方法や較正曲線の修正により，後日若干の変更が出る場合がある。

　　＊表中のADは，紀元後の年代を示す。
　　＊較正年代は確率密度の高いものから順に，3位までを採用した。3位以下は省略している。
　　＊炭素14年代の較正には較正曲線IntCal04が用いられている。したがって，適用できる範囲を超える古い年代・新しい年代については較正年代を算出することができないので，一部の較正年代は空白となっている。

⑬$δ^{13}C$（‰：permil）

　試料の炭素13と炭素12の比率を示すもので，標準試料との差を千分率偏差（‰：permil）で示す。測定は安定同位体質量分析計で行ない，その値を採用している。この値は試料の炭素の由来を反映し，海洋リザーバー効果の影響やC4植物（雑穀類）などの検討材料になる。

　この分析は主に土器付着物を中心に測定を行なっており，今回はBeta社，昭光通商，加速器分析研究所（株）の測定データを掲載している。現在すべての試料で行なっているとは限らないが，今後，データの蓄積をすすめる計画である。

　　Beta社：炭素14年代の測定をBeta社に依頼した場合，可能なものについては安定同位体質量分析計による$δ^{13}C$値が報告される。測定できなかった試料は「NA」と表記。
　　昭光通商：国立歴史民俗博物館にて洗浄処理（酸・アルカリ・酸処理）を施した試料の測定を依頼。

| 遺跡名 | 測定試料名 | 所在地 | 所蔵・協力機関 | 試料の種類 | 試料の詳細 | 採取部位 | 試料の時代 |
|---|---|---|---|---|---|---|---|
| 浜中2遺跡 | HDHN-1 a | 北海道礼文町 | 国立歴史民俗博物館 | 土器付着物 | | 胴内上 | 縄文後期 |
| 浜中2遺跡 | HDHN-1 b | 北海道礼文町 | 国立歴史民俗博物館 | 土器付着物 | | 胴内上 | 縄文後期 |
| 浜中2遺跡 | HDHN-1 c | 北海道礼文町 | 国立歴史民俗博物館 | 土器付着物 | | 頸外 | 縄文後期 |
| 浜中2遺跡 | HDHN-2 a (re) | 北海道礼文町 | 国立歴史民俗博物館 | 土器付着物 | | 胴内下 | 縄文後期 |
| 浜中2遺跡 | HDHN-3 | 北海道礼文町 | 国立歴史民俗博物館 | 土器付着物 | | 口縁内 | 縄文後期 |
| 浜中2遺跡 | HDHN-C2 | 北海道礼文町 | 国立歴史民俗博物館 | 炭化材 | | | 縄文後期 |
| 浜中2遺跡 | HDHN-C4 | 北海道礼文町 | 国立歴史民俗博物館 | 炭化材 | | | 縄文後期 |
| 臼尻小学校遺跡 | HDMK-2 | 北海道函館市 | 特定非営利活動法人函館市埋蔵文化財事業団 | 土器付着物 | 漆膜 | 胴外 | 縄文後期 |
| 臼尻小学校遺跡 | HDMK-10 | 北海道函館市 | 特定非営利活動法人函館市埋蔵文化財事業団 | 土器付着物 | | 胴内 | 縄文後期 |
| 臼尻小学校遺跡 | HDMK-11 | 北海道函館市 | 特定非営利活動法人函館市埋蔵文化財事業団 | 土器付着物 | | 胴内 | 縄文後期 |
| 臼尻小学校遺跡 | HDMK-12 | 北海道函館市 | 特定非営利活動法人函館市埋蔵文化財事業団 | 土器付着物 | | 胴内 | 縄文後期 |
| 臼尻小学校遺跡 | HDMK-13 | 北海道函館市 | 特定非営利活動法人函館市埋蔵文化財事業団 | 土器付着物 | | 胴内 | 縄文後期 |
| 臼尻小学校遺跡 | HDMK-15 | 北海道函館市 | 特定非営利活動法人函館市埋蔵文化財事業団 | 土器付着物 | | 胴内 | 縄文後期 |
| 臼尻小学校遺跡 | HDMK-17 | 北海道函館市 | 特定非営利活動法人函館市埋蔵文化財事業団 | 土器付着物 | | 口縁外 | 縄文後期 |
| 臼尻小学校遺跡 | HDMK-18 | 北海道函館市 | 特定非営利活動法人函館市埋蔵文化財事業団 | 土器付着物 | | 口縁内 | 縄文後期 |
| 臼尻小学校遺跡 | HDMK-19 | 北海道函館市 | 特定非営利活動法人函館市埋蔵文化財事業団 | 土器付着物 | | 口縁内 | 縄文後期 |
| 臼尻小学校遺跡 | HDMK-20 | 北海道函館市 | 特定非営利活動法人函館市埋蔵文化財事業団 | 土器付着物 | | 口縁内 | 縄文後期 |
| 臼尻小学校遺跡 | HDMK-21 | 北海道函館市 | 特定非営利活動法人函館市埋蔵文化財事業団 | 土器付着物 | | 口縁外 | 縄文後期 |
| 臼尻小学校遺跡 | HDMK-22 | 北海道函館市 | 特定非営利活動法人函館市埋蔵文化財事業団 | 土器付着物 | | 口縁内 | 縄文後期 |
| 臼尻小学校遺跡 | HDMK-23 | 北海道函館市 | 特定非営利活動法人函館市埋蔵文化財事業団 | 土器付着物 | | 口縁内 | 縄文後期 |
| 臼尻小学校遺跡 | HDMK-24 | 北海道函館市 | 特定非営利活動法人函館市埋蔵文化財事業団 | 土器付着物 | | 口縁内 | 縄文後期 |
| 臼尻小学校遺跡 | HDMK-25 | 北海道函館市 | 特定非営利活動法人函館市埋蔵文化財事業団 | 土器付着物 | ミニチュア | 口縁外 | 縄文後期 |
| 臼尻小学校遺跡 | HDMK-29 | 北海道函館市 | 特定非営利活動法人函館市埋蔵文化財事業団 | 土器付着物 | ミニチュア？ | 口縁外 | 縄文後期 |
| 臼尻小学校遺跡 | HDMK-30 | 北海道函館市 | 特定非営利活動法人函館市埋蔵文化財事業団 | 土器付着物 | 深鉢 | 胴内 | 縄文後期 |
| 臼尻小学校遺跡 | HDMK-31 | 北海道函館市 | 特定非営利活動法人函館市埋蔵文化財事業団 | 土器付着物 | 深鉢 | 胴外 | 縄文後期 |
| 臼尻小学校遺跡 | HDMK-32 | 北海道函館市 | 特定非営利活動法人函館市埋蔵文化財事業団 | 土器付着物 | 深鉢 | 胴内 | 縄文後期 |
| 臼尻小学校遺跡 | HDMK-33 | 北海道函館市 | 特定非営利活動法人函館市埋蔵文化財事業団 | 土器付着物 | 深鉢 | 胴外 | 縄文後期 |
| 臼尻小学校遺跡 | HDMK-34 | 北海道函館市 | 特定非営利活動法人函館市埋蔵文化財事業団 | 土器付着物 | 深鉢 | 口縁外 | 縄文後期 |
| 臼尻小学校遺跡 | HDMK-35 | 北海道函館市 | 特定非営利活動法人函館市埋蔵文化財事業団 | 土器付着物 | 深鉢 | 口縁内 | 縄文後期 |
| 臼尻小学校遺跡 | HDMK-37 | 北海道函館市 | 特定非営利活動法人函館市埋蔵文化財事業団 | 土器付着物 | 深鉢 | 口縁外 | 縄文後期 |
| 臼尻小学校遺跡 | HDMK-C44 | 北海道函館市 | 特定非営利活動法人函館市埋蔵文化財事業団 | 種実 | クリ子葉 | | 縄文後期 |
| 風張(1)遺跡 | AOH-KC1 | 青森県八戸市 | 八戸市教育委員会 | 種実 | 炭化米 | | 縄文後期 |
| 三内丸山遺跡 | AOMR-C114 | 青森県青森市 | 青森県教育庁文化財保護課三内丸山遺跡対策室 | 炭化材 | | | 縄文中期 |
| 三内丸山遺跡 | AOMR-C288 | 青森県青森市 | 青森県教育庁文化財保護課三内丸山遺跡対策室 | 炭化材 | | | 縄文中期 |
| 三内丸山遺跡 | AOMR-C290 | 青森県青森市 | 青森県教育庁文化財保護課三内丸山遺跡対策室 | 炭化材 | | | 縄文前期 |
| ＊三内丸山遺跡 | AOSM-C9 | 青森県青森市 | 青森県教育庁文化財保護課三内丸山遺跡対策室 | その他 | 不明 | | 縄文中期 |
| ＊三内丸山遺跡 | AOSM-C56 | 青森県青森市 | 青森県教育庁文化財保護課三内丸山遺跡対策室 | 炭化材 | 木炭 | | 縄文中期 |
| ＊三内丸山遺跡 | AOSM-C67 | 青森県青森市 | 青森県教育庁文化財保護課三内丸山遺跡対策室 | 種実 | オニグルミ | | 縄文中期 |
| ＊三内丸山遺跡 | AOSM-C82 | 青森県青森市 | 青森県教育庁文化財保護課三内丸山遺跡対策室 | 炭化材 | 木炭 | | 縄文中期 |
| ＊三内丸山遺跡 | AOSM-C83 | 青森県青森市 | 青森県教育庁文化財保護課三内丸山遺跡対策室 | 炭化材 | 木炭 | | 縄文中期 |

年代測定データ一覧表

| 試料の時期 | 測定機関番号 | 炭素14年代 ($^{14}$C BP) | | 較正年代 (cal BC) | | | | | δ$^{13}$C値(‰) | |
|---|---|---|---|---|---|---|---|---|---|---|
| | | | | 確率1位 | | 確率2位 | | 確率3位 | | Beta社 | 昭光通商 |
| | PLD-6305 | 3805 | 20 | 2295－2195 | 88.2% | 2170－2145 | 7.2% | | | | |
| | PLD-6306 | 3815 | 20 | 2310－2195 | 90.4% | 2335－2320 | 2.9% | 2160－2150 | 2.0% | | |
| | PLD-6453 | 3730 | 35 | 2205－2025 | 91.9% | 2275－2255 | 3.0% | 2225－2220 | 0.6% | | |
| | PLD-6454 | 3715 | 35 | 2205－2020 | 93.9% | 1995－1980 | 1.6% | | | | |
| | PLD-6455 | 3840 | 35 | 2410－2200 | 84.5% | 2460－2415 | 10.7% | | | | |
| | PLD-6456 | 2980 | 30 | 1315－1115 | 93.6% | 1370－1350 | 1.9% | | | | |
| | PLD-6457 | 3035 | 35 | 1405－1210 | 93.6% | 1200－1195 | 1.0% | 1140－1130 | 0.9% | | |
| 鮎澗式 | PLD-5159 | 3770 | 25 | 2235－2135 | 72.0% | 2285－2245 | 19.6% | 2075－2060 | 2.5% | -24.3‰ | |
| 鮎澗式 | PLD-5160 | 3930 | 20 | 2475－2345 | 94.9% | | | | | -23.6‰ | |
| 鮎澗式 | PLD-5161 | 3370 | 25 | 1740－1610 | 95.5% | | | | | -25.5‰ | |
| 鮎澗式 | PLD-5162 | 3845 | 20 | 2350－2265 | 53.7% | 2260－2205 | 25.3% | 2405－2375 | 9.4% | -22.8‰ | |
| 鮎澗式 | PLD-5163 | 3365 | 20 | 1695－1610 | 86.5% | 1735－1710 | 8.9% | | | -23.6‰ | |
| 鮎澗式 | PLD-5164 | 3865 | 25 | 2460－2280 | 89.8% | 2250－2230 | 4.3% | 2220－2210 | 1.3% | -23.5‰ | |
| 鮎澗式 | PLD-5165 | 3650 | 25 | 2055－1940 | 73.2% | 2130－2080 | 22.3% | | | -24.1‰ | |
| 鮎澗式 | PLD-5166 | 3660 | 25 | 2060－1950 | 61.8% | 2135－2080 | 33.2% | 2070－2070 | 0.4% | -23.9‰ | |
| 鮎澗式 | PLD-5167 | 3525 | 25 | 1930－1765 | 95.1% | 1760－1760 | 0.4% | | | -24.9‰ | |
| 鮎澗式 | PLD-5168 | 3820 | 25 | 2345－2195 | 90.2% | 2170－2145 | 3.2% | 2400－2380 | 2.1% | -22.6‰ | |
| 鮎澗式 | PLD-5169 | 3565 | 25 | 1980－1875 | 85.4% | 1840－1820 | 4.5% | 2010－1995 | 3.0% | | |
| 鮎澗式 | PLD-5170 | 3750 | 25 | 2210－2120 | 70.5% | 2090－2040 | 18.1% | 2275－2250 | 5.7% | -24.7‰ | |
| 鮎澗式 | PLD-5171 | 3565 | 25 | 1980－1875 | 85.4% | 1840－1820 | 4.5% | 2010－1995 | 3.0% | -24.5‰ | |
| 鮎澗式 | PLD-5172 | 3820 | 25 | 2345－2195 | 90.2% | 2170－2145 | 3.2% | 2400－2380 | 2.1% | -22.1‰ | |
| 堂林式 | PLD-5173 | 3710 | 25 | 2145－2030 | 83.7% | 2195－2165 | 11.7% | | | -23.0‰ | |
| 堂林式 | PLD-5348 | 3330 | 25 | 1685－1600 | 56.6% | 1595－1530 | 38.8% | | | | |
| 堂林式 | PLD-5349 | 3790 | 25 | 2290－2190 | 71.3% | 2180－2140 | 23.5% | | | -23.2‰ | |
| 堂林式 | PLD-5350 | 3500 | 25 | 1890－1745 | 95.4% | | | | | -25.2‰ | |
| 堂林式 | PLD-5351 | 3855 | 25 | 2460－2275 | 82.5% | 2250－2225 | 8.9% | 2220－2205 | 4.0% | -22.7‰ | |
| 堂林式 | PLD-5352 | 3645 | 25 | 2050－1935 | 78.0% | 2130－2085 | 17.4% | | | -24.2‰ | |
| 鮎澗式 | PLD-5353 | 3530 | 25 | 1855－1770 | 51.2% | 1935－1885 | 44.1% | | | -23.3‰ | |
| 鮎澗式 | PLD-5354 | 3855 | 25 | 2460－2275 | 82.5% | 2250－2225 | 8.9% | 2220－2205 | 4.0% | -23.5‰ | |
| 鮎澗式 | PLD-5355 | 3385 | 25 | 1740－1620 | 95.4% | | | | | -25.3‰ | |
| 鮎澗式 | PLD-5347 | 3270 | 25 | 1615－1495 | 94.5% | 1470－1465 | 0.9% | | | | |
| 十腰内5式 | TERRA-578#10 | 173 | 35 | AD 1720－AD 1815 | 48.2% | AD 1915－AD 1955 | 18.7% | AD 1655－AD 1700 | 18.3% | | |
| 円筒上層e式 | PLD-5156 | 4630 | 35 | 3515－3395 | 73.7% | 3385－3350 | 21.7% | | | | |
| | PLD-5157 | 4735 | 25 | 3635－3555 | 52.1% | 3430－3380 | 23.1% | 3540－3500 | 20.3% | | |
| 円筒下層d1式 | PLD-5158 | 4665 | 25 | 3520－3395 | 83.8% | 3385－3365 | 11.6% | | | | |
| 大木10式 | PLD-4862 | 35410 | 190 | | | | | | | | |
| 大木10式 | PLD-4864 | 4045 | 25 | 2630－2480 | 93.2% | 2830－2820 | 2.3% | | | | |
| 大木10式 | PLD-4863 | 3985 | 25 | 2570－2510 | 57.0% | 2500－2465 | 38.5% | | | | |
| 大木10式 | PLD-4865 | 3975 | 25 | 2570－2510 | 50.9% | 2500－2460 | 44.5% | | | | |
| 大木10式 | PLD-4866 | 3885 | 25 | 2465－2295 | 95.5% | | | | | | |

| | 遺跡名 | 測定試料名 | 所在地 | 所蔵・協力機関 | 試料の種類 | 試料の詳細 | 採取部位 | 試料の時代 |
|---|---|---|---|---|---|---|---|---|
| * | 三内丸山遺跡 | AOSM-C85 | 青森県青森市 | 青森県教育庁文化財保護課三内丸山遺跡対策室 | 炭化材 | 木炭 | | 縄文中期 |
| * | 三内丸山遺跡 | AOSM-C211 | 青森県青森市 | 青森県教育庁文化財保護課三内丸山遺跡対策室 | 炭化材 | 木炭 | | 縄文中期 |
| * | 三内丸山遺跡 | AOSM-C303 | 青森県青森市 | 青森県教育庁文化財保護課三内丸山遺跡対策室 | 炭化材 | 木炭 | | 縄文前期～中期 |
| * | 三内丸山遺跡 | AOSM-C352 | 青森県青森市 | 青森県教育庁文化財保護課三内丸山遺跡対策室 | 炭化材 | 木炭 | | 縄文前期～中期 |
| * | 三内丸山遺跡 | AOSM-C473 | 青森県青森市 | 青森県教育庁文化財保護課三内丸山遺跡対策室 | 種実 | オニグルミ | | 縄文中期 |
| * | 三内丸山遺跡 | AOSM-C482 | 青森県青森市 | 青森県教育庁文化財保護課三内丸山遺跡対策室 | 種実 | オニグルミ | | 縄文中期 |
| * | 三内丸山遺跡 | AOSM-C483 | 青森県青森市 | 青森県教育庁文化財保護課三内丸山遺跡対策室 | 種実 | オニグルミ | | 縄文中期 |
| * | 三内丸山遺跡 | AOSM-C492 | 青森県青森市 | 青森県教育庁文化財保護課三内丸山遺跡対策室 | 種実 | オニグルミ | | 縄文中期 |
| * | 三内丸山遺跡 | AOSM-C501 | 青森県青森市 | 青森県教育庁文化財保護課三内丸山遺跡対策室 | 炭化材 | 木炭 | | 縄文中期 |
| * | 三内丸山遺跡 | AOSM-C503 | 青森県青森市 | 青森県教育庁文化財保護課三内丸山遺跡対策室 | 炭化材 | 木炭 | | 縄文中期 |
| * | 三内丸山遺跡 | AOSM-C514 | 青森県青森市 | 青森県教育庁文化財保護課三内丸山遺跡対策室 | 炭化材 | 木炭 | | 縄文中期 |
| * | 三内丸山遺跡 | AOSM-C526 | 青森県青森市 | 青森県教育庁文化財保護課三内丸山遺跡対策室 | 炭化材 | 木炭 | | 縄文中期 |
| | 飯島遺跡 | IK-101 | 岩手県北上市 | 北上市埋蔵文化財センター | 土器付着物 | 台付鉢 | 胴内上 | 縄文晩期 |
| | 飯島遺跡 | IK-105 | 岩手県北上市 | 北上市埋蔵文化財センター | 土器付着物 | | 胴内 | 縄文晩期 |
| | 飯島遺跡 | IK-106 | 岩手県北上市 | 北上市埋蔵文化財センター | 土器付着物 | 壺 | 胴外 | 縄文晩期 |
| | 飯島遺跡 | IK-111 a | 岩手県北上市 | 北上市埋蔵文化財センター | 土器付着物 | 鉢 | 口縁内,胴内 | 縄文晩期 |
| | 御所野遺跡 | IWIH-C1 | 岩手県一戸町 | 御所野縄文博物館 | 炭化材 | | | 縄文中期 |
| | 御所野遺跡 | IWIH-C5 | 岩手県一戸町 | 御所野縄文博物館 | 炭化材 | | | 縄文中期 |
| | 御所野遺跡 | IWIH-C6 | 岩手県一戸町 | 御所野縄文博物館 | 炭化材 | | | 縄文中期 |
| | 御所野遺跡 | IWIH-C15 | 岩手県一戸町 | 御所野縄文博物館 | 炭化材 | | | 縄文中期 |
| | 御所野遺跡 | IWIH-C22 | 岩手県一戸町 | 御所野縄文博物館 | 炭化材 | | | 縄文中期 |
| | 御所野遺跡 | IWIH-C25 | 岩手県一戸町 | 御所野縄文博物館 | 炭化材 | | | 縄文中期 |
| | 御所野遺跡 | IWIH-C27 | 岩手県一戸町 | 御所野縄文博物館 | 炭化材 | | | 縄文中期 |
| | 御所野遺跡 | IWIH-C28 | 岩手県一戸町 | 御所野縄文博物館 | 炭化材 | | | 縄文中期 |
| | 御所野遺跡 | IWIH-C29 | 岩手県一戸町 | 御所野縄文博物館 | 炭化材 | | | 縄文中期 |
| | 御所野遺跡 | IWIH-C30 | 岩手県一戸町 | 御所野縄文博物館 | 炭化材 | | | 縄文中期 |
| | 御所野遺跡 | IWIH-C33 | 岩手県一戸町 | 御所野縄文博物館 | 炭化材 | | | 縄文中期 |
| | 御所野遺跡 | IWIH-C47 | 岩手県一戸町 | 御所野縄文博物館 | 炭化材 | | | 縄文中期 |
| | 御所野遺跡 | IWIH-C51 | 岩手県一戸町 | 御所野縄文博物館 | 炭化材 | | | 縄文中期 |
| | 御所野遺跡 | IWIH-C54 | 岩手県一戸町 | 御所野縄文博物館 | 炭化材 | | | 縄文中期 |
| | 大橋遺跡 | IWM-145 a | 岩手県北上市 | (財)岩手県文化振興事業団埋蔵文化財センター | 土器付着物 | 台付鉢 | 口縁内 | 縄文晩期 |
| | 大橋遺跡 | IWM-199 | 岩手県北上市 | (財)岩手県文化振興事業団埋蔵文化財センター | 土器付着物 | 台付鉢 | 口縁外 | 縄文晩期 |
| | 大橋遺跡 | IWM-199 (re) | 岩手県北上市 | (財)岩手県文化振興事業団埋蔵文化財センター | 土器付着物 | 台付鉢 | 口縁外 | 縄文晩期 |
| | 大橋遺跡 | IWM-2004 b | 岩手県北上市 | (財)岩手県文化振興事業団埋蔵文化財センター | 土器付着物 | 台付鉢 | 胴外中 | 縄文晩期 |
| | 大橋遺跡 | IWM-2004 b(ad) | 岩手県北上市 | (財)岩手県文化振興事業団埋蔵文化財センター | 土器付着物 | 台付鉢 | 口縁外 | 縄文晩期 |
| | 大橋遺跡 | IWM-201 a(ad) | 岩手県北上市 | (財)岩手県文化振興事業団埋蔵文化財センター | 土器付着物 | 台付鉢 | 胴内 | 縄文晩期 |
| | 大橋遺跡 | IWM-201 b(ad) | 岩手県北上市 | (財)岩手県文化振興事業団埋蔵文化財センター | 土器付着物 | 台付鉢 | 胴外 | 縄文晩期 |
| | 大橋遺跡 | IWM-302 b(ad) | 岩手県北上市 | (財)岩手県文化振興事業団埋蔵文化財センター | 土器付着物 | 台付鉢 | 底外 | 縄文晩期 |
| | 大橋遺跡 | IWM-311 b | 岩手県北上市 | (財)岩手県文化振興事業団埋蔵文化財センター | 土器付着物 | 台付鉢 | 口縁外 | 縄文晩期 |
| | 大橋遺跡 | IWM-354 (ad) | 岩手県北上市 | (財)岩手県文化振興事業団埋蔵文化財センター | 土器付着物 | 台付鉢 | 口縁外 | 縄文晩期 |
| | 大橋遺跡 | IWM-425 a(ad) | 岩手県北上市 | (財)岩手県文化振興事業団埋蔵文化財センター | 土器付着物 | 台付鉢 | 口縁内 | 縄文晩期 |
| | 大橋遺跡 | IWM-425 b(ad) | 岩手県北上市 | (財)岩手県文化振興事業団埋蔵文化財センター | 土器付着物 | 台付鉢 | 口縁外 | 縄文晩期 |
| | 大橋遺跡 | IWM-474 a(ad) | 岩手県北上市 | (財)岩手県文化振興事業団埋蔵文化財センター | 土器付着物 | 台付鉢 | 胴内 | 縄文晩期 |
| | 大橋遺跡 | IWM-483 ad | 岩手県北上市 | (財)岩手県文化振興事業団埋蔵文化財センター | 土器付着物 | 鉢 | 胴内 | 縄文晩期 |
| | 大橋遺跡 | IWM-531 a(ad) | 岩手県北上市 | (財)岩手県文化振興事業団埋蔵文化財センター | 土器付着物 | 台付鉢 | 胴内 | 縄文晩期 |
| | 大橋遺跡 | IWM-531 a-ad (re) | 岩手県北上市 | (財)岩手県文化振興事業団埋蔵文化財センター | 土器付着物 | 台付鉢 | 胴内 | 縄文晩期 |

年代測定データ一覧表

| 試料の時期 | 測定機関番号 | 炭素14年代 ($^{14}C$ BP) | | 較正年代（cal BC） 確率1位 | | 確率2位 | | 確率3位 | | $\delta^{13}C$値（‰） Beta社 | 昭光通商 |
|---|---|---|---|---|---|---|---|---|---|---|---|
| 大木10式 | PLD-4867 | 3950 | 25 | 2495－2425 | 54.1% | 2565－2520 | 18.9% | 2380－2345 | 13.0% | | |
| 円筒上層～榎林 | PLD-4868 | 4525 | 30 | 3240－3100 | 62.9% | 3355－3260 | 32.6% | | | | |
| | PLD-4869 | 4515 | 25 | 3240－3100 | 64.2% | 3350－3260 | 31.3% | | | | |
| | PLD-4870 | 4490 | 25 | 3340－3200 | 56.9% | 3200－3095 | 38.6% | | | | |
| 最花 | PLD-4855 | 4030 | 25 | 2580－2475 | 88.6% | 2620－2605 | 4.4% | 2600－2590 | 2.3% | | |
| 最花～大木10 | PLD-4857 | 4060 | 25 | 2640－2545 | 58.5% | 2535－2490 | 24.8% | 2835－2815 | 7.1% | | |
| 大木10 | PLD-4854 | 3900 | 25 | 2470－2330 | 86.6% | 2325－2300 | 8.9% | | | | |
| 榎林～最花 | PLD-4856 | 4100 | 25 | 2700－2575 | 65.2% | 2860－2810 | 22.2% | 2750－2720 | 8.0% | | |
| 大木10式 | PLD-4860 | 3980 | 25 | 2570－2510 | 54.3% | 2500－2465 | 41.1% | | | | |
| 大木10式 | PLD-4858 | 3880 | 25 | 2465－2290 | 95.5% | | | | | | |
| 大木10式 | PLD-4859 | 3960 | 25 | 2500－2450 | 51.6% | 2570－2515 | 33.9% | 2375－2350 | 5.4% | | |
| 大木10式 | PLD-4861 | 3945 | 25 | 2495－2390 | 66.0% | 2385－2345 | 17.6% | 2565－2530 | 11.9% | | |
| 大洞C1式 | Beta-213658 | 2740 | 40 | 945－810 | 88.2% | 975－950 | 6.8% | | | NA | |
| 大洞C1式 | Beta-213592 | 2650 | 40 | 900－780 | 95.4% | | | | | -24.6‰ | |
| 大洞C1式 | MTC-06968 | 32870 | 190 | | | | | | | | |
| 大洞C2式 | Beta-212937 | 2690 | 40 | 910－795 | 95.4% | | | | | -25.5‰ | |
| 大木10式 | PLD-5174 | 3810 | 25 | 2310－2195 | 83.5% | 2175－2145 | 7.3% | 2340－2310 | 4.6% | | |
| 大木10式 | PLD-5175 | 4025 | 25 | 2580－2470 | 91.8% | 2620－2610 | 2.6% | 2595－2595 | 1.1% | | |
| 大木10式 | PLD-5176 | 3955 | 25 | 2500－2430 | 54.4% | 2565－2520 | 26.2% | 2380－2345 | 8.8% | | |
| 大木10式 | PLD-5177 | 4060 | 25 | 2640－2545 | 58.5% | 2535－2490 | 24.8% | 2835－2815 | 7.1% | | |
| 大木10式 | PLD-5178 | 3865 | 25 | 2460－2280 | 89.8% | 2250－2230 | 4.3% | 2220－2210 | 1.3% | | |
| 大木10式 | PLD-5179 | 3895 | 25 | 2465－2330 | 84.6% | 2325－2295 | 10.9% | | | | |
| 大木10式 | PLD-5180 | 3885 | 25 | 2465－2295 | 95.4% | | | | | | |
| 大木10式 | PLD-5181 | 3865 | 25 | 2460－2280 | 89.8% | 2250－2230 | 4.3% | 2220－2210 | 1.3% | | |
| 大木10式 | PLD-5182 | 3865 | 25 | 2460－2280 | 89.8% | 2250－2230 | 4.3% | 2220－2210 | 1.3% | | |
| 大木10式 | PLD-5183 | 3935 | 25 | 2490－2340 | 91.3% | 2550－2535 | 2.7% | 2560－2550 | 0.9% | | |
| 大木10式 | PLD-5184 | 3880 | 25 | 2465－2290 | 95.4% | | | | | | |
| 大木10式 | PLD-5185 | 3895 | 25 | 2465－2330 | 84.6% | 2325－2295 | 10.9% | | | | |
| 大木10式 | PLD-5186 | 3880 | 25 | 2465－2290 | 95.5% | | | | | | |
| 大木10式 | PLD-5187 | 3870 | 25 | 2465－2285 | 92.6% | 2250－2230 | 2.9% | | | | |
| 大洞C2式 | MTC-07448 | 2940 | 50 | 1310－1000 | 95.3% | 1365－1360 | 0.2% | | | | -26.6‰ |
| 大洞C2式 | MTC-07449 | 2490 | 190 | 1050－145 | 94.7% | 140－110 | 0.7% | | | | -27.0‰ |
| 大洞C2式 | MTC-07576 | 2590 | 60 | 850－535 | 92.5% | 895－870 | 2.0% | 530－520 | 0.7% | | |
| 大洞C2式 | MTC-07459 | 2840 | 50 | 1130－890 | 90.6% | 875－845 | 2.0% | 1160－1140 | 1.5% | | -26.6‰ |
| 大洞C2式 | Beta-215019 | 2820 | 40 | 1115－895 | 93.9% | 870－855 | 1.6% | | | -26.2‰ | |
| 大洞C2式 | Beta-214204 | 3040 | 40 | 1410－1190 | 94.2% | 1140－1130 | 1.2% | | | -18.9‰ | |
| 大洞C2式 | Beta-214205 | 2810 | 40 | 1055－840 | 93.9% | 1075－1065 | 0.9% | 1110－1100 | 0.6% | -26.2‰ | |
| 大洞C1～2式 | MTC-07450 | 2805 | 50 | 1055－835 | 90.2% | 1090－1060 | 3.4% | 1110－1100 | 1.7% | | |
| 大洞C2式 | MTC-07451 | 2430 | 50 | 600－400 | 62.7% | 670－605 | 12.6% | 755－685 | 20.1% | | -27.8‰ |
| 大洞C2式 | MTC-07452 | 2650 | 45 | 900－770 | 95.5% | | | | | | |
| 大洞C1式 | MTC-07453 | 2890 | 50 | 1215－965 | 86.5% | 965－925 | 5.7% | 1255－1235 | 3.2% | | -23.0‰ |
| 大洞C1式 | Beta-214676 | 2760 | 40 | 1000－825 | 95.4% | | | | | -27.1‰ | |
| 大洞C2式 | MTC-07454 | 2855 | 50 | 1135－900 | 88.3% | 1195－1140 | 6.5% | 1210－1200 | 0.7% | | |
| 大洞C2式 | MTC-07166 | 2740 | 30 | 935－815 | 92.6% | 970－960 | 2.9% | | | | -25.1‰ |
| 大洞C2式 | MTC-07455 | 2815 | 50 | 1115－885 | 88.1% | 885－840 | 7.3% | | | | -26.2‰ |
| 大洞C2式 | MTC-07577 | 2810 | 60 | 1130－820 | 95.4% | | | | | | |

| 遺跡名 | 測定試料名 | 所在地 | 所蔵・協力機関 | 試料の種類 | 試料の詳細 | 採取部位 | 試料の時代 |
|---|---|---|---|---|---|---|---|
| 大橋遺跡 | IWM-531 b(ad) | 岩手県北上市 | (財)岩手県文化振興事業団埋蔵文化財センター | 土器付着物 | 台付鉢 | 口縁外 | 縄文晩期 |
| 大橋遺跡 | IWM-537 (ad) | 岩手県北上市 | (財)岩手県文化振興事業団埋蔵文化財センター | 土器付着物 | 台付鉢 | 胴内 | 縄文晩期 |
| 大橋遺跡 | IWM-744 b(ad) | 岩手県北上市 | (財)岩手県文化振興事業団埋蔵文化財センター | 土器付着物 | 台付鉢 | 口縁外 | 縄文晩期 |
| 大橋遺跡 | IWM-869 (ad) | 岩手県北上市 | (財)岩手県文化振興事業団埋蔵文化財センター | 土器付着物 | 台付鉢 | 胴内 | 縄文晩期 |
| 大橋遺跡 | IWM-C23 | 岩手県北上市 | (財)岩手県文化振興事業団埋蔵文化財センター | 種実 | クルミ |  | 縄文晩期 |
| 大橋遺跡 | IWM-C23 (re) | 岩手県北上市 | (財)岩手県文化振興事業団埋蔵文化財センター | 種実 | クルミ |  | 縄文晩期 |
| 中在家南遺跡 | MGSY-3 | 宮城県仙台市 | 仙台市教育委員会 | 土器付着物 |  | 口縁外 | 弥生中期 |
| 中在家南遺跡 | MGSY-4 | 宮城県仙台市 | 仙台市教育委員会 | 土器付着物 |  | 口縁外, 胴外 | 弥生中期 |
| 中在家南遺跡 | MGSY-7 | 宮城県仙台市 | 仙台市教育委員会 | 土器付着物 |  | 口縁外, 胴外 | 弥生中期 |
| 中在家南遺跡 | MGSY-9 | 宮城県仙台市 | 仙台市教育委員会 | 土器付着物 |  | 底内 | 弥生中期 |
| 中在家南遺跡 | MGSY-10 | 宮城県仙台市 | 仙台市教育委員会 | 土器付着物 |  | 胴外 | 弥生中期 |
| 高田B遺跡 | MGSY-14 | 宮城県仙台市 | 仙台市教育委員会 | 土器付着物 |  | 口縁外, 胴外 | 弥生中期 |
| 高田B遺跡 | MGSY-15 | 宮城県仙台市 | 仙台市教育委員会 | 土器付着物 |  | 口縁外, 胴外 | 弥生中期 |
| 高田B遺跡 | MGSY-16 | 宮城県仙台市 | 仙台市教育委員会 | 土器付着物 |  | 口縁外, 胴外 | 弥生中期 |
| 高田B遺跡 | MGSY-17 | 宮城県仙台市 | 仙台市教育委員会 | 土器付着物 |  | 口縁外, 胴外 | 弥生中期 |
| 高田B遺跡 | MGSY-22 a | 宮城県仙台市 | 仙台市教育委員会 | 土器付着物 | 蓋 | 口縁外 | 弥生中期 |
| 高田B遺跡 | MGSY-24 a | 宮城県仙台市 | 仙台市教育委員会 | 土器付着物 |  | 胴内 | 弥生中期 |
| 高田B遺跡 | MGSY-25 a | 宮城県仙台市 | 仙台市教育委員会 | 土器付着物 |  | 胴内 | 弥生中期 |
| 北柳1遺跡 | YGT-13 b | 山形県山形市 | (財)山形県埋蔵文化財センター | 土器付着物 |  | 胴外 | 弥生前期 |
| 小山崎遺跡 | YGT-24 | 山形県遊佐町 | (財)山形県埋蔵文化財センター | 土器付着物 |  | 胴内 | 縄文後期 |
| 小山崎遺跡 | YGT-25 | 山形県遊佐町 | (財)山形県埋蔵文化財センター | 漆 |  | 胴内, 底内 | 縄文後期 |
| 小山崎遺跡 | YGT-29 | 山形県遊佐町 | (財)山形県埋蔵文化財センター | 土器付着物 |  | 口縁外, 胴外 | 縄文後期 |
| 小山崎遺跡 | YGT-30 | 山形県遊佐町 | (財)山形県埋蔵文化財センター | 土器付着物 |  | 胴内 | 縄文後期 |
| 小田島城遺跡 | YGT-53 | 山形県東根市 | (財)山形県埋蔵文化財センター | 土器付着物 |  | 胴外 | 弥生中期 |
| 山形西高敷地内遺跡 | YGYN-17 | 山形県山形市 | 山形市教育委員会 | 土器付着物 |  | 口縁外 | 縄文中期 |
| 野田貝塚 | CBND-C7 | 千葉県野田市 | 野田市教育委員会 | 炭化材 | 網代状繊維（タケ亜科） |  | 縄文後期 |
| 野田貝塚 | CBND-C8 | 千葉県野田市 | 野田市教育委員会 | 炭化材 | 網代状繊維 |  | 縄文後期 |
| 野田貝塚 | CBND-C9 a | 千葉県野田市 | 野田市教育委員会 | 炭化材 | 網代状繊維 |  | 縄文後期 |
| 野田貝塚 | CBND-C9 b | 千葉県野田市 | 野田市教育委員会 | 炭化材 | 網代状繊維 |  | 縄文後期 |
| 野田貝塚 | CBND-C10 1 | 千葉県野田市 | 野田市教育委員会 | 炭化材 | 柱材 | 最外1年輪 | 縄文後期 |
| 野田貝塚 | CBND-C10 10 | 千葉県野田市 | 野田市教育委員会 | 炭化材 | 柱材 | 外から10年輪 | 縄文後期 |
| 野田貝塚 | CBND-C10 20 | 千葉県野田市 | 野田市教育委員会 | 炭化材 | 柱材 | 外から20年輪 | 縄文後期 |
| 野田貝塚 | CBND-C11 | 千葉県野田市 | 野田市教育委員会 | 炭化材 | 網代状繊維 |  | 縄文後期 |
| 野田貝塚 | CBND-K1 | 千葉県野田市 | 野田市教育委員会 | その他 | シジミ |  | 縄文後期 |
| 野田貝塚 | CBND-K2 | 千葉県野田市 | 野田市教育委員会 | その他 | 貝 |  | 縄文後期 |
| 粟島台遺跡 | CTA-16 | 千葉県銚子市 | 銚子市教育委員会 | 土器付着物 |  | 胴内下 | 縄文中期 |
| 粟島台遺跡 | CTA-17 | 千葉県銚子市 | 銚子市教育委員会 | 土器付着物 |  | 胴外上 | 縄文中期 |
| 粟島台遺跡 | CTA-28 | 千葉県銚子市 | 銚子市教育委員会 | 土器付着物 |  | 口縁内 | 縄文中期 |
| 下宅部遺跡 | TTHS-18 | 東京都東村山市 | 東村山市教育委員会 | 土器付着物 |  | 口縁外 | 縄文後期 |
| 下宅部遺跡 | TTHS-49 a (re) | 東京都東村山市 | 東村山市教育委員会 | 土器付着物 |  | 口縁内 | 縄文後期 |
| 下宅部遺跡 | TTHS-69 a (re) | 東京都東村山市 | 東村山市教育委員会 | 土器付着物 |  | 胴内 | 縄文晩期 |
| 下宅部遺跡 | TTHS-C51 | 東京都東村山市 | 東村山市教育委員会 | 漆 | 7号弓漆皮膜 |  | 縄文後期～晩期 |
| 下宅部遺跡 | TTHS-C59 | 東京都東村山市 | 東村山市教育委員会 | 木材 | 杭（樹種：ウルシ） |  | 縄文後期 |

年代測定データ一覧表

| 試料の時期 | 測定機関番号 | 炭素14年代 ($^{14}$C BP) | | 較正年代 (cal BC) 確率1位 | | 確率2位 | | 確率3位 | | $\delta^{13}$C値(‰) Beta社 | 昭光通商 |
|---|---|---|---|---|---|---|---|---|---|---|---|
| 大洞C2式 | MTC-07456 | 2955 | 50 | 1315－1010 | 93.8% | 1370－1355 | 1.3% | | | | -26.3‰ |
| 大洞C2式 | MTC-07457 | 3130 | 50 | 1500－1290 | 94.3% | 1280－1270 | 1.1% | | | | -24.6‰ |
| 大洞C2式 | Beta-215018 | 2730 | 40 | 940－805 | 91.3% | 975－955 | 4.1% | | | -25.6‰ | |
| 大洞C2式 | MTC-07458 | 2770 | 50 | 1025－810 | 94.9% | 1040－1030 | 0.5% | | | | -24.5‰ |
| | MTC-07447 | 2770 | 130 | 1315－745 | 91.4% | 685－665 | 0.9% | 645－590 | 1.7% | | |
| | MTC-07575 | 2740 | 60 | 1015－800 | 95.5% | | | | | | |
| Ⅲ期新 | PLD-4931 | 2325 | 25 | 410－360 | 95.3% | 265－265 | 0.2% | | | | -24.7‰ |
| Ⅲ期新 | PLD-4932 | 2245 | 25 | 310－205 | 65.4% | 390－350 | 30.1% | | | | -25.2‰ |
| Ⅲ期新 | PLD-4933 | 2235 | 25 | 320－205 | 71.3% | 385－345 | 24.2% | | | | -25.2‰ |
| Ⅲ期新 | PLD-4934 | 2190 | 25 | 360－270 | 57.3% | 265－180 | 38.1% | | | | -25.4‰ |
| Ⅲ期新 | PLD-4935 | 2900 | 90 | 1320－895 | 91.4% | 1375－13335 | 2.8% | 870－850 | 1.2% | | -23.7‰ |
| Ⅲ期古 | PLD-4936 | 2255 | 25 | 305－225 | 52.0% | 390－350 | 37.9% | 225－205 | 5.6% | | |
| Ⅲ期古 | PLD-4937 | 2330 | 25 | 410－365 | 94.6% | 480－470 | 0.9% | | | | -26.7‰ |
| Ⅲ期古 | PLD-4938 | 2220 | 25 | 325－200 | 76.6% | 380－340 | 18.8% | | | | -25.8‰ |
| Ⅲ期古 | PLD-4939 | 2300 | 25 | 405－355 | 84.3% | 280－255 | 9.2% | 245－235 | 2.0% | | |
| Ⅲ期古 | PLD-4940 | 2280 | 25 | 400－355 | 63.5% | 290－230 | 31.9% | | | | -27.4‰ |
| Ⅲ期古 | PLD-4941 | 2220 | 25 | 325－200 | 76.6% | 380－340 | 18.8% | | | | -25.8‰ |
| Ⅲ期古 | PLD-4942 | 2285 | 25 | 400－355 | 68.9% | 285－230 | 26.5% | | | | -26.9‰ |
| 大洞A'式 | MTC-06989 | 2410 | 25 | 540－400 | 86.2% | 725－690 | 8.3% | 660－650 | 1.0% | | |
| 加曽利B式併行～宝ケ峰2式 | MTC-06992 | 3395 | 30 | 1755－1615 | 94.8% | 1765－1760 | 0.6% | | | | |
| 加曽利B式併行 | MTC-06993 | 3310 | 35 | 1685－1510 | 95.4% | | | | | | |
| 加曽利B2式 | MTC-06997 | 3325 | 30 | 1685－1525 | 95.4% | | | | | | |
| 加曽利B2式 | MTC-06998 | 3630 | 30 | 2045－1900 | 86.2% | 2125－2090 | 9.2% | | | | |
| 地蔵池式（須和田式併行） | MTC-06999 | 2065 | 30 | 170－15 | 90.7% | 15－AD1 | 4.7% | | | | |
| 大木10式 | MTC-07588 | 4080 | 35 | 2700－2560 | 62.7% | 2860－2810 | 16.6% | 2535－2490 | 10.2% | | -27.8‰ |
| 曽谷式～（安行3a） | PLD-5974 | 2995 | 25 | 1315－1150 | 86.1% | 1145－1130 | 6.4% | 1370－1355 | 2.5% | | |
| 曽谷式～（安行3a） | PLD-5975 | 2995 | 25 | 1310－1150 | 86.1% | 1145－1130 | 6.4% | 1370－1355 | 2.5% | | |
| 曽谷式 | PLD-6015 | 3060 | 20 | 1395－1285 | 89.6% | 1285－1265 | 5.9% | | | | |
| 曽谷式 | PLD-6016 | 3100 | 20 | 1425－1365 | 65.1% | 1360－1315 | 30.3% | | | | |
| 曽谷式 | PLD-6017 | 3070 | 20 | 1410－1290 | 94.4% | 1275－1270 | 1.1% | | | | |
| 曽谷式 | PLD-6018 | 3010 | 20 | 1320－1205 | 81.2% | 1375－1340 | 10.5% | 1205－1190 | 2.2% | | |
| 曽谷式 | PLD-6019 | 3020 | 20 | 1320－1210 | 75.7% | 1380－1335 | 19.7% | | | | |
| 曽谷式～（安行3a） | PLD-6020 | 2995 | 20 | 1315－1185 | 82.8% | 1180－1155 | 6.1% | 1145－1130 | 5.5% | | |
| 曽谷式～（安行3a） | MTC-07566 | 3335 | 50 | 1695－1505 | 87.4% | 1740－1700 | 8.0% | | | | |
| 曽谷式～（安行3a） | MTC-07567 | 3440 | 60 | 1920－1610 | 95.4% | | | | | | |
| 勝坂3式新 | PLD-5356 | 4685 | 30 | 3475－3370 | 65.2% | 3525－3480 | 22.5% | 3625－3600 | 7.8% | | -20.7‰ |
| 阿玉台Ⅱ式 | PLD-5357 | 4595 | 30 | 3375－3330 | 48.0% | 3500－3430 | 37.5% | 3210－3185 | 5.5% | | -25.6‰ |
| 八辺4式 | PLD-5358 | 4840 | 30 | 3675－3630 | 57.8% | 3580－3535 | 31.1% | 3695－3675 | 6.5% | | -20.5‰ |
| 堀之内2式 | Beta-211229 | 3630 | 40 | 2060－1890 | 81.1% | 2130－2080 | 14.3% | | | -27.3‰ | |
| 高井東式 | MTC-07164 | 3285 | 30 | 1635－1495 | 95.1% | 1660－1655 | 0.4% | | | | |
| 安行3c式 | MTC-07165 | 3035 | 30 | 1400－1210 | 95.4% | | | | | | |
| | Beta-211440 | 3060 | 40 | 1425－1250 | 90.7% | 1240－1210 | 4.8% | | | -30.8‰ | |
| | MTC-07156 | 3610 | 25 | 2030－1895 | 95.5% | | | | | | |

| 遺跡名 | 測定試料名 | 所在地 | 所蔵・協力機関 | 試料の種類 | 試料の詳細 | 採取部位 | 試料の時代 |
|---|---|---|---|---|---|---|---|
| 下宅部遺跡 | TTHS-C59 (r) | 東京都東村山市 | 東村山市教育委員会 | 木材 | 杭（樹種：ウルシ） | | 縄文後期 |
| 下宅部遺跡 | TTHS-C61 | 東京都東村山市 | 東村山市教育委員会 | 木材 | 杭（樹種：ウルシ） | | 縄文後期 |
| 下宅部遺跡 | TTHS-C61 (r) | 東京都東村山市 | 東村山市教育委員会 | 木材 | 杭（樹種：ウルシ） | | 縄文後期 |
| 下宅部遺跡 | TTHS-C65 (rt3) | 東京都東村山市 | 東村山市教育委員会 | 種実 | トチノキ種子 | 種皮 | 縄文後期 |
| 下宅部遺跡 | TTHS-C66 | 東京都東村山市 | 東村山市教育委員会 | 種実 | トチノキ種子 | 種皮 | 縄文後期 |
| 下宅部遺跡 | TTHS-C66 (r) | 東京都東村山市 | 東村山市教育委員会 | 種実 | トチノキ種子 | 種皮 | 縄文後期 |
| 下宅部遺跡 | TTHS-C68 | 東京都東村山市 | 東村山市教育委員会 | その他 | 繊維 | | 縄文後期 |
| 下宅部遺跡 | TTHS-C68 (r) | 東京都東村山市 | 東村山市教育委員会 | その他 | 繊維 | | 縄文後期 |
| 下宅部遺跡 | TTHS-C69 | 東京都東村山市 | 東村山市教育委員会 | その他 | 繊維 | | 縄文後期 |
| 下宅部遺跡 | TTHS-C69 (r) | 東京都東村山市 | 東村山市教育委員会 | その他 | 繊維 | | 縄文後期 |
| 下宅部遺跡 | TTHS-C70 | 東京都東村山市 | 東村山市教育委員会 | 種実 | アカガシ亜属果実 | 果皮 | 縄文後期 |
| 下宅部遺跡 | TTHS-C70 (r) | 東京都東村山市 | 東村山市教育委員会 | 種実 | アカガシ亜属果実 | 果皮 | 縄文後期 |
| 下宅部遺跡 | TTHS-C71 | 東京都東村山市 | 東村山市教育委員会 | 種実 | アカガシ亜属果実 | 果皮 | 縄文後期 |
| 下宅部遺跡 | TTHS-C71 (r) | 東京都東村山市 | 東村山市教育委員会 | 種実 | アカガシ亜属果実 | 果皮 | 縄文後期 |
| 下宅部遺跡 | TTHS-C72 | 東京都東村山市 | 東村山市教育委員会 | その他 | 樹皮製品 | | 縄文後期～晩期 |
| 下宅部遺跡 | TTHS-C72 (r) | 東京都東村山市 | 東村山市教育委員会 | その他 | 樹皮製品 | | 縄文後期～晩期 |
| 真田・北金目遺跡群 | KNHS-5 | 神奈川県平塚市 | 平塚市真田・北金目遺跡調査会 | 土器付着物 | | 口縁外 | 縄文後期 |
| 真田・北金目遺跡群 | KNHS-6 a | 神奈川県平塚市 | 平塚市真田・北金目遺跡調査会 | 土器付着物 | | 胴内 | 縄文後期 |
| 真田・北金目遺跡群 | KNHS-12 | 神奈川県平塚市 | 平塚市真田・北金目遺跡調査会 | 土器付着物 | | 胴外 | 縄文後期 |
| 真田・北金目遺跡群 | KNHS-13 | 神奈川県平塚市 | 平塚市真田・北金目遺跡調査会 | 土器付着物 | | 胴外 | 縄文後期 |
| 真田・北金目遺跡群 | KNHS-C16 1 | 神奈川県平塚市 | 平塚市真田・北金目遺跡調査会 | 木材 | クスノキ | | 縄文後期 |
| 真田・北金目遺跡群 | KNHS-C16 11 | 神奈川県平塚市 | 平塚市真田・北金目遺跡調査会 | 木材 | クスノキ | | 縄文後期 |
| 真田・北金目遺跡群 | KNHS-C16 21 | 神奈川県平塚市 | 平塚市真田・北金目遺跡調査会 | 木材 | クスノキ | | 縄文後期 |
| 真田・北金目遺跡群 | KNHS-C16 31 | 神奈川県平塚市 | 平塚市真田・北金目遺跡調査会 | 木材 | クスノキ | | 縄文後期 |
| 真田・北金目遺跡群 | KNHS-C16 41 | 神奈川県平塚市 | 平塚市真田・北金目遺跡調査会 | 木材 | クスノキ | | 縄文後期 |
| 真田・北金目遺跡群 | KNHS-C16 51 | 神奈川県平塚市 | 平塚市真田・北金目遺跡調査会 | 木材 | クスノキ | | 縄文後期 |
| 真田・北金目遺跡群 | KNHS-C16 61 | 神奈川県平塚市 | 平塚市真田・北金目遺跡調査会 | 木材 | クスノキ | | 縄文後期 |
| 真田・北金目遺跡群 | KNHS-C16 71 | 神奈川県平塚市 | 平塚市真田・北金目遺跡調査会 | 木材 | クスノキ | | 縄文後期 |
| 真田・北金目遺跡群 | KNHS-C16 81 | 神奈川県平塚市 | 平塚市真田・北金目遺跡調査会 | 木材 | クスノキ | | 縄文後期 |
| 真田・北金目遺跡群 | KNHS-C16 91 | 神奈川県平塚市 | 平塚市真田・北金目遺跡調査会 | 木材 | クスノキ | | 縄文後期 |
| 真田・北金目遺跡群 | KNHS-C16 101 | 神奈川県平塚市 | 平塚市真田・北金目遺跡調査会 | 木材 | クスノキ | | 縄文後期 |
| 真田・北金目遺跡群 | KNHS-C16 111 | 神奈川県平塚市 | 平塚市真田・北金目遺跡調査会 | 木材 | クスノキ | | 縄文後期 |
| 真田・北金目遺跡群 | KNHS-C16 121 | 神奈川県平塚市 | 平塚市真田・北金目遺跡調査会 | 木材 | クスノキ | | 縄文後期 |
| 真田・北金目遺跡群 | KNHS-C16 131 | 神奈川県平塚市 | 平塚市真田・北金目遺跡調査会 | 木材 | クスノキ | | 縄文後期 |
| 赤坂遺跡 | KNMR-2-32 s | 神奈川県三浦市 | 赤坂遺跡調査団 | 種子 | イネ炭化籾 | | 弥生後期 |
| 赤坂遺跡 | KNMR-2-33 s | 神奈川県三浦市 | 赤坂遺跡調査団 | 種子 | イネ炭化胚乳 | | 弥生後期 |
| 赤坂遺跡 | KNMR-2-34 s | 神奈川県三浦市 | 赤坂遺跡調査団 | 種子 | イネ炭化胚乳 | | 弥生後期 |
| 杉田貝塚 | KNSG-K2 | 神奈川県横浜市 | 国立歴史民俗博物館 | その他 | ハマグリ右殻 | | 縄文後期 |

年代測定データ一覧表

| 試料の時期 | 測定機関番号 | 炭素14年代 ($^{14}C$ BP) | | 較正年代 (cal BC) | | | | | | δ$^{13}$C値(‰) | |
|---|---|---|---|---|---|---|---|---|---|---|---|
| | | | | 確率1位 | | 確率2位 | | 確率3位 | | Beta社 | 昭光通商 |
| | Beta-216226 | 3580 | 40 | 2035－1870 | 85.5% | 1845－1810 | 5.8% | 1805－1775 | 4.2% | -30.5‰ | |
| | MTC-07157 | 3395 | 30 | 1755－1615 | 94.8% | 1765－1760 | 0.6% | | | | |
| | Beta-216227 | 3380 | 40 | 1770－1600 | 87.5% | 1590－1530 | 7.9% | | | -29.7‰ | |
| | MTC-07436 | 3155 | 35 | 1500－1380 | 92.9% | 1335－1320 | 2.6% | | | | |
| | MTC-07158 | 3750 | 25 | 2210－2120 | 70.5% | 2090－2040 | 18.1% | 2275－2250 | 5.7% | | |
| | Beta-216228 | 3730 | 40 | 2210－2025 | 88.6% | 2280－2250 | 4.9% | 2230－2215 | 1.4% | NA | |
| | MTC-07159 | 3420 | 30 | 1775－1630 | 87.4% | 1870－1845 | 6.4% | 1810－1800 | 1.7% | | |
| | Beta-216229 | 3320 | 40 | 1690－1500 | 94.9% | 1725－1720 | 0.6% | | | NA | |
| | MTC-07160 | 3290 | 30 | 1635－1495 | 94.8% | 1660－1655 | 0.7% | | | | |
| | Beta-216230 | 3260 | 40 | 1625－1440 | 95.4% | | | | | -30.7‰ | |
| | MTC-07161 | 3780 | 30 | 2295－2130 | 92.6% | 2080－2060 | 2.9% | | | | |
| | Beta-216231 | 3760 | 40 | 2290－2110 | 77.4% | 2100－2035 | 18.1% | | | -27.6‰ | |
| | MTC-07163 | 3810 | 30 | 2345－2190 | 83.5% | 2180－2140 | 10.3% | 2400－2380 | 1.7% | | |
| | Beta-216233 | 3800 | 40 | 2350－2130 | 88.7% | 2405－2375 | 2.8% | 2080－2055 | 2.0% | -28.2‰ | |
| | MTC-07162 | 3090 | 30 | 1430－1290 | 94.7% | 1275－1270 | 0.7% | | | | |
| | Beta-216232 | 3050 | 40 | 1415－1210 | 94.7% | 1140－1135 | 0.5% | | | -28.2‰ | |
| 堀之内1式～2式(新) | PLD-4912 | 3675 | 25 | 2140－2005 | 84.8% | 2005－1975 | 10.5% | | | | -25.7‰ |
| 堀之内1式 | PLD-4913 | 4005 | 25 | 2570－2470 | 95.7% | | | | | | -23.5‰ |
| 堀之内1式 | PLD-4914 | 3695 | 25 | 2145－2020 | 89.5% | 2195－2175 | 3.9% | 1995－1980 | 2.1% | | -25.6‰ |
| 堀之内1式 | PLD-4915 | 3775 | 25 | 2290－2135 | 95.0% | 2070－2065 | 0.5% | | | | -26.3‰ |
| 堀之内1式 | PLD-4916 | 3825 | 25 | 2350－2195 | 89.3% | 2405－2380 | 3.4% | 2165－2150 | 1.8% | | |
| 堀之内1式 | PLD-4917 | 3970 | 25 | 2505－2455 | 47.9% | 2570－2510 | 46.5% | 2415－2405 | 1.0% | | |
| 堀之内1式 | PLD-4918 | 3790 | 25 | 2290－2140 | 95.9% | | | | | | |
| 堀之内1式 | PLD-4919 | 3840 | 25 | 2350－2200 | 79.4% | 2455－2415 | 7.2% | 2405－2375 | 8.5% | | |
| 堀之内1式 | PLD-4920 | 3865 | 25 | 2460－2280 | 89.8% | 2250－2230 | 4.3% | 2220－2210 | 1.3% | | |
| 堀之内1式 | PLD-4921 | 3870 | 25 | 2465－2285 | 92.6% | 2250－2230 | 2.9% | | | | |
| 堀之内1式 | PLD-4922 | 3860 | 20 | 2460－2280 | 89.6% | 2250－2230 | 4.8% | 2215－2210 | 1.3% | | |
| 堀之内1式 | PLD-4923 | 3885 | 25 | 2465－2295 | 95.5% | | | | | | |
| 堀之内1式 | PLD-4924 | 3865 | 25 | 2460－2280 | 89.8% | 2250－2230 | 4.3% | 2220－2210 | 1.3% | | |
| 堀之内1式 | PLD-4925 | 3885 | 25 | 2465－2295 | 95.5% | | | | | | |
| 堀之内1式 | PLD-4926 | 3940 | 30 | 2495－2340 | 84.2% | 2565－2530 | 9.5% | 2320－2305 | 1.8% | | |
| 堀之内1式 | PLD-4928 | 3835 | 25 | 2350－2200 | 83.7% | 2405－2375 | 6.6% | 2455－2420 | 5.2% | | |
| 堀之内1式 | PLD-4929 | 3885 | 25 | 2465－2295 | 95.5% | | | | | | |
| 堀之内1式 | PLD-4927 | 3910 | 25 | 2470－2335 | 89.9% | 2325－2305 | 5.1% | | | | |
| 久ケ原式 | MTC-06969 | 1915 | 30 | AD15－AD135 | 92.2% | AD195－AD210 | 1.3% | AD155－AD170 | 1.2% | | |
| 久ケ原式 | MTC-06970 | 1870 | 30 | AD75－AD225 | 95.4% | | | | | | |
| 久ケ原式 | MTC-06971 | 1875 | 30 | AD70－AD225 | 95.4% | | | | | | |
| | MTC-07418 | 3825 | 30 | 2350－2195 | 82.9% | 2405－2375 | 5.0% | 2170－2145 | 3.4% | | |

| 遺跡名 | 測定試料名 | 所在地 | 所蔵・協力機関 | 試料の種類 | 試料の詳細 | 採取部位 | 試料の時代 |
|---|---|---|---|---|---|---|---|
| 杉田貝塚 | KNSG-K7 | 神奈川県横浜市 | 国立歴史民俗博物館 | その他 | シオフキ右殻 | | 縄文後期 |
| 杉田貝塚 | KNSG-K8 | 神奈川県横浜市 | 国立歴史民俗博物館 | その他 | カガミガイ右殻 | | 縄文後期 |
| 中屋サワ遺跡 | ISKM-11 b | 石川県金沢市 | 金沢市埋蔵文化財センター | 土器付着物 | | 口縁外 | 縄文晩期 |
| 中屋サワ遺跡 | ISKM-12 a | 石川県金沢市 | 金沢市埋蔵文化財センター | 土器付着物 | | 口縁内 | 縄文晩期 |
| 中屋サワ遺跡 | ISKM-13 a | 石川県金沢市 | 金沢市埋蔵文化財センター | 土器付着物 | | 胴内 | 縄文晩期 |
| 中屋サワ遺跡 | ISKM-13 b | 石川県金沢市 | 金沢市埋蔵文化財センター | 土器付着物 | | 口縁外 | 縄文晩期 |
| 中屋サワ遺跡 | ISKM-13 c | 石川県金沢市 | 金沢市埋蔵文化財センター | 土器付着物 | | 口縁内 | 縄文晩期 |
| 中屋サワ遺跡 | ISKM-14 a | 石川県金沢市 | 金沢市埋蔵文化財センター | 土器付着物 | | 胴内 | 縄文晩期 |
| 中屋サワ遺跡 | ISKM-14 b | 石川県金沢市 | 金沢市埋蔵文化財センター | 土器付着物 | | 胴外 | 縄文晩期 |
| 中屋サワ遺跡 | ISKM-15 | 石川県金沢市 | 金沢市埋蔵文化財センター | 土器付着物 | | 胴外 | 縄文晩期 |
| 中屋サワ遺跡 | ISKM-16 a | 石川県金沢市 | 金沢市埋蔵文化財センター | 土器付着物 | | 胴内 | 縄文晩期 |
| 中屋サワ遺跡 | ISKM-16 b | 石川県金沢市 | 金沢市埋蔵文化財センター | 土器付着物 | | 口縁外 | 縄文晩期 |
| 中屋サワ遺跡 | ISKM-17 a | 石川県金沢市 | 金沢市埋蔵文化財センター | 土器付着物 | | 胴内 | 縄文晩期 |
| 中屋サワ遺跡 | ISKM-17 b | 石川県金沢市 | 金沢市埋蔵文化財センター | 土器付着物 | | 胴外 | 縄文晩期 |
| 中屋サワ遺跡 | ISKM-19 | 石川県金沢市 | 金沢市埋蔵文化財センター | 土器付着物 | | 口縁内 | 縄文晩期 |
| 中屋サワ遺跡 | ISKM-21 | 石川県金沢市 | 金沢市埋蔵文化財センター | 土器付着物 | | 胴外 | 縄文晩期 |
| 中屋サワ遺跡 | ISKM-22 b | 石川県金沢市 | 金沢市埋蔵文化財センター | 土器付着物 | | 口縁外 | 縄文晩期 |
| 中屋サワ遺跡 | ISKM-22 c | 石川県金沢市 | 金沢市埋蔵文化財センター | 土器付着物 | | 胴外 | 縄文晩期 |
| 中屋サワ遺跡 | ISKM-22 d | 石川県金沢市 | 金沢市埋蔵文化財センター | 土器付着物 | | 胴内 | 縄文晩期 |
| 中屋サワ遺跡 | ISKM-23 | 石川県金沢市 | 金沢市埋蔵文化財センター | 土器付着物 | | 口縁外 | 縄文晩期 |
| 中屋サワ遺跡 | ISKM-24 | 石川県金沢市 | 金沢市埋蔵文化財センター | 土器付着物 | | 口縁外 | 縄文晩期 |
| 中屋サワ遺跡 | ISKM-25 b | 石川県金沢市 | 金沢市埋蔵文化財センター | 土器付着物 | | 胴外 | 縄文晩期 |
| 中屋サワ遺跡 | ISKM-26 | 石川県金沢市 | 金沢市埋蔵文化財センター | 土器付着物 | | 胴内 | 縄文晩期 |
| 中屋サワ遺跡 | ISKM-27 | 石川県金沢市 | 金沢市埋蔵文化財センター | 土器付着物 | | 口縁外 | 縄文晩期 |
| 中屋サワ遺跡 | ISKM-30 | 石川県金沢市 | 金沢市埋蔵文化財センター | 土器付着物 | | 胴内 | 縄文晩期 |
| 中屋サワ遺跡 | ISKM-31 | 石川県金沢市 | 金沢市埋蔵文化財センター | 土器付着物 | | 胴外 | 縄文晩期 |
| 中屋サワ遺跡 | ISKM-32 | 石川県金沢市 | 金沢市埋蔵文化財センター | 土器付着物 | | 胴外 | 縄文晩期 |
| 中屋サワ遺跡 | ISKM-36 a | 石川県金沢市 | 金沢市埋蔵文化財センター | 土器付着物 | | 胴内 | 縄文晩期 |
| 中屋サワ遺跡 | ISKM-37 | 石川県金沢市 | 金沢市埋蔵文化財センター | 土器付着物 | | 口縁外 | 縄文晩期 |
| 中屋サワ遺跡 | ISKM-38 a | 石川県金沢市 | 金沢市埋蔵文化財センター | 土器付着物 | | 胴内 | 縄文晩期 |
| 中屋サワ遺跡 | ISKM-38 b | 石川県金沢市 | 金沢市埋蔵文化財センター | 土器付着物 | | 口縁外 | 縄文晩期 |
| 中屋サワ遺跡 | ISKM-39 a | 石川県金沢市 | 金沢市埋蔵文化財センター | 土器付着物 | | 胴内 | 縄文晩期 |
| 中屋サワ遺跡 | ISKM-39 b | 石川県金沢市 | 金沢市埋蔵文化財センター | 土器付着物 | | 胴外 | 縄文晩期 |
| 中屋サワ遺跡 | ISKM-40 a | 石川県金沢市 | 金沢市埋蔵文化財センター | 土器付着物 | | 胴内下 | 縄文晩期 |
| 中屋サワ遺跡 | ISKM-40 b | 石川県金沢市 | 金沢市埋蔵文化財センター | 土器付着物 | | 口縁外 | 縄文晩期 |
| 中屋サワ遺跡 | ISKM-41 a | 石川県金沢市 | 金沢市埋蔵文化財センター | 土器付着物 | | 胴内下 | 縄文晩期 |
| 中屋サワ遺跡 | ISKM-41 b | 石川県金沢市 | 金沢市埋蔵文化財センター | 土器付着物 | | 口縁外 | 縄文晩期 |
| 中屋サワ遺跡 | ISKM-42 a | 石川県金沢市 | 金沢市埋蔵文化財センター | 土器付着物 | | 胴内 | 縄文晩期 |
| 中屋サワ遺跡 | ISKM-43 | 石川県金沢市 | 金沢市埋蔵文化財センター | 土器付着物 | | 胴外 | 縄文晩期 |
| 中屋サワ遺跡 | ISKM-44 a | 石川県金沢市 | 金沢市埋蔵文化財センター | 土器付着物 | | 口縁内 | 縄文晩期 |
| 中屋サワ遺跡 | ISKM-45 | 石川県金沢市 | 金沢市埋蔵文化財センター | 土器付着物 | | 口縁外 | 縄文晩期 |
| 中屋サワ遺跡 | ISKM-46 a | 石川県金沢市 | 金沢市埋蔵文化財センター | 土器付着物 | | 胴内 | 縄文晩期 |
| 中屋サワ遺跡 | ISKM-46 b | 石川県金沢市 | 金沢市埋蔵文化財センター | 土器付着物 | | 口縁外 | 縄文晩期 |

年代測定データ一覧表

| 試料の時期 | 測定機関番号 | 炭素14年代<br>($^{14}$C BP) | | 較正年代（cal BC）<br>確率1位 | | 確率2位 | | 確率3位 | | δ$^{13}$C値(‰)<br>Beta社　昭光通商 | |
|---|---|---|---|---|---|---|---|---|---|---|---|
| | MTC-07419 | 3795 | 30 | 2310－2135 | 93.3% | 2335－2320 | 2.0% | 2315－2315 | 0.2% | | |
| | MTC-07420 | 3895 | 30 | 2470－2295 | 95.4% | | | | | | |
| 大洞B2式, 御経塚1式 | PLD-5001 | 3030 | 20 | 1325－1255 | 58.1% | 1385－1330 | 31.1% | 1235－1215 | 6.3% | | |
| 大洞C1-1式, 中屋式 | PLD-5002 | 3060 | 20 | 1395－1285 | 89.6% | 1285－1265 | 5.9% | | | | -25.7‰ |
| 大洞C1-1式, 中屋式 | PLD-5003 | 3025 | 20 | 1325－1250 | 60.0% | 1385－1330 | 25.4% | 1240－1210 | 10.1% | | -26.1‰ |
| 大洞C1-1式, 中屋式 | PLD-5004 | 2985 | 20 | 1300－1150 | 86.8% | 1145－1130 | 8.7% | | | | |
| 大洞C1-1式, 中屋式 | PLD-5005 | 3125 | 20 | 1440－1375 | 88.3% | 1335－1320 | 7.1% | | | | -24.7‰ |
| 大洞B2式, 御経塚式 | PLD-5006 | 3000 | 20 | 1315－1190 | 84.2% | 1145－1130 | 4.0% | 1180－1160 | 3.7% | | -25.3‰ |
| 大洞B2式, 御経塚式 | PLD-5007 | 2995 | 20 | 1315－1185 | 82.8% | 1180－1155 | 6.1% | 1145－1130 | 5.5% | | |
| 大洞B2～BC1式, 御経塚式 | PLD-5008 | 3110 | 20 | 1435－1370 | 76.4% | 1345－1315 | 18.8% | | | | -25.4‰ |
| 大洞B-C2～C1式前半, 中屋式 | PLD-5009 | 2975 | 20 | 1270－1125 | 92.7% | 1290－1275 | 2.7% | | | | -26.8‰ |
| 大洞B-C2～C1式前半, 中屋式 | PLD-5010 | 2935 | 20 | 1215－1050 | 90.2% | 1255－1235 | 5.2% | | | | -25.8‰ |
| 大洞B2式, 御経塚式 | PLD-5011 | 3010 | 20 | 1320－1205 | 81.2% | 1375－1340 | 10.5% | 1205－1190 | 2.2% | | -26.2‰ |
| 大洞B2式, 御経塚式 | PLD-5012 | 2980 | 20 | 1270－1125 | 90.3% | 1290－1275 | 4.7% | | | | -25.6‰ |
| 大洞C1-1式, 中屋式 | PLD-5013 | 3055 | 20 | 1395－1265 | 95.4% | | | | | | -25.6‰ |
| 大洞B2式, 御経塚式 | PLD-5014 | 2985 | 20 | 1300－1150 | 86.8% | 1145－1130 | 8.7% | | | | -25.5‰ |
| 大洞C1-1式 | PLD-5015 | 2905 | 20 | 1130－1010 | 84.1% | 1165－1140 | 6.2% | 1190－1170 | 5.1% | | |
| 大洞C1-1式 | PLD-5016 | 2910 | 20 | 1130－1015 | 78.3% | 1195－1140 | 17.1% | | | | -25.7‰ |
| 大洞C1-1式 | PLD-5017 | 2975 | 20 | 1270－1125 | 92.7% | 1290－1275 | 2.7% | | | | -26.3‰ |
| 御経塚B1式 | PLD-5018 | 3000 | 20 | 1315－1190 | 84.2% | 1145－1130 | 4.0% | 1180－1160 | 3.7% | | -25.9‰ |
| 大洞B1式, 御経塚式 | PLD-5019 | 3015 | 20 | 1320－1210 | 79.0% | 1375－1335 | 14.7% | 1200－1195 | 0.9% | | -25.0‰ |
| 大洞B-C1式 | PLD-5020 | 2915 | 20 | 1135－1020 | 71.2% | 1195－1140 | 22.5% | 1210－1200 | 1.7% | | -25.4‰ |
| 大洞C2-1式, 下野式 | PLD-5021 | 2935 | 20 | 1215－1050 | 90.2% | 1255－1235 | 5.2% | | | | -25.3‰ |
| 大洞B2式, 御経塚式 | PLD-5022 | 2975 | 20 | 1270－1125 | 92.7% | 1290－1275 | 2.7% | | | | -25.3‰ |
| 大洞B-C1式 | PLD-5023 | 2925 | 20 | 1210－1045 | 93.1% | 1250－1240 | 2.4% | | | | -24.7‰ |
| 大洞B2式 | PLD-5024 | 2920 | 20 | 1210－1035 | 94.0% | 1035－1025 | 1.5% | | | | |
| 大洞C1-1式, 中屋式 | PLD-5025 | 2785 | 20 | 1000－895 | 91.7% | 870－850 | 3.8% | | | | -26.3‰ |
| 大洞C1-1式, 中屋式 | PLD-5026 | 3030 | 20 | 1325－1255 | 58.1% | 1385－1330 | 31.1% | 1235－1215 | 6.3% | | -25.1‰ |
| 大洞C1-1式, 中屋式 | PLD-5027 | 2900 | 20 | 1130－1010 | 88.3% | 1160－1140 | 3.9% | 1190－1175 | 3.2% | | -24.8‰ |
| 大洞B-C1式 | PLD-5028 | 2885 | 20 | 1130－1000 | 94.8% | 1185－1180 | 0.5% | 1150－1150 | 0.1% | | -25.5‰ |
| 大洞B-C1式 | PLD-5029 | 2940 | 25 | 1220－1050 | 85.2% | 1260－1230 | 10.3% | | | | -25.3‰ |
| 大洞B-C1式, 御経塚3式 | PLD-5030 | 3120 | 25 | 1445－1370 | 79.9% | 1345－1315 | 14.4% | | | | -23.2‰ |
| 大洞B-C1式, 御経塚3式 | PLD-5031 | 2910 | 25 | 1135－1010 | 73.5% | 1195－1140 | 19.8% | 1210－1195 | 2.2% | | -25.1‰ |
| 大洞B2式 | PLD-5032 | 2975 | 25 | 1305－1120 | 95.5% | | | | | | -26.2‰ |
| 大洞B2式 | PLD-5033 | 2885 | 25 | 1130－980 | 91.7% | 1160－1145 | 2.0% | 1190－1175 | 1.7% | | -25.5‰ |
| 大洞B1, 御経塚1or2式 | PLD-5034 | 3115 | 25 | 1440－1365 | 75.2% | 1360－1315 | 20.2% | | | | -25.7‰ |
| 大洞B1, 御経塚1or2 | PLD-5035 | 2960 | 20 | 1265－1115 | 95.2% | 1285－1285 | 0.2% | | | | -25.2‰ |
| 大洞B-C1式, 御経塚3式 | PLD-5036 | 3180 | 25 | 1495－1415 | 95.5% | | | | | | -24.1‰ |
| 大洞B-C1式 | PLD-5037 | 2995 | 25 | 1315－1130 | 93.0% | 1370－1355 | 2.5% | | | | -24.8‰ |
| 大洞B2式 | PLD-5038 | 3085 | 25 | 1420－1295 | 95.5% | | | | | | |
| 大洞C1-2式, 中屋式 | PLD-5039 | 2865 | 25 | 1120－970 | 90.3% | 955－935 | 5.1% | | | | -25.0‰ |
| 大洞B-C2式, 御経塚式 | PLD-5040 | 3055 | 25 | 1400－1260 | 95.4% | | | | | | -24.7‰ |
| 大洞B-C2式, 御経塚式 | PLD-5041 | 2895 | 25 | 1130－1000 | 86.2% | 1165－1140 | 4.8% | 1190－1170 | 4.1% | | -25.3‰ |

| 遺跡名 | 測定試料名 | 所在地 | 所蔵・協力機関 | 試料の種類 | 試料の詳細 | 採取部位 | 試料の時代 |
|---|---|---|---|---|---|---|---|
| 中屋サワ遺跡 | ISKM-47 b | 石川県金沢市 | 金沢市埋蔵文化財センター | 土器付着物 | | 口縁外 | 縄文晩期 |
| 中屋サワ遺跡 | ISKM-48 | 石川県金沢市 | 金沢市埋蔵文化財センター | 土器付着物 | | 胴外 | 縄文晩期 |
| 中屋サワ遺跡 | ISKM-49 | 石川県金沢市 | 金沢市埋蔵文化財センター | 土器付着物 | | 胴内 | 縄文晩期 |
| 中屋サワ遺跡 | ISKM-53 | 石川県金沢市 | 金沢市埋蔵文化財センター | 土器付着物 | | 胴内 | 縄文晩期 |
| 中屋サワ遺跡 | ISKM-55 | 石川県金沢市 | 金沢市埋蔵文化財センター | 土器付着物 | | 胴外 | 縄文晩期 |
| 中屋サワ遺跡 | ISKM-56 | 石川県金沢市 | 金沢市埋蔵文化財センター | 土器付着物 | | 胴内 | 縄文晩期 |
| 中屋サワ遺跡 | ISKM-59 | 石川県金沢市 | 金沢市埋蔵文化財センター | 土器付着物 | | 胴外 | 縄文後期 |
| 中屋サワ遺跡 | ISKM-60 | 石川県金沢市 | 金沢市埋蔵文化財センター | 土器付着物 | | 口縁外 | 縄文晩期 |
| 中屋サワ遺跡 | ISKM-61 b | 石川県金沢市 | 金沢市埋蔵文化財センター | 土器付着物 | | 口縁外 | 縄文後期 |
| 中屋サワ遺跡 | ISKM-62 | 石川県金沢市 | 金沢市埋蔵文化財センター | 土器付着物 | | 口縁外 | 縄文後期 |
| 中屋サワ遺跡 | ISKM-63 b | 石川県金沢市 | 金沢市埋蔵文化財センター | 土器付着物 | | 口縁外 | 縄文後期 |
| 中屋サワ遺跡 | ISKM-64 | 石川県金沢市 | 金沢市埋蔵文化財センター | 土器付着物 | | 口縁外 | 縄文後期 |
| 中屋サワ遺跡 | ISKM-65 | 石川県金沢市 | 金沢市埋蔵文化財センター | 土器付着物 | | 口縁内 | 縄文晩期 |
| 吉崎・次場遺跡 | ISM-667 | 石川県羽咋市 | (財)石川県埋蔵文化財センター | 土器付着物 | | 口縁外 | 弥生前期 |
| 乾A遺跡 | ISMI-40 | 石川県白山市 | (財)石川県埋蔵文化財センター | 土器付着物 | | 胴外 | 縄文晩期 |
| 乾A遺跡 | ISMI-228 | 石川県白山市 | (財)石川県埋蔵文化財センター | 土器付着物 | | 口縁外 | 縄文晩期 |
| 八日市地方遺跡 | ISYZ-4 | 石川県小松市 | 小松市教育委員会 | 土器付着物 | | 口縁外,胴外 | 縄文後期 |
| 八日市地方遺跡 | ISYZ-6 | 石川県小松市 | 小松市教育委員会 | 土器付着物 | | 口縁内 | 弥生前期 |
| 八日市地方遺跡 | ISYZ-13 | 石川県小松市 | 小松市教育委員会 | 土器付着物 | | 底内 | 弥生前期 |
| 八日市地方遺跡 | ISYZ-15 | 石川県小松市 | 小松市教育委員会 | 土器付着物 | | 胴外 | 弥生前期 |
| 八日市地方遺跡 | ISYZ-78 | 石川県小松市 | 小松市教育委員会 | 土器付着物 | 在地深鉢 | 口縁外 | 弥生前期 |
| 八日市地方遺跡 | ISYZ-84 | 石川県小松市 | 小松市教育委員会 | 土器付着物 | | 口縁外 | 弥生前期 |
| 八日市地方遺跡 | ISYZ-106 | 石川県小松市 | 小松市教育委員会 | 土器付着物 | | 底内 | 弥生前期 |
| 八日市地方遺跡 | ISYZ-119 | 石川県小松市 | 小松市教育委員会 | 土器付着物 | | 胴外 | 弥生前期 |
| 八日市地方遺跡 | ISYZ-146 b | 石川県小松市 | 小松市教育委員会 | 土器付着物 | | 口縁外 | 弥生中期 |
| 八日市地方遺跡 | ISYZ-152 | 石川県小松市 | 小松市教育委員会 | 土器付着物 | | 胴外 | 弥生中期 |
| 八日市地方遺跡 | ISYZ-155 | 石川県小松市 | 小松市教育委員会 | 土器付着物 | | 口縁外 | 弥生中期 |
| 八日市地方遺跡 | ISYZ-211 | 石川県小松市 | 小松市教育委員会 | 土器付着物 | | 胴外 | 弥生中期 |
| 八日市地方遺跡 | ISYZ-323 | 石川県小松市 | 小松市教育委員会 | 土器付着物 | | 胴内 | 弥生中期 |
| 八日市地方遺跡 | ISYZ-327 | 石川県小松市 | 小松市教育委員会 | 土器付着物 | | 口縁内,胴内 | 弥生中期 |
| 八日市地方遺跡 | ISYZ-336 | 石川県小松市 | 小松市教育委員会 | 土器付着物 | | 胴外 | 弥生中期 |
| 八日市地方遺跡 | ISYZ-375 | 石川県小松市 | 小松市教育委員会 | 土器付着物 | | 口縁外 | 弥生中期 |
| 八日市地方遺跡 | ISYZ-383 | 石川県小松市 | 小松市教育委員会 | 土器付着物 | | 口縁外,胴外 | 弥生中期 |
| 八日市地方遺跡 | ISYZ-399 | 石川県小松市 | 小松市教育委員会 | 土器付着物 | 甕 | 胴外 | 弥生中期 |
| 八日市地方遺跡 | ISYZ-403 | 石川県小松市 | 小松市教育委員会 | 土器付着物 | | 胴外 | 弥生中期 |
| 八日市地方遺跡 | ISYZ-412 | 石川県小松市 | 小松市教育委員会 | 土器付着物 | | 口縁外,胴外 | 弥生中期 |
| 八日市地方遺跡 | ISYZ-425 | 石川県小松市 | 小松市教育委員会 | 土器付着物 | | 口縁外,胴外 | 弥生中期 |
| 八日市地方遺跡 | ISYZ-426 | 石川県小松市 | 小松市教育委員会 | 土器付着物 | 在地刷毛甕 | 口縁外,胴外 | 弥生中期 |
| 八日市地方遺跡 | ISYZ-444 | 石川県小松市 | 小松市教育委員会 | 土器付着物 | | 胴外 | 弥生 |
| 八日市地方遺跡 | ISYZ-473 | 石川県小松市 | 小松市教育委員会 | 土器付着物 | | 胴内 | 弥生前期 |
| 八日市地方遺跡 | ISYZ-478 | 石川県小松市 | 小松市教育委員会 | 土器付着物 | | 口縁外 | 弥生前期 |
| 八日市地方遺跡 | ISYZ-S13 | 石川県小松市 | 小松市教育委員会 | 土器付着物 | | 胴外下 | 弥生中期 |
| 八日市地方遺跡 | ISYZ-S14 | 石川県小松市 | 小松市教育委員会 | 土器付着物 | | 口縁外 | 弥生中期 |
| 八日市地方遺跡 | ISFJ-2 | 石川県小松市 | 小松市教育委員会 | 土器付着物 | 甕(水神平式関係) | 口縁外 | 弥生中期 |
| 銚子塚古墳 | YNMBT-1 | 山梨県甲府市 | 山梨県埋蔵文化財センター | 土器付着物 | S字甕 | 胴外 | 古墳前期 |
| 塚越遺跡 | YNMBT-6 | 山梨県富士河口湖町 | 山梨県埋蔵文化財センター | 土器付着物 | 深鉢 | 胴内下 | 縄文晩期〜弥生前期 |
| 塚越遺跡 | YNMBT-8 | 山梨県富士河口湖町 | 山梨県埋蔵文化財センター | 土器付着物 | 深鉢 | 胴外 | 弥生前期 |

年代測定データ一覧表

| 試料の時期 | 測定機関番号 | 炭素14年代 ($^{14}C$ BP) | | 較正年代（cal BC） | | | | | | $δ^{13}C$値(‰) | |
|---|---|---|---|---|---|---|---|---|---|---|---|
| | | | | 確率1位 | | 確率2位 | | 確率3位 | | Beta社 | 昭光通商 |
| 大洞C2-1式,下野式 | PLD-5042 | 2930 | 25 | 1215−1040 | 89.2% | 1260−1230 | 6.1% | 1030−1030 | 0.1% | | |
| 大洞C2-1式,下野式 | PLD-5043 | 2870 | 25 | 1125−970 | 92.2% | 955−940 | 3.3% | | | | −27.0‰ |
| 大洞C2-1式,下野式 | PLD-5044 | 2910 | 25 | 1135−1010 | 73.5% | 1195−1140 | 19.8% | 1210−1195 | 2.2% | | −25.8‰ |
| 大洞C2-1式,下野式 | PLD-5045 | 2965 | 25 | 1295−1110 | 94.6% | 1095−1090 | 0.7% | 1060−1060 | 0.2% | | −26.2‰ |
| 大洞C1-1式 | PLD-5046 | 2940 | 25 | 1220−1050 | 85.2% | 1260−1230 | 10.3% | | | | |
| 大洞B2式 | PLD-5047 | 3025 | 25 | 1385−1210 | 95.3% | | | | | | −25.2‰ |
| 八日市新保2式 | PLD-5048 | 2970 | 25 | 1300−1115 | 95.4% | | | | | | −25.2‰ |
| 大洞C1-2式,中屋式 | PLD-5049 | 2875 | 25 | 1130−970 | 93.2% | 955−940 | 2.3% | | | | −25.0‰ |
| 八日市新保式 | PLD-5050 | 3010 | 25 | 1320−1190 | 77.6% | 1375−1335 | 12.9% | 1145−1130 | 2.7% | | −25.2‰ |
| 八日市新保2式 | PLD-5051 | 3030 | 25 | 1390−1250 | 86.2% | 1240−1210 | 9.3% | | | | −25.2‰ |
| 御経塚B1式 | PLD-5052 | 3000 | 25 | 1315−1185 | 78.4% | 1370−1340 | 6.3% | 1180−1155 | 5.8% | | |
| 八日市新保式 | PLD-5053 | 3045 | 25 | 1395−1260 | 93.2% | 1230−1220 | 2.3% | | | | −25.0‰ |
| 大洞B1式,御経塚式 | PLD-5054 | 3120 | 25 | 1445−1370 | 79.9% | 1345−1315 | 14.4% | | | | −25.0‰ |
| 不明 | PLD-4884 | 2250 | 25 | 305−205 | 61.3% | 390−350 | 33.7% | | | | −26.6‰ |
| 長竹式 | PLD-5000 | 2580 | 25 | 805−755 | 88.1% | 685−670 | 7.3% | | | | |
| 長竹式 | PLD-4999 | 2560 | 25 | 800−750 | 68.7% | 685−665 | 15.4% | 640−590 | 10.2% | | −24.5‰ |
| 加曽利B1式 | PLD-4885 | 3500 | 25 | 1890−1745 | 95.5% | | | | | | −26.5‰ |
| Ⅰ−Ⅱ期遠賀川、Ⅲ期(設楽) | PLD-4886 | 2510 | 25 | 695−540 | 72.4% | 785−715 | 23.0% | | | | −26.5‰ |
| Ⅰ期 | PLD-4887 | 2605 | 25 | 815−770 | 95.4% | | | | | | −24.6‰ |
| 柴山出村Ⅰ式（氷Ⅰ式）Ⅰ期 | PLD-4888 | 2515 | 25 | 655−540 | 53.9% | 790−725 | 24.3% | 690−655 | 17.2% | | −27.5‰ |
| Ⅰ期 | PLD-4889 | 2480 | 25 | 765−505 | 93.1% | 440−420 | 1.9% | 460−450 | 0.5% | | −25.9‰ |
| Ⅰ期 | PLD-4890 | 2455 | 25 | 595−410 | 53.8% | 750−685 | 27.7% | 665−630 | 11.5% | | −25.6‰ |
| Ⅰ期 | PLD-4891 | 2470 | 25 | 670−500 | 57.6% | 760−680 | 30.5% | 440−415 | 4.0% | | −24.1‰ |
| Ⅱ〜Ⅲ期 | PLD-4892 | 2450 | 25 | 595−410 | 57.9% | 750−685 | 26.4% | 665−635 | 9.6% | | −25.9‰ |
| Ⅱ期 | PLD-4893 | 2280 | 25 | 400−355 | 63.5% | 290−230 | 31.9% | | | | −26.4‰ |
| Ⅱ期 | PLD-4894 | 2300 | 25 | 405−355 | 84.3% | 280−255 | 9.2% | 245−235 | 2.0% | | −26.4‰ |
| Ⅱ期 | PLD-4895 | 2295 | 25 | 400−355 | 79.6% | 285−255 | 12.2% | 245−230 | 3.7% | | −25.9‰ |
| Ⅱ期 | PLD-4896 | 2300 | 25 | 405−355 | 84.3% | 280−255 | 9.2% | 245−235 | 2.0% | | −26.0‰ |
| Ⅲ期 | PLD-4897 | 2400 | 25 | 540−400 | 90.8% | 720−695 | 4.7% | | | | −25.7‰ |
| Ⅲ期 | PLD-4898 | 2315 | 25 | 405−360 | 93.4% | 270−260 | 2.1% | | | | −26.4‰ |
| Ⅲ期 | PLD-4899 | 2270 | 25 | 395−350 | 52.4% | 295−230 | 40.9% | 220−210 | 2.2% | | −25.8‰ |
| Ⅲ期 | PLD-4900 | 2270 | 25 | 395−350 | 52.4% | 295−230 | 40.9% | 220−210 | 2.2% | | −25.9‰ |
| Ⅲ期 | PLD-4901 | 2180 | 25 | 360−275 | 56.1% | 260−170 | 39.4% | | | | −26.5‰ |
| Ⅲ期 | PLD-4902 | 2250 | 25 | 305−205 | 61.3% | 390−350 | 33.7% | | | | −24.9‰ |
| Ⅳ期 | PLD-4903 | 2075 | 25 | 175−40 | 94.3% | 10−AD1 | 1.2% | | | | −26.9‰ |
| Ⅳ期 | PLD-4904 | 2125 | 25 | 205−85 | 84.6% | 80−55 | 6.3% | 345−325 | 4.5% | | |
| Ⅲ期 | PLD-4905 | 2270 | 25 | 395−350 | 52.4% | 295−230 | 40.9% | 220−210 | 2.2% | | |
| Ⅲ期 | PLD-4906 | 2130 | 25 | 205−85 | 83.1% | 345−320 | 7.7% | 75−55 | 4.7% | | |
| Ⅳ期 | PLD-4907 | 2200 | 25 | 365−195 | 95.4% | | | | | | |
| Ⅲ期 | PLD-4908 | 2355 | 25 | 425−385 | 69.6% | 510−435 | 25.8% | | | | |
| Ⅰ期(それ以前) | PLD-4909 | 2640 | 25 | 835−790 | 95.5% | | | | | | |
| Ⅳ期 | PLD-4910 | 2155 | 25 | 230−105 | 59.0% | 355−285 | 36.4% | | | | |
| Ⅳ期 | PLD-4911 | 2150 | 25 | 210−95 | 62.7% | 355−290 | 29.9% | 230−215 | 2.8% | | |
| Ⅱ期 | PLD-5115 | 2195 | 25 | 365−190 | 95.3% | | | | | | −26.1‰ |
| | MTC-07590 | 1730 | 40 | AD225−AD410 | 95.4% | | | | | | −14.3‰ |
| 不明 | MTC-07589 | 2915 | 35 | 1215−1005 | 91.1% | 1255−1235 | 4.3% | | | | −25.7‰ |
| 条痕文 | MTC-07591 | 2330 | 30 | 415−360 | 86.1% | 505−455 | 6.0% | 455−435 | 1.8% | | −25.0‰ |

| 遺跡名 | 測定試料名 | 所在地 | 所蔵・協力機関 | 試料の種類 | 試料の詳細 | 採取部位 | 試料の時代 |
|---|---|---|---|---|---|---|---|
| 塚越遺跡 | YNMBT-9 | 山梨県富士河口湖町 | 山梨県埋蔵文化財センター | 土器付着物 | 深鉢 | 胴外 | 弥生前期 |
| 向原遺跡 | YNMK-1 | 山梨県北杜市 | 北杜市教育委員会 | 土器付着物 | 深鉢 | 胴内 | 縄文中期 |
| 向原遺跡 | YNMK-3 | 山梨県北杜市 | 北杜市教育委員会 | 土器付着物 | 深鉢 | 胴内 | 縄文中期 |
| 向原遺跡 | YNMK-5 | 山梨県北杜市 | 北杜市教育委員会 | 土器付着物 | 深鉢 | 胴内 | 縄文中期 |
| 竜ヶ崎A遺跡 | SGMB-1 a | 滋賀県安土町 | 滋賀県埋蔵文化財センター・(財)滋賀県文化財保護協会 | 土器付着物 | | 口縁外,胴外 | 縄文中期 |
| 竜ヶ崎A遺跡 | SGMB-1 b | 滋賀県安土町 | 滋賀県埋蔵文化財センター・(財)滋賀県文化財保護協会 | 土器付着物 | 深鉢 | 口縁外 | 縄文中期 |
| 竜ヶ崎A遺跡 | SGMB-2 | 滋賀県安土町 | 滋賀県埋蔵文化財センター・(財)滋賀県文化財保護協会 | 土器付着物 | | 口縁外,胴外 | 縄文後期 |
| 竜ヶ崎A遺跡 | SGMB-3 a | 滋賀県安土町 | 滋賀県埋蔵文化財センター・(財)滋賀県文化財保護協会 | 土器付着物 | | 口縁内 | 縄文後期 |
| 竜ヶ崎A遺跡 | SGMB-3 b | 滋賀県安土町 | 滋賀県埋蔵文化財センター・(財)滋賀県文化財保護協会 | 土器付着物 | | 口縁外 | 縄文後期 |
| 竜ヶ崎A遺跡 | SGMB-4 a | 滋賀県安土町 | 滋賀県埋蔵文化財センター・(財)滋賀県文化財保護協会 | 土器付着物 | | 胴内 | 縄文後期 |
| 竜ヶ崎A遺跡 | SGMB-4 b | 滋賀県安土町 | 滋賀県埋蔵文化財センター・(財)滋賀県文化財保護協会 | 土器付着物 | | 胴外 | 縄文後期 |
| 竜ヶ崎A遺跡 | SGMB-5 a | 滋賀県安土町 | 滋賀県埋蔵文化財センター・(財)滋賀県文化財保護協会 | 土器付着物 | | 胴内 | 縄文後期 |
| 竜ヶ崎A遺跡 | SGMB-5 a (rp) | 滋賀県安土町 | 滋賀県埋蔵文化財センター・(財)滋賀県文化財保護協会 | 土器付着物 | | 胴内 | 縄文後期 |
| 竜ヶ崎A遺跡 | SGMB-5 b | 滋賀県安土町 | 滋賀県埋蔵文化財センター・(財)滋賀県文化財保護協会 | 土器付着物 | | 胴外 | 縄文後期 |
| 竜ヶ崎A遺跡 | SGMB-5 b (rp) | 滋賀県安土町 | 滋賀県埋蔵文化財センター・(財)滋賀県文化財保護協会 | 土器付着物 | | 胴外 | 縄文後期 |
| 竜ヶ崎A遺跡 | SGMB-6 | 滋賀県安土町 | 滋賀県埋蔵文化財センター・(財)滋賀県文化財保護協会 | 土器付着物 | 突帯文 | 口縁外 | 縄文晩期～弥生前期 |
| 竜ヶ崎A遺跡 | SGMB-7 a (re) | 滋賀県安土町 | 滋賀県埋蔵文化財センター・(財)滋賀県文化財保護協会 | 土器付着物 | 突帯文 | 口縁外 | 縄文晩期～弥生前期 |
| 竜ヶ崎A遺跡 | SGMB-7 b | 滋賀県安土町 | 滋賀県埋蔵文化財センター・(財)滋賀県文化財保護協会 | 土器付着物 | 突帯文 | 胴外 | 縄文晩期～弥生前期 |
| 竜ヶ崎A遺跡 | SGMB-8 | 滋賀県安土町 | 滋賀県埋蔵文化財センター・(財)滋賀県文化財保護協会 | 土器付着物 | 突帯文 | 底内 | 縄文晩期～弥生前期 |
| 竜ヶ崎A遺跡 | SGMB-8 (re) | 滋賀県安土町 | 滋賀県埋蔵文化財センター・(財)滋賀県文化財保護協会 | 土器付着物 | 突帯文 | 底内 | 縄文晩期～弥生前期 |
| 竜ヶ崎A遺跡 | SGMB-12 | 滋賀県安土町 | 滋賀県埋蔵文化財センター・(財)滋賀県文化財保護協会 | 土器付着物 | 突帯文 | 胴外 | 縄文晩期～弥生前期 |
| 竜ヶ崎A遺跡 | SGMB-12 (re1) | 滋賀県安土町 | 滋賀県埋蔵文化財センター・(財)滋賀県文化財保護協会 | 土器付着物 | 突帯文 | 胴外 | 縄文晩期～弥生前期 |
| 竜ヶ崎A遺跡 | SGMB-12 (re1p) | 滋賀県安土町 | 滋賀県埋蔵文化財センター・(財)滋賀県文化財保護協会 | 土器付着物 | 突帯文 | 胴外 | 縄文晩期～弥生前期 |
| 竜ヶ崎A遺跡 | SGMB-12 (re1-rt) | 滋賀県安土町 | 滋賀県埋蔵文化財センター・(財)滋賀県文化財保護協会 | 土器付着物 | 突帯文 | 胴外 | 縄文晩期～弥生前期 |
| 竜ヶ崎A遺跡 | SGMB-12 (re2) | 滋賀県安土町 | 滋賀県埋蔵文化財センター・(財)滋賀県文化財保護協会 | 土器付着物 | 突帯文 | 胴外 | 縄文晩期～弥生前期 |
| 竜ヶ崎A遺跡 | SGMB-12 (re2b) | 滋賀県安土町 | 滋賀県埋蔵文化財センター・(財)滋賀県文化財保護協会 | 土器付着物 | 突帯文 | 胴外 | 縄文晩期～弥生前期 |
| 竜ヶ崎A遺跡 | SGMBT-12 (re2p) | 滋賀県安土町 | 滋賀県埋蔵文化財センター・(財)滋賀県文化財保護協会 | 土器付着物 | 突帯文 | 胴外 | 縄文晩期～弥生前期 |
| 竜ヶ崎A遺跡 | SGMB-12 (re3) | 滋賀県安土町 | 滋賀県埋蔵文化財センター・(財)滋賀県文化財保護協会 | 土器付着物 | 突帯文 | 胴外 | 縄文晩期～弥生前期 |
| 竜ヶ崎A遺跡 | SGMB-12 (re3b) | 滋賀県安土町 | 滋賀県埋蔵文化財センター・(財)滋賀県文化財保護協会 | 土器付着物 | 突帯文 | 胴外 | 縄文晩期～弥生前期 |
| 竜ヶ崎A遺跡 | SGMB-12 (re3p) | 滋賀県安土町 | 滋賀県埋蔵文化財センター・(財)滋賀県文化財保護協会 | 土器付着物 | 突帯文 | 胴外 | 縄文晩期～弥生前期 |
| 竜ヶ崎A遺跡 | SGMB-12 (re3pre) | 滋賀県安土町 | 滋賀県埋蔵文化財センター・(財)滋賀県文化財保護協会 | 土器付着物 | 突帯文 | 胴外 | 縄文晩期～弥生前期 |
| 竜ヶ崎A遺跡 | SGMB-12 (re4) | 滋賀県安土町 | 滋賀県埋蔵文化財センター・(財)滋賀県文化財保護協会 | 土器付着物 | 突帯文 | 胴外 | 縄文晩期～弥生前期 |
| 竜ヶ崎A遺跡 | SGMB-12 (re4b) | 滋賀県安土町 | 滋賀県埋蔵文化財センター・(財)滋賀県文化財保護協会 | 土器付着物 | 突帯文 | 胴外 | 縄文晩期～弥生前期 |
| 竜ヶ崎A遺跡 | SGMB-12 (re4p) | 滋賀県安土町 | 滋賀県埋蔵文化財センター・(財)滋賀県文化財保護協会 | 土器付着物 | 突帯文 | 胴外 | 縄文晩期～弥生前期 |
| 竜ヶ崎A遺跡 | SGMB-12 (re5) | 滋賀県安土町 | 滋賀県埋蔵文化財センター・(財)滋賀県文化財保護協会 | 土器付着物 | 突帯文 | 胴外 | 縄文晩期～弥生前期 |
| 竜ヶ崎A遺跡 | SGMB-12 (re5b) | 滋賀県安土町 | 滋賀県埋蔵文化財センター・(財)滋賀県文化財保護協会 | 土器付着物 | 突帯文 | 胴外 | 縄文晩期～弥生前期 |
| 竜ヶ崎A遺跡 | SGMB-12 (re5p) | 滋賀県安土町 | 滋賀県埋蔵文化財センター・(財)滋賀県文化財保護協会 | 土器付着物 | 突帯文 | 胴外 | 縄文晩期～弥生前期 |
| 竜ヶ崎A遺跡 | SGMB-12 (re6) | 滋賀県安土町 | 滋賀県埋蔵文化財センター・(財)滋賀県文化財保護協会 | 土器付着物 | 突帯文 | 胴外 | 縄文晩期～弥生前期 |
| 竜ヶ崎A遺跡 | SGMB-12 (re6b) | 滋賀県安土町 | 滋賀県埋蔵文化財センター・(財)滋賀県文化財保護協会 | 土器付着物 | 突帯文 | 胴外 | 縄文晩期～弥生前期 |

年代測定データ一覧表

| 試料の時期 | 測定機関番号 | 炭素14年代 ($^{14}$C BP) | | 較正年代 (cal BC) 確率1位 | | 確率2位 | | 確率3位 | | $\delta^{13}$C値 (‰) Beta社 | 昭光通商 |
|---|---|---|---|---|---|---|---|---|---|---|---|
| 条痕文 | MTC-07592 | 2400 | 30 | 540－395 | 86.0% | 730－690 | 8.2% | 660－650 | 1.3% | | -25.0‰ |
| 曽利Ⅰb式 | PLD-5289 | 4310 | 25 | 2940－2885 | 82.4% | 3010－2975 | 11.0% | 2960－2950 | 1.7% | | -26.2‰ |
| 勝坂3式 | PLD-5290 | 4380 | 25 | 3030－2915 | 83.9% | 3090－3055 | 11.5% | | | | -26.3‰ |
| 勝坂3式 | PLD-5291 | 4350 | 25 | 3020－2900 | 95.3% | | | | | | -26.2‰ |
| 北白川C式 | MTC-06945 | 4225 | 35 | 2905－2845 | 42.9% | 2810－2740 | 40.5% | 2725－2695 | 10.7% | | |
| 北白川C式 | Beta-212938 | 4470 | 40 | 3345－3020 | 95.4% | | | | | -15.3‰ | |
| 縁帯文成立期 | PLD-5297 | 3970 | 25 | 2505－2455 | 47.9% | 2570－2510 | 46.5% | 2415－2405 | 1.0% | | -26.7‰ |
| 縁帯文成立期 | MTC-06946 | 3930 | 35 | 2490－2330 | 84.2% | 2325－2295 | 6.1% | 2560－2535 | 4.9% | | |
| 縁帯文成立期 | PLD 5298 | 3945 | 25 | 2495－2390 | 66.0% | 2385－2345 | 17.6% | 2565－2530 | 11.9% | | -27.6‰ |
| 縁帯文成立期 | PLD-5299 | 3975 | 30 | 2575－2455 | 92.9% | 2420－2405 | 1.3% | 2375－2365 | 0.7% | | -26.3‰ |
| 縁帯文成立期 | MTC-06947 | 3900 | 35 | 2475－2285 | 95.0% | 2245－2240 | 0.4% | | | | |
| 縁帯文成立期 | PLD-5300 | 3860 | 25 | 2460－2280 | 86.6% | 2250－2230 | 6.4% | 2220－2210 | 2.5% | | -28.2‰ |
| 縁帯文成立期 | PLD-5838 | 3890 | 25 | 2465－2295 | 95.5% | | | | | | |
| 縁帯文成立期 | PLD-5301 | 4630 | 25 | 3505－3425 | 73.2% | 3380－3355 | 22.3% | | | | -28.1‰ |
| 縁帯文成立期 | PLD-5839 | 4640 | 25 | 3515－3425 | 76.9% | 3380－3360 | 17.3% | 3405－3395 | 1.3% | | |
| 長原式 | PLD-5302 | 2435 | 25 | 560－405 | 67.9% | 750－685 | 20.4% | 665－645 | 5.5% | | -25.9‰ |
| 長原式 | Beta-213595 | 2380 | 40 | 545－385 | 84.4% | 735－690 | 8.9% | 665－645 | 2.1% | -26.8‰ | |
| 長原式 | PLD-5303 | 2490 | 25 | 770－515 | 95.4% | | | | | | -26.1‰ |
| 長原式 | PLD-5304 | 2550 | 25 | 800－745 | 55.5% | 685－665 | 18.1% | 645－590 | 17.1% | | -12.5‰ |
| 長原式 | PLD-6304 | 2505 | 20 | 655－540 | 60.1% | 775－725 | 19.5% | 690－655 | 15.8% | | |
| 縁帯文成立期 | PLD-5305 | 3940 | 25 | 2490－2345 | 88.3% | 2560－2535 | 7.2% | | | | -26.3‰ |
| 縁帯文成立期 | MTC-06948 | 3915 | 30 | 2475－2330 | 87.8% | 2325－2295 | 7.7% | | | | |
| 縁帯文成立期 | PLD-5770 | 3805 | 25 | 2310－2190 | 82.6% | 2180－2140 | 10.7% | 2335－2320 | 2.1% | | |
| 縁帯文成立期 | Beta-213611 | 3790 | 40 | 2345－2125 | 89.2% | 2090－2045 | 4.7% | 2400－2380 | 1.5% | -27.1‰ | -26.7‰ |
| 縁帯文成立期 | MTC-06949 | 3895 | 35 | 2470－2285 | 94.3% | 2245－2240 | 0.7% | 2240－2235 | 0.5% | | |
| 縁帯文成立期 | Beta-213083 | 3800 | 40 | 2350－2130 | 88.7% | 2405－2375 | 2.8% | 2080－2055 | 2.0% | -27.0‰ | -26.7‰ |
| 縁帯文成立期 | PLD-5771 | 3825 | 25 | 2350－2195 | 89.3% | 2405－2380 | 3.4% | 2165－2150 | 1.8% | | |
| 縁帯文成立期 | MTC-06950 | 3860 | 35 | 2460－2270 | 81.6% | 2255－2205 | 13.9% | | | | |
| 縁帯文成立期 | Beta-213084 | 3860 | 40 | 2465－2270 | 79.8% | 2260－2205 | 15.7% | | | -27.9‰ | -26.7‰ |
| 縁帯文成立期 | PLD-測定不可 | | | | | | | | | | |
| 縁帯文成立期 | PLD-5772 | 3815 | 25 | 2345－2195 | 89.9% | 2170－2145 | 5.2% | 2390－2385 | 0.4% | | |
| 縁帯文成立期 | MTC-06951 | 3905 | 35 | 2475－2285 | 95.3% | | | | | | |
| 縁帯文成立期 | Beta-失敗 | | | | | | | | | | -26.8‰ |
| 縁帯文成立期 | PLD-5773 | 3845 | 25 | 2350－2205 | 74.0% | 2405－2375 | 10.4% | 2455－2415 | 9.3% | | |
| 縁帯文成立期 | MTC-06952 | 3880 | 50 | 2470－2205 | 95.4% | | | | | | |
| 縁帯文成立期 | Beta-213086 | 3810 | 40 | 2350－2135 | 86.4% | 2405－2375 | 4.4% | 2455－2415 | 4.1% | -27.9‰ | -26.8‰ |
| 縁帯文成立期 | PLD-5774 | 3815 | 25 | 2345－2195 | 89.9% | 2170－2145 | 5.2% | 2390－2385 | 0.4% | | |
| 縁帯文成立期 | MTC-06953 | 3895 | 30 | 2470－2295 | 95.4% | | | | | | |
| 縁帯文成立期 | Beta-213087 | 3900 | 40 | 2475－2280 | 92.3% | 2250－2230 | 2.3% | 2220－2210 | 0.9% | -27.4‰ | -27.0‰ |

| 遺跡名 | 測定試料名 | 所在地 | 所蔵・協力機関 | 試料の種類 | 試料の詳細 | 採取部位 | 試料の時代 |
|---|---|---|---|---|---|---|---|
| 竜ヶ崎A遺跡 | SGMB-12 (re6p) | 滋賀県安土町 | 滋賀県埋蔵文化財センター・(財)滋賀県文化財保護協会 | 土器付着物 | 突帯文 | 胴外 | 縄文晩期～弥生前期 |
| 竜ヶ崎A遺跡 | SGMB-12 (re7) | 滋賀県安土町 | 滋賀県埋蔵文化財センター・(財)滋賀県文化財保護協会 | 土器付着物 | 突帯文 | 胴外 | 縄文晩期～弥生前期 |
| 竜ヶ崎A遺跡 | SGMB-12 (re7b) | 滋賀県安土町 | 滋賀県埋蔵文化財センター・(財)滋賀県文化財保護協会 | 土器付着物 | 突帯文 | 胴外 | 縄文晩期～弥生前期 |
| 竜ヶ崎A遺跡 | SGMB-12 (re7p) | 滋賀県安土町 | 滋賀県埋蔵文化財センター・(財)滋賀県文化財保護協会 | 土器付着物 | 突帯文 | 胴外 | 縄文晩期～弥生前期 |
| 竜ヶ崎A遺跡 | SGMB-12 (re8) | 滋賀県安土町 | 滋賀県埋蔵文化財センター・(財)滋賀県文化財保護協会 | 土器付着物 | 突帯文 | 胴外 | 縄文晩期～弥生前期 |
| 竜ヶ崎A遺跡 | SGMB-12 (re8b) | 滋賀県安土町 | 滋賀県埋蔵文化財センター・(財)滋賀県文化財保護協会 | 土器付着物 | 突帯文 | 胴外 | 縄文晩期～弥生前期 |
| 竜ヶ崎A遺跡 | SGMB-12 (re8p) | 滋賀県安土町 | 滋賀県埋蔵文化財センター・(財)滋賀県文化財保護協会 | 土器付着物 | 突帯文 | 胴外 | 縄文晩期～弥生前期 |
| 竜ヶ崎A遺跡 | SGMB-14 a (re1) | 滋賀県安土町 | 滋賀県埋蔵文化財センター・(財)滋賀県文化財保護協会 | 土器付着物 | 深鉢 | 口縁外 | 縄文晩期～弥生前期 |
| 竜ヶ崎A遺跡 | SGMB-14 a (re1b) | 滋賀県安土町 | 滋賀県埋蔵文化財センター・(財)滋賀県文化財保護協会 | 土器付着物 | 深鉢 | 口縁外 | 縄文晩期～弥生前期 |
| 竜ヶ崎A遺跡 | SGMB-14 a (re1p) | 滋賀県安土町 | 滋賀県埋蔵文化財センター・(財)滋賀県文化財保護協会 | 土器付着物 | 深鉢 | 口縁外 | 縄文晩期～弥生前期 |
| 竜ヶ崎A遺跡 | SGMB-14 a (re2) | 滋賀県安土町 | 滋賀県埋蔵文化財センター・(財)滋賀県文化財保護協会 | 土器付着物 | 深鉢 | 口縁外 | 縄文晩期～弥生前期 |
| 竜ヶ崎A遺跡 | SGMB-14 a (re2b-rt) | 滋賀県安土町 | 滋賀県埋蔵文化財センター・(財)滋賀県文化財保護協会 | 土器付着物 | 深鉢 | 口縁外 | 縄文晩期～弥生前期 |
| 竜ヶ崎A遺跡 | SGMB-14 a (re2p) | 滋賀県安土町 | 滋賀県埋蔵文化財センター・(財)滋賀県文化財保護協会 | 土器付着物 | 深鉢 | 口縁外 | 縄文晩期～弥生前期 |
| 竜ヶ崎A遺跡 | SGMB-14 a (re2-rt) | 滋賀県安土町 | 滋賀県埋蔵文化財センター・(財)滋賀県文化財保護協会 | 土器付着物 | 深鉢 | 口縁外 | 縄文晩期～弥生前期 |
| 竜ヶ崎A遺跡 | SGMB-14 a (re3) | 滋賀県安土町 | 滋賀県埋蔵文化財センター・(財)滋賀県文化財保護協会 | 土器付着物 | 深鉢 | 口縁外 | 縄文晩期～弥生前期 |
| 竜ヶ崎A遺跡 | SGMB-14 a (re3p) | 滋賀県安土町 | 滋賀県埋蔵文化財センター・(財)滋賀県文化財保護協会 | 土器付着物 | 深鉢 | 口縁外 | 縄文晩期～弥生前期 |
| 竜ヶ崎A遺跡 | SGMB-14 a (re4) | 滋賀県安土町 | 滋賀県埋蔵文化財センター・(財)滋賀県文化財保護協会 | 土器付着物 | 深鉢 | 口縁外 | 縄文晩期～弥生前期 |
| 竜ヶ崎A遺跡 | SGMB-14 a (re4b) | 滋賀県安土町 | 滋賀県埋蔵文化財センター・(財)滋賀県文化財保護協会 | 土器付着物 | 深鉢 | 口縁外 | 縄文晩期～弥生前期 |
| 竜ヶ崎A遺跡 | SGMB-14 a (re4p) | 滋賀県安土町 | 滋賀県埋蔵文化財センター・(財)滋賀県文化財保護協会 | 土器付着物 | 深鉢 | 口縁外 | 縄文晩期～弥生前期 |
| 竜ヶ崎A遺跡 | SGMB-14 b (re1) | 滋賀県安土町 | 滋賀県埋蔵文化財センター・(財)滋賀県文化財保護協会 | 土器付着物 | 深鉢 | 胴外（頸） | 縄文晩期～弥生前期 |
| 竜ヶ崎A遺跡 | SGMB-14 b (re1b) | 滋賀県安土町 | 滋賀県埋蔵文化財センター・(財)滋賀県文化財保護協会 | 土器付着物 | 深鉢 | 胴外（頸） | 縄文晩期～弥生前期 |
| 竜ヶ崎A遺跡 | SGMB-14 b (re1b-rt) | 滋賀県安土町 | 滋賀県埋蔵文化財センター・(財)滋賀県文化財保護協会 | 土器付着物 | 深鉢 | 胴外（頸） | 縄文晩期～弥生前期 |
| 竜ヶ崎A遺跡 | SGMB-14 b (re1p) | 滋賀県安土町 | 滋賀県埋蔵文化財センター・(財)滋賀県文化財保護協会 | 土器付着物 | 深鉢 | 胴外（頸） | 縄文晩期～弥生前期 |
| 竜ヶ崎A遺跡 | SGMB-14 b (re1-rt) | 滋賀県安土町 | 滋賀県埋蔵文化財センター・(財)滋賀県文化財保護協会 | 土器付着物 | 深鉢 | 胴外（頸） | 縄文晩期～弥生前期 |
| 竜ヶ崎A遺跡 | SGMB-14 b (re2) | 滋賀県安土町 | 滋賀県埋蔵文化財センター・(財)滋賀県文化財保護協会 | 土器付着物 | 深鉢 | 胴外（頸） | 縄文晩期～弥生前期 |
| 竜ヶ崎A遺跡 | SGMB-14 b (re2b) | 滋賀県安土町 | 滋賀県埋蔵文化財センター・(財)滋賀県文化財保護協会 | 土器付着物 | 深鉢 | 胴外（頸） | 縄文晩期～弥生前期 |
| 竜ヶ崎A遺跡 | SGMB-14 b (re2p) | 滋賀県安土町 | 滋賀県埋蔵文化財センター・(財)滋賀県文化財保護協会 | 土器付着物 | 深鉢 | 胴外（頸） | 縄文晩期～弥生前期 |
| 竜ヶ崎A遺跡 | SGMB-14 b (re3) | 滋賀県安土町 | 滋賀県埋蔵文化財センター・(財)滋賀県文化財保護協会 | 土器付着物 | 深鉢 | 胴外（頸） | 縄文晩期～弥生前期 |
| 竜ヶ崎A遺跡 | SGMB-14 b (re3b) | 滋賀県安土町 | 滋賀県埋蔵文化財センター・(財)滋賀県文化財保護協会 | 土器付着物 | 深鉢 | 胴外（頸） | 縄文晩期～弥生前期 |
| 竜ヶ崎A遺跡 | SGMB-14 b (re3p) | 滋賀県安土町 | 滋賀県埋蔵文化財センター・(財)滋賀県文化財保護協会 | 土器付着物 | 深鉢 | 胴外（頸） | 縄文晩期～弥生前期 |
| 竜ヶ崎A遺跡 | SGMB-14 b (re4) | 滋賀県安土町 | 滋賀県埋蔵文化財センター・(財)滋賀県文化財保護協会 | 土器付着物 | 深鉢 | 胴外（頸） | 縄文晩期～弥生前期 |
| 竜ヶ崎A遺跡 | SGMB-14 b (re4p) | 滋賀県安土町 | 滋賀県埋蔵文化財センター・(財)滋賀県文化財保護協会 | 土器付着物 | 深鉢 | 胴外（頸） | 縄文晩期～弥生前期 |
| 竜ヶ崎A遺跡 | SGMB-14 c (re1) | 滋賀県安土町 | 滋賀県埋蔵文化財センター・(財)滋賀県文化財保護協会 | 土器付着物 | 深鉢 | 胴外下 | 縄文晩期～弥生前期 |
| 竜ヶ崎A遺跡 | SGMB-14 c (re1b-rt) | 滋賀県安土町 | 滋賀県埋蔵文化財センター・(財)滋賀県文化財保護協会 | 土器付着物 | 深鉢 | 胴外下 | 縄文晩期～弥生前期 |
| 竜ヶ崎A遺跡 | SGMB-14 c (re1p) | 滋賀県安土町 | 滋賀県埋蔵文化財センター・(財)滋賀県文化財保護協会 | 土器付着物 | 深鉢 | 胴外下 | 縄文晩期～弥生前期 |
| 竜ヶ崎A遺跡 | SGMB-14 c (re1-rt) | 滋賀県安土町 | 滋賀県埋蔵文化財センター・(財)滋賀県文化財保護協会 | 土器付着物 | 深鉢 | 胴外下 | 縄文晩期～弥生前期 |
| 竜ヶ崎A遺跡 | SGMB-14 c (re2) | 滋賀県安土町 | 滋賀県埋蔵文化財センター・(財)滋賀県文化財保護協会 | 土器付着物 | 深鉢 | 胴外下 | 縄文晩期～弥生前期 |

年代測定データ一覧表

| 試料の時期 | 測定機関番号 | 炭素14年代 ($^{14}$C BP) | | 較正年代 (cal BC) | | | | | | $\delta^{13}$C値 (‰) | |
|---|---|---|---|---|---|---|---|---|---|---|---|
| | | | | 確率1位 | | 確率2位 | | 確率3位 | | Beta社 | 昭光通商 |
| 縁帯文成立期 | PLD-5775 | 3825 | 25 | 2350−2195 | 89.3% | 2405−2380 | 3.4% | 2165−2150 | 1.8% | | |
| 縁帯文成立期 | MTC-06954 | 3960 | 30 | 2500−2430 | 47.3% | 2570−2510 | 34.2% | 2380−2345 | 8.2% | | |
| 縁帯文成立期 | Beta-213088 | 3890 | 40 | 2470−2280 | 90.8% | 2250−2230 | 3.3% | 2220−2210 | 1.3% | −27.6‰ | −27.0‰ |
| 縁帯文成立期 | PLD-5776 | 3835 | 25 | 2350−2200 | 83.7% | 2405−2375 | 6.6% | 2455−2420 | 5.2% | | |
| 縁帯文成立期 | MTC-06955 | 3875 | 35 | 2465−2280 | 89.2% | 2250−2230 | 4.5% | 2220−2210 | 1.8% | | |
| 縁帯文成立期 | Beta-213089 | 3850 | 40 | 2460−2205 | 95.4% | | | | | −27.2‰ | −26.6‰ |
| 縁帯文成立期 | PLD-5777 | 3830 | 25 | 2350−2200 | 87.1% | 2405−2375 | 4.9% | 2435−2420 | 1.9% | | |
| 長原式 | MTC-06956 | 2535 | 30 | 650−545 | 42.2% | 795−730 | 35.5% | 690−660 | 17.8% | | −26.3‰ |
| 長原式 | Beta-215256 | 2580 | 40 | 820−740 | 63.3% | 645−545 | 20.1% | 690−665 | 12.0% | −26.6‰ | |
| 長原式 | PLD-5778 | 2490 | 20 | 675−535 | 66.4% | 765−675 | 28.8% | 525−525 | 0.2% | | |
| 長原式 | Beta-212350 | 2530 | 40 | 795−535 | 94.9% | 530−520 | 0.6% | | | −26.1‰ | −26.1‰ |
| 長原式 | Beta-215257 | 2460 | 40 | 670−410 | 70.9% | 755−680 | 24.5% | | | −26.5‰ | |
| 長原式 | PLD-5779 | 2475 | 25 | 675−535 | 66.4% | 765−675 | 28.8% | 525−525 | 0.2% | | |
| 長原式 | MTC-07167 | 2535 | 30 | 650−545 | 42.2% | 795−730 | 35.5% | 690−660 | 17.8% | | |
| 長原式 | MTC-06957 | 2560 | 30 | 800−745 | 59.2% | 645−585 | 15.8% | 685−665 | 15.4% | | −26.1‰ |
| 長原式 | PLD-5780 | 2540 | 25 | 795−745 | 42.6% | 645−550 | 33.4% | 690−665 | 19.5% | | |
| 長原式 | MTC-06958 | 2545 | 30 | 800−740 | 43.4% | 645−545 | 34.3% | 690−660 | 17.7% | | −25.4‰ |
| 長原式 | Beta-215258 | 2520 | 40 | 795−515 | 95.4% | | | | | −25.8‰ | |
| 長原式 | PLD-5781 | 2520 | 25 | 650−540 | 51.1% | 790−730 | 26.5% | 690−660 | 17.8% | | |
| 長原式 | MTC-06959 | 2460 | 30 | 600−475 | 36.9% | 755−685 | 26.8% | 670−605 | 18.0% | | −25.9‰ |
| 長原式 | Beta-215259 | 2490 | 40 | 780−495 | 89.1% | 440−415 | 3.3% | 460−445 | 1.8% | −26.4‰ | |
| 長原式 | Beta-215260 | 2360 | 40 | 545−375 | 89.7% | 730−690 | 4.9% | 660−650 | 0.8% | −27.2‰ | |
| 長原式 | PLD-5782 | 2480 | 20 | 675−515 | 64.5% | 765−680 | 30.9% | | | | |
| 長原式 | MTC-07168 | 2495 | 30 | 780−510 | 95.1% | 435−425 | 0.4% | | | | |
| 長原式 | MTC-06960 | 2540 | 30 | 795−735 | 39.2% | 650−545 | 38.3% | 690−660 | 17.9% | | −26.0‰ |
| 長原式 | Beta-215261 | 2530 | 40 | 795−535 | 94.9% | 530−520 | 0.6% | | | NA | |
| 長原式 | PLD-5783 | 2540 | 20 | 795−745 | 49.0% | 685−665 | 21.8% | 645−590 | 19.8% | | |
| 長原式 | MTC-06961 | 2545 | 30 | 800−740 | 43.4% | 645−545 | 34.3% | 690−660 | 17.7% | | −26.1‰ |
| 長原式 | Beta-215262 | 2570 | 40 | 810−735 | 55.2% | 650−545 | 26.4% | 690−660 | 13.9% | −26.2‰ | |
| 長原式 | PLD-5784 | 2490 | 25 | 770−515 | 95.5% | | | | | | |
| 長原式 | MTC-06962 | 2515 | 30 | 695−540 | 68.6% | 790−705 | 26.9% | | | | −26.9‰ |
| 長原式 | PLD-5785 | 2515 | 20 | 650−545 | 54.8% | 780−735 | 22.4% | 690−660 | 18.2% | | |
| 長原式 | MTC-06963 | 2385 | 35 | 545−390 | 87.1% | 730−690 | 7.2% | 660−650 | 1.2% | | −26.6‰ |
| 長原式 | Beta-215263 | 2540 | 40 | 695−540 | 58.6% | 800−705 | 36.9% | | | NA | |
| 長原式 | PLD-5786 | 2490 | 20 | 675−535 | 66.4% | 765−675 | 28.8% | 525−525 | 0.2% | | |
| 長原式 | MTC-07169 | 2545 | 30 | 800−740 | 43.4% | 645−545 | 34.3% | 690−660 | 17.7% | | |
| 長原式 | MTC-06964 | 2470 | 35 | 670−480 | 57.7% | 760−680 | 27.6% | 465−415 | 10.1% | | −26.7‰ |

| 遺跡名 | 測定試料名 | 所在地 | 所蔵・協力機関 | 試料の種類 | 試料の詳細 | 採取部位 | 試料の時代 |
|---|---|---|---|---|---|---|---|
| 竜ヶ崎A遺跡 | SGMB-14 c (re2b) | 滋賀県安土町 | 滋賀県埋蔵文化財センター・(財)滋賀県文化財保護協会 | 土器付着物 | 深鉢 | 胴外下 | 縄文晩期～弥生前期 |
| 竜ヶ崎A遺跡 | SGMB-14 c (re2p) | 滋賀県安土町 | 滋賀県埋蔵文化財センター・(財)滋賀県文化財保護協会 | 土器付着物 | 深鉢 | 胴外下 | 縄文晩期～弥生前期 |
| 竜ヶ崎A遺跡 | SGMB-14 c (re3) | 滋賀県安土町 | 滋賀県埋蔵文化財センター・(財)滋賀県文化財保護協会 | 土器付着物 | 深鉢 | 胴外下 | 縄文晩期～弥生前期 |
| 竜ヶ崎A遺跡 | SGMB-14 c (re3b) | 滋賀県安土町 | 滋賀県埋蔵文化財センター・(財)滋賀県文化財保護協会 | 土器付着物 | 深鉢 | 胴外下 | 縄文晩期～弥生前期 |
| 竜ヶ崎A遺跡 | SGMB-14 c (re3p) | 滋賀県安土町 | 滋賀県埋蔵文化財センター・(財)滋賀県文化財保護協会 | 土器付着物 | 深鉢 | 胴外下 | 縄文晩期～弥生前期 |
| 竜ヶ崎A遺跡 | SGMB-14 c (re4) | 滋賀県安土町 | 滋賀県埋蔵文化財センター・(財)滋賀県文化財保護協会 | 土器付着物 | 深鉢 | 胴外下 | 縄文晩期～弥生前期 |
| 竜ヶ崎A遺跡 | SGMB-14 c (re4b) | 滋賀県安土町 | 滋賀県埋蔵文化財センター・(財)滋賀県文化財保護協会 | 土器付着物 | 深鉢 | 胴外下 | 縄文晩期～弥生前期 |
| 竜ヶ崎A遺跡 | SGMB-14 c (re4p) | 滋賀県安土町 | 滋賀県埋蔵文化財センター・(財)滋賀県文化財保護協会 | 土器付着物 | 深鉢 | 胴外下 | 縄文晩期～弥生前期 |
| 竜ヶ崎A遺跡 | SGMB-15 | 滋賀県安土町 | 滋賀県埋蔵文化財センター・(財)滋賀県文化財保護協会 | 土器付着物 | 突帯文 | 口縁外 | 縄文晩期～弥生前期 |
| 赤野井浜遺跡 | SGMB-2600-1a | 滋賀県守山市 | 滋賀県埋蔵文化財センター・(財)滋賀県文化財保護協会 | 土器付着物 | 鉢 | 胴内 | 縄文晩期 |
| 赤野井浜遺跡 | SGMB-2600-1b | 滋賀県守山市 | 滋賀県埋蔵文化財センター・(財)滋賀県文化財保護協会 | 土器付着物 | 鉢 | 口縁外 | 縄文晩期 |
| 赤野井浜遺跡 | SGMB-2600-2a | 滋賀県守山市 | 滋賀県埋蔵文化財センター・(財)滋賀県文化財保護協会 | 土器付着物 | | 胴内 | 縄文晩期 |
| 赤野井浜遺跡 | SGMB-2600-2b | 滋賀県守山市 | 滋賀県埋蔵文化財センター・(財)滋賀県文化財保護協会 | 土器付着物 | | 胴外 | 縄文晩期 |
| 赤野井浜遺跡 | SGMB-2600-3 | 滋賀県守山市 | 滋賀県埋蔵文化財センター・(財)滋賀県文化財保護協会 | 土器付着物 | | 胴内 | 縄文晩期 |
| 赤野井浜遺跡 | SGMB-2600-4a | 滋賀県守山市 | 滋賀県埋蔵文化財センター・(財)滋賀県文化財保護協会 | 土器付着物 | | 胴内 | 縄文晩期 |
| 赤野井浜遺跡 | SGMB-2600-4b | 滋賀県守山市 | 滋賀県埋蔵文化財センター・(財)滋賀県文化財保護協会 | 土器付着物 | | 口縁外 | 縄文晩期 |
| 赤野井浜遺跡 | SGMB-2600-4c | 滋賀県守山市 | 滋賀県埋蔵文化財センター・(財)滋賀県文化財保護協会 | 土器付着物 | | 口縁内 | 縄文晩期 |
| 赤野井浜遺跡 | SGMB-2600-5a | 滋賀県守山市 | 滋賀県埋蔵文化財センター・(財)滋賀県文化財保護協会 | 土器付着物 | 粗製 | 胴内 | 縄文晩期 |
| 赤野井浜遺跡 | SGMB-2600-5b | 滋賀県守山市 | 滋賀県埋蔵文化財センター・(財)滋賀県文化財保護協会 | 土器付着物 | 粗製 | 胴外 | 縄文晩期 |
| 赤野井浜遺跡 | SGMB-2600-6a | 滋賀県守山市 | 滋賀県埋蔵文化財センター・(財)滋賀県文化財保護協会 | 土器付着物 | 粗製 | 口縁内 | 縄文晩期 |
| 赤野井浜遺跡 | SGMB-2600-6b | 滋賀県守山市 | 滋賀県埋蔵文化財センター・(財)滋賀県文化財保護協会 | 土器付着物 | 粗製 | 口縁外 | 縄文晩期 |
| 赤野井浜遺跡 | SGMB-2600-9 | 滋賀県守山市 | 滋賀県埋蔵文化財センター・(財)滋賀県文化財保護協会 | 土器付着物 | 鉢 | 胴外 | 縄文晩期 |
| 赤野井浜遺跡 | SGMB-2621 | 滋賀県守山市 | 滋賀県埋蔵文化財センター・(財)滋賀県文化財保護協会 | 土器付着物 | 突帯文 | 口縁外,胴外 | 縄文晩期 |
| 赤野井浜遺跡 | SGMB-2628 a | 滋賀県守山市 | 滋賀県埋蔵文化財センター・(財)滋賀県文化財保護協会 | 土器付着物 | 粗製 | 口縁内 | 縄文晩期 |
| 赤野井浜遺跡 | SGMB-2628 b | 滋賀県守山市 | 滋賀県埋蔵文化財センター・(財)滋賀県文化財保護協会 | 土器付着物 | 粗製 | 口縁外 | 縄文晩期 |
| 赤野井浜遺跡 | SGMB-2793-1 | 滋賀県守山市 | 滋賀県埋蔵文化財センター・(財)滋賀県文化財保護協会 | 土器付着物 | 粗製 | 胴外 | 縄文晩期 |
| 赤野井浜遺跡 | SGMB-2793-2 | 滋賀県守山市 | 滋賀県埋蔵文化財センター・(財)滋賀県文化財保護協会 | 土器付着物 | 粗製？ | 胴外 | 縄文晩期 |
| 赤野井浜遺跡 | SGMB-2793-3 | 滋賀県守山市 | 滋賀県埋蔵文化財センター・(財)滋賀県文化財保護協会 | 土器付着物 | 粗製 | 胴外 | 縄文晩期 |
| 赤野井浜遺跡 | SGMB-2793-5 | 滋賀県守山市 | 滋賀県埋蔵文化財センター・(財)滋賀県文化財保護協会 | 土器付着物 | 粗製？ | 胴外 | 縄文晩期 |
| 赤野井浜遺跡 | SGMB-2793-6 | 滋賀県守山市 | 滋賀県埋蔵文化財センター・(財)滋賀県文化財保護協会 | 土器付着物 | 粗製？ | 胴外 | 縄文晩期 |
| 赤野井浜遺跡 | SGMB-2793-7 | 滋賀県守山市 | 滋賀県埋蔵文化財センター・(財)滋賀県文化財保護協会 | 土器付着物 | 粗製 | 胴外 | 縄文晩期 |
| 赤野井浜遺跡 | SGMB-2793-10 | 滋賀県守山市 | 滋賀県埋蔵文化財センター・(財)滋賀県文化財保護協会 | 土器付着物 | 粗製 | 胴外 | 縄文晩期 |
| 赤野井浜遺跡 | SGMB-2793-11 | 滋賀県守山市 | 滋賀県埋蔵文化財センター・(財)滋賀県文化財保護協会 | 土器付着物 | 粗製 | 胴外 | 縄文晩期 |
| 赤野井浜遺跡 | SGMB-2793-13 | 滋賀県守山市 | 滋賀県埋蔵文化財センター・(財)滋賀県文化財保護協会 | 土器付着物 | | 胴外 | 縄文晩期 |
| 入江内湖遺跡 | SGMB-4241 | 滋賀県米原市 | 滋賀県埋蔵文化財センター・(財)滋賀県文化財保護協会 | 土器付着物 | | 胴外 | 縄文中期 |
| 入江内湖遺跡 | SGMB-4298 | 滋賀県米原市 | 滋賀県埋蔵文化財センター・(財)滋賀県文化財保護協会 | 土器付着物 | | 胴内 | 縄文中期 |

年代測定データ一覧表

| 試料の時期 | 測定機関番号 | 炭素14年代 ($^{14}$C BP) | | 較正年代 (cal BC) | | | | | | δ$^{13}$C値 (‰) | |
|---|---|---|---|---|---|---|---|---|---|---|---|
| | | | | 確率1位 | | 確率2位 | | 確率3位 | | Beta社 | 昭光通商 |
| 長原式 | Beta-215264 | 2510 | 40 | 795－510 | 94.1% | 435－420 | 1.3% | | | -27.1‰ | |
| 長原式 | PLD-5787 | 2470 | 20 | 670－505 | 58.7% | 760－680 | 32.7% | 440－415 | 2.8% | | |
| 長原式 | MTC-06965 | 2540 | 30 | 795－735 | 39.2% | 650－545 | 38.3% | 690－660 | 17.9% | | -26.8‰ |
| 長原式 | Beta-215265 | 2490 | 40 | 780－495 | 89.1% | 440－415 | 3.3% | 460－445 | 1.8% | -27.1‰ | |
| 長原式 | PLD-5788 | 2465 | 25 | 670－485 | 57.1% | 755－680 | 29.6% | 445－415 | 5.6% | | |
| 長原式 | MTC-06966 | 2460 | 30 | 600－475 | 36.9% | 755－685 | 26.8% | 670－605 | 18.0% | | -26.8‰ |
| 長原式 | Beta-215266 | 2460 | 40 | 670－410 | 70.9% | 755－680 | 24.5% | | | -26.9‰ | |
| 長原式 | PLD-5789 | 2465 | 20 | 670－500 | 55.4% | 755－680 | 32.5% | 440－415 | 4.2% | | |
| 長原式 | MTC-06967 | 2470 | 30 | 670－485 | 58.3% | 760－680 | 28.8% | 465－415 | 8.4% | | |
| 滋賀里Ⅱ式 | PLD-5911 | 3035 | 25 | 1390－1255 | 89.0% | 1240－1215 | 6.5% | | | | -26.9‰ |
| 滋賀里Ⅱ式 | PLD-5912 | 2905 | 25 | 1135－1010 | 78.7% | 1195－1140 | 15.8% | 1205－1200 | 1.0% | | -26.1‰ |
| | PLD-5913 | 2915 | 25 | 1135－1015 | 67.6% | 1210－1135 | 27.9% | | | | -26.9‰ |
| | PLD-5914 | 2975 | 25 | 1305－1120 | 95.5% | | | | | | -26.0‰ |
| 滋賀里Ⅱ式 | PLD-5915 | 2980 | 30 | 1315－1115 | 93.6% | 1370－1350 | 1.9% | | | | -26.2‰ |
| 滋賀里Ⅱ式 | PLD-5916 | 2950 | 25 | 1260－1110 | 86.8% | 1105－1070 | 6.1% | 1065－1055 | 2.3% | | -25.5‰ |
| 滋賀里Ⅱ式 | PLD-5917 | 2935 | 25 | 1215－1045 | 87.3% | 1260－1230 | 8.1% | | | | -26.0‰ |
| 滋賀里Ⅱ式 | PLD-5918 | 2990 | 25 | 1315－1125 | 94.6% | 1365－1360 | 0.8% | | | | -27.4‰ |
| | PLD-5919 | 2935 | 25 | 1215－1045 | 87.3% | 1260－1230 | 8.1% | | | | -26.3‰ |
| | PLD-5920 | 2935 | 25 | 1215－1045 | 87.3% | 1260－1230 | 8.1% | | | | -25.9‰ |
| | PLD-5921 | 3025 | 25 | 1390－1210 | 95.4% | | | | | | -28.3‰ |
| | PLD-5922 | 2950 | 25 | 1260－1110 | 86.8% | 1105－1070 | 6.1% | 1065－1055 | 2.3% | | -26.0‰ |
| 滋賀里Ⅱ式 | Beta-213599 | 2970 | 40 | 1315－1050 | 93.7% | 1370－1355 | 1.5% | | | NA | |
| 滋賀里Ⅳ式 | PLD-5923 | 2650 | 25 | 840－790 | 94.1% | 890－880 | 1.4% | | | | -26.0‰ |
| 滋賀里Ⅲa式 | PLD-5924 | 3085 | 25 | 1420－1295 | 95.4% | | | | | | -25.7‰ |
| 滋賀里Ⅲa式 | PLD-5925 | 2985 | 25 | 1310－1125 | 95.4% | | | | | | -26.0‰ |
| 滋賀里Ⅲb式 | PLD-5926 | 2710 | 25 | 905－810 | 95.4% | | | | | | -26.5‰ |
| 滋賀里Ⅲb式 | PLD-5927 | 2765 | 25 | 975－835 | 95.0% | 990－990 | 0.3% | | | | -26.1‰ |
| 滋賀里Ⅲb式 | PLD-5928 | 2800 | 25 | 1015－895 | 94.5% | 865－855 | 1.0% | | | | -26.1‰ |
| 滋賀里Ⅲb式 | PLD-5929 | 2795 | 25 | 1010－895 | 92.9% | 870－850 | 2.5% | | | | -26.3‰ |
| 滋賀里Ⅲb式 | PLD-5930 | 2690 | 25 | 895－805 | 95.1% | | | | | | -26.4‰ |
| 滋賀里Ⅲb式 | PLD-5931 | 2860 | 25 | 1120－970 | 87.7% | 960－935 | 7.7% | | | | -27.1‰ |
| 滋賀里Ⅲb式 | PLD-5932 | 2835 | 25 | 1055－910 | 94.3% | 1070－1065 | 0.8% | 1110－1105 | 0.4% | | -26.3‰ |
| 滋賀里Ⅲb式 | PLD-5933 | 2760 | 25 | 945－830 | 86.0% | 975－950 | 9.4% | | | | -25.8‰ |
| 滋賀里Ⅲb式 | PLD-5934 | 2810 | 25 | 1025－900 | 95.4% | 1035－1035 | 0.1% | | | | -26.7‰ |
| 里木Ⅱ式 | PLD-5326 | 4265 | 25 | 2910－2875 | 95.4% | | | | | | -27.4‰ |
| 里木Ⅱ式 | PLD-5327 | 4205 | 25 | 2810－2740 | 51.5% | 2895－2855 | 30.5% | 2725－2695 | 12.6% | | -25.0‰ |

| 遺跡名 | 測定試料名 | 所在地 | 所蔵・協力機関 | 試料の種類 | 試料の詳細 | 採取部位 | 試料の時代 |
|---|---|---|---|---|---|---|---|
| 入江内湖遺跡 | SGMB-4463 | 滋賀県米原市 | 滋賀県埋蔵文化財センター・(財)滋賀県文化財保護協会 | 土器付着物 | 条痕？ | 胴外 | 縄文中期 |
| 入江内湖遺跡 | SGMB-4637 | 滋賀県米原市 | 滋賀県埋蔵文化財センター・(財)滋賀県文化財保護協会 | 土器付着物 |  | 胴外 | 縄文中期 |
| 二ノ畦・横枕遺跡 | SGMS-102 | 滋賀県守山市 | 守山市立埋蔵文化財センター | 土器付着物 |  | 胴外下 | 弥生中期 |
| 二ノ畦・横枕遺跡 | SGMS-C2 1 | 滋賀県守山市 | 守山市立埋蔵文化財センター | 木材 | ウィグル | 外から1年輪目 | 弥生中期 |
| 二ノ畦・横枕遺跡 | SGMS-C2 31 | 滋賀県守山市 | 守山市立埋蔵文化財センター | 木材 | ウィグル | 外から31年輪目 | 弥生中期 |
| 二ノ畦・横枕遺跡 | SGMS-C2 41 | 滋賀県守山市 | 守山市立埋蔵文化財センター | 木材 | ウィグル | 外から41年輪目 | 弥生中期 |
| 二ノ畦・横枕遺跡 | SGMS-C2 51 | 滋賀県守山市 | 守山市立埋蔵文化財センター | 木材 | ウィグル | 外から51年輪目 | 弥生中期 |
| 二ノ畦・横枕遺跡 | SGMS-C2 61 | 滋賀県守山市 | 守山市立埋蔵文化財センター | 木材 | ウィグル | 外から61年輪目 | 弥生中期 |
| 二ノ畦・横枕遺跡 | SGMS-C2 91 | 滋賀県守山市 | 守山市立埋蔵文化財センター | 木材 | ウィグル | 外から91年輪目 | 弥生中期 |
| 二ノ畦・横枕遺跡 | SGMS-C2 131 | 滋賀県守山市 | 守山市立埋蔵文化財センター | 木材 | ウィグル | 外から131年輪目 | 弥生中期 |
| 下之郷遺跡 | SGMS-C3 | 滋賀県守山市 | 守山市立埋蔵文化財センター | 木材 |  |  | 弥生中期 |
| 北白川追分町遺跡 | KYTU-3 b(ad) | 京都府京都市 | 京都大学埋蔵文化財研究センター | 土器付着物 |  | 口縁外 | 縄文晩期 |
| 北白川追分町遺跡 | KYTU-9 b(ad) | 京都府京都市 | 京都大学埋蔵文化財研究センター | 土器付着物 |  | 胴外 | 縄文晩期 |
| 北白川追分町遺跡 | KYTU-13 (ad) | 京都府京都市 | 京都大学埋蔵文化財研究センター | 土器付着物 | 突帯文 | 口縁外 | 縄文晩期 |
| 北白川追分町遺跡 | KYTU-15 (ad) | 京都府京都市 | 京都大学埋蔵文化財研究センター | 土器付着物 |  | 口縁外 | 縄文晩期 |
| 上の山遺跡 | OSF-236 | 大阪府交野市・枚方市 | (財)大阪府文化財センター | 土器付着物 |  | 口縁外 | 弥生中期 |
| 木の本遺跡 | OSKY-0156 | 大阪府八尾市 | 大阪府教育委員会 | 土器付着物 |  | 胴外 | 弥生前期 |
| 木の本遺跡 | OSKY-0347 | 大阪府八尾市 | 大阪府教育委員会 | 土器付着物 |  | 胴外 | 弥生前期 |
| 木の本遺跡 | OSKY-0353 | 大阪府八尾市 | 大阪府教育委員会 | 土器付着物 |  | 胴外 | 弥生前期 |
| 木の本遺跡 | OSKY-0406 b | 大阪府八尾市 | 大阪府教育委員会 | 土器付着物 |  | 胴外 | 弥生前期 |
| 木の本遺跡 | OSKY-0429 | 大阪府八尾市 | 大阪府教育委員会 | 土器付着物 |  | 胴外 | 弥生前期 |
| 口酒井遺跡 | HYIT-06 | 兵庫県伊丹市 | 六甲山麓遺跡調査会 | 土器付着物 | 突帯文 | 胴外 | 弥生中期 |
| 大開遺跡 | HYKB-C2 | 兵庫県神戸市 | 神戸市埋蔵文化財センター | 木材 |  |  | 弥生 |
| 大開遺跡 | HYKB-C3 | 兵庫県神戸市 | 神戸市埋蔵文化財センター | 炭化材 |  |  | 弥生 |
| 大開遺跡 | HYKB-C4 | 兵庫県神戸市 | 神戸市埋蔵文化財センター | 炭化材 |  |  | 弥生 |
| 大開遺跡 | HYKB-C5 | 兵庫県神戸市 | 神戸市埋蔵文化財センター | 炭化材 |  |  | 弥生 |
| 大開遺跡 | HYKB-C6 | 兵庫県神戸市 | 神戸市埋蔵文化財センター | 炭化材 |  |  | 弥生 |
| 大開遺跡 | HYKB-C7 | 兵庫県神戸市 | 神戸市埋蔵文化財センター | 炭化材 |  |  | 弥生 |
| 大開遺跡 | HYKB-C8 | 兵庫県神戸市 | 神戸市埋蔵文化財センター | 炭化材 |  |  | 弥生 |
| 大開遺跡 | HYKB-C9 | 兵庫県神戸市 | 神戸市埋蔵文化財センター | 炭化材 |  |  | 弥生前期 |
| 大開遺跡 | HYKB-C10 | 兵庫県神戸市 | 神戸市埋蔵文化財センター | 炭化材 |  |  | 弥生前期 |
| 大開遺跡 | HYKB-C11 | 兵庫県神戸市 | 神戸市埋蔵文化財センター | 炭化材 |  |  | 弥生前期 |
| 本山遺跡 | HYKB-C16 | 兵庫県神戸市 | 神戸市埋蔵文化財センター | 木材 |  |  | 弥生 |
| 戎町遺跡 | HYKB-C21 | 兵庫県神戸市 | 神戸市埋蔵文化財センター | 木材 |  |  | 弥生 |
| 唐古＝鍵遺跡 | NRTK-43 (rt1) | 奈良県田原本町 | 田原本町教育委員会 | 種実 | 炭化米 | 焼米 | 弥生中期 |
| 唐古＝鍵遺跡 | NRTK-43 (rt2) | 奈良県田原本町 | 田原本町教育委員会 | 種実 | 炭化米 | 焼米 | 弥生中期 |
| 唐古＝鍵遺跡 | NRTK-43 (rt3) | 奈良県田原本町 | 田原本町教育委員会 | 種実 | 炭化米 | 焼米 | 弥生中期 |
| 唐古＝鍵遺跡 | NRTK-43 (rt4) | 奈良県田原本町 | 田原本町教育委員会 | 種実 | 炭化米 | 焼米 | 弥生中期 |
| 唐古＝鍵遺跡 | NRTK-43 (rt5) | 奈良県田原本町 | 田原本町教育委員会 | 種実 | 炭化米 | 焼米 | 弥生中期 |
| 唐古＝鍵遺跡 | NRTK-43 (rt7) | 奈良県田原本町 | 田原本町教育委員会 | 種実 | 炭化米 | 焼米 | 弥生中期 |
| 唐古＝鍵遺跡 | NRTK-43 (rt8) | 奈良県田原本町 | 田原本町教育委員会 | 種実 | 炭化米 | 焼米 | 弥生中期 |
| 唐古＝鍵遺跡 | NRTK-43 (rt9a) | 奈良県田原本町 | 田原本町教育委員会 | 種実 | 炭化米 | 焼米 | 弥生中期 |
| 唐古＝鍵遺跡 | NRTK-43 (rt10a) | 奈良県田原本町 | 田原本町教育委員会 | 種実 | 炭化米 | 焼米 | 弥生中期 |
| 山持遺跡 | SMMB-C7 | 島根県出雲市 | 島根県教育庁埋蔵文化財調査センター | 木材 | 杭 |  | 弥生後期 |

年代測定データ一覧表

| 試料の時期 | 測定機関番号 | 炭素14年代 ($^{14}C$ BP) | | 較正年代 (cal BC) | | | | | | δ$^{13}$C値(‰) | |
|---|---|---|---|---|---|---|---|---|---|---|---|
| | | | | 確率1位 | | 確率2位 | | 確率3位 | | Beta社 | 昭光通商 |
| 船元Ⅳ式 | PLD-5330 | 4425 | 30 | 3115－2920 | 78.0% | 3265－3235 | 8.9% | 3320－3270 | 7.1% | | －27.4‰ |
| 里木Ⅱ式 | PLD-5339 | 4350 | 30 | 3025－2900 | 92.6% | 3080－3070 | 2.8% | | | | －26.2‰ |
| 近江Ⅳ様式末 | PLD-4945 | 2145 | 25 | 210－90 | 69.9% | 350－295 | 23.7% | 230－220 | 1.8% | | －26.2‰ |
| 近江Ⅳ様式末 | PLD-5955 | 2175 | 25 | 360－275 | 54.5% | 260－165 | 40.9% | | | | |
| 近江Ⅳ様式末 | PLD-5956 | 2165 | 25 | 355－280 | 47.4% | 235－155 | 42.9% | 135－115 | 2.9% | | |
| 近江Ⅳ様式末 | PLD-5957 | 2255 | 25 | 305－225 | 52.0% | 390－350 | 37.9% | 225－205 | 5.6% | | |
| 近江Ⅳ様式末 | PLD-5958 | 2230 | 25 | 320－205 | 73.5% | 385－345 | 21.9% | | | | |
| 近江Ⅳ様式末 | PLD-5959 | 2210 | 25 | 370－200 | 95.4% | | | | | | |
| 近江Ⅳ様式末 | PLD-5960 | 2235 | 25 | 320－205 | 71.3% | 385－345 | 24.2% | | | | |
| 近江Ⅳ様式末 | PLD-5961 | 2180 | 25 | 360－275 | 56.1% | 260－170 | 39.4% | | | | |
| 近江Ⅳ様式末 | MTC-07469 | 2200 | 270 | 945－AD390 | 95.0% | 890－875 | 0.3% | | | | |
| 滋賀里Ⅳ式 | MTC-07460 | 2660 | 50 | 915－770 | 95.5% | | | | | | |
| 滋賀里Ⅲb～滋賀里Ⅳ式 | MTC-07461 | 2640 | 50 | 915－755 | 93.1% | 685－665 | 2.0% | 605－600 | 0.4% | | －25.7‰ |
| 滋賀里式（船橋式） | MTC-07462 | 2480 | 50 | 770－480 | 84.7% | 470－415 | 10.7% | | | | －25.3‰ |
| 滋賀里式/船橋式 | MTC-07463 | 2410 | 50 | 595－395 | 69.3% | 750－685 | 17.4% | 665－630 | 6.9% | | －26.0‰ |
| 河内Ⅱ-3期 | Beta-211230 | 2250 | 40 | 325－205 | 64.6% | 395－340 | 30.8% | | | －27.8‰ | |
| 河内Ⅰ期（中） | MTC-07464 | 2370 | 50 | 595－365 | 81.3% | 750－685 | 11.0% | 665－640 | 3.1% | | －20.2‰ |
| 不明 | MTC-07465 | 2360 | 50 | 570－355 | 81.8% | 750－685 | 9.1% | 665－645 | 2.4% | | |
| 不明 | MTC-07466 | 2470 | 130 | 845－350 | 91.7% | 295－230 | 2.7% | 895－870 | 0.7% | | －27.1‰ |
| 河内Ⅰ-1～2期 | MTC-07467 | 2345 | 50 | 545－350 | 81.1% | 290－230 | 6.7% | 740－690 | 5.9% | | |
| 河内Ⅰ-2期 | MTC-07468 | 2430 | 50 | 600－400 | 62.7% | 755－685 | 20.1% | 670－605 | 12.6% | | －27.3‰ |
| Ⅲ新期～Ⅳ期 | MTC-07573 | 2185 | 45 | 385－150 | 92.0% | 135－110 | 3.5% | | | | |
| | PLD-4872 | 2435 | 25 | 560－405 | 67.9% | 750－685 | 20.4% | 665－645 | 5.5% | | |
| | PLD-4873 | 2500 | 25 | 775－535 | 95.2% | 525－525 | 0.3% | | | | |
| | PLD-4874 | 2510 | 20 | 650－540 | 58.1% | 775－730 | 20.7% | 690－660 | 16.7% | | |
| | PLD-4875 | 2465 | 25 | 670－485 | 57.1% | 755－680 | 29.6% | 445－415 | 5.6% | | |
| | PLD-4876 | 2475 | 20 | 670－510 | 61.8% | 765－680 | 31.9% | 435－420 | 1.6% | | |
| | PLD-4877 | 1925 | 20 | AD50－AD125 | 88.0% | AD25－AD40 | 7.4% | | | | |
| | PLD-4878 | 2480 | 25 | 765－505 | 93.1% | 440－420 | 1.9% | 460－450 | 0.5% | | |
| | PLD-4879 | 2610 | 20 | 810－775 | 95.4% | | | | | | |
| | PLD-4880 | 2470 | 25 | 670－500 | 57.6% | 760－680 | 30.5% | 440－415 | 4.0% | | |
| | PLD-4881 | 2460 | 25 | 600－480 | 36.6% | 755－685 | 28.8% | 670－605 | 17.6% | | |
| | PLD-4882 | 2160 | 25 | 235－145 | 47.0% | 355－285 | 42.1% | 140－110 | 5.3% | | |
| | PLD-4883 | 2295 | 20 | 400－355 | 88.7% | 275－255 | 6.7% | | | | |
| 大和Ⅲ-3期 | MTC-06972 | 2050 | 35 | 170－AD25 | 95.4% | | | | | | |
| 大和Ⅲ-3期 | MTC-06973 | 2070 | 35 | 180－AD5 | 95.5% | | | | | | |
| 大和Ⅲ-3期 | MTC-06974 | 2065 | 30 | 170－15 | 90.7% | 15－AD1 | 4.7% | | | | |
| 大和Ⅲ-3期 | MTC-06975 | 2070 | 30 | 170－15 | 92.3% | 10－AD1 | 3.2% | | | | |
| 大和Ⅲ-3期 | MTC-06976 | 2080 | 30 | 185－35 | 93.2% | 25－20 | 0.8% | 10－AD1 | 1.4% | | |
| 大和Ⅲ-3期 | MTC-06977 | 2065 | 30 | 170－15 | 90.7% | 15－AD1 | 4.7% | | | | |
| 大和Ⅲ-3期 | MTC-06978 | 2025 | 30 | 150－145 | 0.6% | 145－140 | 0.4% | 110－AD55 | 94.4% | | |
| 大和Ⅲ-3期 | Beta-215715 | 2100 | 40 | 205－35 | 90.0% | 345－320 | 3.3% | 30－20 | 1.0% | －25.2‰ | |
| 大和Ⅲ-3期 | MTC-06979 | 2090 | 30 | 195－40 | 95.4% | | | | | | |
| | PLD-4946 | 1610 | 25 | AD405－AD535 | 95.4% | | | | | | |

| 遺跡名 | 測定試料名 | 所在地 | 所蔵・協力機関 | 試料の種類 | 試料の詳細 | 採取部位 | 試料の時代 |
|---|---|---|---|---|---|---|---|
| 山持遺跡 | SMMB-C8 1 | 島根県出雲市 | 島根県教育庁埋蔵文化財調査センター | 木材 | 加工材 | 外から1年輪 | 弥生後期 |
| 山持遺跡 | SMMB-C8 11 | 島根県出雲市 | 島根県教育庁埋蔵文化財調査センター | 木材 | 加工材 | 外から11年輪 | 弥生後期 |
| 山持遺跡 | SMMB-C8 21 | 島根県出雲市 | 島根県教育庁埋蔵文化財調査センター | 木材 | 加工材 | 外から21年輪 | 弥生後期 |
| 山持遺跡 | SMMB-C8 31 | 島根県出雲市 | 島根県教育庁埋蔵文化財調査センター | 木材 | 加工材 | 外から31年輪 | 弥生後期 |
| 彦崎貝塚 | OKHZ-C45 (7) | 岡山県岡山市 | 岡山市教育委員会 | 炭化材 | | | 縄文後期 |
| 彦崎貝塚 | OKHZ-C49 (rt1) | 岡山県岡山市 | 岡山市教育委員会 | 炭化材 | | | 縄文後期 |
| 彦崎貝塚 | OKHZ-C49 (rt2) | 岡山県岡山市 | 岡山市教育委員会 | 炭化材 | | | 縄文後期 |
| 彦崎貝塚 | OKHZ-C63 (rt1) | 岡山県岡山市 | 岡山市教育委員会 | 炭化材 | | | 縄文前期 |
| 彦崎貝塚 | OKHZ-C64 (rt1) | 岡山県岡山市 | 岡山市教育委員会 | 炭化材 | | | 縄文後期 |
| 彦崎貝塚 | OKHZ-C64 (rt1b) | 岡山県岡山市 | 岡山市教育委員会 | 炭化材 | | | 縄文後期 |
| 彦崎貝塚 | OKHZ-C64 (rt3) | 岡山県岡山市 | 岡山市教育委員会 | 炭化材 | | | 縄文後期 |
| 彦崎貝塚 | OKHZ-C64 (rt4) | 岡山県岡山市 | 岡山市教育委員会 | 炭化材 | | | 縄文後期 |
| 彦崎貝塚 | OKHZ-C67 (rt1) | 岡山県岡山市 | 岡山市教育委員会 | 炭化材 | | | 縄文中期 |
| 彦崎貝塚 | OKHZ-C67 (rt2) | 岡山県岡山市 | 岡山市教育委員会 | 炭化材 | | | 縄文中期 |
| 彦崎貝塚 | OKHZ-C69 | 岡山県岡山市 | 岡山市教育委員会 | 炭化材 | | | 縄文晩期 |
| 彦崎貝塚 | OKHZ-C70 | 岡山県岡山市 | 岡山市教育委員会 | 炭化材 | | | 縄文晩期 |
| 彦崎貝塚 | OKHZ-C71 | 岡山県岡山市 | 岡山市教育委員会 | 炭化材 | | | 縄文晩期 |
| 彦崎貝塚 | OKHZ-C72 | 岡山県岡山市 | 岡山市教育委員会 | 炭化材 | | | 縄文晩期 |
| 彦崎貝塚 | OKHZ-C73 | 岡山県岡山市 | 岡山市教育委員会 | 炭化材 | | | 縄文晩期 |
| 彦崎貝塚 | OKHZ-C74 | 岡山県岡山市 | 岡山市教育委員会 | 炭化材 | | | 縄文晩期 |
| 彦崎貝塚 | OKHZ-C75 | 岡山県岡山市 | 岡山市教育委員会 | 炭化材 | | | 縄文晩期 |
| 彦崎貝塚 | OKHZ-C82 | 岡山県岡山市 | 岡山市教育委員会 | 炭化材 | | | 縄文晩期 |
| 彦崎貝塚 | OKHZ-C83 | 岡山県岡山市 | 岡山市教育委員会 | 炭化材 | | | 縄文中期 |
| 彦崎貝塚 | OKHZ-C84 | 岡山県岡山市 | 岡山市教育委員会 | 炭化材 | | | 縄文中期 |
| 彦崎貝塚 | OKHZ-C85 | 岡山県岡山市 | 岡山市教育委員会 | 炭化材 | | | 縄文中期 |
| 彦崎貝塚 | OKHZ-C86 | 岡山県岡山市 | 岡山市教育委員会 | 炭化材 | | | 縄文中期 |
| 川入Ⅱ遺跡 | OKM-26 | 岡山県岡山市 | 岡山市教育委員会 | 土器付着物 | | 胴外 | 弥生後期 |
| 川入Ⅱ遺跡 | OKM-27 a | 岡山県岡山市 | 岡山市教育委員会 | 土器付着物 | | 胴内 | 弥生後期 |
| 川入Ⅱ遺跡 | OKM-27 b | 岡山県岡山市 | 岡山市教育委員会 | 土器付着物 | | 胴外 | 弥生後期 |
| 川入Ⅱ遺跡 | OKM-28 a | 岡山県岡山市 | 岡山市教育委員会 | 土器付着物 | | 胴内中 | 弥生後期 |
| 川入Ⅱ遺跡 | OKM-28 b | 岡山県岡山市 | 岡山市教育委員会 | 土器付着物 | | 胴外 | 弥生後期 |
| 東山遺跡 | OKM-30 | 岡山県岡山市 | 岡山市教育委員会 | 土器付着物 | | 胴外中 | 弥生後期 |
| 東山遺跡 | OKM-31 | 岡山県岡山市 | 岡山市教育委員会 | 土器付着物 | | 胴外 | 弥生後期 |
| 東山遺跡 | OKM-32 (re) | 岡山県岡山市 | 岡山市教育委員会 | 土器付着物 | | 胴内下中 | 弥生後期 |
| 東山遺跡 | OKM-33 | 岡山県岡山市 | 岡山市教育委員会 | 土器付着物 | | 胴外中 | 古墳前期 |
| 上伊福遺跡 | OKM-35 b | 岡山県岡山市 | 岡山市教育委員会 | 土器付着物 | | 胴外 | 古墳前期 |
| 上伊福遺跡 | OKM-36 a | 岡山県岡山市 | 岡山市教育委員会 | 土器付着物 | | 胴内 | 古墳前期 |
| 上伊福遺跡 | OKM-36 b | 岡山県岡山市 | 岡山市教育委員会 | 土器付着物 | | | 古墳前期 |
| 南方釜田遺跡 | OKM-37 | 岡山県岡山市 | 岡山市教育委員会 | 土器付着物 | | 胴外 | 縄文晩期 |
| 百間川原尾島遺跡 | OKMB-28 | 岡山県岡山市 | 岡山県古代吉備文化財センター | 土器付着物 | | 胴外上 | 弥生前期 |
| 南溝手遺跡 | OKSS-11 | 岡山県総社市 | 総社市教育委員会 | 土器付着物 | | 口縁外 | 縄文晩期 |
| 南溝手遺跡 | OKSS-12 | 岡山県総社市 | 総社市教育委員会 | 土器付着物 | | 口縁外 | 縄文晩期 |
| 南溝手遺跡 | OKSS-13 | 岡山県総社市 | 総社市教育委員会 | 土器付着物 | | 口縁外,胴外 | 縄文晩期 |
| 南溝手遺跡 | OKSS-17 | 岡山県総社市 | 総社市教育委員会 | 土器付着物 | | 胴外 | 縄文晩期 |

年代測定データ一覧表

| 試料の時期 | 測定機関番号 | 炭素14年代 ($^{14}$C BP) | | 較正年代 (cal BC) | | | | | | δ$^{13}$C値(‰) | |
|---|---|---|---|---|---|---|---|---|---|---|---|
| | | | | 確率1位 | | 確率2位 | | 確率3位 | | Beta社 | 昭光通商 |
| | PLD-4947 | 1895 | 25 | AD55－AD175 | 91.5% | AD190－AD210 | 4.0% | | | | |
| | PLD-4948 | 1905 | 25 | AD50－AD135 | 90.0% | AD25－AD40 | 2.6% | AD155－AD170 | 1.4% | | |
| | PLD-4949 | 1870 | 25 | AD75－AD200 | 95.5% | | | | | | |
| | PLD-4950 | 1915 | 25 | AD25－AD45 | 5.8% | AD45－AD130 | 89.7% | | | | |
| 彦崎K2式 | MTC-06980 | 3640 | 190 | 2490－1525 | 94.7% | 2560－2535 | 0.7% | | | | |
| 福田KⅢ式 | MTC-06981 | 3465 | 40 | 1890－1685 | 95.4% | | | | | | |
| 福田KⅢ式 | MTC-06982 | 3485 | 35 | 1895－1735 | 91.7% | 1715－1690 | 3.8% | | | | |
| 彦崎Z1式 | Beta-211838 | 4990 | 40 | 3815－3690 | 69.9% | 3940－3855 | 21.7% | 3685－3660 | 3.8% | -29.3‰ | |
| 彦崎K2式 | MTC-06983 | 2605 | 35 | 835－755 | 89.8% | 685－665 | 4.6% | 610－595 | 1.0% | | |
| 彦崎K2式 | Beta-213081 | modem | | | | | | | | -28.0‰ | |
| 彦崎K2式 | Beta-213082 | modem | | | | | | | | -29.2‰ | |
| 彦崎K2式 | MTC-06984 | 3270 | 45 | 1640－1440 | 93.9% | 1660－1650 | 1.5% | | | | |
| 鷹島式 | Beta-213080 | 3480 | 40 | 1895－1725 | 88.4% | 1720－1690 | 6.9% | | | -21.4‰ | |
| 鷹島式 | MTC-06985 | 3630 | 35 | 2050－1895 | 83.4% | 2130－2085 | 12.0% | | | | |
| | MTC-07171 | 2880 | 30 | 1130－970 | 88.2% | 955－935 | 2.6% | 1160－1140 | 2.6% | | |
| | MTC-07172 | 235 | 30 | AD1635－AD1680 | 48.2% | AD1760－AD1800 | 32.4% | AD1935－AD1955 | 10.3% | | |
| | MTC-07173 | 2910 | 110 | 1390－890 | 92.9% | 880－845 | 2.5% | | | | |
| | MTC-07174 | 2850 | 30 | 1115－925 | 95.5% | | | | | | |
| | MTC-07175 | 3315 | 30 | 1670－1520 | 93.0% | 1680－1670 | 2.5% | | | | |
| | MTC-07176 | 3115 | 30 | 1450－1310 | 95.4% | | | | | | |
| | MTC-07177 | 1610 | 25 | AD405－AD535 | 95.2% | | | | | | |
| | MTC-07180 | 3470 | 30 | 1885－1735 | 89.5% | 1715－1690 | 5.9% | | | | |
| | Beta-215462 | 4490 | 40 | 3350－3085 | 90.4% | 3060－3030 | 5.1% | | | -26.4‰ | |
| 鷹島式 | MTC-07181 | 3600 | 30 | 2030－1885 | 95.5% | | | | | | |
| 鷹島式 | MTC-07182 | 3645 | 30 | 2060－1925 | 75.5% | 2135－2080 | 20.0% | | | | |
| 鷹島式 | MTC-07183 | 3480 | 30 | 1885－1735 | 92.9% | 1710－1695 | 2.6% | | | | |
| Ⅴ-4期 | PLD-6440 | 1850 | 30 | AD85－AD235 | 95.4% | | | | | | |
| Ⅴ-4期(庄内式) | PLD-6441 | 1945 | 30 | 20－10 | 1.8% | AD1－AD125 | 93.7% | | | | |
| Ⅴ-4期(庄内式) | PLD-6442 | 1870 | 35 | AD70－AD235 | 95.4% | | | | | | |
| Ⅴ-4期(庄内式) | PLD-6443 | 1895 | 30 | AD30－AD35 | 0.8% | AD50－AD185 | 87.6% | AD185－AD215 | 7.0% | | |
| Ⅴ-4期(庄内式) | PLD-6444 | 1880 | 30 | AD65－AD225 | 95.4% | | | | | | |
| 第5様式2期 | PLD-6445 | 1980 | 30 | 45－AD75 | 95.4% | | | | | | |
| 第5様式2期 | PLD-6446 | 2015 | 30 | 95－AD65 | 95.4% | | | | | | |
| Ⅴ-4期 | PLD-6447 | 1895 | 35 | AD30－AD40 | 2.3% | AD50－AD220 | 93.1% | | | | |
| 庄内式並行（古墳1） | PLD-6448 | 1890 | 30 | AD55－AD215 | 95.5% | | | | | | |
| 亀川上層式 | PLD-6449 | 1770 | 30 | AD205－AD345 | 83.9% | AD135－AD200 | 11.4% | | | | |
| 亀川上層式 | PLD-6450 | 1835 | 30 | AD85－AD110 | 5.1% | AD120－AD245 | 90.4% | | | | |
| 亀川上層式 | PLD-6451 | 1735 | 35 | AD230－AD400 | 95.5% | | | | | | |
| | PLD-6452 | 2990 | 35 | 1320－1115 | 88.7% | 1375－1335 | 6.8% | | | | |
| | PLD-4930 | 2495 | 25 | 770－535 | 94.1% | 530－520 | 1.4% | | | -26.6‰ | |
| 舟津原式（新） | PLD-6027 | 2560 | 20 | 800－755 | 78.7% | 685－665 | 14.0% | 610－595 | 2.8% | -24.3‰ | |
| 舟津原式（新） | PLD-6028 | 2910 | 25 | 1135－1010 | 73.5% | 1195－1140 | 19.8% | 1210－1195 | 2.2% | -25.9‰ | |
| 舟津原式（新） | PLD-6029 | 2970 | 25 | 1300－1115 | 95.5% | | | | | | |
| 舟津原式（新） | PLD-6030 | 3010 | 30 | 1325－1190 | 72.5% | 1380－1330 | 15.2% | 1180－1155 | 4.1% | -25.3‰ | |

| 遺跡名 | 測定試料名 | 所在地 | 所蔵・協力機関 | 試料の種類 | 試料の詳細 | 採取部位 | 試料の時代 |
|---|---|---|---|---|---|---|---|
| 南溝手遺跡 | OKSS-18 | 岡山県総社市 | 総社市教育委員会 | 土器付着物 | | 胴外 | 縄文晩期 |
| 黄幡1号遺跡 | FJ-605 a | 広島県東広島市 | 東広島市教育委員会・(財)東広島市教育文化振興事業団 | 土器付着物 | 甕 | 胴外 | 弥生中期 |
| 黄幡1号遺跡 | FJ-605 b | 広島県東広島市 | 東広島市教育委員会・(財)東広島市教育文化振興事業団 | 土器付着物 | 甕 | 胴外 | 弥生中期 |
| 黄幡1号遺跡 | FJ-606 (ad) | 広島県東広島市 | 東広島市教育委員会・(財)東広島市教育文化振興事業団 | 土器付着物 | 甕 | 胴外 | 弥生中期 |
| 黄幡1号遺跡 | FJ-607 | 広島県東広島市 | 東広島市教育委員会・(財)東広島市教育文化振興事業団 | 土器付着物 | 甕 | 外面 | 弥生中期 |
| 黄幡1号遺跡 | FJ-608 | 広島県東広島市 | 東広島市教育委員会・(財)東広島市教育文化振興事業団 | 土器付着物 | 甕 | 口縁外、胴外 | 弥生中期 |
| 黄幡1号遺跡 | FJ-609 | 広島県東広島市 | 東広島市教育委員会・(財)東広島市教育文化振興事業団 | 土器付着物 | 甕 | 胴外中～下 | 弥生中期 |
| 黄幡1号遺跡 | FJ-610 | 広島県東広島市 | 東広島市教育委員会・(財)東広島市教育文化振興事業団 | 土器付着物 | 甕 | 胴外 | 弥生中期 |
| 黄幡1号遺跡 | FJ-611 | 広島県東広島市 | 東広島市教育委員会・(財)東広島市教育文化振興事業団 | 土器付着物 | 甕 | 口縁外 | 弥生 |
| 黄幡1号遺跡 | FJ-625 | 広島県東広島市 | 東広島市教育委員会・(財)東広島市教育文化振興事業団 | 土器付着物 | 甕 | | 弥生中期 |
| 井島大浦遺跡 | KGIS-C1 | 香川県直島町 | | 炭化材 | | | 古墳 |
| 井島大浦遺跡 | KGIS-C2 | 香川県直島町 | | 炭化材 | | | 古墳 |
| 井島大浦遺跡 | KGIS-C3 | 香川県直島町 | | 炭化材 | | | 古墳 |
| 長浜貝塚 | KGTS-C1 | 香川県土庄町 | 土庄町教育委員会 | その他 | 丸木舟,クリ | | 弥生中期 |
| 阿方遺跡 | EHFJ-1 | 愛媛県今治市 | 愛媛県教育委員会 | 土器付着物 | 甕 | 口縁部下面・外面 | 弥生前期 |
| 阿方遺跡 | EHFJ-1 (re) | 愛媛県今治市 | 愛媛県教育委員会 | 土器付着物 | 甕 | 口縁部下面・外面 | 弥生前期 |
| 阿方遺跡 | EHFJ-2 b | 愛媛県今治市 | 愛媛県教育委員会 | 土器付着物 | 甕 | 胴部上位外面 | 弥生前期 |
| 阿方遺跡 | EHFJ-2 b (re) | 愛媛県今治市 | 愛媛県教育委員会 | 土器付着物 | 甕 | 胴部上位外面 | 弥生前期 |
| 阿方遺跡 | EHFJ-3 a | 愛媛県今治市 | 愛媛県教育委員会 | 土器付着物 | 甕 | 口縁部外面 | 弥生前期 |
| 阿方遺跡 | EHFJ-3 b | 愛媛県今治市 | 愛媛県教育委員会 | 土器付着物 | 甕 | 胴部上位・外面 | 弥生前期 |
| 阿方遺跡 | EHFJ-3 b (re) | 愛媛県今治市 | 愛媛県教育委員会 | 土器付着物 | 甕 | 胴部上位・外面 | 弥生前期 |
| 阿方遺跡 | EHFJ-3 c | 愛媛県今治市 | 愛媛県教育委員会 | 土器付着物 | 甕 | 胴部中位・外面 | 弥生前期 |
| 阿方遺跡 | EHFJ-5 a | 愛媛県今治市 | 愛媛県教育委員会 | 土器付着物 | 甕 | 頸部外面 | 弥生早期 |
| 阿方遺跡 | EHFJ-5 b | 愛媛県今治市 | 愛媛県教育委員会 | 土器付着物 | 甕 | 胴部上位・外面 | 弥生早期 |
| 阿方遺跡 | EHFJ-7 a | 愛媛県今治市 | 愛媛県教育委員会 | 土器付着物 | 甕 | 口縁下・外面 | 弥生早期 |
| 阿方遺跡 | EHFJ-7 b | 愛媛県今治市 | 愛媛県教育委員会 | 土器付着物 | 甕 | 胴部最大径部・外面 | 弥生早期 |
| 阿方遺跡 | EHFJ-8 | 愛媛県今治市 | 愛媛県教育委員会 | 土器付着物 | 甕 | 胴部上位・外面 | 弥生早期 |
| 阿方遺跡 | EHFJ-9 a | 愛媛県今治市 | 愛媛県教育委員会 | 土器付着物 | 甕 | 胴部上位・外面 | 弥生早期 |
| 阿方遺跡 | EHFJ-9 b | 愛媛県今治市 | 愛媛県教育委員会 | 土器付着物 | 甕 | 胴部中位・外面 | 弥生早期 |
| 阿方遺跡2次 | EHFJ-10 | 愛媛県今治市 | 今治市教育委員会 | 土器付着物 | 甕 | 胴部上位・外面 | 弥生前期 |
| 阿方遺跡7次 | EHFJ-13 | 愛媛県今治市 | 今治市教育委員会 | 土器付着物 | 甕 | 胴部下位・外面 | 弥生前期 |
| 阿方遺跡7次 | EHFJ-15 | 愛媛県今治市 | 今治市教育委員会 | 土器付着物 | 甕 | 胴部上位・外面 | 弥生前期 |
| 阿方遺跡7次 | EHFJ-19 b | 愛媛県今治市 | 今治市教育委員会 | 土器付着物 | 甕 | 胴部中位・外面 | 弥生前期 |
| 阿方遺跡7次 | EHFJ-20 a | 愛媛県今治市 | 今治市教育委員会 | 土器付着物 | 甕 | 口縁・外面 | 弥生前期 |
| 阿方遺跡7次 | EHFJ-20 b | 愛媛県今治市 | 今治市教育委員会 | 土器付着物 | 甕 | 胴部下位・外面 | 弥生前期 |
| 阿方遺跡7次 | EHFJ-22 a | 愛媛県今治市 | 今治市教育委員会 | 土器付着物 | 甕 | 胴部上位・外面 | 弥生前期 |
| 阿方遺跡7次 | EHFJ-22 b | 愛媛県今治市 | 今治市教育委員会 | 土器付着物 | 甕 | 胴部上位・内面 | 弥生前期 |
| 阿方遺跡2次 | EHFJ-23 | 愛媛県今治市 | 今治市教育委員会 | 土器付着物 | 甕 | 胴部上位・外面 | 弥生前期 |

年代測定データ一覧表

| 試料の時期 | 測定機関番号 | 炭素14年代 ($^{14}$C BP) | | 較正年代 (cal BC) | | | | | | $\delta^{13}$C値 (‰) | |
|---|---|---|---|---|---|---|---|---|---|---|---|
| | | | | 確率1位 | | 確率2位 | | 確率3位 | | Beta社 | 昭光通商 |
| 舟津原式（新） | PLD-6031 | 2900 | 25 | 1130－1005 | 83.0% | 1195－1140 | 12.4% | | | | －26.1‰ |
| Ⅲ-2期 | MTC-07904 | 2155 | 50 | 265－85 | 58.4% | 360－265 | 32.7% | 80－55 | 4.4% | | －26.6‰ |
| Ⅲ-2期 | MTC-07905 | 2200 | 60 | 390－105 | 95.4% | | | | | | －26.8‰ |
| Ⅲ-2期 | MTC-07906 | 2170 | 60 | 380－85 | 92.5% | 75－55 | 3.0% | | | | |
| Ⅲ-2期 | MTC-07907 | 2215 | 40 | 385－190 | 95.4% | | | | | | －26.5‰ |
| Ⅲ-2期 | MTC-07908 | 2210 | 60 | 395－150 | 92.4% | 140－110 | 3.1% | | | | －26.4‰ |
| Ⅲ-2期 | MTC-07909 | 2235 | 45 | 390－200 | 95.4% | | | | | | －26.1‰ |
| Ⅲ-1期 | MTC-07707 | 2170 | 35 | 365－145 | 90.7% | 140－110 | 4.8% | | | | －26.7‰ |
| 不明 | MTC-07708 | 2220 | 30 | 330－200 | 74.6% | 380－335 | 19.8% | | | | －26.4‰ |
| Ⅲ-2期 | MTC-07709 | 2195 | 35 | 375－175 | 95.4% | | | | | | －27.0‰ |
| | PLD-6301 | 40290 | 290 | | | | | | | | |
| | PLD-6302 | 35070 | 160 | | | | | | | | |
| | PLD-6303 | 43550 | 380 | | | | | | | | |
| | Beta-217420 | 500 | 40 | AD1390－AD1455 | 86.2% | AD1320－AD1350 | 9.2% | | | －26.2‰ | |
| 中山Ⅰ式併行 | MTC-07839 | 2350 | 35 | 525－365 | 94.0% | 535－525 | 1.1% | 700－695 | 0.4% | | |
| 中山Ⅰ式併行 | PLD-6550 | 2485 | 25 | 770－510 | 94.8% | 435－425 | 0.6% | | | | |
| 中山Ⅰ～Ⅱ式併行 | MTC-07840 | 2300 | 35 | 405－350 | 66.7% | 295－225 | 27.0% | 220－210 | 1.7% | | |
| 中山Ⅰ～Ⅱ式併行 | PLD-6551 | 2470 | 20 | 670－505 | 58.7% | 760－680 | 32.7% | 440－415 | 2.8% | | |
| 中山Ⅰ式併行 | MTC-07841 | 2330 | 35 | 510－355 | 90.7% | 280－255 | 3.9% | 240－235 | 0.8% | | |
| 中山Ⅰ式併行 | MTC-07842 | 2420 | 35 | 570－400 | 71.5% | 665－640 | 4.8% | 590－575 | 1.9% | | |
| 中山Ⅰ式併行 | PLD-6552 | 2410 | 25 | 540－400 | 86.2% | 725－690 | 8.3% | 660－650 | 1.0% | | |
| 中山Ⅰ式併行 | MTC-07843 | 2370 | 35 | 540－385 | 91.5% | 720－690 | 4.0% | | | | |
| 岡大・沢田式 | MTC-07844 | 2520 | 35 | 795－535 | 95.3% | 525－525 | 0.1% | | | | |
| 岡大・沢田式 | MTC-07845 | 2495 | 35 | 785－505 | 92.8% | 440－415 | 1.9% | 460－450 | 0.7% | | |
| 岡大・沢田式 | MTC-07846 | 2475 | 35 | 675－485 | 58.8% | 765－675 | 28.6% | 445－415 | 5.1% | | |
| 岡大・沢田式 | MTC-07847 | 2460 | 35 | 670－475 | 55.4% | 755－685 | 25.3% | 470－410 | 14.7% | | |
| 岡大・沢田式 | MTC-07848 | 2535 | 35 | 695－540 | 61.0% | 800－720 | 34.4% | | | | |
| 岡大・沢田式 | MTC-07849 | 2540 | 35 | 655－540 | 41.3% | 800－725 | 37.2% | 690－655 | 17.0% | | |
| 岡大・沢田式 | MTC-07850 | 2475 | 35 | 675－485 | 58.8% | 765－675 | 28.6% | 445－415 | 5.1% | | |
| 愛媛Ⅱ-1 | MTC-07851 | 2300 | 35 | 405－350 | 66.7% | 295－225 | 27.0% | 220－210 | 1.7% | | |
| 愛媛Ⅱ-1 | MTC-07852 | 2410 | 120 | 800－345 | 87.9% | 315－205 | 7.6% | | | | |
| 愛媛Ⅱ-1 | MTC-07853 | 2270 | 40 | 320－205 | 55.6% | 400－345 | 39.8% | | | | |
| 愛媛Ⅱ-1 | MTC-07854 | 2205 | 35 | 380－190 | 95.0% | | | | | | |
| 愛媛Ⅱ-1 | MTC-07855 | 2230 | 60 | 400－160 | 94.6% | 130－120 | 0.9% | | | | |
| 愛媛Ⅱ-1 | MTC-07856 | 2225 | 35 | | | 330－200 | 71.8% | 385－335 | 22.0% | | |
| 愛媛Ⅱ-1 | MTC-07857 | 2535 | 35 | 695－540 | 61.0% | 800－720 | 34.4% | | | | |
| 愛媛Ⅱ-1 | MTC-07858 | 2220 | 35 | 380－200 | 95.5% | | | | | | |
| 愛媛Ⅱ-1 | MTC-07859 | 2270 | 60 | 415－170 | 94.7% | 485－465 | 0.7% | | | | |

| 遺跡名 | 測定試料名 | 所在地 | 所蔵・協力機関 | 試料の種類 | 試料の詳細 | 採取部位 | 試料の時代 |
|---|---|---|---|---|---|---|---|
| 阿方遺跡2次 | EHFJ-24 a | 愛媛県今治市 | 今治市教育委員会 | 土器付着物 | 甕 | 上位・外面 | 弥生前期 |
| 阿方遺跡2次 | EHFJ-24 b | 愛媛県今治市 | 今治市教育委員会 | 土器付着物 | 甕 | 胴・内面 | 弥生前期 |
| 阿方遺跡7次 | EHFJ-26 | 愛媛県今治市 | 今治市教育委員会 | 土器付着物 | 甕 | 胴部上位・外面 | 弥生前期 |
| 阿方遺跡7次 | EHFJ-29 | 愛媛県今治市 | 今治市教育委員会 | 土器付着物 | 甕 | 胴部上位・外面 | 弥生前期 |
| 阿方遺跡(試掘調査) | EHFJ-31 | 愛媛県今治市 | 今治市教育委員会 | 土器付着物 | 甕 | 胴部下位・内面 | 弥生前期～中期 |
| 阿方遺跡(試掘調査) | EHFJ-32 | 愛媛県今治市 | 今治市教育委員会 | 土器付着物 | 甕 | 胴部下位・内面 | 弥生前期～中期 |
| 阿方遺跡4次 | EHFJ-37 | 愛媛県今治市 | 今治市教育委員会 | 土器付着物 | 深鉢 | 口縁部・内面 | 縄文後期 |
| 阿方遺跡4次 | EHFJ-38 b | 愛媛県今治市 | 今治市教育委員会 | 土器付着物 | 深鉢 | 口縁部・外面 | 縄文後期 |
| 阿方遺跡4次 | EHFJ-39 | 愛媛県今治市 | 今治市教育委員会 | 土器付着物 | 深鉢 | 口縁部・内面 | 縄文後期 |
| 阿方遺跡4次 | EHFJ-40 a1 | 愛媛県今治市 | 今治市教育委員会 | 土器付着物 | 深鉢 | 口縁部・外面 | 縄文後期 |
| 阿方遺跡4次 | EHFJ-40 a2 | 愛媛県今治市 | 今治市教育委員会 | 土器付着物 | 深鉢 | 口縁部・内面 | 縄文後期 |
| 阿方遺跡4次 | EHFJ-40 b | 愛媛県今治市 | 今治市教育委員会 | 土器付着物 | 深鉢 | 口縁部・内面 | 縄文後期 |
| 阿方遺跡4次 | EHFJ-41 a | 愛媛県今治市 | 今治市教育委員会 | 土器付着物 | 深鉢 | 口縁部・外面 | 縄文後期 |
| 阿方遺跡4次 | EHFJ-41 b | 愛媛県今治市 | 今治市教育委員会 | 土器付着物 | 深鉢 | 胴部中位・内面 | 縄文後期 |
| 阿方遺跡4次 | EHFJ-41 c | 愛媛県今治市 | 今治市教育委員会 | 土器付着物 | 深鉢 | 胴部上位・内面 | 縄文後期 |
| 居徳遺跡 | FJ-111 | 高知県土佐市 | (財)高知県文化財団埋蔵文化財センター | 土器付着物 | 鉢口縁部 | 口縁外 | 縄文晩期 |
| 居徳遺跡 | FJ-113 | 高知県土佐市 | (財)高知県文化財団埋蔵文化財センター | 土器付着物 | 湾曲型深鉢 | 口縁外 | 縄文晩期 |
| 居徳遺跡 | FJ-114 | 高知県土佐市 | (財)高知県文化財団埋蔵文化財センター | 土器付着物 | 有文深鉢 | 口縁外 | 縄文晩期 |
| 居徳遺跡 | KCM-8 | 高知県土佐市 | (財)高知県文化財団埋蔵文化財センター | 土器付着物 |  | 胴内下 | 縄文晩期 |
| 居徳遺跡 | KCM-9 | 高知県土佐市 | (財)高知県文化財団埋蔵文化財センター | 土器付着物 |  | 底内 | 縄文晩期 |
| 居徳遺跡 | KCM-10 | 高知県土佐市 | (財)高知県文化財団埋蔵文化財センター | 土器付着物 |  | 底内 | 縄文晩期 |
| 居徳遺跡 | KCM-11 | 高知県土佐市 | (財)高知県文化財団埋蔵文化財センター | 土器付着物 |  | 胴内下 | 縄文晩期 |
| 居徳遺跡 | KCM-12 b | 高知県土佐市 | (財)高知県文化財団埋蔵文化財センター | 土器付着物 |  | 胴外下 | 縄文晩期 |
| 居徳遺跡 | KCM-13 | 高知県土佐市 | (財)高知県文化財団埋蔵文化財センター | 土器付着物 |  | 胴外上 | 縄文晩期 |
| 居徳遺跡 | KCM-21 | 高知県土佐市 | (財)高知県文化財団埋蔵文化財センター | 土器付着物 |  | 口縁外，胴外 | 弥生前期 |
| 居徳遺跡 | KCM-23 | 高知県土佐市 | (財)高知県文化財団埋蔵文化財センター | 土器付着物 |  | 口縁外 | 弥生前期 |
| 居徳遺跡 | KCM-35 b | 高知県土佐市 | (財)高知県文化財団埋蔵文化財センター | 土器付着物 |  | 口縁外 | 弥生中期 |
| 刈谷我野遺跡 | KCKH-C4 | 高知県香美市 | 香北町教育委員会 | 炭化材 |  |  | 縄文早期 |
| 雀居遺跡4次 | FUFJ-1 | 福岡県福岡市 | 福岡市埋蔵文化財センター | 土器付着物 | 脚付鉢 | 脚底部内面 | 弥生早期 |
| 雀居遺跡4次 | FUFJ-2 | 福岡県福岡市 | 福岡市埋蔵文化財センター | 土器付着物 | 粗製深鉢 | 胴部外面 | 弥生早期 |
| 雀居遺跡4次 | FUFJ-4 | 福岡県福岡市 | 福岡市埋蔵文化財センター | 土器付着物 | 粗製深鉢 | 口縁部外面 | 弥生早期 |
| 雀居遺跡4次 | FUFJ-8 b | 福岡県福岡市 | 福岡市埋蔵文化財センター | 土器付着物 | 甕 | 胴部外面 | 弥生前期 |
| 雀居遺跡4次 | FUFJ-11 | 福岡県福岡市 | 福岡市埋蔵文化財センター | 土器付着物 | 甕 | ロー胴外面 | 弥生前期 |
| 雀居遺跡4次 | FUFJ-18 b | 福岡県福岡市 | 福岡市埋蔵文化財センター | 土器付着物 | 甕 | 胴部内面（胴下位内面） | 弥生前期 |
| 雀居遺跡4次 | FUFJ-19 b | 福岡県福岡市 | 福岡市埋蔵文化財センター | 土器付着物 | 甕 | 胴部上位外面（胴上外） | 弥生前期 |
| 雀居遺跡4次 | FUFJ-20 a | 福岡県福岡市 | 福岡市埋蔵文化財センター | 土器付着物 | 甕 | 頸部外面 | 弥生前期 |
| 雀居遺跡4次 | FUFJ-21 b | 福岡県福岡市 | 福岡市埋蔵文化財センター | 土器付着物 | 甕 | 胴部下位面 | 弥生前期 |
| 雀居遺跡4次 | FUFJ-29 | 福岡県福岡市 | 福岡市埋蔵文化財センター | 土器付着物 | 浅鉢 | 坏部内面 | 弥生早期 |
| 雀居遺跡4次 | FUFJ-30 b | 福岡県福岡市 | 福岡市埋蔵文化財センター | 土器付着物 | 浅鉢 | 坏部内面 | 弥生早期 |
| 雀居遺跡4次 | FUFJ-31 b | 福岡県福岡市 | 福岡市埋蔵文化財センター | 土器付着物 | 甕 | 内面（底内） | 弥生前期 |

年代測定データ一覧表

| 試料の時期 | 測定機関番号 | 炭素14年代 ($^{14}C$ BP) | | 較正年代 (cal BC) | | | | | | δ$^{13}$C値 (‰) | |
|---|---|---|---|---|---|---|---|---|---|---|---|
| | | | | 確率1位 | | 確率2位 | | 確率3位 | | Beta社 | 昭光通商 |
| 愛媛Ⅱ-1 | MTC-07860 | 2305 | 35 | 410-350 | 70.6% | 295-225 | 23.4% | 220-210 | 1.5% | | |
| 愛媛Ⅱ-1 | MTC-07861 | 2310 | 50 | 515-345 | 61.6% | 320-205 | 33.8% | | | | |
| 愛媛Ⅱ-1 | MTC-08015 | 2225 | 30 | 330-200 | 73.8% | 385-340 | 21.7% | | | | |
| 愛媛Ⅱ-1 | MTC-08016 | 2300 | 60 | 520-195 | 95.0% | 535-525 | 0.5% | | | | |
| 愛媛Ⅱ-1〜Ⅱ-2 | MTC-08017 | 2460 | 35 | 670-475 | 55.4% | 755-685 | 25.3% | 470-410 | 14.7% | | |
| 愛媛Ⅱ-1〜Ⅱ-2 | MTC-08018 | 2425 | 35 | 595-400 | 71.3% | 750-685 | 18.4% | 665-640 | 5.7% | | |
| 彦崎K2式直前 | MTC-08019 | 3760 | 35 | 2290-2120 | 80.0% | 2095-2040 | 15.4% | | | | |
| 縁帯文 | MTC-08020 | 3760 | 35 | 2290-2120 | 80.0% | 2095-2040 | 15.4% | | | | |
| | MTC-08021 | 4060 | 40 | 2695-2475 | 82.5% | 2850-2810 | 10.5% | 2745-2725 | 2.5% | | |
| 縁帯文 | MTC-08022 | 3740 | 35 | 2210-2030 | 88.4% | 2275-2250 | 5.7% | 2230-2220 | 1.4% | | |
| 縁帯文 | MTC-08023 | 3730 | 35 | 2205-2025 | 91.9% | 2275-2255 | 3.0% | 2225-2220 | 0.6% | | |
| 縁帯文 | MTC-08024 | 3685 | 35 | 2145-1960 | 90.5% | 2195-2170 | 4.9% | | | | |
| 縁帯文 | MTC-08025 | 3765 | 35 | 2290-2120 | 83.0% | 2090-2040 | 12.4% | | | | |
| 縁帯文 | MTC-08026 | 3700 | 70 | 2290-1895 | 95.4% | | | | | | |
| 縁帯文 | MTC-08027 | 3665 | 35 | 2140-1940 | 95.3% | 2185-2185 | 0.2% | | | | |
| 沢田式新 | MTC-07568 | 2555 | 40 | 805-725 | 44.2% | 655-540 | 35.5% | 690-655 | 15.7% | | |
| 沢田式新 | MTC-07569 | 2545 | 35 | 800-730 | 40.4% | 650-540 | 38.3% | 690-660 | 16.8% | | |
| 沢田式新 | MTC-07570 | 2540 | 40 | 695-540 | 58.6% | 800-705 | 36.9% | | | | -26.1‰ |
| 倉岡Ⅰ式 | MTC-07578 | 3060 | 35 | 1415-1255 | 92.9% | 1230-1215 | 2.5% | | | | -25.4‰ |
| 倉岡Ⅰ式 | MTC-07579 | 2990 | 45 | 1325-1110 | 82.0% | 1385-1330 | 10.3% | 1100-1080 | 2.0% | | -25.9‰ |
| 倉岡Ⅰ式 | MTC-07580 | 2940 | 35 | 1265-1020 | 95.4% | | | | | | -25.7‰ |
| 倉岡Ⅰ式 | MTC-07581 | 3000 | 45 | 1395-1110 | 94.8% | 1095-1090 | 0.6% | | | | -25.0‰ |
| 倉岡Ⅰ式 | MTC-07582 | 2985 | 40 | 1320-1110 | 86.1% | 1375-1335 | 6.7% | 1100-1080 | 1.8% | | -26.7‰ |
| 倉岡Ⅰ式 | MTC-07583 | 2765 | 40 | 1005-825 | 95.5% | | | | | | |
| | MTC-07584 | 2520 | 40 | 795-515 | 95.4% | | | | | | -26.6‰ |
| | MTC-07585 | 2570 | 35 | 810-745 | 61.4% | 645-550 | 20.6% | 685-665 | 13.5% | | -26.5‰ |
| | MTC-07586 | 2070 | 130 | 390-AD180 | 94.3% | AD190-AD215 | 1.2% | | | | |
| | PLD-6299 | 8860 | 25 | 8205-8030 | 64.0% | 8020-7935 | 25.3% | 7895-7840 | 5.3% | | |
| 夜臼Ⅱ式 | MTC-08028 | 2455 | 35 | 600-410 | 54.5% | 755-685 | 24.6% | 670-605 | 16.3% | | |
| 夜臼Ⅱ式 | MTC-08029 | 2535 | 35 | 595-405 | 65.7% | 750-685 | 20.8% | 665-635 | 7.6% | | |
| 夜臼Ⅱ式 | MTC-08030 | 2690 | 35 | 905-800 | 95.4% | | | | | | |
| 夜臼Ⅱb式 | MTC-08031 | 2495 | 35 | 785-505 | 92.8% | 440-415 | 1.9% | 460-450 | 0.7% | | |
| 板付Ⅱa式 | MTC-08032 | 2400 | 35 | 550-395 | 81.1% | 745-685 | 11.6% | 665-645 | 2.7% | | |
| 板付Ⅱb式 | MTC-08033 | 2415 | 35 | 565-400 | 74.1% | 750-685 | 15.7% | 665-645 | 4.2% | | |
| 板付Ⅱb式 | MTC-08034 | 2360 | 35 | 540-380 | 93.7% | 705-695 | 1.3% | | | | |
| 夜臼Ⅱb式 | MTC-08035 | 2550 | 35 | 800-730 | 44.0% | 650-545 | 34.9% | 690-660 | 16.5% | | |
| 板付Ⅱb式 | MTC-08036 | 2400 | 35 | 550-395 | 81.1% | 745-685 | 11.6% | 665-645 | 2.7% | | |
| 夜臼Ⅱa式 | MTC-08037 | 2735 | 35 | 935-810 | 92.0% | 970-955 | 3.5% | | | | |
| 夜臼Ⅱa式 | MTC-08038 | 2745 | 35 | 945-815 | 88.8% | 975-950 | 6.6% | | | | |
| 板付Ⅱb式 | MTC-08040 | 2430 | 35 | 595-400 | 68.5% | 750-685 | 19.6% | 665-640 | 6.5% | | |

| 遺跡名 | 測定試料名 | 所在地 | 所蔵・協力機関 | 試料の種類 | 試料の詳細 | 採取部位 | 試料の時代 |
|---|---|---|---|---|---|---|---|
| 雀居遺跡4次 | FUFJ-36 a | 福岡県福岡市 | 福岡市埋蔵文化財センター | 土器付着物 | 甕 | 口縁部下外面（口外） | 弥生前期 |
| 雀居遺跡4次 | FUFJ-36 b | 福岡県福岡市 | 福岡市埋蔵文化財センター | 土器付着物 | 甕 | 胴部下半下外面（胴中外） | 弥生前期 |
| 橋本一丁田遺跡 | FUFU-27 | 福岡県福岡市 | 福岡市埋蔵文化財センター | 土器付着物 | | 口縁外 | 弥生早期 |
| 橋本一丁田遺跡 | FUFU-28 | 福岡県福岡市 | 福岡市埋蔵文化財センター | 土器付着物 | | 胴外 | 弥生早期 |
| 橋本一丁田遺跡 | FUFU-30 | 福岡県福岡市 | 福岡市埋蔵文化財センター | 土器付着物 | | 胴外 | 弥生早期 |
| 橋本一丁田遺跡 | FUFU-31 | 福岡県福岡市 | 福岡市埋蔵文化財センター | 土器付着物 | | 胴外 | 弥生早期 |
| 橋本一丁田遺跡 | FUFU-32 b | 福岡県福岡市 | 福岡市埋蔵文化財センター | 土器付着物 | | 口縁外 | 弥生早期 |
| 橋本一丁田遺跡 | FUFU-33 | 福岡県福岡市 | 福岡市埋蔵文化財センター | 土器付着物 | | 口縁外 | 弥生早期 |
| 橋本一丁田遺跡 | FUFU-34 | 福岡県福岡市 | 福岡市埋蔵文化財センター | 土器付着物 | | 口縁外 | 弥生早期 |
| 橋本一丁田遺跡 | FUFU-36 | 福岡県福岡市 | 福岡市埋蔵文化財センター | 土器付着物 | | 底内 | 弥生早期 |
| 吉野ヶ里遺跡 | REK-NG-6 | 佐賀県神埼市・吉野ヶ里町 | 佐賀県教育委員会 | 漆 | 漆製合子塗膜 | | 弥生後期？ |
| 大江前遺跡 | SAGFJ-4 | 佐賀県唐津市 | 佐賀県教育委員会 | 土器付着物 | 胴部突帯甕 | 口縁部外面 | 弥生前期 |
| 大江前遺跡 | SAGFJ-5 | 佐賀県唐津市 | 佐賀県教育委員会 | 土器付着物 | 口縁部一条甕 | 口縁部外面 | 弥生前期 |
| 大江前遺跡 | SAGFJ-6 | 佐賀県唐津市 | 佐賀県教育委員会 | 土器付着物 | 甕 | 底部内面 | 弥生前期 |
| 大江前遺跡 | SAGFJ-7 | 佐賀県唐津市 | 佐賀県教育委員会 | 土器付着物 | 甕 | 底部内面 | 弥生前期 |
| 大江前遺跡 | SAGFJ-8 | 佐賀県唐津市 | 佐賀県教育委員会 | 土器付着物 | 板付祖型甕 | 口縁部外面 | 弥生前期 |
| 大江前遺跡 | SAGFJ-9 | 佐賀県唐津市 | 佐賀県教育委員会 | 土器付着物 | 甕 | 底部内面 | 弥生早期 |
| 大江前遺跡 | SAGFJ-13 | 佐賀県唐津市 | 佐賀県教育委員会 | 土器付着物 | 突帯文土器片 | 口縁部外面 | 弥生前期 |
| 大江前遺跡 | SAGFJ-14 | 佐賀県唐津市 | 佐賀県教育委員会 | 土器付着物 | 甕 | 底部内面 | 弥生前期 |
| 大江前遺跡 | SAGFJ-3 b | 佐賀県唐津市 | 佐賀県教育委員会 | 土器付着物 | 唐津型甕 | 胴部内面 | 弥生前期 |
| 権現脇遺跡 | FJ-0573 | 長崎県南島原市 | 南島原市教育委員会 | 土器付着物 | 組織痕文土器 | 胴外 | 縄文晩期 |
| 権現脇遺跡 | FJ-0574 | 長崎県南島原市 | 南島原市教育委員会 | 土器付着物 | 組織痕文土器（鉢） | 口縁外 | 縄文晩期 |
| 八ノ坪遺跡 | FJ-0581 | 熊本県熊本市 | 熊本市教育委員会 | 土器付着物 | 甕 | 口縁外 | 弥生中期 |
| 八ノ坪遺跡 | FJ-0585 | 熊本県熊本市 | 熊本市教育委員会 | 木炭 | 滓（炭噛み込み） | | 弥生中期 |
| 上小田宮の前遺跡 | FJ-0593 | 熊本県玉名市 | 熊本県教育庁文化課 | 土器付着物 | 湾曲型有文深鉢 | 胴外 | 縄文晩期 |
| 高添土木園A区遺跡 | OIFJ-2 (re) | 大分県大野市 | 大分県教育庁文化課 | 土器付着物 | 甕 | 胴外上 | 弥生後期 |
| 高添土木園A区遺跡 | OIFJ-3 | 大分県大野市 | 大分県教育庁文化課 | 土器付着物 | 甕 | 胴内下 | 弥生後期 |
| 高添土木園A区遺跡 | OIFJ-4 | 大分県大野市 | 大分県教育庁文化課 | 土器付着物 | 甕 | 胴外 | 弥生後期 |
| 四日市遺跡 | OIFJ-5 | 大分県玖珠町 | 大分県教育庁文化課 | 土器付着物 | 甕 | 胴外 | 弥生中期 |
| 四日市遺跡 | OIFJ-9 (re) | 大分県玖珠町 | 大分県教育庁文化課 | 土器付着物 | 甕 | 胴外 | 弥生中期 |
| 四日市遺跡 | OIFJ-55 | 大分県玖珠町 | 大分県教育庁文化課 | 土器付着物 | 甕 | 胴外 | 弥生中期 |
| 四日市遺跡 | OIFJ-63 | 大分県玖珠町 | 大分県教育庁文化課 | 土器付着物 | 甕 | 胴外 | 弥生中期 |
| 若宮宮ノ前遺跡 | OIFJ-10 | 大分県大分市 | 大分県教育庁文化課 | 土器付着物 | 甕 | 胴外 | 弥生中期～後期 |
| 若宮宮ノ前遺跡 | OIFJ-11 | 大分県大分市 | 大分県教育庁文化課 | 土器付着物 | 甕 | 底内 | 弥生中期 |
| 若宮宮ノ前遺跡 | OIFJ-13 | 大分県大分市 | 大分県教育庁文化課 | 土器付着物 | 甕 | 胴外 | 弥生中期 |
| 若宮宮ノ前遺跡 | OIFJ-14 | 大分県大分市 | 大分県教育庁文化課 | 土器付着物 | 甕（瀬戸内の影響？） | 底内 | 弥生中期～後期 |
| 若宮宮ノ前遺跡 | OIFJ-15 | 大分県大分市 | 大分県教育庁文化課 | 土器付着物 | 甕 | 底内 | 弥生中期～後期 |
| 若宮宮ノ前遺跡 | OIFJ-16 | 大分県大分市 | 大分県教育庁文化課 | 土器付着物 | 甕 | 胴外上 | 弥生中期 |
| 若宮宮ノ前遺跡 | OIFJ-17 | 大分県大分市 | 大分県教育庁文化課 | 土器付着物 | 甕（跳ね上げ口縁） | 胴外上 | 弥生中期 |
| 若宮宮ノ前遺跡 | OIFJ-19 | 大分県大分市 | 大分県教育庁文化課 | 土器付着物 | 甕 | 胴外 | 弥生中期～後期 |
| 若宮宮ノ前遺跡 | OIFJ-20 | 大分県大分市 | 大分県教育庁文化課 | 土器付着物 | 甕（跳ね上げ口縁） | 胴外上 | 弥生中期～後期 |
| 若宮宮ノ前遺跡 | OIFJ-21 | 大分県大分市 | 大分県教育庁文化課 | 土器付着物 | 甕（跳ね上げ口縁） | 口縁外 | 弥生中期～後期 |
| 若宮宮ノ前遺跡 | OIFJ-22 | 大分県大分市 | 大分県教育庁文化課 | 土器付着物 | 甕 | 口縁外 | 弥生中期～後期 |

年代測定データ一覧表

| 試料の時期 | 測定機関番号 | 炭素14年代 ($^{14}$C BP) | | 較正年代 (cal BC) | | | | | | δ$^{13}$C値(‰) | |
|---|---|---|---|---|---|---|---|---|---|---|---|
| | | | | 確率1位 | | 確率2位 | | 確率3位 | | Beta社 | 昭光通商 |
| 板付Ⅱb式 | MTC-08041 | 2400 | 35 | 550－395 | 81.1% | 665－6445 | 2.7% | 745－685 | 11.6% | | |
| 板付Ⅱb式 | MTC-08042 | 2385 | 35 | 545－390 | 87.1% | 730－690 | 7.2% | 660－650 | 1.2% | | |
| 突帯文 | MTC-08113 | 2765 | 40 | 1005－825 | 95.5% | | | | | | |
| 突帯文 | MTC-08114 | 2490 | 40 | 780－495 | 89.1% | 440－415 | 3.3% | 460－445 | 1.8% | | |
| 突帯文 | MTC-08115 | 2600 | 40 | 835－745 | 80.0% | 685－665 | 7.3% | 640－590 | 6.5% | | |
| 突帯文 | MTC-08116 | 2515 | 40 | 795－510 | 95.0% | 435－425 | 0.5% | | | | |
| 突帯文 | MTC-08117 | 2620 | 45 | 900－750 | 88.7% | 685－665 | 4.1% | 615－595 | 1.8% | | |
| 突帯文 | MTC-08118 | 2585 | 40 | 825－745 | 67.7% | 645－550 | 16.9% | 685－665 | 10.9% | | |
| 突帯文 | MTC-08119 | 2505 | 40 | 790－505 | 93.1% | 40－415 | 1.8% | 460－450 | 0.6% | | |
| 突帯文 | MTC-08120 | 2535 | 40 | 695－535 | 60.4% | 800－700 | 35.1% | | | | |
| | PLD-4943 | 1920 | 25 | AD45－AD130 | 87.5% | AD25－AD45 | 8.0% | | | | |
| 夜臼Ⅱb | MTC-07429 | 2465 | 30 | 670－480 | 56.8% | 760－680 | 27.8% | 465－415 | 10.8% | | -26.5‰ |
| 夜臼Ⅱb | MTC-07430 | 2610 | 40 | 845－750 | 85.8% | 685－665 | 5.0% | 640－615 | 1.4% | | -25.6‰ |
| 夜臼Ⅱb | Beta-217422 | 2580 | 40 | 820－740 | 63.3% | 645－545 | 20.1% | 690－665 | 12.0% | | |
| 板付Ⅰ式 | MTC-07431 | 2525 | 30 | 655－540 | 48.4% | 795－725 | 29.5% | 690－655 | 17.6% | | -25.8‰ |
| 板付Ⅰ式 | MTC-07432 | 2530 | 30 | 650－540 | 45.5% | 795－725 | 32.3% | 690－660 | 17.7% | | -26.4‰ |
| 夜臼Ⅱa式 | MTC-07433 | 2530 | 30 | 650－540 | 45.5% | 795－725 | 32.3% | 690－660 | 17.7% | | -26.6‰ |
| 夜臼Ⅱb | MTC-07434 | 2530 | 30 | 650－540 | 45.5% | 795－725 | 32.3% | 690－660 | 17.7% | | -26.9‰ |
| 夜臼Ⅱb | MTC-07435 | 2550 | 30 | 800－745 | 48.2% | 645－550 | 30.0% | 690－665 | 17.2% | | -25.9‰ |
| 夜臼Ⅱb | Beta-217421 | 2460 | 40 | 670－410 | 70.9% | 755－680 | 24.5% | | | | |
| 黒川式 | PLD-5055 | 2825 | 25 | 1045－910 | 95.4% | | | | | | -26.3‰ |
| 黒川式 | PLD-5056 | 2775 | 25 | 995－890 | 77.9% | 880－840 | 17.5% | | | | -26.7‰ |
| 須玖Ⅰ式 | PLD-5058 | 2265 | 25 | 395－350 | 47.5% | 295－225 | 44.8% | 220－210 | 3.1% | | -27.1‰ |
| 城ノ越〜須玖Ⅰ式 | MTC-07881 | 2315 | 45 | 510－350 | 69.2% | 305－205 | 26.1% | | | | |
| 天城式 | PLD-5057 | 3150 | 25 | 1465－1390 | 84.8% | 1495－1470 | 10.4% | | | | -26.0‰ |
| 西新式併行 | PLD-5292 | 1860 | 20 | AD85－AD220 | 95.4% | | | | | | -26.0‰ |
| 西新式併行 | PLD-5059 | 1820 | 20 | AD130－AD240 | 95.4% | | | | | | -24.4‰ |
| 西新式併行 | PLD-5060 | 1845 | 20 | AD125－AD235 | 92.8% | AD90－AD100 | 2.6% | | | | -25.5‰ |
| 須玖Ⅱ式併行 | PLD-5061 | 2080 | 25 | 175－40 | 95.3% | 5－5 | 0.2% | | | | -26.1‰ |
| 須玖Ⅱ式 | PLD-5293 | 2165 | 20 | 355－285 | 50.3% | 230－165 | 43.8% | 130－120 | 1.1% | | |
| 須玖Ⅰ式新 | PLD-5097 | 2160 | 25 | 235－145 | 47.0% | 355－285 | 42.1% | 140－110 | 5.3% | | |
| 須玖Ⅱ式中〜後 | PLD-5103 | 2105 | 20 | 190－85 | 82.1% | 80－55 | 13.3% | | | | |
| 須玖Ⅱ式〜高三潴式併行 | PLD-5062 | 2180 | 20 | 355－280 | 59.7% | 235－175 | 32.4% | 260－240 | 3.3% | | -25.7‰ |
| 城ノ越式併行 | PLD-5063 | 2165 | 25 | 355－280 | 47.4% | 235－155 | 42.9% | 135－115 | 2.9% | | -26.2‰ |
| 下城式（須玖Ⅱ式） | PLD-5064 | 2155 | 20 | 210－150 | 51.6% | 350－290 | 36.4% | 135－115 | 4.9% | | -25.2‰ |
| 須玖Ⅱ〜高三潴式 | PLD-5065 | 2000 | 20 | 45－AD35 | 83.4% | AD35－AD55 | 12.0% | | | | -25.7‰ |
| 須玖Ⅱ〜高三潴式 | PLD-5066 | 2070 | 20 | 165－40 | 95.4% | | | | | | -15.3‰ |
| 須玖Ⅱ〜高三潴式 | PLD-5067 | 1190 | 20 | AD775－AD890 | 95.4% | | | | | | -26.1‰ |
| 須玖Ⅱ式 | PLD-5068 | 2145 | 25 | 210－90 | 69.9% | 350－295 | 23.7% | 230－220 | 1.8% | | -26.8‰ |
| 須玖Ⅱ〜高三潴式 | PLD-5069 | 2085 | 20 | 170－45 | 95.5% | | | | | | -26.1‰ |
| 須玖Ⅱ〜高三潴式 | PLD-5070 | 2035 | 20 | 105－AD25 | 95.4% | | | | | | -25.9‰ |
| 須玖Ⅱ〜高三潴式 | PLD-5071 | 2030 | 20 | 95－AD25 | 94.8% | AD45－AD45 | 0.6% | | | | -25.5‰ |
| 須玖Ⅱ〜高三潴式 | PLD-5072 | 2025 | 20 | 55－AD25 | 88.2% | 90－70 | 5.6% | AD40－AD50 | 1.7% | | -26.4‰ |

| 遺跡名 | 測定試料名 | 所在地 | 所蔵・協力機関 | 試料の種類 | 試料の詳細 | 採取部位 | 試料の時代 |
|---|---|---|---|---|---|---|---|
| 若宮宮ノ前遺跡 | OIFJ-23 | 大分県大分市 | 大分県教育庁文化課 | 土器付着物 | 甕 | 胴外 | 弥生中期～後期 |
| 若宮宮ノ前遺跡 | OIFJ-24 | 大分県大分市 | 大分県教育庁文化課 | 土器付着物 | 甕 | 胴外 | 弥生後期 |
| 若宮宮ノ前遺跡 | OIFJ-25 | 大分県大分市 | 大分県教育庁文化課 | 土器付着物 | 甕 | 胴外 | 弥生後期 |
| 若宮宮ノ前遺跡 | OIFJ-26 | 大分県大分市 | 大分県教育庁文化課 | 土器付着物 | 高坏 | 口縁内 | 弥生中期 |
| 若宮宮ノ前遺跡 | OIFJ-27 | 大分県大分市 | 大分県教育庁文化課 | 土器付着物 | 高坏 | 坏 | 弥生中期 |
| 若宮宮ノ前遺跡 | OIFJ-28 | 大分県大分市 | 大分県教育庁文化課 | 土器付着物 | 甕 | 口縁外 | 弥生後期 |
| 若宮宮ノ前遺跡 | OIFJ-29 | 大分県大分市 | 大分県教育庁文化課 | 土器付着物 | 甕 | 胴外 | 弥生後期 |
| 若宮宮ノ前遺跡 | OIFJ-30 | 大分県大分市 | 大分県教育庁文化課 | 土器付着物 | 甕 | 口縁外 | 弥生中期 |
| 若宮宮ノ前遺跡 | OIFJ-31 | 大分県大分市 | 大分県教育庁文化課 | 土器付着物 | 甕 | 胴外上 | 弥生中期 |
| 若宮宮ノ前遺跡 | OIFJ-33 | 大分県大分市 | 大分県教育庁文化課 | 土器付着物 | 甕 | 胴外上 | 弥生中期 |
| 若宮宮ノ前遺跡 | OIFJ-35 | 大分県大分市 | 大分県教育庁文化課 | 土器付着物 | 甕 | 胴外上 | 弥生中期 |
| 若宮宮ノ前遺跡 | OIFJ-36(re) | 大分県大分市 | 大分県教育庁文化課 | 土器付着物 | 甕 | 胴外上 | 弥生中期 |
| 若宮宮ノ前遺跡 | OIFJ-37 | 大分県大分市 | 大分県教育庁文化課 | 土器付着物 | 甕 | 胴外上 | 弥生中期 |
| 若宮宮ノ前遺跡 | OIFJ-38 | 大分県大分市 | 大分県教育庁文化課 | 土器付着物 | 甕 | 胴外上 | 弥生後期 |
| 若宮宮ノ前遺跡 | OIFJ-39 | 大分県大分市 | 大分県教育庁文化課 | 土器付着物 | 甕 | 胴外上 | 弥生後期 |
| 若宮宮ノ前遺跡 | OIFJ-40 | 大分県大分市 | 大分県教育庁文化課 | 土器付着物 | 甕 | 口縁外 | 弥生後期 |
| 若宮宮ノ前遺跡 | OIFJ-41 | 大分県大分市 | 大分県教育庁文化課 | 土器付着物 | 甕 | 胴外上 | 弥生中期 |
| 若宮宮ノ前遺跡 | OIFJ-42 | 大分県大分市 | 大分県教育庁文化課 | 土器付着物 | 甕（跳ね上げ口縁） | 胴外上 | 弥生中期 |
| 深町遺跡 | OIFJ-43 | 大分県大分市 | 大分県教育庁文化課 | 土器付着物 | 甕 | 胴外上 | 弥生中期 |
| 深町遺跡 | OIFJ-44 | 大分県大分市 | 大分県教育庁文化課 | 土器付着物 | 甕 | 底内 | 弥生前期～中期 |
| 政所遺跡 | OIFJ-46 | 大分県竹田市 | 大分県教育庁文化課 | 土器付着物 | 甕 | 口縁外 | 弥生後期 |
| 浦久保遺跡 | OIFJ-57 | 大分県竹田市 | 大分県教育庁文化課 | 土器付着物 | 深鉢 | 底内 | 縄文晩期 |
| 菅無田遺跡 | OIFJ-58 | 大分県大分市 | 大分県教育庁文化課 | 土器付着物 | 甕 | 胴外 | 弥生中期 |
| 菅無田遺跡 | OIFJ-59 | 大分県大分市 | 大分県教育庁文化課 | 土器付着物 | 甕 | 胴外 | 弥生中期 |
| 生野遺跡 | OIFJ-60 | 大分県大分市 | 大分県教育庁文化課 | 土器付着物 | 甕 | 胴外 | 弥生後期 |
| 内河野遺跡 | OIFJ-61 | 大分県竹田市 | 大分県教育庁文化課 | 土器付着物 | 甕 | 胴外 | 弥生後期 |
| 小城原遺跡 | OIFJ-62(re) | 大分県竹田市 | 大分県教育庁文化課 | 土器付着物 | 甕 | 胴外 | 弥生後期 |
| 玉沢地区条里跡遺跡第3次調査 | OIFJ-67 | 大分県大分市 | 大分市教育委員会 | 土器付着物 | 甕 | 胴外 | 弥生前期 |
| 玉沢地区条里跡遺跡第3次調査 | OIFJ-80 | 大分県大分市 | 大分市教育委員会 | 土器付着物 | 甕 | 胴部外面 | 弥生前期 |
| 玉沢地区条里跡遺跡第7次調査 | OIFJ-75 | 大分県大分市 | 大分市教育委員会 | 土器付着物 | 湾曲型突帯文甕 | 口縁部外面 | 弥生前期 |
| 玉沢地区条里跡遺跡第7次調査 | OIFJ-77 | 大分県大分市 | 大分市教育委員会 | 土器付着物 | 甕 | 胴下半外面 | 弥生前期 |
| 玉沢地区条里跡遺跡第7次調査 | OIFJ-78 | 大分県大分市 | 大分市教育委員会 | 土器付着物 | 甕 | 胴部外面 | 弥生早期 |
| 玉沢地区条里跡遺跡第7次調査 | OIFJ-79 | 大分県大分市 | 大分市教育委員会 | 土器付着物 | 甕 | 胴部外面 | 弥生前期 |
| 玉沢地区条里跡遺跡第7次調査 | OIFJ-81 | 大分県大分市 | 大分市教育委員会 | 土器付着物 | 深鉢 | 頸部外面 | 弥生早期 |
| 玉沢地区条里跡遺跡第7次調査 | OIFJ-82 | 大分県大分市 | 大分市教育委員会 | 土器付着物 | 深鉢 | 頸部外面 | 弥生早期 |
| 玉沢地区条里跡遺跡第7次調査 | OIFJ-84 | 大分県大分市 | 大分市教育委員会 | 土器付着物 | 鉢 | 頸部・外面 | 弥生早期 |
| 玉沢地区条里跡遺跡第7次調査 | FJ-0462 3 | 大分県大分市 | 大分市教育委員会 | 木材 | 樹木（堰） | | 弥生前期 |
| 玉沢地区条里跡遺跡第7次調査 | FJ-0462 3(r) | 大分県大分市 | 大分市教育委員会 | 木材 | 樹木（堰） | | 弥生前期 |
| 玉沢地区条里跡遺跡第7次調査 | FJ-0462 8 | 大分県大分市 | 大分市教育委員会 | 木材 | 樹木（堰） | | 弥生前期 |

年代測定データ一覧表

| 試料の時期 | 測定機関番号 | 炭素14年代 ($^{14}$C BP) | | 較正年代 (cal BC) | | | | | | $\delta^{13}$C値(‰) | |
|---|---|---|---|---|---|---|---|---|---|---|---|
| | | | | 確率1位 | | 確率2位 | | 確率3位 | | Beta社 | 昭光通商 |
| 須玖Ⅱ～高三潴式 | PLD-5073 | 2015 | 20 | 50－AD30 | 90.4% | AD35－AD50 | 4.7% | 80－80 | 0.4% | | －27.0‰ |
| 下大隈式併行 | PLD-5074 | 1955 | 20 | AD1－AD85 | 93.0% | AD105－AD115 | 1.5% | 20－10 | 0.9% | | －26.6‰ |
| 下大隈式併行 | PLD-5075 | 1985 | 20 | 40－5 | 23.4% | 5－AD60 | 72.0% | | | | －26.6‰ |
| 須玖Ⅱ式 | PLD-5076 | 2170 | 25 | 355－275 | 51.6% | 260－165 | 42.8% | 130－120 | 1.1% | | |
| 須玖Ⅰ式 | PLD-5077 | 2155 | 25 | 230－105 | 59.0% | 355－285 | 36.4% | | | | －27.0‰ |
| 下大隈式新併行 | PLD-5078 | 2005 | 20 | 45－AD30 | 86.4% | AD35－AD55 | 9.0% | | | | －26.1‰ |
| 下大隈式新併行 | PLD-5079 | 1930 | 20 | AD45－AD95 | 60.9% | AD95－AD125 | 23.0% | AD25－AD40 | 11.6% | | －26.7‰ |
| 須玖Ⅱ式 | PLD-5080 | 2140 | 25 | 210－90 | 75.7% | 350－300 | 17.5% | 70－60 | 1.5% | | |
| 須玖Ⅰ式 | PLD-5081 | 2050 | 25 | 160－130 | 10.1% | 120－AD5 | 84.6% | AD10－AD15 | 0.8% | | －26.4‰ |
| 須玖Ⅰ～Ⅱ式 | PLD-5082 | 1980 | 25 | 40－5 | 21.3% | 5－AD70 | 74.2% | | | | －26.8‰ |
| 城ノ越式併行 | PLD-5083 | 2110 | 25 | 195－85 | 82.3% | 80－50 | 12.8% | | | | －26.8‰ |
| 城ノ越式 | PLD-5294 | 2095 | 20 | 175－50 | 95.5% | | | | | | |
| 須玖Ⅰ式 | PLD-5084 | 2110 | 25 | 195－85 | 82.3% | 80－50 | 12.8% | | | | －26.2‰ |
| 高三潴式併行 | PLD-5085 | 1970 | 25 | 40－5 | 13.5% | 5－AD75 | 82.0% | | | | －25.9‰ |
| 下大隈式併行 | PLD-5086 | 2020 | 25 | 90－65 | 5.8% | 60－AD55 | 89.6% | | | | －26.4‰ |
| 下大隈式 | PLD-5087 | 2025 | 25 | 100－AD30 | 91.8% | AD35－AD50 | 3.7% | | | | －25.8‰ |
| 城ノ越式 | PLD-5088 | 1175 | 20 | AD775－AD895 | 92.1% | AD925－AD935 | 3.3% | | | | －26.1‰ |
| 須玖Ⅰ～Ⅱ式 | PLD-5089 | 2140 | 20 | 205－95 | 81.6% | 350－315 | 13.9% | | | | －27.3‰ |
| 下城式（須玖Ⅰ併行） | PLD-5090 | 2110 | 20 | 195－85 | 85.5% | 75－55 | 9.8% | | | | －26.2‰ |
| 板付ⅡC～城ノ越式 | PLD-5091 | 2175 | 20 | 355－280 | 58.0% | 235－170 | 35.4% | 255－245 | 2.1% | | －12.7‰ |
| 下大隈～西新式 | PLD-5092 | 1845 | 20 | AD90－AD100 | 2.6% | AD125－AD235 | 92.8% | | | | |
| 浦久保式 | PLD-5098 | 3095 | 25 | 1430－1305 | 95.4% | | | | | | |
| 須玖Ⅰ式新～須玖Ⅱ式新 | PLD-5099 | 2145 | 20 | 210－105 | 74.1% | 350－300 | 20.9% | 225－225 | 0.4% | | |
| 須玖Ⅰ式新～須玖Ⅱ式新 | PLD-5100 | 2145 | 20 | 210－105 | 74.1% | 350－300 | 20.9% | 225－225 | 0.4% | | －26.1‰ |
| 下大隈～西新式 | PLD-5101 | 1940 | 20 | AD20－AD90 | 83.4% | AD100－AD125 | 11.7% | AD10－AD10 | 0.4% | | －27.3‰ |
| 下大隈～西新式 | PLD-5102 | 1910 | 20 | AD55－AD130 | 94.7% | AD35－AD35 | 0.6% | | | | |
| 変形工字文（下大隈式新） | PLD-5296 | 1875 | 20 | AD75－AD185 | 83.4% | AD185－AD215 | 12.1% | | | | －25.3‰ |
| 板付Ⅰ（新）～Ⅱb式 | PLD-5108 | 2230 | 20 | 315－205 | 74.7% | 380－345 | 20.8% | | | | －26.0‰ |
| 板付Ⅱa～Ⅱb式併行 | MTC-07425 | 2270 | 25 | 395－350 | 52.4% | 295－230 | 40.9% | 220－210 | 2.2% | | －26.1‰ |
| 下志村2式 | MTC-07421 | 2510 | 30 | 695－535 | 69.2% | 790－700 | 26.1% | | | | －26.2‰ |
| 板付Ⅱa～Ⅱb式併行 | MTC-07422 | 2540 | 25 | 795－745 | 42.6% | 645－550 | 33.4% | 690－665 | 19.5% | | －26.4‰ |
| 山の寺新？上菅生式新 | MTC-07423 | 2930 | 30 | 1215－1025 | 88.2% | 1260－1230 | 7.3% | | | | －23.9‰ |
| 板付Ⅱa～Ⅱb式併行 | MTC-07424 | 2490 | 30 | 775－505 | 93.6% | 440－420 | 1.6% | 455－455 | 0.3% | | －26.0‰ |
| 上菅生B新式 | MTC-07426 | 2955 | 30 | 1265－1050 | 94.5% | 1290－1280 | 0.9% | | | | －25.8‰ |
| 上菅生B新式 | MTC-07427 | 2905 | 30 | 1210－1005 | 95.2% | 1245－1245 | 0.3% | | | | －26.0‰ |
| 上菅生B新式 | MTC-07428 | 2945 | 35 | 1265－1035 | 93.8% | 1035－1025 | 0.9% | 1290－1280 | 0.7% | | －26.8‰ |
| 板付Ⅱa式 | MTC-07682 | 2360 | 35 | 540－380 | 93.7% | 715－695 | 2.2% | | | | |
| 板付Ⅱa式 | PLD-6227 | 2385 | 20 | 515－395 | 95.4% | | | | | | |
| 板付Ⅱa式 | MTC-07683 | 2455 | 40 | 670－410 | 72.0% | 755－685 | 23.8% | | | | |

| 遺跡名 | 測定試料名 | 所在地 | 所蔵・協力機関 | 試料の種類 | 試料の詳細 | 採取部位 | 試料の時代 |
|---|---|---|---|---|---|---|---|
| 玉沢地区条里跡遺跡第7次調査 | FJ-0462 8 (r) | 大分県大分市 | 大分市教育委員会 | 木材 | 樹木（堰） | | 弥生前期 |
| 玉沢地区条里跡遺跡第7次調査 | FJ-0462 13 | 大分県大分市 | 大分市教育委員会 | 木材 | 樹木（堰） | | 弥生前期 |
| 玉沢地区条里跡遺跡第7次調査 | FJ-0462 13 (r) | 大分県大分市 | 大分市教育委員会 | 木材 | 樹木（堰） | | 弥生前期 |
| 玉沢地区条里跡遺跡第7次調査 | FJ-0462 18 | 大分県大分市 | 大分市教育委員会 | 木材 | 樹木（堰） | | 弥生前期 |
| 玉沢地区条里跡遺跡第7次調査 | FJ-0462 18 (r) | 大分県大分市 | 大分市教育委員会 | 木材 | 樹木（堰） | | 弥生前期 |
| 玉沢地区条里跡遺跡第7次調査 | FJ-0462 23 | 大分県大分市 | 大分市教育委員会 | 木材 | 樹木（堰） | | 弥生前期 |
| 玉沢地区条里跡遺跡第7次調査 | FJ-0462 23 (r) | 大分県大分市 | 大分市教育委員会 | 木材 | 樹木（堰） | | 弥生前期 |
| 米竹遺跡 | OIFJ-65 a | 大分県大分市 | 大分市教育委員会 | 種実 | 炭化米 | | 弥生中期 |
| 米竹遺跡 | OIFJ-65 c | 大分県大分市 | 大分市教育委員会 | 種実 | 種子（キビ、タデ科、冬芽） | | 弥生中期 |
| 大道遺跡群第7次調査 | OIFJ-66 | 大分県大分市 | 大分市教育委員会 | 土器付着物 | 甕 | 胴外 | 古墳初頭 |
| 下郡遺跡 | OIFJ-68 | 大分県大分市 | 大分市教育委員会 | 種実 | 炭化米 | | 弥生中期 |
| 下郡遺跡 | OIFJ-69 a | 大分県大分市 | 大分市教育委員会 | 種実 | 炭化マメ科 | | 弥生中期 |
| 下郡遺跡 | OIFJ-69 b | 大分県大分市 | 大分市教育委員会 | 種実 | 炭化マメ科 | | 弥生中期 |
| 下郡遺跡 | OIOI-C22 | 大分県大分市 | 大分市教育委員会 | 種実 | 炭化米 | | 弥生中期 |
| 下郡遺跡 | OIOI-C23 | 大分県大分市 | 大分市教育委員会 | 種実 | 炭化米 | | 弥生中期 |
| 下郡遺跡 | OIOI-C24 | 大分県大分市 | 大分市教育委員会 | 種実 | 炭化米 | | 弥生中期 |
| 下郡遺跡 | OIOI-C25 | 大分県大分市 | 大分市教育委員会 | 種実 | 炭化米 | | 弥生中期 |
| 下郡遺跡 | OIOI-C28 | 大分県大分市 | 大分市教育委員会 | 種実 | 炭化米 | | 弥生中期 |
| 下郡遺跡 | OIOI-C31 | 大分県大分市 | 大分市教育委員会 | 種実 | 炭化米 | | 弥生中期 |
| 下郡遺跡 | OIOI-C34 | 大分県大分市 | 大分市教育委員会 | 種実 | 炭化マメ科 | | 弥生中期 |
| 下郡遺跡 | OIOI-C35 | 大分県大分市 | 大分市教育委員会 | 種実 | 炭化マメ科 | | 弥生中期 |
| 下郡遺跡 | OIOI-C37 | 大分県大分市 | 大分市教育委員会 | 種実 | アワ | | 弥生中期 |
| 脇遺跡 | OIFJ-70 | 大分県竹田市 | 竹田市教育委員会 | 土器付着物 | 甕 | 胴外 | 弥生後期 |
| 脇遺跡 | OIFJ-71 | 大分県竹田市 | 竹田市教育委員会 | 土器付着物 | 甕 | 胴外上 | 弥生後期 |
| 小城原遺跡 | OIFJ-73 | 大分県竹田市 | 竹田市教育委員会 | 土器付着物 | 甕 | 胴外上 | 弥生後期 |
| 山ノ中遺跡 | KAMB-152 | 鹿児島県鹿児島市 | 鹿児島県立埋蔵文化財センター | 土器付着物 | | 口縁外 | 縄文後期 |
| 薬師堂の古墳 | KAFJ-13 | 鹿児島県鹿屋市 | 鹿屋市教育委員会 | 土器付着物 | 深鉢 | 口縁外 | 弥生早期 |
| 上中段遺跡 | KAFJ-18 | 鹿児島県曽於市 | 曽於市教育委員会 | 土器付着物 | 深鉢 | 口縁外 | 弥生早期 |
| 上中段遺跡 | KAFJ-20 a | 鹿児島県曽於市 | 曽於市教育委員会 | 土器付着物 | 鉢（組織痕土器） | 口縁外 | 弥生早期 |
| 上中段遺跡 | KAFJ-20 b | 鹿児島県曽於市 | 曽於市教育委員会 | 土器付着物 | 鉢（組織痕土器） | 胴外 | 弥生早期 |
| 上中段遺跡 | KAFJ-21 b | 鹿児島県曽於市 | 曽於市教育委員会 | 土器付着物 | 深鉢 | 胴外 | 弥生早期 |
| 小倉前遺跡 | KAFJ-29 | 鹿児島県曽於市 | 曽於市教育委員会 | 土器付着物 | 深鉢 | 胴外 | 縄文晩期 |
| 小倉前遺跡 | KAFJ-44 | 鹿児島県曽於市 | 曽於市教育委員会 | 土器付着物 | 深鉢 | 口縁外 | 弥生早期 |
| 広田遺跡2005年調査 | KAFJ-C2 | 鹿児島県南種子島町 | 南種子町教育委員会 | 炭化材 | | | 縄文晩期 |
| 広田遺跡2005年調査 | KAFJ-C3 | 鹿児島県南種子島町 | 南種子町教育委員会 | 炭化材 | | | 弥生終末以前か？ |
| 広田遺跡2005年調査 | KAFJ-C4 | 鹿児島県南種子島町 | 南種子町教育委員会 | 炭化材 | | | 弥生終末 |
| 広田遺跡2005年調査 | KAFJ-C5 | 鹿児島県南種子島町 | 南種子町教育委員会 | 炭化材 | | | 弥生終末～古墳 |
| 広田遺跡2005年調査 | KAFJ-C6 | 鹿児島県南種子島町 | 南種子町教育委員会 | 炭化材 | | | 弥生終末 |
| 広田遺跡2005年調査 | KAFJ-C7 | 鹿児島県南種子島町 | 南種子町教育委員会 | 炭化材 | | | 弥生中期 |

＊ 三内丸山遺跡　特別研究推進事業との共同研究による

年代測定データ一覧表

| 試料の時期 | 測定機関番号 | 炭素14年代 ($^{14}C$ BP) | | 較正年代（cal BC） | | | | | | δ$^{13}$C値(‰) | |
|---|---|---|---|---|---|---|---|---|---|---|---|
| | | | | 確率1位 | | 確率2位 | | 確率3位 | | Beta社 | 昭光通商 |
| 板付Ⅱa式 | PLD-6228 | 2425 | 20 | 545－405 | 81.5% | 730－690 | 12.0% | 660－650 | 1.9% | | |
| 板付Ⅱa式 | MTC-07684 | 2365 | 45 | 550－365 | 84.8% | 745－685 | 8.4% | 665－645 | 2.0% | | |
| 板付Ⅱa式 | PLD-6229 | 2385 | 20 | 515－395 | 95.4% | | | | | | |
| 板付Ⅱa式 | MTC-07685 | 2440 | 40 | 595－405 | 61.3% | 750－685 | 21.6% | 665－610 | 12.6% | | |
| 板付Ⅱa式 | PLD-6230 | 2470 | 20 | 670－505 | 58.7% | 760－680 | 32.7% | 440－415 | 2.8% | | |
| 板付Ⅱa式 | MTC-07686 | 2425 | 40 | 595－400 | 68.4% | 750－685 | 18.9% | 665－635 | 6.8% | | |
| 板付Ⅱa式 | PLD-6231 | 2440 | 20 | 555－405 | 65.4% | 745－685 | 22.9% | 665－645 | 5.9% | | |
| | PLD-5104 | 2235 | 20 | 315－205 | 71.1% | 385－350 | 23.7% | | | | |
| | PLD-5106 | 2230 | 20 | 315－205 | 74.7% | 380－345 | 20.8% | | | | |
| 布留式 | PLD-5107 | 1815 | 25 | AD130－AD255 | 94.5% | AD305－AD310 | 1.0% | | | | -25.7‰ |
| | PLD-5109 | 2185 | 25 | 360－270 | 57.0% | 260－175 | 38.5% | | | | |
| | PLD-5110 | 2160 | 20 | 210－160 | 44.9% | 355－290 | 43.9% | 230－215 | 3.9% | | |
| | PLD-5111 | 2165 | 20 | 355－285 | 50.3% | 230－165 | 43.8% | 130－120 | 1.1% | | |
| | PLD-6458 | 2080 | 35 | 195－35 | 91.1% | 30－20 | 2.1% | 10－AD1 | 2.3% | | |
| | PLD-6459 | 2125 | 35 | 210－45 | 84.5% | 350－300 | 10.6% | 225－225 | 0.4% | | |
| | PLD-6460 | 2080 | 35 | 195－35 | 91.1% | 30－20 | 2.1% | 10－AD1 | 2.3% | | |
| | PLD-6461 | 2140 | 35 | 215－50 | 71.4% | 355－290 | 21.4% | 230－215 | 2.7% | | |
| | PLD-6462 | 2125 | 35 | 210－45 | 84.5% | 350－300 | 10.6% | 225－225 | 0.4% | | |
| | PLD-6463 | 2175 | 30 | 360－165 | 94.1% | 130－120 | 1.3% | | | | |
| | PLD-6464 | 2140 | 30 | 210－85 | 70.2% | 350－295 | 19.9% | 75－55 | 3.6% | | |
| | PLD-6465 | 2100 | 35 | 205－40 | 93.7% | 340－325 | 1.5% | 5－5 | 0.3% | | |
| | PLD-6466 | 2185 | 35 | 375－165 | 95.1% | 125－120 | 0.3% | | | | |
| 高三潴式 | PLD-5112 | 2125 | 25 | 205－85 | 84.6% | 80－55 | 6.3% | 345－325 | 4.5% | | |
| 高三潴式 | PLD-5113 | 2120 | 20 | 200－85 | 89.8% | 75－55 | 5.6% | | | | |
| 西新式併行 | PLD-5114 | 1920 | 20 | AD50－AD130 | 91.5% | AD30－AD40 | 4.0% | | | | |
| 指宿式 | Beta-215714 | 3610 | 40 | 2050－1880 | 88.5% | 2130－2085 | 6.8% | | | | |
| 夜臼Ⅱb式 | MTC-07870 | 2530 | 40 | 795－535 | 94.9% | 530－520 | 0.6% | | | | |
| | MTC-07871 | 2460 | 40 | 670－410 | 70.9% | 755－680 | 24.5% | | | | |
| | MTC-07872 | 2490 | 40 | 780－495 | 89.1% | 440－415 | 3.3% | 460－445 | 1.8% | | |
| | MTC-07873 | 2515 | 40 | 795－510 | 95.0% | 435－425 | 0.5% | | | | |
| | MTC-07878 | 2470 | 45 | 675－475 | 56.6% | 765－680 | 26.3% | 470－410 | 12.6% | | |
| 擬孔列文土器 | MTC-07879 | 2510 | 40 | 795－510 | 94.1% | 435－420 | 1.3% | | | | |
| | MTC-07880 | 2490 | 40 | 780－495 | 89.1% | 440－415 | 3.3% | 460－445 | 1.8% | | |
| 黒川式 | PLD-6021 | 2945 | 25 | 1220－1055 | 82.6% | 1260－1225 | 12.9% | | | | |
| | PLD-6022 | 2260 | 20 | 390－350 | 47.3% | 290－230 | 46.1% | 220－210 | 2.0% | | |
| 中津野式 | PLD-6023 | 2270 | 20 | 395－355 | 59.7% | 290－230 | 35.7% | | | | |
| | PLD-6024 | 2240 | 20 | 305－205 | 67.5% | 385－350 | 27.3% | | | | |
| 中津野式・上熊野式 | PLD-6025 | 1735 | 20 | AD245－AD355 | 89.8% | AD365－AD380 | 5.7% | | | | |
| 入来Ⅱ式 | PLD-6026 | 2225 | 20 | 320－205 | 77.0% | 380－345 | 18.5% | | | | |

●学術創成研究プロジェクトメンバー (2007年度)
研究代表者
　西本　豊弘　　　国立歴史民俗博物館 研究部考古研究系・教授

研究分担者
　今村　峯雄　　　国立歴史民俗博物館 研究部情報試料研究系・教授
　平川　南　　　　国立歴史民俗博物館 ・館長
　春成　秀樹　　　国立歴史民俗博物館 研究部考古研究系・教授
　広瀬　和雄　　　国立歴史民俗博物館 研究部考古研究系・教授
　藤尾　慎一郎　　国立歴史民俗博物館 研究部考古研究系・准教授
　坂本　稔　　　　国立歴史民俗博物館 研究部情報試料研究系・准教授
　永嶋　正春　　　国立歴史民俗博物館 研究部情報試料研究系・准教授
　小林　謙一　　　国立歴史民俗博物館 研究部考古研究系・助教
　宮本　一夫　　　九州大学大学院 人文科学研究院歴史学部門・教授
　中村　俊夫　　　名古屋大学年代測定総合研究センター・教授
　松崎　浩之　　　東京大学大学院工学系研究科・准教授
　櫻井　敬久　　　山形大学 理学部・教授
　光谷　拓実　　　独立行政法人 文化財研究所
　　　　　　　　　奈良文化財研究所埋蔵文化財センター・室長
　設楽　博己　　　駒澤大学文学部・教授
　小林　青樹　　　國學院大學栃木短期大學・准教授
　近藤　恵　　　　お茶の水女子大学 生活科学部・助教
　三上　喜孝　　　山形大学 人文学部人間文化学科・准教授

研究協力者（敬称略）
　長沼　孝　　　　北海道教育庁 生涯学習部文化課
　西田　茂　　　　財団法人北海道埋蔵文化財センター
　上野　秀一　　　札幌市観光文化局 文化部文化財課
　南川　雅男　　　北海道大学大学院 地球環境科学研究院
　臼木　勲　　　　札幌学院大学 人文学部
　岡田　康博　　　青森県教育庁 文化財保護課 三内丸山遺跡対策室
　工藤　竹久　　　八戸市教育委員会 文化課
　小林　克　　　　秋田県埋蔵文化財センター 北調査課
　水ノ江　和同　　文化庁 文化財部　記念物課
　松浦　秀治　　　お茶の水女子大学 生活科学部
　篠田　謙一　　　国立科学博物館 人類研究部人類第一研究室
　米田　穣　　　　東京大学大学院 新領域創成科学研究科
　石川　日出志　　明治大学 文学部
　堀内　晶子　　　国際基督教大学 教養学部
　山本　直人　　　名古屋大学 文学部
　新美　倫子　　　名古屋大学博物館
　小田　寛貴　　　名古屋大学 年代測定総合研究センター
　石黒　直隆　　　岐阜大学 応用生物科学部
　小林　正史　　　北陸学院短期大学

| | |
|---|---|
| 瀬口　眞司 | 財団法人滋賀県文化財保護協会 調査普及課 |
| 小島　孝修 | 財団法人滋賀県文化財保護協会 企画調査課 |
| 秋山　浩三 | 財団法人大阪府文化財センター |
| 寺沢　薫 | 奈良県立橿原考古学研究所 |
| 森岡　秀人 | 芦屋市教育委員会 文化財課 |
| 常松　幹雄 | 福岡市教育委員会 文化財部 |
| 木下　尚子 | 熊本大学 文学部 |
| 宮城　弘樹 | 今帰仁村教育委員会 社会教育課 |

●**資料提供協力機関** （順不同）

| | |
|---|---|
| 特定非営利活動法人函館市埋蔵文化財事業団 | 神戸市埋蔵文化財センター |
| 八戸市教育委員会 | 田原本町教育委員会 |
| 青森県教育庁文化財保護課三内丸山遺跡対策室 | 島根県教育庁埋蔵文化財調査センター |
| 北上市埋蔵文化財センター | 岡山市教育委員会 |
| 御所野縄文博物館 | 岡山県古代吉備文化財センター |
| (財)岩手県文化振興事業団埋蔵文化財センター | 総社市教育委員会 |
| 仙台市教育委員会 | 東広島市教育委員会 |
| (財)山形県埋蔵文化財センター | ･(財)東広島市教育文化振興事業団 |
| 山形市教育委員会 | 土庄町教育委員会 |
| 野田市教育委員会 | 愛媛県教育委員会 |
| 銚子市教育委員会 | 今治市教育委員会 |
| 東村山市教育委員会 | (財)高知県文化財団埋蔵文化財センター |
| 平塚市真田・北金目遺跡調査会 | 香北町教育委員会 |
| 赤坂遺跡調査団 | 福岡市埋蔵文化財センター |
| 金沢市埋蔵文化財センター | 佐賀県教育委員会 |
| (財)石川県埋蔵文化財センター | 深江町教育委員会 |
| 小松市教育委員会 | 熊本市教育委員会 |
| 山梨県埋蔵文化財センター | 熊本県教育庁文化課 |
| 北杜市教育委員会 | 大分県教育庁文化課 |
| 滋賀県埋蔵文化財センター･(財)滋賀県文化財保護協会 | 大分市教育委員会 |
| 守山市立埋蔵文化財センター | 竹田市教育委員会 |
| 京都大学埋蔵文化財研究センター | 鹿児島県立埋蔵文化財センター |
| (財)大阪府文化財センター | 鹿屋市教育委員会 |
| 大阪府教育委員会 | 曽於市教育委員会 |
| 六甲山麓遺跡調査会 | 南種子町教育委員会 |

## 執筆者紹介

| | |
|---|---|
| 西本豊弘 | 国立歴史民俗博物館教授 |
| 藤尾慎一郎 | 国立歴史民俗博物館准教授 |
| 春成秀爾 | 国立歴史民俗博物館教授 |
| 山本直人 | 名古屋大学大学院文学研究科教授 |
| 小林謙一 | 国立歴史民俗博物館助教 |
| 設楽博己 | 駒澤大学文学部教授 |
| 尾嵜大真 | 国立歴史民俗博物館研究員 |
| 金　度憲 | 蔚山文化財研究院調査研究課長 |
| 金　憲奭 | 釜山大學校大学院生 |
| 小林青樹 | 國學院大學栃木短期大學准教授 |

---

新弥生時代のはじまり　第2巻

## 縄文時代から弥生時代へ

2007年5月20日　発行

編　者　西本豊弘

発行者　宮田哲男

発行所　株式会社 雄山閣

〒102-0071
東京都千代田区富士見2-6-9
TEL　03（3262）3231
FAX　03（3262）6938

印　刷　株式会社秀巧堂

©Printed in Japan

ISBN978-4-639-01987-9　C1321